财务与会计类应用型创新系列规划教材

浙江省"十一五"重点教材建设项目

Accounting

会计学基础

周　虹　耿照源　主编

ZHEJIANG UNIVERSITY PRESS

浙江大学出版社

图书在版编目（CIP）数据

　　会计学基础 / 周虹，耿照源主编. —杭州：
浙江大学出版社，2019.3（2023.6 重印）
　　ISBN 978-7-308-18993-4

　　Ⅰ.①会… Ⅱ.①周… ②耿… Ⅲ.①会计学
Ⅳ.①F230

　　中国版本图书馆 CIP 数据核字（2019）第 038466 号

会计学基础

周　虹　耿照源　主编

丛书策划	朱　玲
责任编辑	朱　玲
责任校对	高士吟　汪　潇
封面设计	春天书装
出版发行	浙江大学出版社
	（杭州天目山路 148 号　邮政编码 310007）
	（网址：http://www.zjupress.com）
排　　版	杭州青翊图文设计有限公司
印　　刷	浙江省邮电印刷股份有限公司
开　　本	787mm×1092mm　1/16
印　　张	23.25
字　　数	580 千
版 印 次	2019 年 3 月第 1 版　2023 年 6 月第 3 次印刷
书　　号	ISBN 978-7-308-18993-4
定　　价	59.80 元

前　言

近年来,财经法规和会计政策变化较大,经历了 2006 年以来第二次大规模的修订与调整。与会计学基础相关的修订与调整主要包括"营改增"的全面覆盖,增值税税率的调整(2018 年),财务报表列报、收入、政府补助等会计准则的修订以及持有待售的非流动资产、处置组和终止经营等会计准则的发布。财经法规和会计政策的变化,迫切需要会计学教材同步跟进,及时反映当今社会经济发展的变化,更好地满足人才培养的需要。

本书的编写以习近平新时代中国特色社会主义思想和党的二十大精神为指引,落实立德树人根本任务,深入践行党的二十大精神和课程思政理念,全面贯彻"价值塑造、知识传授、能力培养"三位一体的育人理念,帮助学生筑牢会计学专业基础知识、基础理论和基本技能,厚植家国情怀,拓展国际视野,讲好中国故事,更好地服务新时代经济管理类人才的培养。

《会计学基础》是在浙江省重点建设教材《会计学》(第二版)的基础上,结合最新财经法规和会计政策之变化、新时期应用型人才培养模式的特点以及会计学教学和科研成果编写而成的。本书以会计信息的产生过程为主线,进一步汲取国内外优秀会计学教材的精华,突出反映国际会计环境变化以及我国会计政策变化,重点阐述会计确认、会计计量、会计记录和会计报告等方面的会计基本理论、基本方法和基本技能,使读者掌握利用会计信息进行经济管理和决策的能力,也为后续相关课程的学习打下良好的基础。

本书针对会计学理论性、操作性和规范性的特点,从以下三个方面进行了会计学基础教材特色的尝试。

(1)政策跟进。本书力求及时跟进财经法规和会计政策的最新调整。在"营改增"全面覆盖的背景下,本书第 4~5 章(借贷记账法的具体应用)、第 8~11 章(会计凭证、会计账簿、会计报表和财产清查)相关案例均按"营改增"的会计核算要求编写,并且体现了 2018 年增值税税率的最新调整。本书是会计学的入门教材,我们尽可能按照初级学者能够理解的范围反映会计准则的最新变化[比如新增的会计准则《企业会计准则第 39 号——公允价值计量》《企业会计准则第 42 号——持有待售的非流动资产、处置组和终止经营》,修订的《中华人民共和国会计法》(2017),修订的会计准则《企业会计准则第 30 号——财务报表列报》《企业会计准则第 14 号——收入》《企业会计准则第 16 号——政府补助》等],并且调整了相关章节的内容。

(2)应用导向。本书融合中外会计学教材的优势,强调会计理论和知识的具体应用。第 1~5 章以案例教学为主要手段,以一系列案例和问题引导的方式介绍会计基本原理和基本方法,深入浅出地描述商业企业和工业企业的基本经济活动;第 6~13 章以清晰的逻辑梳理各种概念和理论,帮助学生系统地把握会计理论与法规,了解会计实务与会计管理,突出会计信息在会计凭证、会计账簿和会计报表等载体上的具体应用,提高学生分析和解决问题的能力。

(3)易教易学。本书强调学习的循序渐进。在框架上,从简单案例入手,逐渐引入会计概念、要素、等式、账户、试算平衡、账项调整等会计原理和方法;在会计操作训练上,首先以商业批发企业为样本,再逐渐增加零售、制造等业务,帮助学生逐步掌握会计主要账户的用法和各类业务的主要会计核算。此外,本书提供给学习者大量的案例和习题,兼顾习题的数量和难易程度。

本书由浙江大学城市学院周虹教授和耿照源副教授主编,在《会计学》(第二版)的基础上,周虹教授负责全部章节的修订和调整。具体编写分工如下:第 1~7 章由耿照源副教授执笔,第 8~13 章由周虹教授执笔。

本书在修订和出版过程中得到浙江大学城市学院商学院会计学课程组全体师生和浙江大学出版社朱玲编辑的大力支持,在此我们表示诚挚的谢意。本书可能存在不足之处,敬请广大师生和读者批评指正。

编　者

2023 年 6 月修改

目 录

上 篇

下　篇

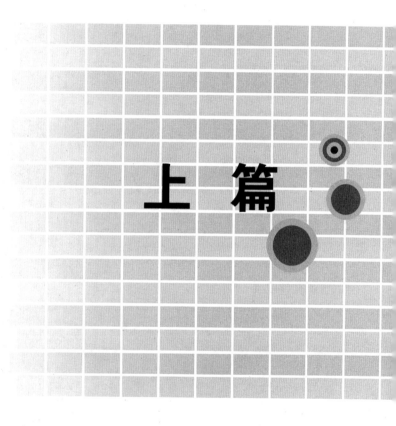

上 篇

第1章 总 论

学习目标

> 1.讨论会计信息在组织决策中的作用。
> 2.理解会计系统如何对外部使用者提供重要帮助。
> 3.理解会计系统如何对内部使用者提供重要帮助。
> 4.讨论会计信息系统的运作程序。
> 5.理解会计的含义与职能。
> 6.讨论会计职业的不同特性和与此相对应的会计学科知识。

1.1 会计信息与组织的关系

1.1.1 会计信息与决策

大多数会计书总是从"什么是会计,它是怎么发展变化而来的"开始说起。在这一章里,我们同样要解释会计的含义。但是现在,我们不想先把答案呈现出来,希望看书的你们带着"什么是会计? 它有什么作用? 我们为什么需要它? 它又是怎么工作的?"这样的问题,渐渐地走进会计的世界,慢慢地自己去发现答案。

每一天,我们都身陷各种信息的包围之中。打开电视,广告扑面而来;报纸上的财经新闻充斥着股市的价格、上市公司的丑闻、公司兼并重组的消息;网络加快了各种信息传播的速度;和人交谈的过程中,我们不断交流着彼此获得的信息⋯⋯

这些信息,会影响我们的决策选择。我们每一天都必须不断地做各种决策,并且利用得到的信息帮助我们完成决策。比如:我们听到电台关于堵车的消息,于是选择绕开堵车的路段,换走其他路线;我们知道某个品牌的产品质量有问题,会尽量避免购买这种产品;我们知道某家餐馆或者食堂价格很贵,在选择前我们会考虑自己钱包的充实程度。

但是,我们周围每天这么多无处不在的信息,并不是每一条都对我们的决策有帮助,也并不一定都真实可靠。哪一些与我们有关,哪一些对我们很重要,而哪一些又是无用的。我们本能地获取和筛选这些信息,从而有效地进行决策。

会计所进行的,正是信息筛选、传递的工作,为决策者提供帮助。这好比医院的检查工作,比如拍 X 光片,可以显示我们肺部的情况、骨骼的状况。X 光片把我们的身体信息传递出来,可以据此知道我们断了的骨头位置在哪里,气管和肺部有没有感染,医生可以根据这些信息选择采取什么样的治疗手段。因为这些信息,在治疗中我们可以少走很多弯路,可以最快地对症下药。会计工作者提供的财务报表,就像一张张 X 光片,它们记录着与组织有关的信息,会计工作者对此进行分析、比较,描绘组织当前和未来可能的状况,为决策者的决策行为提供可靠、真实的帮助。

我们通过开设一家小商店来例证以上所说。假如我们想在学校附近开一家提供个性服装的小店,我们从房东手上租下临街的店面,并从网上、外地采购时尚的服装和饰品。我们踌躇满志,却在面对接下来的问题时停步并展开思考。这些问题就是:我们开店能赚多少钱? 开店是不是比做其他事情更有利可图? 为了回答这些问题,我们需要考量成本和可能的收益。从这里开始,我们用会计方法搜集信息、分析信息,为决策提供指引。

我们根据地段、货品类型和市场需求等综合因素来估计每个月小店的销售情况。例如,我们估计每月能获得 15 000 元的销售收入。我们再估计每月需要支付房租 2 000 元,人员薪水 1 400 元,购买商品的成本为 8 000 元,水电费等杂费为 400 元,这些开支合计 11 800元。这样,我们每月预期的 15 000 元销售收入减去 11 800 元的各种开支,最后得到 3 200 元的利润(见图 1.1)。

图 1.1   预期利润的获得

开这样一家小店,假设我们的初始投资(比如装修费)是 50 000 元。用 50 000 元的初始投资,赚取每个月 3 200 元的利润,这是我们希望赚到的钱吗? 如果 50 000 元不投资这家小店,而是存入银行,每个月则有利息收入补偿。如果我们投资其他行业,比如开餐馆、奶茶店或者购买股票、基金等,又可以获得多少回报呢? 如果用开店的时间去做其他工作,比如做翻译、做文员,可能赚得的薪酬又是多少呢? 我们开设小店具有风险,同样,我们进货也要冒风险。例如春装过多,而天气变热太快,直接进入夏季,春装积压,可能给我们带来亏损。风险有多大,可能的结果有多坏? 这些信息都是我们想通过会计方法获取的。我们想在决策前了解决策的可能结果,想在执行决策的过程中知道我们是否偏离了最初目标,以便及时修正,想在决策执行结束以后正确地进行评价,这些都是我们期望通过会计方法实现的。

1.1.2   会计信息与组织

其实每一个人在日常购买食物和日用品的零星小事中,都不自觉地使用着会计信息。比如,我们比较着价格,进行着决策。对于我们个人而言,银行账户的对账单(或者银行存折)就是会计信息的集中反映。

一个组织,更是会计信息的积极使用者。组织的含义很广泛。我们开的小服装店是一个组织,我们经常接触的学校、银行、医院也都是组织。根据是否以营利为目的,我们将组织划分为营利性组织和非营利性组织。简单地划分这两种组织见图 1.2,当然营利性组织远不止图 1.2 中的这些,金融业企业、建筑业企业等都在其中。

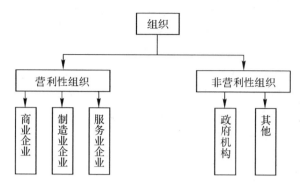

图 1.2　组织的分类

营利性组织和非营利性组织的决策依据不同,因而使用的信息不同,造成了为两种组织服务的会计工作侧重不同。为营利性组织服务的企业会计和为非营利性组织服务的非营利性组织会计,成为两种工作内容不尽相同的会计职业。为不同组织服务的会计职业都为各自组织提供着有用的信息。本书将主要围绕企业会计进行讨论。

1.2　会计目标

会计的目标就是帮助组织做出经济活动的决策。换句话说,会计的目标就是为会计信息的使用者进行决策提供有用的信息。这种信息主要就是财务信息。这一会计目标涉及三个方面的问题:谁是会计信息的使用者? 使用者需要什么样的信息? 会计如何提供这些信息? 我国最新修订的《企业会计准则》对这三个问题的解答,进一步明确了会计目标的含义,使之更加接近美国财务会计准则委员会(FASB)和国际会计准则理事会(IASB)制定的财务报告目标。

根据会计信息的使用者是否参与企业的经营决策,我们将会计信息的使用者分成外部使用者和内部使用者两个部分。外部使用者和内部使用者对信息的要求有很大的不同,企业提供信息的方式因此也有所不同。以下我们将分别对其进行讨论。

1.2.1　会计信息的外部使用

1.2.1.1　外部使用者

我们的小服装店可能面临的外部使用者首先是税务机关。如果我们想扩大经营,就需要募集资金,因此也需要把我们的信息提供给可能借钱给我们的银行或者我们可能吸引到的新投资者。那么银行和新投资者都是我们小店可能面临的外部使用者。

外部使用者的种类很多,主要包括两种:①国家宏观管理部门。在市场经济条件下,政府仍需要通过宏观调控手段来弥补市场经济的某些盲目和不足之处,因此各个宏观管理部门,如计划部门、体改部门、中国证监会、中国保监会等,都需要了解企业的财务信息。②相关的其他外部使用者。比如企业的所有者、债权人、供货商、工会、潜在投资者、潜在债权人、客户以及行业协会、税收机关、金融机构、审计人员、证券交易管理机构、社会公众等。他们分别出于不同原因,基于不同的需要,都关注着企业的财务状况和经营业绩,从而成为会计信息的使用者。

1.2.1.2   需要的信息内容——财务会计信息

企业会计信息的提供,有助于各个信息使用者做出相应的决策。提供给外部使用者的财务信息称为财务会计信息。财务会计信息作为会计信息重要的组成部分,主要是指向企业的债权人和投资者等外部使用者提供的企业财务信息。

企业众多的外部使用者出于不同的目的,从不同的角度关注着企业的会计信息,因此,其对企业的关注点也不尽相同。借钱给企业的银行和赊账给企业的供货商,作为债权人,想了解企业目前的偿债能力;企业的股东想知道企业的盈利能力和发展能力,以此评估管理层的经营能力,决定是否追加或转让投资,以及是否投票更换管理层;客户可能通过了解企业信息来确定其产品的可信程度;社会公众可能关注企业对社会责任的履行程度(如公益捐赠、排污治理等);潜在投资者和潜在债权人可能关注企业是否值得被投资(如是否能提供满意的投资报酬、是否具有还款能力等);政府部门关注企业对法规的遵守程度(如税款交纳情况、对劳动法的遵守情况)等。

对企业关注内容的不同,造成外部使用者对企业会计信息提出的要求也不尽相同。比如:企业的债权人需要了解企业的资产负债比率、偿债能力、支付能力和现金比率等方面的信息;企业的投资者关心各项有助于投资决策的信息,如企业的经营业绩、盈利分配情况以及投资实得收入和预期收入情况等;税务部门则需要了解企业交纳所得税和其他税金的情况。

财务会计信息应该尽量满足外部使用者的普遍需要,帮助投资者和债权人做出合理决策,考评企业管理当局的管理绩效,为国家宏观调控提供信息,优化社会资源配置。

但是,并不是所有的外部使用者需要的信息企业都会提供。企业对外所提供的信息,除了取决于外界的需要外,还受到企业提供信息的能力、企业的意愿以及外界因素的制约。

企业提供财务信息来满足所有使用者的需求是很困难的,因此我们对外部使用者进行了分析,发现对外的财务会计报告主要面向两种使用者——投资者(包括潜在投资者)和债权人(包括潜在债权人)。企业可以在主要满足投资者和债权人的信息需求的同时,为其他需要相关财务信息的使用者提供有用的信息。

企业提供财务信息既要满足有关各方的需要,又要符合自身的条件。我国最新修订的《企业会计准则》将财务会计报告的目标定为"如实反映企业的财务状况、经营成果和现金流量等方面的有用信息",明确规定了企业应该具体提供的信息,并强调提供的信息除了要"有助于使用者做出经济决策"外,还应该"反映企业管理层受托责任履行情况",体现了财务会计报告既重视提供对决策有用的信息又重视反映受托责任的双重目标。

需要注意的是,财务会计信息不仅可以为外部使用者使用,也常常被用于企业内部管理,因此其常被称为具有"通用目的"的会计信息,这一名称表达了它可以被广泛使用的含义。

《企业会计准则》对于企业提供的财务会计信息还提出了质量上的要求,这些具体的质量要求我们将在本书第6章中进行阐述。

1.2.1.3　提供信息的方式——财务会计报告

在目前的条件下,企业主要是通过财务会计报告定期对外提供信息的,财务会计报告反映企业在报表编制日的财务状况、过去一定时期的经营成果以及现金流量情况。财务会计报告用货币语言陈述企业特征,传达了真实的企业信息。投资者和债权人评估一个企业是否能够在将来支付现金,一个主要的方法就是考察和分析这个企业的财务会计报告。

企业的财务会计报告主要有三种,即资产负债表、利润表和现金流量表,它们分别反映企业的财务状况、经营成果、现金流量信息。

(1)资产负债表(财务状况表):用财务语言反映一个特定日期的企业状况。

(2)利润表(损益表):反映一段时期里(如一个月、一个季度、半年或者一年)与利润相关的企业经营活动的成果。

(3)现金流量表:反映企业一段时间里现金和现金等价物流入、流出的详细情况。

具体说来,资产负债表就是企业一个瞬间的快照,反映一个时点上公司的状况。利润表则是描述公司在一段时间里投入产出的效果,体现了公司的盈利情况。有关现金流动的信息是外部使用者判断企业是否有足够的现金应付开销的重要依据,反映现金如何流动的就是现金流量表。

1.2.2　会计信息的内部使用

1.2.2.1　内部使用者

为了保证企业的有序经营,实现利润最大化,企业的管理层需要通过及时掌握会计信息来加强对企业的管理控制,以利于进行各项经营决策。会计信息的内部使用者,主要是指能够参与企业经营管理的中高层人员,具体包括董事会、监事会、总经理、首席财务官、部门经理、生产主管、分厂经理等。管理层除了需要财务会计信息外,还需要内部管理会计信息。

1.2.2.2　需要的信息内容——财务会计信息和管理会计信息

企业的财务会计报告和内部管理者之间不是割裂的关系,很多时候财务会计报告传达的信息也为内部使用者所使用,同时内部使用者的管理策略也会影响财务会计报告的信息反映能力。因此,前面讨论过的财务会计信息在为外部使用者提供决策帮助的同时,也是内部管理者决策的重要依据。内部管理决策具有实效性和多样性特点,内部管理者为了改善经营管理,常常需要更多的信息来为计划和控制提供依据,因此衍生出了管理会计来帮助内部使用者获得更多有用的资料。

(1)管理会计信息的含义

管理会计是为组织内部决策者准备、报告和解释会计信息的过程。管理会计信息的主要目的是帮助企业管理者制订计划和控制决策。企业何时进入新市场、企业需要什么样的技术、企业应该提供什么样的产品,这些都是计划决策需要解决的问题。如果公司绩效、目标没有实现该怎样改进,评价和明确雇员在实现组织目标过程中的表现与责任,这些则是控制决策需要解决的问题。

计划决策是以未来为导向的,通常表现为希望公司将来如何。控制决策是以过去和现在为导向的,比如公司现在已经取得了什么业绩,该如何提高。计划和控制决策贯穿企业全部活动的始终。管理会计信息对当前经济活动的控制和对未来经济活动的预测,表现为企业的预算管理、短期经营决策制定、长期投资决策制定、成本控制以及业绩评价体系等。

(2)管理会计信息的特征

不同层次的员工产生和使用的信息有很大的不同。因此,管理会计信息的类型和提供信息的种类,不像有着统一形式的财务会计报告,它们没有固定的规则,呈现出灵活多样的形态。但是不同的管理会计信息还有着以下共同特征。

①及时性。及时获取信息,将行业预测、产品供求关系及时联系起来,有助于加快新产品的研发和各项销售生产决策的制定。

②有效性。业绩评价系统评价的是雇员如何有效完成组织目标,成本控制系统评估的是资源如何有效利用。

③以未来为导向。尽管有些控制决策需要的信息是历史性的,但是管理会计信息的产生都是为了影响未来。现在的生产方式中有什么缺点,会造成怎样的产品质量问题,将会引起怎样的维修和产品召回成本?如果改进生产方式,可以怎样节约成本、提高效率?管理会计信息的目标是让管理人员制定最有利于企业的决策。

本节讨论到这里,请回顾一下什么是会计目标?在外部使用和内部使用中实现会计目标的方式有什么不同?财务会计和管理会计分别具有什么样的目的和内容?同时可以思考一下,如果继续以前面提到的那家小服装店为例,我们是这家小店的债权人,那么我们关注的信息是什么?如果我们是这家店铺的投资者,我们关注的是什么?如果我们是这个城市的潜在投资者,正在观察和考虑可投资的行业,我们关注的是什么?如果我们是店铺经理,我们关注的又是什么呢?

1.3   会计信息系统

1.3.1   会计程序

为了达到对决策有用的各项信息进行确认、计量、记录、汇总和报告的目标,我们建立了一套相互关联的活动或程序,这就是会计信息系统。

不同企业的会计信息系统不尽相同,有的业务简单的企业用手工账进行简单操作;有的业务复杂的企业运用成熟的财务软件、电脑提供各种报告,设立内部审计部门进行核查。随着数据库、网络信息技术的发展,财务软件逐渐向企业资源计划(ERP)等高度集成化的软件发展。ERP是基于企业价值链的现代管理系统,它集企业的物流、价值流和信息流于一体。现代会计信息系统是 ERP 的重要组成部分,是 ERP 的重心,是整合企业各个部门各种资源的最佳手段,可实现管理会计与财务会计的一体化以及财务业务的一体化。

无论采用什么样的人员、设备配置和程序设计,会计信息系统的根本目的都是为组织的决策提供所需的会计信息。

在这个根本目的的基础上,我们从两个方面来设计企业的会计信息系统。一是分析信息的需求情况。比如哪些信息是应该提供的?二是分析提供信息的成本。比如企业可操作的资源中哪些人员和设备成本是可以承受的? 可以采取怎样的程序既降低获取信息的成本消耗、简化获取环节,又保证信息的充分和有效? 怎样才是获取信息成本、收益的最佳配置?

所以,会计信息系统的设计,也就是企业提供会计信息的程序和内容,受成本、收益的影响。会计信息的成本包括从搜集、整理、报送、审验到分析的所有代价,还包括会计信息披露后可能造成的一些不利影响等。从企业的角度看,会计信息的收益是吸引投资和融资、提高经营管理效率等;从投资方和债权人角度看,会计信息的收益是降低投资风险、了解投资报酬等;从整个社会经济的角度看,会计信息的收益是社会资源的合理配置。只有当会计信息所带来的收益大于其成本,这些会计信息才应该被设计进会计信息系统环节中。

考虑完成本、收益后,我们开始设计企业会计信息系统。设计会计信息系统一般都包括以下一些基本程序:

(1) 记录交易或者事项。

(2) 将类似业务合并为一类。

(3) 将分类后的结果进行汇总。

(4) 传递会计信息,比如编报财务会计报告。

(5) 分析传递出的会计信息。

各个组织在设计会计信息系统时,每一个步骤的实现方式和速度的不同,造成了会计信息系统的差异性。这样一个包含着记录、分类、汇总、传递和分析等会计信息处理步骤的过程被称为会计程序或者会计循环。

以我们准备开设的小服装店为例来分析一个简单的会计程序。我们在银行开立账户,用“银行存款”来记录支付采购款和收取销售款的情况。将所有的款项进出都记录下来,如表1.1所示。

表1.1 小服装店8月份“银行存款”账户 单位:元

20××年		凭 证		摘 要	收 入	支 出	结 余
月	日	字	号				
8	1			期初余额			20 000
	3	银付	1	付货款		8 000	12 000
	12	银收	1	销售收款	16 000		28 000
	17	银付	2	付水电费		400	27 600
	24	银付	3	付房租		2 000	25 600
	28	银付	4	付工资		1 400	24 200
	31			本月合计	16 000	11 800	24 200

我们通过记录款项的进出情况达到控制和管理资金的效果。在这里我们先通过开列的支票等记录款项进出情况,然后分类,将涉及银行款项的业务摘录进来,并对款项进出分别汇总,合计出本月银行存款的总收入、总支出和期末余额。我们将分类汇总出来的数据通过报告进行传递,比如我们可以通过资产负债表传递期末余额的信息,如表1.2所示。

表 1.2 小服装店资产负债表

20××年8月31日   单位:元

资 产	期初值	期末值	负债及所有者权益	期初值	期末值
银行存款 （其他略）	20 000	24 200	短期借款 （其他 略）	略	略

在这个例子中,我们记录了服装店银行存款这个账户的变化过程和当前状态。此外,还可以用同样的程序记录、分类、汇总、报告和分析经济活动中其他方面的变化和状态。它们最终汇集成决策所需且组织能够提供的会计信息流。

1.3.2 会计核算方法

财务会计信息系统一般是由会计方法实现的。会计方法是用来反映和监督会计对象,以完成会计任务的手段,包括会计核算方法、会计分析方法和会计检查方法。作为其中基本项目的会计核算方法,是对经济活动进行完整、连续和系统的记录和计量的方法,一般包括下面七个方面。这七个方面我们将在本书后面的内容中加以详细讨论,在此先做一个概括介绍。

财务会计信息系统的作用对象是企业的经济业务。经济业务就是企业发生的经济活动。经济业务又被称为交易或者事项。不论是涉及外部的还是内部的经济活动,都包含了许多财务信息,需要通过财务会计运用货币的形式加以记录和反映。会计核算的七个方面就是企业发生了经济业务之后收集经济信息的一系列方法。

1.3.2.1 设置账户

设置账户是对会计对象的具体内容进行归类、反映和监督的一种专门方法。根据规定的会计科目设置账户,登记各项经济业务,以便于对复杂的会计核算对象进行连续、系统的反映和记录,达到随时分析、检查和监督的目的。刚才我们举例的表 1.1 小服装店的“银行存款”账户就是连续、系统地记录经济业务的账户。

1.3.2.2 复式记账

复式记账是将每一项经济业务在两个或者两个以上有联系的账户上进行登记的一种专门方法。任何经济业务的发生,都会引起至少两个方面的资金增减变动。如果去银行取钱,银行户头里的资金会减少,手上的现金会增加。如果用这些现金去付员工本月的工资,则在现金减少的同时,本月的工资费用会增加。运用复式记账,可以全面地反映经济业务的来龙去脉,便于我们了解企业资金运动的变化情况。

1.3.2.3 填制和审核会计凭证

为了保证会计记录的完整性、真实性和可靠性,为了审查经济活动是否合理、合法,我们通过对每一项交易或事项填制会计凭证的专门方法来提供经济业务的书面证明和会计账簿的登记依据,以明确经济责任,保证会计核算的质量。

1.3.2.4 登记账簿

登记账簿是根据会计凭证记录的信息,在账簿上连续、系统、完整地记录经济业务的一种专门方法。通过记账过程,我们将会计信息完整、系统地填列出来。定期地对账和结账,能够审查会计信息的采集、记录工作的质量,为会计报告的填制提供依据。

1.3.2.5 成本计算

成本计算是按一定的成本对象,对生产和经营过程中所发生的成本、费用进行归集,以确定各对象的总成本和单位成本的一种专门方法。以此方法分析成本构成的情况,考核成本计划的完成情况,能够优化资源利用,降低成本消耗,达到提高企业经济效益的目的。

1.3.2.6 财产清查

财产清查是通过对货币资金、财产物资和结算款项的盘点和核对,查明实有数,确定账面结存数和实际结存数是否相符,以保证会计核算资料真实性的一种专门方法。对财产进行定期或不定期的盘点或核对,查明账实是否相符,对不相符的差异进行账面记录的调整,使之账实相符,并且进一步查明原因,分清责任,是加强企业物资管理,保护企业财产安全完整,保证会计资料正确、可靠的途径。

1.3.2.7 编制财务会计报告

编制财务会计报告是定期总括、反映企业经济活动和财务收支情况的一种专门方法。企业通过财务会计报告向外部信息使用者传递会计信息,为他们提供制定决策的依据,也向内部信息使用者传达改善经营管理、评估绩效的信号。财务会计报告是企业会计信息的集中体现。

会计核算方法的各个方面组成一个完整体系,彼此紧密联系。在会计系统中,日常的经济业务通过这些方法有序推进,最终达成为决策提供信息的目标。会计核算方法各个方面的关系可以用图 1.3 来表示。

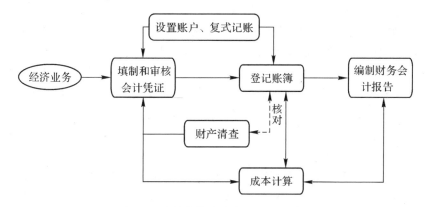

图 1.3 会计核算方法各个方面的关系

1.4 会计的含义与职能

1.4.1 会计的含义

在回到会计的含义这个本章初始命题之前,我们已经讨论了很多问题:信息和决策有什么关联;组织和信息的关系是什么样的;会计又和组织的决策所需要的信息有什么联系;围绕会计的目的是什么,我们分别讨论了财务会计和管理会计、外部信息使用者和内部信息使用者；建立会计信息系统需要什么步骤，它们通过哪些方法完成。

现在，我们重复本章最开始提出的问题："什么是会计？它有什么作用？我们为什么需要它？它又是怎么工作的？"有些答案在前文中已经揭晓，有些答案可能已具雏形。

"会计是一种商业语言，用来描述各种类型的经济活动。它用通用的标准和专业的术语，使管理者、投资者、债权人以及其他相关人士能够理解其传递出来的企业的经济信息。"

"会计是一种观察企业的方式，它为组织决策提供依据。"

这些语句都是不同的人为会计下的定义。会计的含义体现着对会计本质的理解，而对于会计本质的观点，目前中外会计界并没有统一的意见，因此会计的定义、内容和范畴没有一致的界定。会计的含义和会计的目的一样，是会计理论中最核心的部分。

我国会计界对会计本质的认识，经历了两种理论占主导的时期。改革开放初期，计划经济时代的"管理工具论"升级为"管理活动论"，"管理活动论"认为会计具有管理的职能，强调会计的监督职能，认为会计是管理活动的重要组成部分。

随着我国和国际会计界的接轨以及经济发展步伐的加快，"信息系统论"逐渐替代"管理活动论"成为主导。"信息系统论"认为，会计的本质是一个信息系统，强调会计的反映和支持决策的职能。这个观点来源于美国会计协会，它认为在本质上，会计是一个信息系统。更精确地说，它是一般信息理论在有效率的经济营运问题上的一种应用。

第一，作为一个信息系统，会计并不仅仅局限于记录财务信息，它描述的是纷繁复杂的经济信息。经济信息是对人类经济活动的状态、规模、特征及其关系与变化的表述。它们的内容丰富，会计活动需要对它们进行合理的加工，才能形成有价值的信息，提供给决策者。经济信息中的财务信息是在商品经济条件下，企业的生产和再生产借助于价值的运动而产生的一类信息，用以描述价值运动的信息，因而其又被称为货币信息。毋庸置疑，财务信息是经济信息最重要的组成部分。

第二，会计系统是一个多层次的人造信息系统。会计系统包括许多层次，比如复式记账、财务会计报告、分析财务信息和制定会计制度等都是不同的层次。整个系统是人为设定的，需要达到既定的目标，实现特定的功能。会计目标决定了会计系统运行的方向。因此为什么样的使用者提供什么样的决策信息，是会计系统的根本方向。

综合上面的观点，我们将现代会计定义为：会计是以计量、处理和传达有关一个经济单位的财务信息为主的经济信息系统。会计信息的使用者根据这个信息系统所提供的信息做出合理的经济决策。

会计被用来满足组织内部决策和外部决策多方面的需要。内部决策和外部决策彼此之间相互关联。

1.4.2　会计的职能

会计的职能同样是有争议的问题。一般认为，会计在经济管理活动中所体现出的功能主要有反映、监督和参与经济决策三个方面。其中，反映和监督是最基本的职能，参与经济决策是衍生功能。

1.4.2.1　反　映

会计这一人为的信息系统，基本的使命就是通过一定程序，提供以财务信息为主的经济信息。会计人员以货币或其他度量单位将组织的经济行为转换为连续、系统、全面和综合的经济信息,反映出组织的财务状况、变化过程和经营成果,这就是会计的反映职能,也称为核算职能。

　　会计在一系列经济业务中进行的记录、分类和汇总工作所针对的对象是历史信息。反映过去,让我们了解现在,才能够合理地计划未来。因此,会计的反映职能是会计最为重要的职能。从会计产生的那一刻起,反映职能就已经成为会计实现提供决策所需信息目标的基本职能。

1.4.2.2　监　督

　　对于脱离目标的行为偏差进行干预和矫正,就是监督的含义。会计的监督职能可以在反映职能的基础之上,通过自己所提供的信息,揭示实际运行和计划预算有什么样的偏差,以便人们采取及时有效的措施,将经济活动修正和调整,达到预期目标。这就是监督职能中的反馈控制机制,它可以在经济业务发生过程中和发生之后发挥控制作用,还可以通过会计程序的设计、会计制度的颁布、会计方法的选用等手段来进行事前监督。组织自行设立内部审计部门进行监督,或者接受外部公共审计和政府部门监督,能够保证会计信息客观、真实、可靠,保障会计核算工作合理、合法地进行。监督功能同样是会计的基本职能。

1.4.2.3　参与经济决策

　　从会计的反映和监督两个基本职能派生出来的,是会计参与经济决策的功能。决策的好坏直接影响着企业的存活。一个决策的制定,往往经历从收集信息、建立目标、分析方案到选择最优方案的过程。会计信息系统收集大量过去和现在的信息,提供预测未来的信息,供给了企业决策所需的大部分信息,因此在企业的经济决策中扮演了很重要的角色。所以现代会计早已不仅仅停留在"簿记"层面,而是通过参与经济决策发挥着更为广泛的作用。

1.5　会计职业与会计学科体系

　　使用自己的特殊商业语言方式,将组织纷繁复杂的业务详细梳理并传达信息,以协助社会资源分配的会计职业,就像医生、律师、建筑师一样,有着复杂且不断变化、演进的知识体系。在不同领域活跃着的会计人员,根据不同的需求提供着各项会计信息,他们形成了蓬勃发展的会计职业。这些职业主要分成四种类型:①企业会计;②非营利组织会计;③公共会计;④会计教育。我们结合会计职业来讨论与其相关的会计学科体系。

1.5.1　企业会计

　　企业会计服务于以营利为目的的企业组织(比如餐馆、商场、工厂、贸易公司、证券公司等)的会计人员,提供着企业内部和外部决策所需要的信息。依据工作侧重点的不同以及提供信息的内容和方式的差异,一般可以将企业会计分为财务会计、管理会计和内部审计等几个方面。

1.5.1.1　财务会计

　　能够凭借财务会计报告向外部和内部信息使用者提供会计信息的财务会计,需要遵循公认的会计原则和会计制度,对于企业已经发生的交易或者事项,通过特定的确认、计量、记录和报告等程序,对会计信息进行加工处理。它的主要使用者包括股东、债权人、内部管理者以及政府部门等。它主要涉及资金的筹集和运用等方面的信息,评价企业的偿债能力和获利能力,满足企业理财的需要。因此,财务会计又被称为"理财会计"。由于财务会计需要经过从账户设置、填制会计凭证、登记账簿到编制财务会计报告等一系列程序,从事会计的主要基础工作,所以又被称为"传统会计"。

根据研究内容的不同,财务会计可以分为三个层次:①会计学基础;②中级财务会计;③高级财务会计。通常情况下,会计学基础或会计学原理都是指财务会计的基础。因此本书所处的学科位置正在于此,我们这本书里将主要探讨财务会计的基本方法和原理。基于此的中级财务会计,主要研究会计要素中各个科目的确认、计量、记录和相关财务会计报告的编制的理论与方法。对于一些特殊事项,比如合并会计报表、关联方披露、债务重组、企业年金基金和套期保值等的会计理论和处理方法,都集中在高级财务会计中进行研究。

财务会计还有一个延伸——税务会计。税法与指导财务会计的会计准则并不相同,因此税务信息虽然与会计信息相关,但是不尽相同。会计信息往往需要经过调整或者重新组织之后,才能符合所得税报告的要求。税务会计因此应运而生,它按照税法的要求,将财务会计得出的会计利润,按照企业会计准则的规定调整成应税利润,据此申报和交纳税款。它的另一个更有意义的工作是进行税务规划,预测经济业务的税务影响,对税务进行筹划。由于内容所限,税务会计不在本书的讨论范围之内。

1.5.1.2　管理会计

从传统会计中分离出来,成为企业会计的一个重要分支的管理会计,其目标是通过运用管理会计工具和方法参与企业规划、决策、控制、评价活动,并为之提供有用的信息,推动企业实现战略规划。我们在前文中已经讨论了很多关于它的内容,这里主要讨论它的分支。根据工作内容的不同,管理会计有很多类型,常见的有以下几种。

(1)成本管理:以增收节支为目的,收集和报告企业成本会计信息的各项工作。可以通过比较企业实际成本与计划成本的差异来寻找成本差异的原因,还可以通过参与确定增收节支手段来提高企业经营效益。

(2)财务预测:对未来结果进行估计,向各个部门或个人提出财务目标,将实际达到的结果和这些预测目标进行比较,以形成评价业绩的手段。

(3)决策会计:参与企业的各项决策过程,提供与决策相关的信息,提高决策的正确性。这些与决策有关的信息和财务会计信息有相似性,它们更加灵活,比如可以是与一条新生产线的安置、企业扩张、资产重置等战略决策相关的信息。

管理会计和财务会计之间存在一定的差异,但是并不存在明显的界限。财务会计提供的主要是历史数据,遵循统一的会计准则和会计制度,虽然也面对内部使用者,但是主要服务对象是外部使用者。管理会计一般不受统一会计准则的约束,侧重于为企业内部经营管理服务,方法上更为灵活、多样;能够同时兼顾企业生产经营的全局与局部,面向未来,广泛应用数学方法。

一些国家将企业内部的所有会计职能统称为管理会计,其会计从业人员即管理会计师(CMA)由管理会计师协会(如美国的 IMA)加以规范、教育。这里的管理会计成为一个含义更为广泛的名词,它不仅包含了这里讨论的企业会计里的财务会计、管理会计和内部审计,还包括财务信息系统开发的工作,由经过会计和计算机信息系统双重训练的人员完成。

1.5.1.3 内部审计

内部审计是指企业会计人员对企业内部经济业务进行审查,评价企业经营各方面的效率。内部审计的目的是改善企业的管理,提高企业资源配置效率,最终提高企业的经济效益。内部审计工作包括制定企业内部控制制度,保障企业的员工在权责分明的情况下进行工作,比如建立账、钱分管的内部牵制制度。

内部审计师并不是独立于企业的,所以他们无法对企业的财务会计报告出具独立意见。一些国家建立了内部审计师协会(IIA),举行注册内部审计师(CIA)的全国统一考试,以此提高内部审计人员的专业能力。在这些国家里,会计人员并不一定要取得证书才能从事会计行业,但是获得 CMA 或者 CIA 证书可以增加就业机会,并且一个人可以既是 CMA 又是 CIA。

从以上叙述可见,企业会计可能会面对财务会计、管理会计或者内部审计方面的能力要求,需要在许多复杂的情况下做出职业判断。比如:怎样的会计处理算是合理的避税,而不是逃税?如果一家建筑企业需要两年才能造好房屋交付给客户使用,在两年的建设期间里什么时候确定收入?会计信息中什么样的信号足以引起会计的重视?这些问题为什么由会计来解决?为什么大家相信会计进行的判断和处理?

任何的判断和处理都可能因为粗心、缺乏经验或者无法预期的原因造成失误。企业会计进行的判断和处理也不例外。人们之所以相信会计,是因为会计有专业胜任能力,能将失误发生的概率降到比较低的范围内。会计的专业技术职称能够在一定程度上体现会计人员的专业胜任能力。会计专业职称分别有会计员、助理会计师、会计师和高级会计师等不同级别。国家对这些不同级别的专业技术职称设置了专门考试和评选条件。

1.5.2 非营利组织会计

行政机关和事业单位等非营利组织,比如公共图书馆、政府机关、公立学校等,也需要会计从业人员来设置会计系统、编制会计报告,以获取决策所需要的信息。这些非营利组织的会计工作和企业内部的会计工作有很多相似之处,但也存在一些不同的地方,比如:成本和收益不再是会计关注的重要问题,合理的税务规划也不再是会计讨论的内容。在税务部门,这些问题演变成了如何对征收的税赋进行管理。

我国的非营利部门,主要分成财政总预算、行政单位和事业单位三部分。这些部门的经费来源主要是政府的预算拨款和预算外资金,事业单位还能取得一些创收收入。因此非营利组织会计主要实行的是预算会计制度,记录预算执行过程,通过预算控制各种收支。当然,事业单位还要核算创收收入和成本等情况。这个领域的会计和企业会计有着相同的专业胜任能力考评系统。本书暂不将非营利组织会计作为讨论范畴。

1.5.3 公共会计

除了为特定组织管理提供服务的内部会计以外,会计人员还可以向公众提供更多服务,包括审计、税务咨询、代编会计报表和参与企业破产清算、审核、协助拟订合同章程等事项。国际公共会计领域发展最快的职能是提供管理咨询服务。管理咨询服务并不局限于会计事务和税务咨询,而可以提供各种领域的建议,比如组织结构的优化、新产品的研发投产、工艺流程的改进、兼并重组的策略等。当然,公共会计领域的工作者们在提供管理咨询服务时都会从财务角度考虑很多问题。

公共会计的从业人员一般以一个会计师事务所作为载体进行工作。就像其他独立的专门性职业(如律师、医生)一样,从事公共会计工作的人员,需要通过国家专门考试,获得政府指定机构颁发的证书资格,才可以接受委托,从事审计和咨询等工作,获得劳务费收入。在我国和其他很多国家,获得公共会计从业资格的会计人员被称为注册会计师(CPA),在英联邦国家则被称为特许会计师(ACCA)。注册会计师作为从业资格,区别于技术职称体系的会计师和高级会计师等。

我国注册会计师资格考试每年举行一次,具有高等专科以上学历或者具有会计或相关专业中级以上技术职称的中国公民都可以报名参加。注册会计师考试分为专业阶段考试和综合阶段考试。在通过专业阶段的全部6门科目(会计、审计、财务成本管理、公司战略与风险管理、经济法和税法)之后,才能参加综合阶段考试。综合阶段考试设有职业能力综合测试1门科目。专业阶段考试主要是测试考生是否具备注册会计师执业所需要的专业知识,是否掌握基本技能和职业道德要求。综合阶段考试则主要测试考生是否具备在注册会计师执业环境中运用专业知识,保持职业价值观、职业态度与职业道德,有效解决实务问题的能力。专业阶段考试的单科考试合格成绩5年内有效,对在连续5个年度考试中取得专业阶段考试全部科目合格成绩的考生,颁发注册会计师全国统一考试专业阶段考试合格证书。综合阶段考试应在取得注册会计师全国统一考试专业阶段考试合格证书后5个年度考试中参加,对取得综合阶段考试科目合格成绩的考生,颁发注册会计师全国统一考试全科考试合格证书。全科考试合格后,能够申请加入注册会计师协会成为个人会员。如果想取得正式执业资格,还需在中国境内从事审计工作2年以上,经过省级注册会计师协会审查批准后,才能获得注册会计师证书,拥有执业资格,成为协会的执业会员。中国注册会计师协会负责对在编注册会计师进行后续培训和管理工作。

公共会计工作除了要求从业人员具备一定业务能力之外,还要求其遵循一定的职业道德规范和独立审计工作规范。公共会计从业人员通过审查企业提供的财务会计报告等相关信息,依据会计准则和法规,保持公正立场,出具独立的审计意见。

公共会计的工作经验能够帮助会计人员拥有从内部观察多种行业多个不同企业的管理工作的机会,因此公共会计工作经验有特殊的价值。

1.5.4　会计教育

随着社会对会计专业人才的需求增大,会计教育工作者的人数也在增加。会计教育工作者一要进行专业教学,并且影响、鼓励学生对会计行业的选择;二要进行研究,推出重要的研究成果;三要不断接受新的会计教育,适应会计领域日新月异的变化。有不少会计教育工作者会兼职于实务部门,观察和获得行业的第一手资料。

在这个部分我们讨论了几种领域的会计职业以及它们的胜任能力。需要指出的是,会计从业者不但需要具有胜任能力,而且需要具有道德能力。面对问题,如何选择解决方法,胜任能力会告诉我们许多可行的答案和不可行的答案,道德能力让我们从中进行挑选。道德能力在我们的工作生涯中所发挥的作用是不容忽视的,在掌握知识的同时培养道德能力,是不比学习知识本身次要的。具体的会计职业道德部分将在本书的第6章中进行讨论。

总结上面的内容,我们可以看出现代会计的范围远远大于簿记工作。作为会计基础事务的簿记工作,是记录各种日常业务的账务工作,它是会计职业工作的重要组成部分。但是现代会计有着更为丰富和重要的内容,包括成本控制、决策建议、税务规划、审计、管理咨询等许多专业内容。社会中更为稀缺的是那些拥有扎实专业理论基础和丰富经验的高级财务管理人员。成为这样的职业人员,需要的是多年努力学习、丰富自身经历和不断更新知识的学习能力。希望这本书能够带领很多人进入会计这一领域。本书是会计学科体系的基础部分,是研究其他各类会计、财务管理和审计等经管类学科的基础。

习 题

一、简答题

1.讨论一下你们身边存在哪些会计信息,你们是如何使用的?

2.组织有哪些类型? 它们是否都需要会计信息?

3.财务会计和管理会计的区别是什么?

4.组织信息的外部使用者有哪些需求,会计如何满足他们的要求?

5.组织信息的内部使用者的需求是如何得到满足的?

6.会计信息系统的设计依据是什么?

7.会计信息系统一般通过什么样的程序运作,使用什么样的核算方法?

8.关于会计的含义有哪些不同的观点,如何理解?

9.会计的基本职能是什么?

10.会计的职业有哪些类型,彼此有什么区别? 对会计学科知识体系的架构有什么影响?

二、判断题

1.会计是一种商业语言。 ( )

2.现代会计的主要工作是簿记工作。 ( )

3.会计是一个以财务信息为主的经济信息系统。 ( )

4.财务会计信息和管理会计信息都侧重历史性信息。 ( )

5.管理会计可以进行预算管理、成本控制和业绩评价等工作。 ( )

6.会计的目标是要帮助组织节省成本、提高效益。 ( )

7.企业内部审计人员的重要工作是对财务会计报告提供独立审计意见。 ( )

三、单项选择题

1.企业会计信息的外部使用者不包括( )。

    A.银行   B.分厂厂长

    C.客户   D.公众

2.企业会计信息的内部使用者不包括( )。

    A.财务部经理   B.企业总经理

    C.审计部负责人   D.股东

3.会计的基本职能有( )。

    A.反映、监督和参与经济决策   B.监督、控制和参与经济决策

C.记录、分析和检查 　　　　　　　　D.监督、控制和分析

4.设计会计信息系统的步骤一般不包括(　　　　)。

A.分析会计信息 　　　　　　　　　　B.设置内部牵制程序

C.对经济业务进行分类 　　　　　　　D.记录交易或者事项

5.财务会计方法不包含(　　　　)。

A.会计预测方法 　　　　　　　　　　B.会计核算方法

C.会计检查方法 　　　　　　　　　　D.会计分析方法

6.会计核算方法不包括(　　　　)。

A.成本计算 　　　　　　　　　　　　B.设置账户

C.财产清查 　　　　　　　　　　　　D.报表分析

7.以下各项除了(　　　)外都是管理会计信息的特点。

A.有效性 　　　　　　　　　　　　　B.以未来为导向

C.遵循一定的会计准则 　　　　　　　D.及时性

8.财务会计的特点不包括(　　　　)。

A.灵活性 　　　　　　　　　　　　　B.受一定的会计准则的约束

C.反映历史信息 　　　　　　　　　　D.主要通过财务会计报告传递信息

四、思考题

1.你是一家新成立的商业公司的会计主管人员,需要为公司设计会计系统。请问:

(1)你将考虑什么因素进行设计?

(2)你的设计内容将包含哪些功能和程序?

(3)你设计出的会计系统的职能是什么?

(4)怎么解释你设计的这个会计系统的目标?

2.请参考本书第2章开头的会计报表,说出对于企业的债权人、投资者、管理层而言,他们各自关心什么问题? 他们可能做出什么样的决策?

3.思考以下几个有关会计职业的问题,对于学习会计的角度和态度有很大帮助:

(1)如果你想成为一家跨国公司亚太地区的财务总监,从现在起,你该如何设计自己的学习和职业生涯?

(2)如果你想在公共会计领域取得一定成绩,该如何努力呢?

(3)你觉得不同的会计职业可能获得的价值是怎样的,分别有哪些挑战?

(4)为什么懂得财会知识对于企业的管理人员来说是很有优势的? 你知道哪些人是从财会领域出发成为企业经营管理者(如首席执行官或地区总裁等)的?

第 2 章　会计信息处理的基础

学习目标

1. 初步了解资产负债表和利润表的内容。
2. 理解会计要素的含义、特征、确认条件和主要内容。
3. 深入理解会计等式的意义。
4. 理解资金运动规律,了解资金运动过程。
5. 了解会计计量属性,讨论几种计量方式的适用情况和具体含义。

2.1　财务会计报表简示

在讨论会计信息处理的基础,了解用什么方式将会计信息加工为通用语言之前,我们先来看一下财务会计信息经过处理后的表达方式——财务会计报表。财务会计信息主要是通过财务会计报表传达的。一个企业具体是怎样的情况,我们很难看清楚,也很难给别人描述清楚。财务会计报表就是企业的透视报表,观看这些透视报表,可以集中精神关注我们想了解的情况,从而做出合理的决策。如果我们是投资者、债权人或者是准备投资一家企业的人,通过观察企业公布的财务会计报表,我们可以了解许多我们想知道的企业的信息。因而学习财务会计报表的形成过程,了解会计术语的含义,是更好地理解财务会计报表、把握企业经济信息的方式。本书的第 10 章将会详细讨论会计报表的细节问题,因此我们在此只做简单介绍。

我们通过观察一个样本来学习财务会计报表是如何传递信息的。为了增强我们的观察效果,我们希望观察的这个样本企业有一定的业务规模,各种相关信息相对比较多。所以这次我们考察的不是上一章提到的我们创设的那家小服装店,而是在此基础上重新成立的一家服装批发公司。在几年的发展中,我们的小店经营有效,不仅生意兴旺,逐渐掌握了稳定的生产货源,还成为许多小店效仿的对象。在这样的竞争环境下,我们不再满足于零售的方式,经过反复思考,我们决定关掉小店,于 20××年 11 月着手成立服装批发公司,专门向各类服装零售店提供商品。20××年 12 月是服装批发公司正式成立的第一个月,现在就来看一下这个月月底公司出具的财务会计报表。

　　财务报表通常有三种形式,即资产负债表、利润表和现金流量表,它们分别从三种不同的角度显示了企业的经济信息,它们之间也有着重要的钩稽关系。

　　我们先来看资产负债表。它描述的是企业在一个特定时点上的财务状况。每个企业在一定时期(如月末、季末和年末)都会编制资产负债表。表 2.1 所示的是服装批发公司20××年 12 月底的资产负债表。

表 2.1　服装批发公司资产负债表

20××年 12 月 31 日　　　　　　　　　　　　　　　　　单位:元

资　产	金　额	负债及所有者权益	金　额
流动资产:		流动负债:	
库存现金	7 840	短期借款	200 000
银行存款	1 970 726	应付票据	348 000
交易性金融资产		应付账款	
应收票据	365 400	预收账款	
应收账款	233 740	应付职工薪酬	
坏账准备	−3 200	应交税费	121 656
预付账款		应付股利	91 590
其他应收款		其他应付款	57 000
在途物资		应付利息	1 200
库存商品	312 500	流动负债合计	819 446
流动资产合计	2 919 006	非流动负债:	
		长期借款	
		非流动负债合计	
非流动资产:		负债合计	819 446
固定资产	3 081 800	所有者权益:	
累计折旧	−5 000	实收资本	6 000 000
无形资产	1 200 000	盈余公积	45 795
累计摊销	−10 000	未分配利润	320 565
非流动资产合计	4 266 800	所有者权益合计	6 366 360
资产总计	7 185 806	负债及所有者权益合计	7 185 806

　　我们可以看出,资产负债表由左右两个部分组成,左边部分叫作“资产”,右边部分包括两层,即“负债”和“所有者权益”。在左边的资产中,货币资金(库存现金和银行存款)位居最前列,接着是其他在运营中转换为现金或者被消耗速度比较快的资产,我们把这些称为“流动资产”,跟随其后的是固定资产(如建筑物等)和无形资产等相对比较长期的资产。在表格的右边,负债居于所有者权益的上面,所有者权益包含实收资本和留存收益(盈余公积和未分配利润)两个概念。左边资产的总额和右边负债及所有者权益的总额相等。这个相等的关系是资产负债表平衡的表示,它是永远存在的。

接着,我们来看另一张重要的财务会计报表——利润表,即损益表。利润表是对企业一段时期里的经营业绩的总结描述。表 2.2 所示的是这家服装批发公司 20×× 年 12 月的利润表。

表 2.2 服装批发公司利润表(简化)

20×× 年 12 月 单位:元

项 目	行次(略)	本月数	本年累计数
一、营业收入		1 636 500	1 636 500
减:营业成本		871 200	871 200
税金及附加		1 800	1 800
销售费用		71 700	71 700
管理费用		96 000	165 800
财务费用		1 200	1 200
资产减值损失		3 200	3 200
加:公允价值变动收益(损失以"-"填列)			
投资收益(损失以"-"填列)		11 000	11 000
二、营业利润(亏损以"-"填列)		602 400	532 600
加:营业外收入		103 000	103 000
减:营业外支出		25 000	25 000
三、利润总额(亏损总额以"-"填列)		680 400	610 600
减:所得税费用		152 650	152 650
五、净利润(净亏损以"-"填列)		527 750	457 950

表 2.2 列示了各项收入和费用开支,计算后得出 20×× 年 12 月的所得税前利润总额,再减去所得税费用部分,最终得到净利润。如果公司经营不佳,收不抵支,就会出现净亏损。在表 2.2 中,所有数字既不是 12 月 1 日也不是 12 月 31 日当天的数据,而是整个 12 月份的数据。20×× 年 12 月就是这张利润表所描述的时间段。这张表中出现了"收入""费用"和"利润"这些会计术语,相对而言,这些名词在生活中并不陌生,但是在会计中它们的界定和确认有些什么明确规定? 接下来就会探讨。

现金流量表是从企业的经营活动、投资活动和筹资活动三个角度解释企业一段时期里现金增加和减少的情况。小企业会计报表可以不包括现金流量表。这里暂时对现金流量表进行简略处理,本书后面的内容会做更为详细的介绍。

企业在期初和期末的时候编制资产负债表,运用财务语言对企业所处的状况进行静态描述。然后使用利润表和现金流量表,对于期初和期末两张资产负债表反映的企业所发生的变化,运用财务语言加以动态描述,表现为图 2.1 所示的形式。

图 2.1 财务报表之间的关系

2.2　会计要素

　　根据刚才阅读的两张财务会计报表,进一步解释涉及的会计术语,即这两张表涉及的六个名词——资产、负债、所有者权益、收入、费用和利润,它们就是我国《企业会计准则》界定的六个会计要素。财务会计报告按照这六个要素进行分类计算和处理,从而形成会计信息处理的基础。那么,这些会计要素究竟有什么含义呢?

　　以货币形式为主、其他形式为辅计量的企业经济活动是一种资金运动。会计工作所加工处理的对象正是这种资金运动。在一个企业中,资金运动表现得极为复杂。例如我们的服装批发公司,资金投入后常见的是货币资金形态,采购服装后便形成了成品资金形态,在销售完服装以后获得资金回笼,因此又变回货币资金形态,从而可以再进行资金分配或退出。如果发生了赊购和赊销行为,货币资金形态由结算资金形态表现。如果企业形式换成制造业、建筑业等企业,以货币资金购买的原材料等物资形成储备资金状态,在经过加工制造过程的生产资金状态后,才能到达产成品形成后的成品资金状态。这些状态不断循环交替,反映出一个企业的资金投入和退出的日常运动状态,如图2.2所示。

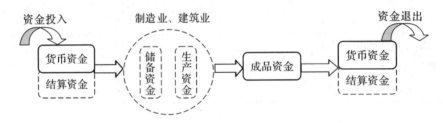

图2.2　资金运动的过程

　　按照经济特征对上述复杂的资金运动(会计的对象)加以分类便形成了会计要素。因此会计要素就是会计对象的具体表现,是反映企业财务状况和经营成果的基本单位。它帮助会计人员将纷乱繁杂的经济业务以分类和汇总的方式加工成全面而系统的信息。在分别反映企业财务状况和经营成果的财务报表中,六个会计要素就是基本组成部分。因此,会计要素又被称为财务报告要素。对会计要素的规定,各国存在着一定的差异。国际会计准则委员会(IASC)和美国财务会计准则委员会(FASB)分别定义了五个和十个会计要素。我国的企业会计准则吸纳了国际会计准则的界定特点,设置了六个会计要素,要素的定义接近国际会计准则标准。在这六个要素中,资产、负债和所有者权益属于静态要素,反映一个时点的静态状况;收入、费用和利润属于动态要素,反映一个时段里的动态成果。企业应当按照交易或者事项的经济特征来确定会计要素。理解会计要素的具体内容是掌握会计语言的基础,也是区分和处理具体业务问题的依据,对于学习本书后面的内容有着至关重要的作用。

2.2.1　资　产

2.2.1.1　定义和特征

资产是会计要素中最为重要的一个,是所有会计要素内在有机联系的核心。会计学上的"资产"在经济学上是"经济资源"的概念,正因为有了这些资源,才会有资源的所有权问题,才会有这些资源的流入与流出问题,也才会有所有者权益、负债、收入、费用等问题。

资产在《企业会计准则》中的定义是:"资产是指企业过去的交易或者事项形成的、由企业拥有或者控制的、预期会给企业带来经济利益的资源。"资产是包括各种财产、债权和其他权利在内的经济资源。一些资产具有实物形态,比如房屋建筑物、商品、运输工具和机器设备,一些资产并没有有形的形态,比如客户应该付给企业的款项、专利权或者土地使用权等。但不论是以哪种形态存在的资产,都具有以下三个特征。

(1) 资产是由企业过去的交易或者事项形成的。这意味着会计记录和报告的是已经发生的经济业务,比如已经发生的购买、生产、建造行为或者其他交易或事项。能够使企业获得经济利益、控制别人获得这种利益的交易或其他事项必须是已经发生的。预期在未来发生的交易或者事项不形成资产。所以将可能要发生并可能获得的资产进行提前确认是不被允许的。只有当资产上的风险和报酬转移到企业后,才能考虑确认为资产。

(2) 资产是由企业拥有或者控制的。这意味着企业享有某项资源的所有权,或者虽然不享有某项资源的所有权,但该资源能被企业控制。比如融资租入的固定资产,虽然企业没有所有权,但是企业可以实际控制和支配这些资产,因此,如果这些资产仍符合资产的确认条件和其他特征,在资产负债表上就能确认为企业的资产。

(3) 资产预期能够给企业带来经济利益。这意味着资产具有直接或者间接导致现金和现金等价物流入企业的潜力,强调了资产的有用性或者盈利性。资产是企业拥有或者控制的,但是企业拥有或者控制的资源未必都是资产,未来不能给企业带来经济利益的就不是资产。有些资源原来是可以给企业带来未来经济利益的,但由于后来情况发生了变化,比如一项专有技术被另外的新技术取代,没有了转让价值,就不能再被确认为资产。如果一幢建筑物的可收回金额低于其账面价值,说明可以带来的未来经济利益减少了,就需要提取减值准备。

2.2.1.2　确认条件

资源在满足上述三个特征以后,还必须具有以下两个确认条件才可以被列入资产负债表。

(1) 与该资源有关的经济利益很可能流入企业。比如已经签订购买合同的商品,虽然销售商还没有将其运出仓库或没有送到购买方企业所在地,但是由于所有权已经转移给购买方企业,商品上所含的经济利益(比如涨价后的得益)已流入购买方企业,所以应将其视作购买方的资产。

(2) 该资源的成本或者价值能够可靠计量。可靠计量是指必须取得确凿、可靠的证据,并且具有可验证性。

对于符合资产的定义但不符合资产的确认条件的项目,应在会计报告附注中进行相关披露。

2.2.1.3　主要内容

资产的构成内容相对比较多,分类方法也有很多。我们使用最多的是按照流动性进行的分类。所谓资产的流动性,就是指在不需要大幅度价格让步的情况下,资产转换为现金、出售或者耗用的速度,以此表现资产带来未来现金流量的能力。按照流动性不同,资产主要可分为流动资产和非流动资产(长期资产),如图2.3所示。

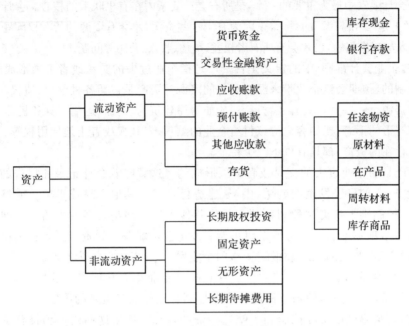

图2.3　资产的主要内容

1.流动资产

流动资产是指主要以交易目的而持有的,或者预计能够在一个正常营业周期内变现、出售或者耗用的资产。正常营业周期是指企业从购买用于加工的资产起至实现现金或现金等价物的期间。正常营业周期通常短于一年。生产周期较长等导致正常营业周期长于一年的,尽管相关资产往往超过一年才变现、出售或耗用,但其仍应当划归为流动资产。正常营业周期不能确定的,应当以一年作为正常营业周期。流动资产具有形态改变快、周转快和流动性强的特点,包括库存现金、银行存款、应收账款、预付账款、存货等。图2.3中所列示的只是几个重要项目,并没有列举全部资产项目。

(1)库存现金:主要核算企业的库存现金;

(2)银行存款:核算企业存入银行和其他金融机构的各种存款;

(3)应收账款:核算企业因销售商品、提供劳务等应收取的款项;

(4)预付账款:核算企业按照购货合同规定预付给供货单位的款项;

(5)存货:在服装批发公司这样的商业企业中,存货包括库存商品、包装物和低值易耗品等。

在制造业企业中,流动资产还包括原材料、在产品和自制半成品等。

2.非流动资产

非流动资产是指除流动资产以外的资产。它具有形态相对稳定、周转慢和流动性较弱等特点。非流动资产包括长期股权投资、固定资产、无形资产和长期待摊费用等。下面简单介绍其中两个重要项目。

（1）固定资产：使用寿命超过一个会计年度，为生产商品、提供劳务、出租或经营管理而持有的有形资产，包括房屋建筑物、机器设备和运输工具等；

（2）无形资产：企业拥有或者控制的没有实物形态的可辨认非货币性资产，包括专利权、著作权、商标权、非专利技术和土地使用权等。

除了按照流动性分类，还可以依据其他标准将资产划分为核心资产和非核心资产、货币性资产和非货币性资产、金融资产和非金融资产等。

2.2.2　负　债

2.2.2.1　定义和特征

负债的定义和资产的定义相呼应。《企业会计准则》将负债定义为："负债是指企业过去的交易或者事项形成的、预期会导致经济利益流出企业的现时义务。"负债是企业的一种经济义务或者经济责任，代表了债权人对借款人的资产的要求权，它具有以下特征。

（1）负债是由企业过去的交易或者事项形成的。预期在将来要发生的交易或者事项可能产生的债务不能作为负债。

（2）负债是企业现时的义务，指企业在现行条件下已承担的义务，而不是潜在的义务。这些义务包括法定义务和推定义务。

（3）清偿债务将会导致企业未来经济利益的流出。企业往往会在将来把本企业拥有或者控制的资产或劳务转移给对方以清偿债务，也可以通过转化为所有者权益的方式来清偿债务。不论什么方式的偿还，最终都表现为含有经济利益的经济资源的减少。这是和资产相对应的特征。

2.2.2.2　确认条件

一项义务在符合负债定义的同时，还必须满足以下两个确认条件才可以在资产负债表中作为负债列示。这些确认条件也是与资产的确认条件相对应的。

（1）与该义务相关的经济利益很可能流出企业。

（2）未来流出的经济利益的金额能够可靠计量。

2.2.2.3　主要内容

负债一般根据偿还期限的长短划分为流动负债和非流动负债（长期负债），如图 2.4 所示。

1.流动负债

流动负债是指主要为交易而持有的，或者将在一个正常营业周期内偿还的债务。它包括短期借款、应付票据、应付账款、预收账款、应付股利、应付职工薪酬、应交税费、其他应付款等。下面简单介绍短期借款、应付账款和预收账款。

（1）短期借款：核算企业向银行或者其他金融机构等借入的期限在一年以及一年以内的各种借款；

（2）应付账款：核算企业因购买材料、商品和接受劳务供应等而应付给供应单位的款项；

（3）预收账款：核算企业按照合同规定向购货单位预收的款项。

2.非流动负债

非流动负债是指流动负债以外的负债，包括长期借款、应付债券和长期应付款等。

一项长期借款如果在资产负债表日之后的一年内到期，则应当在流动负债中列示。下

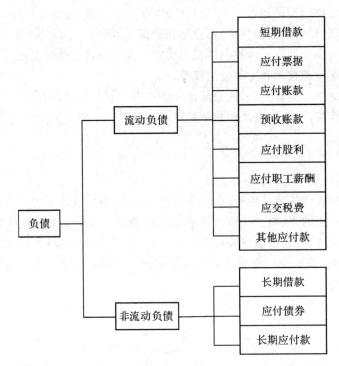

图 2.4　负债的主要内容

面简单介绍长期借款和应付债券。

（1）长期借款：核算企业向银行或者其他金融机构等借入的期限在一年以上的各种借款。

（2）应付债券：核算企业通过发行公司债券方式募集资金所需要归还的债务。这和企业拥有闲余资金、对外进行投资、购买其他公司发行的债券等是不同的。前者是一项负债，后者则作为企业的资产，根据时间长短可以分为交易性金融资产和持有至到期投资等。

2.2.3　所有者权益

2.2.3.1　定义和特征

所有者权益在《企业会计准则》中的定义为："所有者权益是指企业资产扣除负债后由所有者享有的剩余权益。"公司的所有者权益又被称为股东权益。

权益是资产所有者对其资产享有或可以主张的权利。债权人在企业中拥有的权益通过企业的负债要素来体现；企业所有者的权益，顾名思义，就是通过所有者权益要素来体现。负债和所有者权益两个要素共同反映企业的权益。

所有者权益具有以下特征：

（1）所有者权益的余额取决于资产和负债的计量，是由资产和负债的差额决定的，所以又被称为净资产。

（2）所有者权益是一种"剩余权益"。这里的"权益"表明：虽然所有者权益从形式上等于资产减去负债，但是所有者权益并不是这个差额本身，而是指对这个差额所拥有的权益，即投资人对投入的资本及其运用所产生的结果享有的所有权、占用权、处置权、分配权等要求权。"剩余"则说明该权益对企业资产的要求权是在负债之后的。企业对债权人同样负有经济责任,债权人对企业资产的要求权,从法律角度上优先于投资人。所以所有者享有的是剩余资产的要求权。表 2.1 中服装批发公司的资产是 7 185 806 元,负债是 819 446 元,所有者权益一定等于 6 366 360 元(6 366 360＝7 185 806－819 446)。

(3) 在企业持续经营的情况下,所有者投入的资金一般不能收回。所有者可以享受长期的权益,直到企业破产清算后结束。所有者可以获得的分红没有确定的金额。而债权人的权益却有着明确的时限和金额。同样是权益,所有者和债权人在企业享受着不同的权益内容,这是由他们一开始选定的。通过债转股等方式,他们可以选择转换角色,比如从债权人身份转换成所有者身份。

2.2.3.2 来 源

所有者权益的来源包括所有者投入的资本、留存收益、直接计入所有者权益的利得和损失等。

所有者投入的资本很容易理解。留存收益是企业从历年实现的利润中提取或者形成的留存于企业内部的积累,来源于企业的生产经营活动所实现的利润。留存收益是投资者的原始投资在企业内部滋生并留存下来的部分。

利得和损失是区别于收入和费用的两个概念,它们是指企业边缘性或偶发性交易或事项所形成的经济利益的流入或流出。这里,能够直接计入所有者权益的利得和损失,是指不应计入当期损益、会导致所有者权益发生增减变动的、与所有者投入资本或者向所有者分配利润无关的利得或者损失。其中,直接计入所有者权益的利得是指企业非日常活动所形成的、会导致所有者权益增加的、与所有者投入资本无关的经济利益的流入。

直接计入所有者权益的损失则是指企业非日常活动所发生的、会导致所有者权益减少的、与向所有者分配利润无关的经济利益的流出。

2.2.3.3 主要内容

所有者权益主要由实收资本、资本公积、盈余公积和未分配利润组成,如图 2.5 所示。

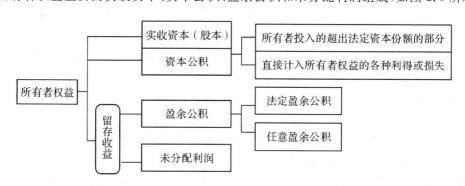

图 2.5 所有者权益的主要内容

实收资本是指投资者作为资本投入到企业中的各种资产的价值。股份有限公司对股东投入资本用"股本"来核算。投资者投入企业的资本可以是现金、其他有形资产、无形资产,比如货币、实物、工业产权、非专利技术、土地使用权、知识产权或者股权等用货币估价并可以依法转让的非货币财产。其中非货币财产需要通过评估作价。

资本公积是指由投资者或其他人(或单位)投入,所有权归属于投资者,但不构成实收资本的那部分资本或者资产,也即企业收到投资者出资额超出其在注册资本或股本中所占份额的部分。它的来源主要有所有者投入的超出法定资本份额的部分或者应直接计入所有者权益的利得和损失。资本公积是不能用于弥补公司亏损的,它是一种资本的储备形式。

盈余公积是指企业按照规定从净利润中提取的各种积累资金。盈余公积可以分为法定盈余公积和任意盈余公积两类。盈余公积可以用于弥补亏损和转增资本。根据《中华人民共和国公司法》(简称《公司法》)的规定,企业分配当年税后利润时,需要提取利润的10%作为企业的法定盈余公积。当法定盈余公积金累计额超过公司注册资本的50%以后,可以不再提取法定盈余公积。法定盈余公积转增资本时,所留存的法定盈余公积不得少于转增前公司注册资本的25%。

未分配利润是企业留待以后年度进行分配的结存利润。企业的留存收益中,没有指定用途、可以留待以后年度分配或者转为再投资的部分,就是未分配利润。它和盈余公积一起合称为留存收益,构成企业内部的积累资金。

2.2.4　收　入

2.2.4.1　定义和特征

我国《企业会计准则》中收入的定义是:"企业在日常活动中形成的、会导致所有者权益增加的、与所有者投入资本无关的经济利益的总流入。"收入就是企业向客户出售商品、提供服务的过程中得到的资源。收入具有以下特征。

(1) 收入是在企业日常活动中形成的。日常活动是指企业为实现其经营目标所从事的经常性活动以及与之相关的活动。例如,工业企业制造并销售产品、商业企业销售商品、保险公司签发保单、咨询公司提供咨询服务、软件企业为客户开发软件、安装公司提供安装服务、商业银行对外贷款、租赁公司出租资产等,均属于企业的日常活动。这就将收入和利得区分开来了。并不是除了投资者投资之外,企业所有增加的经济利益都是收入。产生收入的经营活动具有经常性、重复性和可预见性。企业在边缘性或偶发业务中取得或者是没有预期获得的收益,就是利得,而不是收入,比如企业罚款收入、公允价值变动或非流动资产处置时的净收益等。

(2) 收入是会导致所有者权益增加的、与所有者投入资本无关的经济利益的总流入。这说明收入的表现形式是经济资源的流入。经济利益的流入有时是所有者投入资本引起的,这就是所有者权益中的内容,而非收入范畴。收入的经济利益流入具体表现为资产的增加或负债的减少,最终体现为净资产的增加。比如销售10 000元商品确认收入时,就是增加了资产10 000元(银行存款、库存现金、应收账款等形式)或者抵消了负债10 000元(预收账款等)。如果企业为客户代收款项,比如增值税、利息税和押金等,增加企业资产(库存现金等)的同时增加了企业的负债(应交税费等),并不会形成所有者权益的增加,经济利益也没有流入本企业,所以就不是企业的收入。

2.2.4.2　确认条件

收入只有在符合定义、特征和以下两个确认条件以后,才能列入利润表。收入的确认条件是:

(1) 经济利益很可能流入从而导致企业资产增加或者负债减少;

(2) 经济利益的流入额能够可靠计量。

2.2.4.3 确认标准

在确认收入时,还涉及确认标准,其影响了确认收入的时间。应该在什么时候确认收入? 是在收到货款时,还是在签订合同、发出货物时确认收入? 对这个问题的不同解释,会影响不同时间段里确认的收入金额,从而导致各个时间段的利润总额发生变动。

目前比较通行的确认标准有两种:权责发生制和收付实现制。这两种方法对收入和费用的确认依据不同的标准,从而影响了企业经营业绩的各期计量结果。两种方法各有利弊。我国目前采用权责发生制作为会计确认、计量和报告收入的基础,并以现金流量表做补充。

权责发生制又被称为应收应付制、应计制,是指凡当期已经实现的收入和已经发生或应负担的费用,不论款项是否收付,都应作为当期收入和费用处理;凡不属于当期的收入和费用,即使款项已经在当期收付,也不应作为当期的收入和费用。这意味着,如果现在提供商品给客户,但是客户下个月才将货款补上,在权责发生制下,应该算是这个月的收入,而非收款当月即下个月的收入。

收付实现制又被称为现金收付制、现金制,是指凡当期实际收到或支付的款项,不论收入或费用是否在本期实现或发生,都视作本期的收入或费用;凡当期没有实际收到或支付的款项,即使收入或费用在本期实现或发生,都不作为本期的收入或费用。这意味着,如果现在提供商品给客户,客户下个月才付款,那么在收到款项的当月款项才能作为收入被确认入账。

有关权责发生制和收付实现制的内容,本书第 6 章有更为详细的说明。

2.2.4.4 主要内容

对于不同企业而言,收入的构成可能不尽相同。比如:银行的主要收入来源可能是利息收入和手续费收入,保险公司的主要收入来源是保费收入。因此收入的内容有很多。本书主要讨论的是商品流通企业和制造业企业。这些企业收入的来源一般由主营业务收入和其他业务收入组成。主营业务收入是指企业确认的销售商品、提供劳务等主营业务的收入。其他业务收入主要指除主营业务活动以外的其他经营活动实现的收入,包括出租固定资产、出租无形资产、出租包装物和商品、销售材料、用材料进行非货币性交换或债务重组等实现的收入。

2.2.5 费 用

2.2.5.1 定义和特征

费用的定义是与收入相对的,是指企业在日常活动中发生的、会导致所有者权益减少的、与向所有者分配利润无关的经济利益的总流出。费用具有以下特征。

(1) 费用是在企业日常活动中发生的。其与损失的区别是:损失是企业由于除主要的经营活动以外的或偶然发生的交易所导致的经济利益的流出,是被动的、边缘性的、管理者难以控制的,如企业罚款支出或者非流动资产处置的净损失等。而费用是经常性的主动行为。广义的费用包括损失,我国使用的是相对狭义的费用定义,和相对狭义的收入定义相匹配,接近于美国 FASB 的费用定义,区别于国际会计准则的费用定义。

(2) 费用是会导致所有者权益减少的、与向所有者分配利润无关的经济利益的总流出。费用的发生代表了经济资源的减少或牺牲,这种减少或牺牲表现为资产的减少、负债的增加或者兼而有之,最终导致所有者权益减少。比如:用现金或者现金等价物支付水电费,减少了资产,如果积欠没有支付,则增加了负债。

2.2.5.2 确认条件

费用还需要具备以下条件才能在利润表中确认：

（1）经济利益很可能流出从而导致企业资产减少或者负债增加。

（2）经济利益的流出额能够可靠计量。

2.2.5.3 确认标准

费用的确认受到三个标准的影响：权责发生制、配比性以及划分资本性和收益性支出。

（1）我国使用权责发生制作为确认、计量和报告费用的标准。所以，当期已经发生或者应当负担的耗费，不论有没有支付款项，都作为当期的费用处理；而不属于当期发生的耗费，即使当期支付了款项，也不作为当期的费用处理，比如这个月支付的上个月的电费，就不属于这个月的费用。

（2）我国根据流转过程收入理论强调费用与收入之间形成配比关系。也就是说，为取得当期收入而付出的代价，作为当期的费用确认。

根据权责发生制和配比性要求，费用确认的时点是根据相关支出的效用发挥时点来确定的，而非支出发生时点。因此，依据受益期确认费用。比如现在一次性支付明年一年的店面租金 12 000 元，受益的时间是明年，明年的每个月都获得了使用店面的效用。因此明年的每个月确认租金费用为 1 000 元，而不是在支付租金款项的现在确认 12 000 元费用。费用和当期实现的收入存在着因果的"期间配比"关系。

（3）费用和资产之间的界限由划分收益性和资本性支出标准来界定。

解释收益性支出和资本性支出之前，先明确支出的概念。支出，是指企业在生产经营过程中为了达到特定的目的而做出的支付行为导致的资源流出，发生于获得资产、清偿债务、交纳税金、分配利润等经常性业务中。和"支出"相对的就是企业没有付出努力而发生利益纯扣减的"损失"。企业资源减少有两种方式：支出和损失。

支出都是由特定目的形成的，根据其目的不同，可以分为偿债性支出、权益性支出、资本性支出和收益性支出。偿债性支出和权益性支出是企业为了偿还债务、交纳税金、分配利润等而导致的资源流出，有时可以合称为偿付支出。这些支出是否划分为费用，要依具体情况而定，比如用银行账户里的存款支付的本期企业所得税，是本期费用；但是用银行存款偿还的应付账款、短期借款等债务，就不是本期费用了。资本性支出和收益性支出是为企业带来经济效益的支出。如果一项支出能给企业带来超过一个会计期间（或一个正常营业周期）的效益，则称其为资本性支出，进行资本化处理，计入资产，在后续期间中再从资产转入费用，影响转入时期的损益。如果一项支出给企业带来的效益只作用于当期，则称其为收益性支出，记作费用，算入当期损益。比如：企业购买的生产设备可以使用五年，超过一个会计期间，所以我们将它资本化处理，计入固定资产，在使用过程中逐渐将其转入费用；企业支付的行政部门水电费等办公经费，效益作用于经费发生的该月，所以我们将其作为当月费用确认，形成当月利润的扣减项。

《企业会计准则》还规定了一些情况下的费用确定，如："企业发生的支出不产生经济利益的，或者即使能够产生经济利益但不符合或者不再符合资产确认条件的，应当在发生时确认为费用，计入当期损益。"可见不构成资产的支出作为费用确认。"企业发生的交易或者事项导致其承担了一项负债而又不确认为一项资产的，应当在发生时确认为费用，计入当期损益。"

2.2.5.4 主要内容

费用是一定期间所发生的全部收益性支出,是按期间归集的耗费,主要可以分为三个部分:第一部分是当期营业活动应承担的营业成本和税金,以"主营业务成本""其他业务成本"和"税金及附加"来核算;第二部分虽然不直接产生收入,但也是为获取当期收入而发生的经济利益总流出,如工会经费、利息净支出、展览费、行政人员的办公经费等,称为期间费用,主要指本期发生的、不能直接或间接归入某种产品成本的、直接计入损益的各项费用;第三部分是资产减值损失等企业为计提坏账准备等发生的损失(见图2.6)。

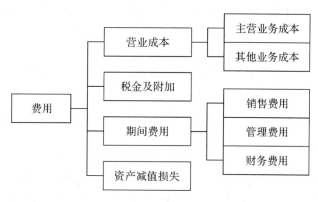

图 2.6 费用的主要内容

其中,期间费用又可以分成三个项目:①管理费用。管理费用主要是指企业行政管理部门为组织和管理生产经营活动而发生的各种费用,包括工会经费、职工教育经费、业务招待费、公司经费、无形资产摊销、劳动保险费等。公司经费主要是指企业总部管理人员的工资、职工福利费、差旅费、办公费、折旧费、修理费等。②销售费用。销售费用主要是指企业在销售产品、提供劳务等日常经营过程中发生的各项费用以及专设销售机构的各项经费,包括销售过程中的运输费、装卸费、保险费、包装费、广告费和展览费,以及销售机构职工工资、福利费等经常性费用。③财务费用。财务费用主要是指企业筹集生产经营所需资金而发生的费用,包括利息净支出、汇兑净损失、金融机构手续费等。

2.2.5.5 费用和成本的区别与联系

费用和成本是两个不同的概念,很容易混淆。费用是和特定会计期间实现的收入相配比的耗费,比如行政管理人员的工资和办公费,销售中发生的广告费、运输费、包装费等。成本是企业为生产产品、提供劳务而发生的各种资源耗费或转移,是针对特定对象(如生产的产品或提供的劳务)而归集和计算的经济资源的耗费,比如生产过程中发生的材料耗费和车间人员薪酬等。企业要获得一项资源,必然要以牺牲另一项资源为代价。可以说,成本是为了获得一项资产或某种服务而付出的代价。成本是企业资源转化的量度。企业发生成本,并没有发生经济利益的净流出。只是企业资源从一种形态转变成了另外一种形态,企业的总资源并未发生变化,因而不会减少所有者权益。这是成本与费用的根本区别。成本不能抵减收入,只能以资产的形式反映在资产负债表中,而费用则冲减当期的收入,反映在利润表中。但是成本通过转化为存货成本,最终可以转化为费用。

2.2.6　利　润

2.2.6.1　定义和特征

"利润是企业在一定会计期间的经营成果。"这是《企业会计准则》中利润的定义。利润包括收入减去费用后的净额、直接计入当期利润的利得和损失等。

这意味着利润是经济利益的净增加额。我国利润要素的定义类似于美国 FASB 倡导的"全面收益"要素,并不仅仅等于收入减去费用后的净额,还包括利得和损失的部分。收入和费用之间形成因果的配比关系,利得和损失之间没有这种配比关系。利润的定义体现了这种相关性,用收入扣减相关的费用,再计算彼此不相关的利得和损失。

值得注意的是,这里的利得和损失只是应当计入当期损益、会导致所有者权益发生增减变动的、与所有者投入资本或者向所有者分配利润无关的利得或者损失。

利润的计量可以用公式表示如下:

利润＝(收入－费用)＋直接计入当期利润的利得－直接计入当期利润的损失

2.2.6.2　主要内容

按照利润和企业经营活动关系的不同,利润可以分为营业利润和营业外收支两个部分。

营业利润主要是企业通过日常经营活动主动获得的。这些利润的产生过程是企业自己筹划、安排和管理的,通常表现为生产产品、销售商品、提供劳务、进行投资等。因而营业利润由营业收入减去营业成本和税金、期间费用,再加上投资收益、公允价值变动价值,减去信用和资产减值损失形成。

营业利润＝营业收入－营业成本－税金及附加－期间费用＋投资收益＋公允价值变动收益－信用减值损失－资产减值损失

＝(主营业务收入＋其他业务收入)－(主营业务成本＋其他业务成本)－税金及附加－(销售费用＋管理费用＋财务费用)＋投资收益＋公允价值变动收益－信用减值损失－资产减值损失

投资收益是指企业对外投资取得的收益减去发生的投资损失和计提的投资减值准备后的净额,是投资净收益的意思。营业外收支主要是企业无法控制的非日常经营活动引起的盈亏,如利得和损失,通常表现为企业遭受意外灾害引起的财产损失、资产的减值、非流动资产的处置或者非货币性交易收益等。

利润总额＝营业利润＋利得－损失＝营业利润＋营业外收入－营业外支出

净利润是指扣减了所得税之后的利润净额。其等于利润总额减去所得税费用。

净利润＝利润总额－所得税费用

利润各层次的关系如图 2.7 所示。

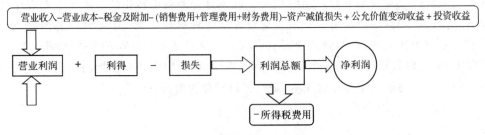

图 2.7　利润各层次的关系

2.3 会计计量属性

前文我们一直讨论的是各种会计业务被分类后应该被确认为哪项会计要素,是解决定性的"是不是"问题,接下来要面对的是"是多少"的问题,即会计计量问题。会计学界最有争议且最基本的问题,就是如何确定各项会计要素的金额,尤其是其中的资产和负债要素。这是因为会计本身就是一个计量过程,如何计量是会计的核心问题。会计计量属性就是指用财务形式对会计要素进行定量化计量。传统上,财务会计采用历史成本计量模式,但随着社会的进步和经济的发展,企业创新业务层出不穷,对传统的历史成本会计计量模式提出了挑战,呼唤多重计量属性进入财务会计系统。我国《企业会计准则》顺应了这个趋势,对符合确认条件的会计要素按照多少金额计量,规定了五种会计计量属性。

2.3.1 历史成本

在历史成本(historical cost)计量属性下,资产按照购置时支付的现金或者现金等价物的金额,或者按照购置资产时所付出的对价的公允价值计量。负债按照因承担现时义务而实际收到的款项或者资产的金额,或者承担现时义务的合同金额,或者按照日常活动中为偿还负债预期需要支付的现金或者现金等价物的金额计量。历史成本就是取得资产或者背负债务时支付或收到的现金或现金等价物的金额。历史成本计量属性因为可靠性较高,也比较容易获得实际数据,所以为人们广泛接受和习惯采纳,一直是会计计量中最重要、最基本的属性。但是,在价格变动比较明显的时候,非货币性项目容易被高估或低估,历史成本计量属性体现出局限性。

2.3.2 重置成本

在重置成本(replacement cost)计量属性下,资产按照现在购买相同或者相似资产所需支付的现金或者现金等价物的金额计量。负债按照现在偿付该项债务所需支付的现金或者现金等价物的金额计量。重置成本又被称为现行成本(current cost)或现时投入成本(current input cost),区别于现行市价(current market value),是指现时重置一项特有资产或现时偿付债务所支付的金额。由于各种成本因素和供求关系等的变动,尤其是如果存在货币价值较大变动的情况,现时重置的成本往往和历史成本呈现出不同的金额,因此考虑采用重置成本计量有一定的意义。不过使用重置成本会带来频繁调账的问题,因此重置成本在一定时期才会被采用。

2.3.3 可变现净值

在可变现净值(net realizable value)计量属性下,资产按照其正常对外销售所能收到现金或者现金等价物的金额扣减该资产至完工时估计将要发生的成本、估计的销售费用以及相关税费后的金额计量。可变现净值,是指对某项资产在正常过程中可带来的未来现金流入或将要支付的现金流出,在不考虑货币时间价值的情况下,进行计量的价值,因此又被称为预期脱手价值(expect exit value)。它适用于计划未来要进行销售的资产或未来需清偿既定数额的负债。

2.3.4　现　值

在现值(present value of future cash flow)计量属性下,资产按照预计从其持续使用和最终处置中所产生的未来净现金流入量的折现金额计量。负债按照预计期限内需要偿还的未来净现金流出量的折现金额计量。现值就是未来现金流量的金额。现值计量在考虑货币的时间价值的情况下,运用适当的贴现率对预期的未来经济利益或产生的未来现金流量进行计算。现值计量在管理会计领域得到了广泛使用,因为其考虑因素比较全面,现在在财务会计中也得到了重视,比如资产减值的处理。但是现值属性有获取困难的问题,因此现实中常有通过公允价值替代它的做法。

2.3.5　公允价值

公允价值是市场参与者在计量日发生的有序交易中,出售一项资产所能收到或者转移一项负债所需支付的价格。在企业取得资产或者承担负债的交易中,交易价格是取得该项资产所支付或者承担该项负债所收到的价格(即进入价格);公允价值是出售该项资产所能收到或者转移该项负债所需支付的价格(即脱手价格)。资产或负债的脱手价格体现了持有资产或承担负债的市场参与者在计量日对该资产或负债相关的未来现金流入和流出的预期。

公允价值定义中的市场参与者,是指在相关资产或负债主要市场(或最有利市场)中,相互独立的、熟悉资产或负债情况的、能够且愿意进行资产或负债交易的买方和卖方。有序交易,是指在计量日前一段时期内相关资产或负债具有惯常市场活动的交易。清算等被迫交易不属于有序交易。企业以公允价值计量相关资产或负债,应当假定计量日出售资产或转移负债的有序交易发生在主要市场(或者在不存在主要市场情况下的最有利市场)中,并在当前情况下适用且有足够可利用数据和其他信息支持的估值技术。在公允价值层次的选择上,企业应当优先使用相同资产或负债在活跃市场的公开报价,然后使用直接输入值或可观察的间接输入值,最后再使用不可观察的输入值。

公允价值的运用,在我国的会计准则规定中,目前主要集中于投资性房地产、长期股权投资、资产减值处理、债务重组、非货币性交易和金融工具等方面。公允价值如何合理确定,以及如何确保可靠性,是会计界的焦点问题所在。

以上解释了五种会计计量属性,历史成本仍然是其中的计价基础。要素的计量一般采用历史成本,如果选用重置成本、可变现净值、现值或公允价值计量,则需要保证两个条件的实现:一是确认的金额可以取得;二是金额能够可靠计量。

思考

公司购买了一批写字楼单位用于出租赚取租金,购买时支付了1 200万元,这时会计记录是以1 200万元作价吗? 5年以后,房地产市场繁荣,这批写字楼的市场价值达到1 800万元。这时资产负债表显示的金额应该是1 200万元还是1 800万元? 你是怎么考虑的? 你觉得两种计价方式各有什么利弊?

2.4 会计等式

各种财务报表建立的理论依据都是会计对象要素及其内在联系,只是不同的财务报表以不同的要素及其关系为理论基础。

2.4.1 静态会计等式

通过本章开头的资产负债表 2.1 以及所有者权益要素的定义和特征,我们发现每张资产负债表的特征都是"左边"和"右边"的金额合计数相等,即资产的总额等于负债和所有者权益之和。资产负债表之所以又被称为平衡表,就在于这种平衡关系的建立。那么,为什么资产的总额总是会等于负债和所有者权益之和呢?

债权人和所有者为企业提供经济资源,资产就是企业拥有的经济资源,它们是从债权人和所有者手中得到或者换取的。换句话说,资产负债表让我们从两个角度看同一家企业。资产代表的是企业拥有什么资源,负债和所有者权益表示企业的一切资源是谁提供的,他们各自提供了多少。一定数额的资产总是产生一定数额的权益。因此,资产负债表的一边是资产,一边是对这些资产的要求权(权益),它们的金额一定是相等的,如图 2.8 所示。

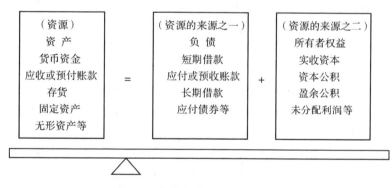

图 2.8 静态会计要素之间的关系

所以

$$资产 = 权益 \tag{2.1}$$

即

$$资产 = 负债 + 所有者权益 \tag{2.2}$$

(2.2)式就是静态会计等式,反映了企业静态时点上的财务状况,是最基本的会计等式。

(2.2)式可以变形为净资产的计算公式,即

$$资产 - 负债 = 所有者权益 \tag{2.3}$$

这就是我们在所有者权益定义中所提到的剩余权益的计算方式。资产负债表的编制依据的就是静态会计等式。

2.4.2　动态会计等式

在本章开头的表 2.2 和利润要素的定义和特征里,我们发现:利润作为一个企业一定期间经营成果的反映,是企业广义收入和广义费用相减后的差额。广义收入包括利得,广义费用包括损失。

所以

$$收入-费用=利润 \tag{2.4}$$

(2.4)式体现了动态会计要素彼此之间的关系,称为动态会计等式。利润表的编制基础就是动态会计等式。

2.4.3　会计要素之间的关系

静态会计等式[(2.2)式]反映的是企业特定时点的静态财务状况。比如公司刚成立,拥有 80 万元资产、30 万元负债和 50 万元所有者权益,80 万元=30 万元+50 万元,达到平衡。两天之后企业销售物品,赚取收入 6 万元,承担费用 4 万元,6 万元-4 万元=2 万元,所以实现利润 2 万元。如果这时 6 万元的收入和 4 万元的费用都已经收到和付出,那么资产就增加了 2 万元。如果静态会计等式右边保持不变,就会出现 82 万元≠30 万元+50 万元的情况。这又是为什么呢?

原因是静态会计等式是在会计期间开始或者结账后才能达到的平衡。在会计期间开始到结账前的这段时间的任何时点上,企业产生的利润因为没有通过结账体现在静态会计要素中,因此对企业这些盈利所得(或亏损所减少)的经济资源的要求权没有被计算进静态会计等式的右边,等式左边的资产却已经反映了增加(或减少)的经济资源,等式自然无法达到平衡。

我们可以看出,在一个会计期间开始的时点上,企业拥有的资源等于这些资产的来源,即资产=权益=负债+所有者权益。随着企业获得收入,企业的资产来源多了一个渠道,即出售产品或服务等获得的收入,与此同时企业的资源也出现了消耗,即费用。

因此,在任一时刻上会计要素之间的平衡关系如图 2.9 所示,等式表达如下:

$$资产=负债+所有者权益+利润 \tag{2.5}$$
$$=负债+所有者权益+(收入-费用) \tag{2.6}$$

等式可以变形为

$$资产+费用=负债+所有者权益+收入 \tag{2.7}$$

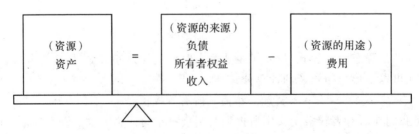

图 2.9　会计要素之间的平衡关系

会计期末,对收入与费用进行比较,计算出净利润。企业再将净利润中的一部分分配给企业所有者,作为他们投资的回报。分配完毕,净利润中剩下的部分,即未分配利润,作为所有者享有要求权的留存收益,归入所有者权益要素。这样一个周期结束,有关这段时间动态经营成果的收入、费用以及净利润全部都结转完毕,三个要素清空回到零数,下一期重新开始计算新时段的经营成果。

会计要素之间的转换关系如图 2.10 所示。在这张图里我们看见,资产负债表和利润表是建立在静态会计等式和动态会计等式基础上的,一个会计期间开始时和结账后它们都处于平衡的状态。在起始之前的任一时点,左边的资产总是等于右边虚框里的部分,保持总的平衡。期末结账时,右边利润表先结出净利润,分配利润后将未分配部分转入静态会计要素所有者权益,静态会计等式达到平衡,左边资产负债表实现了自身的平衡。

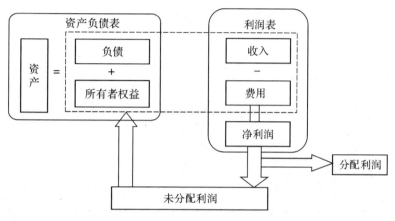

图 2.10   会计要素之间的转换关系

2.5   经济业务的影响举例

这一章的开头部分展示了两张财务会计报表,接着讨论了很多关于报表内各种元素的含义以及彼此之间关联的问题。接下来让我们继续讨论经济业务的发生是怎样影响会计要素和会计等式的,又是怎么得出会计报表的。为了说明这个过程并且寻找其中的规律,我们回到上一章提及的准备开设的小服装店,从最简单的业务开始讨论。

现在的时间是 10 月,我们综合了各种信息后决定开店营业(假设小店开张后立即展开了经营活动,不存在筹备阶段)。接下来的内容,都是从会计核算的主体——这家小服装店的角度出发讨论的,并不核算小店投资者的经济业务。在会计处理中请注意区别企业和它的投资者,混杂的会计信息是很难给我们提供有效帮助的。有关会计主体假设,在本书的第 6 章有较为详细的介绍。

【例 2.1】   20××年 10 月 1 日,小店获得营业执照,正式开始营业。两个好友分别投入了 25 000 元(总共 50 000 元)作为小店的启动资金,款项打入小店的银行账户。

资产(银行存款)增加 50 000 元的同时,代表所有者要求权的所有者权益(实收资本)增加了同样的金额。这笔业务对会计要素和会计等式的影响如表 2.3 所示。

表 2.3　收到投入的资金 单位:元

资　产		=	负　债		+	所有者权益	
银行存款	0			0		实收资本	0
	+ 50 000						+ 50 000
	50 000						50 000
合计	50 000	=	合计	0	+	合计	50 000

【例 2.2】　10 月 2 日,小店采购了第一批服装,价值 20 000 元。衣服是直接从厂家取货的,价格比较优惠,和供货厂家约好以后付款。

这次,增加资产(库存商品)20 000 元的同时增加了负债(应付账款)20 000 元,如表 2.4 所示。

表 2.4　赊购货物 单位:元

资　产		=	负　债		+	所有者权益	
银行存款	50 000		应付账款	0		实收资本	50 000
库存商品	0			+ 20 000			
	+ 20 000			20 000			
	70 000						
合计	70 000	=	合计	20 000	+	合计	50 000

观察这两笔业务,都在增加资产的同时增加了等式另一边的会计要素负债或者所有者权益。从中,我们找到了第一条规律:会计等式两边的会计要素项目同时变动。

例 2.1 和例 2.2 两笔业务都符合其中的一种变化方式,即会计等式两边的会计要素项目同时增加。

等式两边的资产和权益同时增加,主要有两种情况:一种是资产和所有者权益同时增加,即例 2.1 中的业务;另一种是资产和负债同时增加,就是例 2.2 呈现出来的情况。

既然可以同时增加保持等式平衡,那么导致等式两边同时减少的业务会不会发生呢?让我们继续讨论下去吧。

【例 2.3】　10 月 6 日,取出银行账户里的 10 000 元,用于归还 10 月 2 日所欠货款的一半。

这笔业务让企业的银行存款减少 10 000 元,即资产减少了 10 000 元;与此同时,原来欠下的应付账款被还掉了 10 000 元,即使负债减少 10 000 元,如表 2.5 所示。

表 2.5　用银行存款归还所欠货款 单位:元

资　产		=	负　债		+	所有者权益	
银行存款	50 000		应付账款	20 000		实收资本	50 000
	− 10 000			− 10 000			
	40 000			10 000			
库存商品	20 000						
合计	60 000	=	合计	10 000	+	合计	50 000

【例 2.4】　10 月 10 日,两个投资者中的一人急需用钱,想从店里抽走 5 000 元应急。小店开出银行账户的现金支票让他取款。

这笔业务中资产(银行存款)减少了 5 000 元,减少的钱代表的是这个投资者的权益(实收资本),如表 2.6 所示。

表 2.6　投资者抽资　　　　　　　　　　单位:元

资　产		=	负　债		+	所有者权益	
银行存款	40 000		应付账款	10 000		实收资本	50 000
	－ 5 000						－ 5 000
	35 000						45 000
库存商品	20 000						
合计	55 000	=	合计	10 000	+	合计	45 000

例 2.3 和例 2.4 两笔业务很明显都是会计等式两边要素同时减少,等式依然保持平衡。所以,我们得到第一条规律中的第二种变化方式:会计等式两边的会计要素项目同时减少。

上述第一条规律的两种变化方式,关注的都是静态会计等式。可能现在大家已经产生疑问,即加入费用和收入后的"资产＋费用＝负债＋所有者权益＋收入"等式,是不是面对各种经济业务的发生也有着同样的平衡规律呢?我们继续探讨。

【例 2.5】　10 月 12 日,小店独特的衣服风格被周围人发现和接受,卖出了一批衣服,迎来了销售旺季。这天所卖衣服售价是 6 800 元,全部以现款交易,销售款都已经收到,并且存入了银行(暂不考虑增值税)。

这笔业务增加了资产(银行存款),实现了收入(主营业务收入)。假设销售掉的衣服的成本在月底再结转,如表 2.7 所示。

表 2.7　销售商品获得收入　　　　　　　　单位:元

资　产		+	费　用	=	负　债		+	所有者权益		+	收　入	
银行存款	35 000				应付账款	10 000		实收资本	45 000		主营业务收入	0
	＋ 6 800											＋ 6 800
	41 800											6 800
库存商品	20 000											
合计	61 800	＋	0	=	合计	10 000	＋	合计	45 000	＋	合计	6 800

【例 2.6】　小店雇了一个大二学生看店,和这个学生约好每个月的 15 日支付其工资 600 元。10 月 15 日是约定的支付薪水日,但是这天小店现金有些紧张,没有向这个学生支付薪水,答应过些时候取了现金再支付。

这笔业务使等式左边的费用(销售费用)增加 600 元,右边的负债(应付职工薪酬)也增加 600 元,如表 2.8 所示。

表 2.8　确认工资费用　　　　　　　　　　　　　　　　　　单位:元

资　产	+	费　用	=	负　债	+	所有者权益	+	收　入
银行存款　41 800 库存商品　20 000		销售费用　　0 ＋600 600		应付账款　10 000 应付职工薪酬　0 ＋600 600		实收资本　45 000		主营业务收入　6 800
合计　　　61 800	+	合计　　　600	=	合计　　　10 600	+	合计　　　45 000	+	合计　　　6 800

通过这笔业务,我们可以看见"资产＋费用＝负债＋所有者权益＋收入"等式也会因为经济业务的发生而导致两边会计要素项目同时变动。而且这种影响规律也具有两种变化方式,即两边同时增加或者两边同时减少。

上述各种示例的经济业务都能同时影响等式两边,那么经济业务能不能只影响等式的单边呢？如果只影响单边,还能让等式继续保持平衡吗？

【例 2.7】　10 月 18 日,小店去银行取出账户里的 2 000 元备用。

小店资产中的现金增加了 2 000 元,同时资产中的银行存款减少了 2 000 元。这个时候会计等式只在左边的资产项目间发生了变动。等式每边合计数还是 62 400 元,整个等式依旧保持平衡,如表 2.9 所示。

表 2.9　从银行账户提取现金　　　　　　　　　　　　　　　　单位:元

资　产	+	费　用	=	负　债	+	所有者权益	+	收　入
库存现金　　　0 ＋2 000 2 000 银行存款　41 800 －2 000 39 800 库存商品　20 000		销售费用　600		应付账款　　10 000 应付职工薪酬　600		实收资本　　45 000		主营业务收入　6 800
合计　　61 800	+	合计　　　600	=	合计　　10 600	+	合计　　45 000	+	合计　　6 800

【例 2.8】　10 月 20 日,小店印刷了一些很有感染力的海报,准备在周围的大学散发和张贴。小店用现金支付了 1 000 元海报印刷费。

这笔业务增加了费用(销售费用)1 000 元,减少了资产(库存现金)1 000 元。等式左边的一个会计要素项目增加,同一边的另一个会计要素项目减少,等式依旧保持平衡,如表 2.10 所示。

表 2.10　用现金支付海报印刷费　　　　　　　　　　单位:元

资　产	+	费　用	=	负　债	+	所有者权益	+	收　入
库存现金　2 000		销售费用 600		应付账款		实收资本　45 000		主营业务收入　6 800
－1 000		＋1 000		10 000				
1 000		1 600		应付职工薪酬 600				
银行存款　39 800								
库存商品　20 000								
合计　60 800	+	合计　1 600	=	合计　10 600	+	合计　45 000	+	合计　6 800

从例 2.7 和例 2.8 两笔业务中我们可以看出经济业务对会计等式的影响第二条规律:会计等式单边的某个会计要素变动,那么这边会有另一个要素变动同样的金额。

例 2.7 和例 2.8 两笔业务都是会计等式左边的项目变动。我们再来看看使会计等式右边项目变动的例子。

【例 2.9】　10 月 23 日,小店向银行借了一笔 3 个月的借款 10 000 元,用来归还 10 月 2 日所欠货款中的剩余部分。

这时,应付账款被还掉,因此负债减少 10 000 元,但是短期借款增加,所以负债又增加了 10 000 元,如表 2.11 所示。

表 2.11　借款以归还所欠货款　　　　　　　　　　单位:元

资　产	+	费　用	=	负　债	+	所有者权益	+	收　入
库存现金　1 000		销售费用 1 600		短期借款　　0		实收资本　45 000		主营业务收入　6 800
银行存款 39 800				＋10 000				
库存商品 20 000				10 000				
				应付账款　10 000				
				－10 000				
				0				
				应付职工薪酬 600				
合计　60 800	+	合计　1 600	=	合计　10 600	+	合计　45 000	+	合计　6 800

【例 2.10】　10 月 28 日,上次抽资的那个投资者资金调度回来了,决定追加投资。于是他替小店把 10 000 元的短期借款还掉了,作为他的追加投资款。

这笔业务使小店的所有者权益(实收资本)增加 10 000 元,负债(短期借款)减少 10 000 元,如表 2.12 所示。

表 2.12　获得追加投资以归还借款　　　　　　　　　　单位:元

资　产	+	费　用	=	负　债	+	所有者权益	+	收　入
库存现金　1 000		销售费用 1 600		短期借款　　10 000		实收资本　45 000		主营业务收入　6 800
银行存款 39 800				－10 000		＋10 000		
库存商品 20 000				0		55 000		
				应付职工薪酬 600				
合计　60 800	+	合计　1 600	=	合计　600	+	合计　55 000	+	合计　6 800

【例 2.11】 10 月 31 日,结转本月出售的服装的成本。这个月所销售服装的成本是 3 200 元。

这些服装已经销售出去,资产(库存商品)中应该减少这批成本,同时确认为本月费用。等式左边资产减少,费用增加,如表 2.13 所示。

表 2.13　结转成本   单位:元

资　产		+	费　用		=	负　债		+	所有者权益		+	收　入	
库存现金	1 000		销售费用	1 600		应付职工薪酬	600		实收资本	55 000		主营业务收入	6 800
银行存款	39 800		主营业务成本	0									
库存商品	20 000			+3 200									
	−3 200			3 200									
	16 800												
合计	57 600	+	合计	4 800	=	合计	600	+	合计	55 000	+	合计	6 800

通过观察小服装店在第一个月发生的 11 种业务,我们总结出了经济业务影响会计等式的两种规律:① **会计等式两边同时增加或者减少同样的数额;**② **会计等式某单边的要素增加并同时减少同样的数额。**简言之,就是"等式两边,同增同减;等式一边,有增有减"。可以发现,不论发生哪种类型的经济业务,也不论会计等式是怎样发生变动的,会计等式的平衡关系是不会被打破的。

在这一章里,我们通过观察经济业务的发生对会计要素的影响,理解了会计等式的平衡关系,最终对会计报表的形成有所了解。经过一个月的业务,小店得出了两张会计报表,如表 2.14 和表 2.15 所示。由于小店的业务刚起步,种类较为简单,所以报表中涉及的项目较少。

表 2.14　小服装店资产负债表(简化)

20××年 10 月 31 日   单位:元

资　产	金　额	负债及所有者权益	金　额
货币资金	40 800	短期借款	
应收账款		应付账款	
减:坏账准备		应交税费	
应收账款净额		应付股利	
其他应收款		应付职工薪酬	600
存货	16 800	负债合计	600
流动资产合计	57 600		
固定资产		实收资本	55 000
减:累计折旧		盈余公积	
固定资产净值		未分配利润	2 000
无形资产		所有者权益合计	57 000
资产总计	57 600	负债及所有者权益合计	57 600

表 2.15　小服装店利润表(简化)

20××年 10 月 　　　　　　　　　　　　　　　　　　　单位:元

项　目	行次(略)	本月数	本年累计数(略)
一、营业收入		6 800	
减:营业成本		3 200	
税金及附加			
销售费用		1 600	
管理费用			
财务费用			
资产减值损失			
加:公允价值变动收益(损失以"－"填列)			
投资收益(损失以"－"填列)			
二、营业利润(亏损以"－"填列)		2 000	
加:营业外收入			
减:营业外支出			
三、利润总额(亏损总额以"－"填列)		2 000	
减:所得税费用		(略)	
四、净利润(净亏损以"－"填列)		(略)	

经过长时间的运营以后,小店的规模逐渐扩大。每个会计期间,小店都不断记录着经济业务,按照会计要素分类并汇总,最终形成会计报表。这个周而复始的信息筛选、记录过程,就是会计循环。我们在下一章里将对会计循环展开详细的讨论。小店慢慢转型为一家服装批发公司。在 20××年的 12 月 31 日,公司出具了本章最初的两张报表(见表 2.1 和表 2.2),现在我们再重新看一下表 2.1 和表 2.2,和刚开始学习本章时有什么不同的感受呢?请思考以下问题:会计报表是如何向信息使用者传递有效信息的?这些报表主要传达了哪些值得我们重视的信号?公司的管理部门应该如何利用会计报表?对于第 1 章里的很多问题,在这里是不是可以思考得更多、更深入呢?

重新观察本章的表 2.1,可以看出服装批发公司的流动资产是2 919 006元,其能够比较快地转化为现金。流动负债是 819 446 元,其需要在较短的时间里偿付。服装批发公司的营运资金=流动资产(2 919 006 元)−流动负债(819 446 元)=2 099 560 元。流动资产与流动负债的比率称为流动比率。服装批发公司的流动比率=2 919 006÷819 446≈3.56,通过和同行业其他公司的平均流动比率进行比较,分析出这样的比率是比较高的,判断出公司短期偿债能力比较强。对报表继续进行分析还可以发现公司资产的流动性比较强,融资方式比较安全,现金流也比较畅通。

根据表 2.1 和表 2.2,服装批发公司的销售毛利是 765 300 元,净资产是 6 366 360 元。对此我们需要进一步与同行业其他公司进行比较,以分析公司的盈利能力。这些数据为公司以后各年进行发展趋势分析和历史比较奠定了基础。

可以说,股东等投资者关注着公司的盈利能力指标,债权人关注着公司的偿债能力指标,公司的管理层关注着公司的财务杠杆水平、综合状况和经营成果。通过和其他公司比较,和同行业平均水平比较,和本公司的历史数据比较,信息使用者可以获得对其决策有用的信息。

通过本章的学习,我们对会计信息的分类、特点和资金运动的规律有了基本认识,为阅读和编制会计报表打下了基础。在后续章节中我们将进一步讨论会计循环的运转和企业会计处理案例,进一步深化对本章知识的理解与运用。

习 题

一、简答题

1. 通过你的观察,资产负债表和利润表有哪些基本特征和元素?

2. 资金的运动过程一般是怎样的?

3. 什么是会计要素? 在我国《企业会计准则》的界定下,它有哪些部分?

4. 资产和负债的特征分别是什么,确认条件又是什么? 它们各自有哪些主要内容?

5. 所有者权益和负债有什么区别? 它的含义和主要内容是什么?

6. 收入和利得有什么关系? 收入的确认标准是什么?

7. 费用和损失有什么不同? 费用和成本的关系是什么? 费用该怎么确认?

8. 利润包括哪些内容? 有哪几个层次? 该如何分步计算?

9. 会计计量属性有哪些? 解释一下历史成本属性的含义和公允价值属性的含义。

10. 会计等式有哪些? 有哪些含义? 它们分别在什么时期得到?

11. 分别举个例子,使其能够让:

(1) 资产和负债同时减少,其他要素没有受到影响。

(2) 一项资产增加,另一项资产减少,其他要素没有受到影响。

12. 会计等式和会计报表的关联是什么?

13. 经济业务对会计等式影响的规律是什么? 能自己想出例子来吗?

二、判断题

1. 资产按照购置时支付的现金或者现金等价物的金额,或者按照购置资产时所付出的对价的公允价值计量。这种计量属性是历史成本属性。   （   ）

2. 资产的总额等于权益的总额,有时可能直接等于所有者权益的总额。 （   ）

3. 利润总额等于营业利润。   （   ）

4. "收入-费用=利润"是资金运动的静态等式。   （   ）

5. 企业的资金运动过程比较复杂,包括货币资金、成品资金、储备资金等诸种状态的资金形式彼此之间的转化运动关系。   （   ）

6. 费用要素包括损失。   （   ）

7. 资产一部分来自债权人,另一部分来自投资者。   （   ）

8. 成本和费用既相似又不同,前者和对象相关,后者和期间相关。   （   ）

三、单项选择题

1. 费用的发生可能会引起(   )。

   A. 所有者权益增加   B. 资产减少

   C. 负债减少   D. 资产增加

2. 下列业务中只引起会计等式左边变动的是(   )。

  A. 支付本月水电费   B. 赊账购买固定资产

  C. 举借新债还旧债   D. 收到投资者投入的货币资金

3. 一项负债减少的同时,可能发生的另一种变化是(　　　)。

  A. 资产的增加   B. 收入的减少

  C. 所有者权益的增加   D. 费用的增加

4. 下列属于所有者权益要素的是(　　　)。

  A. 银行存款   B. 固定资产

  C. 长期借款   D. 盈余公积

5. 下列不属于本企业资产的是(　　　)。

  A. 寄售在其他商店的商品   B. 外购在途尚未入库的材料

  C. 融资性租赁租入的固定资产   D. 经营性租赁租入的固定资产

6. 下列要素中(　　　)不反映在利润表中。

  A. 净资产   B. 收入

  C. 利润   D. 费用

7. 下列等式中不正确的是(　　　)。

  A. 资产＝权益   B. 资产＝负债＋所有者权益

  C. 资产＋利润＝负债＋所有者权益   D. 资产＋费用＝负债＋所有者权益＋收入

8. 企业权益总额为 50 万元,收到之前赊销应收的款项 6 万元并存入银行,此时企业的
  资产总额为(　　　)。

  A. 44 万元   B. 50 万元

  C. 56 万元   D. 62 万元

9. 某企业 6 月初的资产总额为 60 000 元,负债总额为 25 000 元。6 月取得收入共计
  28 000 元,发生费用共计 18 000 元,则 6 月末该企业的所有者权益总额为
  (　　　)元。

  A. 35 000   B. 85 000

  C. 45 000   D. 10 000

10. 某企业年初资产总额为 226 000 元,负债总额为 48 000 元。本年度取得收入共计
  89 000 元,发生费用共计 93 000 元,年末负债总额为 50 000 元,则该企业年末资产
  总额为(　　　)元。

  A. 224 000   B. 222 000

  C. 228 000   D. 231 000

四、多项选择题

1. 下列关于费用的描述中正确的有(　　　)。

  A. 费用会导致所有者权益的减少   B. 费用应和收入配比

  C. 费用的发生可能导致负债的增加   D. 费用的确认依循权责发生制

  E. 费用是日常活动中产生的

2. 关于资产的特征,表述正确的是(　　　)。

  A. 由企业过去的交易或者事项形成   B. 由企业控制

  C. 存放在企业   D. 预期能给企业带来经济利益

E. 由企业所拥有

3. 下列属于静态会计要素的有（   ）。

A. 收入   B. 所有者权益

C. 资产   D. 费用

E. 负债

4. 属于期间费用的是（   ）。

A. 所得税费用   B. 管理费用

C. 销售费用   D. 财务费用

E. 主营业务成本

5. 会计要素的计量属性有（   ）。

A. 公允价值   B. 可变现净值

C. 重置成本   D. 历史成本

E. 现值

五、业务题

业务题一

1. 目的：熟悉资产、负债和所有者权益要素的界定和内容。

2. 资料：表 2.16 是一家企业 20××年 11 月 30 日的相关资料。

表 2.16　企业 20××年 11 月 30 日的相关资料　　　　单位：元

序　号	项目内容	项目金额
1	欠交税务局的税金	3 200
2	预收到的押金	48 000
3	运输货物用的卡车	1 000 000
4	上月未分配的利润	160 000
5	从利润中提取出来的盈余公积	16 000
6	向银行借入的三年期借款	2 000 000
7	存放在库房的完工产品	527 200
8	房屋建筑物	4 500 000
9	应收的货款	350 000
10	应付的购货款	150 000
11	投资者投入的资本	4 000 000

3. 要求：根据上述资料，计算资产、负债和所有者权益的总额。

业务题二

1. 目的：按经济内容对业务进行分类，熟悉资产、负债和所有者权益要素的内容。

2. 资料：一家企业当前的资产、负债和所有者权益的相关资料如表 2.17 所示。

表 2.17　企业资产、负债和所有者权益的相关资料　　　　单位：元

资料内容	资　产	负　债	所有者权益
仓库里存放的商品 240 000 元			
出纳保险箱里的现金 15 000 元			
应付给 A 公司的货款 32 000 元			
存在银行的款项 380 000 元			
投资者投入的资本 600 000 元			
运输用的汽车等交通工具 270 000 元			
以前年度积累的未分配利润 560 000 元			
办公用的房屋建筑物 460 000 元			
从银行借入的三年期借款 350 000 元			
预收 B 公司的购货款 60 000 元			
采购人员预支的差旅费 4 000 元			
欠交的税金 31 900 元			
拥有的非专利技术价值 50 000 元			
向 C 公司投入的 200 000 元			
应收 D 公司的货款 8 000 元			
预付 E 公司的货款 6 900 元			
合　计			

3. 要求：

(1) 根据资料内容，区分其归属于资产、负债还是所有者权益，将金额填入表 2.17 右边对应空格中。

(2) 计算各个要素的合计数，验证静态会计等式。

业务题三

1. 目的：按经济内容对业务进行分类，了解收入和费用的内容，进一步掌握资产、费用、负债、所有者权益和收入要素的内容及分类。

2. 资料：一家企业一段时期里发生了一些经济业务，如表 2.18 所示。

表 2.18 企业资产、费用、负债、所有者权益和收入的相关资料 单位:元

资料内容	资 产	费 用	负 债	所有者权益	收 入
销售商品收入 250 000 元					
借款利息 4 500 元					
正在加工的产品 37 500 元					
仓库里存放的材料 78 000 元					
从银行借入的三个月期借款 40 000 元					
支付的广告费 10 000 元					
车间的机器设备 400 000 元					
出租设备收入 15 000 元					
法定盈余公积 10 500 元					
行政部门的办公费 3 000 元					
销售部门的差旅费 5 000 元					
拥有的商标使用权价值 100 000 元					
赊销商品收入 50 000 元					
应交还未交的各项税金总计 6 500 元					
投资者投入的资本 500 000 元					
销售商品的成本 230 000 元					
存放在银行的款项 38 000 元					
应付的上个月办公人员薪酬 10 000 元					
销售商品支付的包装费 1 000 元					
以前年度没有分配的利润 25 000 元					
合 计					

3.要求:

(1)根据资料内容,区分其归属于哪项会计要素,将金额填入表 2.18 右边对应空格中。

(2)计算各个要素的合计数,验证"资产+费用=负债+所有者权益+收入"会计等式。

业务题四

1.目的:熟悉收入和费用的实现和确认规则。

2.资料:下面是企业本月发生的一些业务,哪些应该确认为本月的收入和费用?

(1)销售了大宗货物,价格为 30 000 元,但是款项没有收到,预计三个月后收款。

(2)支付了办公部门明年的期刊订阅费 2 500 元。

(3)预定了一张机票,支付了机票款 1 800 元,机票时间是下个月三日。

(4)收到了定金,即 30%的货款 6 000 元,答应客户下个月发货,货物总价为 20 000 元。

(5)上个月收到货款,这个月发出这批货物,总价为 15 000 元。

（6）本月 1 日借入一笔半年期银行借款 100 000 元，每个月利息为 480 元，利息随本金一起在半年后支付。

（7）购买历史成本为 200 000 元的机器设备，每个月折旧 3 000 元。

业务题五

1. 目的：熟悉会计等式的平衡关系，理解经济业务对会计等式的影响规律。

2. 资料：表 2.19 的左边是一家企业的部分经济业务信息，右边是经济业务对会计等式的影响类型。

表 2.19　经济业务对会计等式的影响

经济业务	影响类型
1. 收回一项应收的货款	A. 一项资产增加，一项负债增加
2. 开具银行支票归还以前欠付的货款	B. 一项资产增加，一项所有者权益增加
3. 收到投资者投入的专利权	C. 一项资产增加，另一项资产减少
4. 借入短期借款，用以归还所欠货款	D. 一项资产减少，一项负债减少
5. 计提本月应该承担的利息费用	E. 一项资产减少，一项所有者权益减少
6. 盈余公积转增资本	F. 一项负债增加，一项所有者权益减少
7. 购买货物，款项未付	G. 一项负债减少，一项所有者权益增加
8. 用银行存款支付投资者的抽资要求	H. 一项资产减少，一项费用增加
9. 宣布将向投资者分配股利	I. 一项负债增加，一项费用增加
10. 某供应商用其债权转换为公司股权	J. 一项资产增加，一项收入增加
11. 支付本月办公部门的水电费	K. 一项负债增加，另一项负债减少
12. 销售商品，下个月才能收到货款	L. 一项所有者权益增加，另一项所有者权益减少

3. 要求：在表格左边的业务和右边的类型之间建立连接线，将经济业务对会计等式的相应影响标示出来。

第3章 会计循环

学习目标

1. 掌握会计循环的主要步骤,明白步骤之间的联系。
2. 理解会计账户与会计科目的含义、结构、分类和内容。
3. 理解复式记账的原理。
4. 说明借贷记账法的记账符号、记账规则和会计分录的含义。
5. 编制试算平衡表,并理解它的用途和局限性。
6. 理解账项调整的意义,掌握调整分录的类型和方法。
7. 熟悉结账分录的编制。
8. 理解编制报表的基础。

在第 2 章的最后部分,我们用小服装店第一个月的业务情况说明了经济业务对会计等式影响的规律,初步观察了经济业务发生后如何将经济信息按照一定的规律记入各个会计要素,再通过会计要素的项目加以分类和汇总,最终得出会计报表的过程。在每个合理划分的会计期间里,企业都会持续、重复、按步骤地完成这个过程。根据记录经济业务的原始凭证编制记账凭证,接着将记账凭证中的信息登记入账簿,再通过试算平衡查验记录和汇总工作的正确性,经过调整和结账,最后编制出会计报表,这个在每个合理分期中不断重复的会计过程称为会计循环。

会计循环,即会计信息的加工流程,始于经济业务发生后的录入(会计分录),终于会计信息输出(会计报表),主要包括七个步骤,如图 3.1 所示。

(1)将业务信息以“分录”的形式、“复式记账”的方式记录到记账凭证上,这个步骤是信息转化为会计语言的起始;

(2)将记账凭证上的信息,记入相应账户的账簿中;

(3)编制试算平衡表;

(4)进行期末调整;

(5)编制调整后的试算平衡表;

(6)结账,包括编制结账分录;

(7)编制会计报表。

会计报表传递出的信息,是为各方信息使用者所利用的。整个会计循环中记录下来的各种数据和资料,可以用来评价企业内部结构的设置是否合理、运作是否得当,可以用来明

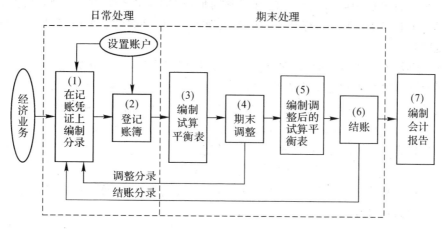

图 3.1 会计循环的主要步骤

确各方的会计责任,可以用来保留企业经济业务的原始信息等。如此种种,可知会计循环并不单一是为了生成会计报表而形成的。

3.1 账 户

由于整个会计循环是从在记账凭证上按照账户名目编制分录开始的,所以为了理解会计循环的含义,我们从设置账户开始展开讨论。

3.1.1 账户的含义

当我们开设的服装批发公司还是小店规模的时候,业务并不繁忙,发生的业务种类也很单一。所以我们买来空白账簿,在每个账簿上记录一个账户项目的情况,收集着小店的各种经济信息,就足以应付所有的经济业务,记录下需要的会计信息。到后来我们成立了服装批发公司,业务繁忙起来了,涉及的账户增多了,纸笔记录的方式已经跟不上业务发展的速度了,于是我们购买了财务软件,运用财务软件记录企业的各项经济活动。但是,不论使用纸质账簿还是财务软件,我们的核心工作都没有改变,都是收集企业的经济信息,而汇集这些信息的基础就是账户。

前面我们已经知道企业的经济信息通过六个会计要素区别、计算和汇总。但是我们很快发现,即使分成了六个会计要素,信息的分类仍然太过粗糙。举个例子,公司用银行存款 100 万元购买一处办公用房。这一经济活动中银行存款属于资产,办公用房也属于资产,因此记录下来就是资产增加 100 万元,同时资产减少 100 万元,资产总体不变。这样的记录不能让我们了解更多有用的信息。除非我们记录成银行存款减少 100 万元,办公用房增加 100 万元,这样我们可以更为清楚地记录这个经济活动的具体内容,可以据此分析银行存款的余额是否能够满足企业其他货币资金周转需要,讨论添置办公用房之后是否足够办公所用等问题。同时我们发现,如果会计要素分得过细,工作量会加大,信息难以汇总。于是我们思考,办公用房可不可以和其他与之有共同点的资产一起合并成一种类型？是否将可使用时间比较长的资产共同形成"固定资产"这一类型？因此，对会计要素做科学的再分类，使分类符合提供财务信息的需要，是非常重要的环节。这个环节被称为设置账户。

设置账户是会计循环的基础，它对各种杂乱的会计要素进一步分类，反映和记录企业各个会计要素具体内容的变化及其结果。因此，账户是一种工具，我们可以用这个工具记录某个特定项目的变化情况和当前状况。我们为财务报表上的项目设置相应的账户，比如"银行存款"账户记录企业一定时期里的银行存款增加和减少的数额以及当前的存款余额情况。接着，我们用"账页"这种形式汇集各个账户的信息。

记入账户的数据，以会计语言的形式化作财务信息。通过账户的分类、归并和汇总，我们将企业各种重复的信息压缩，可以提高工作效率和质量。同时通过账户积累各种信息，便于日后报表的信息采集。

3.1.2　会计科目与账户的关系

会计科目是账户的名称，是对会计对象具体内容所做科学分类的类别名称。它是与账户既有联系又有区别的名词。会计科目只反映账户的名称，没有结构，不能反映经济业务引起的会计要素的变化和结果。但是账户除了名称之外还有一定的结构和格式，能够记录和反映出会计要素的增减变动和余额。在实务工作中，由于账户根据会计科目设置以及两者名称完全一致，账户和会计科目往往互相通用，不加区别。

3.1.3　账户设置的原则

如果每个企业都随心所欲地设置账户，则会造成编制出来的会计报表相互之间没有可比性，还会给信息的使用者带来理解上的困扰，各种监督、控制措施更是难以实施。所以账户的设置往往都是有原则可依的，一般来说有以下一些原则。

3.1.3.1　统一性和灵活性相结合

统一性和灵活性相结合的原则，强调设置账户要既服从统一规定，也要兼顾各企业的特点，赋予企业一定的灵活性。

服从统一规定，是指在设置账户（会计科目）时，要根据规定的账户（会计科目）使用统一的会计核算指标、口径。而灵活性则是指在不违反统一规定的前提下，可以根据企业的实际情况自行增设、分拆、合并账户（会计科目）。不存在的交易或者事项，可以不设置相关的账户（会计科目）。由此可见，会计科目的数量和分类的粗细程度是根据企业规模的大小、业务的繁简和管理的需要设定的。任何一个作为会计主体的单位都必须设置一套适合自身特点的会计科目体系。

3.1.3.2　完整性和稳定性相结合

我们设置的每个账户，应该能够明确地反映出与其他账户的质的区别，具有自身的独特性。同时，所有账户组成的账户体系能够系统、全面地反映会计要素和整个会计对象的全貌。这一全面的会计指标体系也应该保持相对的稳定性，随意的变更账户设置会导致产出信息的紊乱，不利于管理和使用信息。

3.1.3.3　满足需要、内外兼顾

设置账户的目的是分类处理数据并加以储存、传送，最终为会计报表这一会计信息输出

工具提供资料。因此账户的设置需要满足会计报表信息输出的要求。而会计报表的信息输出是为满足信息使用者的需求而设定的。所以追根溯源,账户的设置需要满足信息使用者的需求,比如使用者想要了解什么项目,想看到哪些内容,想看得多细。账户的设置往往和报表的项目相联系,但是与之并不完全相同。账户和报表各自有着特殊的作用,不能彼此替代。

既然设置账户要满足信息使用者的需求,那么针对外部信息使用者和内部信息使用者的不同需求,账户设置要内外兼顾、科学合理。一般情况下,总分类科目提供的信息具有总括性,基本满足的是外部信息使用者的需求,所以提供对外会计报表,如"无形资产""银行存款"等;明细分类科目能够提供更加详细、具体的信息,所以往往用于满足内部经营管理的需要,比如"无形资产"科目下按照商标权、著作权等不同类别设置的明细科目,"银行存款"科目下按照不同币种、不同开户银行设置的明细科目等。

3.1.3.4 统一编号、简明实用

为了记账和查账工作的方便以及会计电算化的实现,我国《企业会计准则》也详细规定了会计科目的编号。会计科目编号是企业填制会计凭证、登记会计账簿、查阅会计账目以及采用会计软件系统时参考所用的。企业也可以根据自身的情况自行决定会计科目编号,这也是灵活性的一个体现。我国常用的会计科目编号一般是四位数,第一位数字代表的是账户的类别,比如"1"代表资产类账户,"2"代表负债类账户,"3"代表共同类账户,"4"代表所有者权益类账户,"5"代表成本类账户,"6"代表损益类账户。

每个企业在设置会计科目体系的时候,还要防止两种倾向:一是防止会计科目过于简单,造成经济管理的困难;二是防止会计科目过于烦琐,增加会计核算的工作量。账户名称应力求简明扼要、通俗易懂。

3.1.4 账户的分类

学习各种不同的账户分类方法是为了加强我们对各种账户的理解,因此了解账户的分类方法是我们正确使用各种账户的重要环节。账户一般有三种分类方法,分类依据分别是账户的经济内容、隶属关系、用途和结构,从这三个不同角度出发,账户被归入了不同的类别。为了便于学习,我们在这里先介绍前两种分类方法,按照用途和结构分类的第三种分类方法我们将在后面的内容中进行讨论。

3.1.4.1 按照经济内容分类

按照经济内容分类,即按照会计科目表分类,这种分类与会计要素分类比较相似,但不完全一致。按照会计科目表,账户相应被分为六种:资产类、负债类、共同类、所有者权益类、成本类和损益类。这种分类方法是最基本的账户分类方法,便于我们理解各种账户的经济性质,明确账户的核算规则。

我国《企业会计准则》新增加的共同类账户主要是针对银行、保险公司等金融企业等设定的。所谓共同类,就是资产负债共同类的意思,主要用于核算金融企业资金往来和债权债务的轧差,通过查看余额的方向来推断其属于债权还是债务。共同类账户有五个科目:清算资金往来、外汇买卖、套期工具、衍生工具和被套期项目。这类账户在本书中不会有太多的涉及,所以仅做简单介绍。

通过观察第 2 章中列示的资产负债表,我们可以发现六种账户中,前五种账户的信息最

后都是汇集显示在资产负债表中的,只有最后一种损益类账户与众不同,最后输出信息显示在利润表中。这种情况是由账户的性质决定的。前五种账户记录的都是企业某个时点的财务状况,损益类账户汇集的则是企业某一时期的经营业绩。

表 3.1 和表 3.2 所示的是部分常用的企业会计科目,其中表 3.1 所示的是将在资产负债表中汇集显示的账户,即前五种会计科目;表 3.2 所示的是将信息汇入利润表的账户,即损益类会计科目。为了便于区分说明,我们用两张表列示这些科目。在损益类会计科目里,我们又人为地将"益"的部分(收入部分)和"损"的部分(费用部分)分别显示出来。这种区别只是为了教学,实务中并没有如此分类。还需要说明的是"投资收益"未必都是收益,也有可能是投资损失,这里把它放在收入部分也是为了教学。

表 3.1　企业常用会计科目之一

编　号	会计科目名称	编　号	会计科目名称
	一、资产类	1602	累计折旧
1001	库存现金	1603	固定资产减值准备
1002	银行存款	1604	在建工程
1012	其他货币资金	1605	工程物资
1101	交易性金融资产	1606	固定资产清理
1121	应收票据	1701	无形资产
1122	应收账款	1702	累计摊销
1123	预付账款	1703	无形资产减值准备
1131	应收股利	1711	商誉
1132	应收利息	1801	长期待摊费用
1221	其他应收款	1901	待处理财产损溢
1231	坏账准备		
1401	材料采购		二、负债类
1402	在途物资	2001	短期借款
1403	原材料	2201	应付票据
1404	材料成本差异	2202	应付账款
1405	库存商品	2203	预收账款
1407	商品进销差价	2211	应付职工薪酬
1411	周转材料	2221	应交税费
1471	存货跌价准备	2231	应付利息
1505	债权投资	2232	应付股利
1506	债权投资减值准备	2241	其他应付款
1511	长期股权投资	2501	长期借款
1531	长期应收款	2502	应付债券
1601	固定资产	2701	长期应付款

编　号	会计科目名称	编　号	会计科目名称
2801	预计负债	4101	盈余公积
		4103	本年利润
	三、共同类	4104	利润分配
3001	清算资金往来		
3002	货币兑换		五、成本类
		5001	生产成本
	四、所有者权益类	5101	制造费用
4001	实收资本	5201	劳务成本
4002	资本公积	5301	研发支出
4003	其他综合收益		

表 3.2　企业常用会计科目之二

编　号	会计科目名称	编　号	会计科目名称
	六、损益类(收入部分)	6403	税金及附加
6001	主营业务收入	6601	销售费用
6051	其他业务收入	6602	管理费用
6111	投资收益	6603	财务费用
6115	资产处置损益	6701	资产减值损失
6301	营业外收入	6702	信用减值损失
	(费用部分)	6711	营业外支出
6401	主营业务成本	6801	所得税费用
6402	其他业务成本	6901	以前年度损益调整

3.1.4.2　按照隶属关系分类

前文曾经提到过,外部信息使用者通常需要了解企业的一些基本信息,比如整个企业有多少银行存款等,以进行比较和分析。企业的内部信息使用者如管理人员往往不能满足于此,他们需要更多的信息,以便于做出合理的决策,比如他们可能想知道银行存款中人民币存款有多少、外币存款有多少,分别存在哪些银行账户里。在会计系统中,对于这些不同的财务信息,我们是通过设定不同层次的账户来提供的。

1. 总分类账户

总分类账户,也称为总账账户、一级账户。总分类账户实现总体反映会计对象具体内容的功能。它是明细分类账户的合并统一,对明细分类账户起着控制作用。比如"银行存款"账户表达的是企业在各个银行所存的各币种款项的增减变动和结存余额。表 3.1 和表 3.2 所示的都是总分类账户。

2.明细分类账户

明细分类账户,也称为明细账户或二级、三级账户等。明细分类账户对总分类账户所反映的内容起着补充说明的作用。它细分了总分类账户,更为详细地反映了会计对象的具体内容。对总分类账户做出细分的账户是二级明细账户,对二级明细账户再做出细分的账户是三级明细账户,以此类推。因而我们可以将"银行存款"总分类账户进一步细分为"人民币户"和"美元户"两个二级明细账户,然后在"人民币户"这样的二级明细账户下再按不同的开户银行或开户账号,如"中国工商银行""中国建设银行"等,分成三级明细账户。这样我们可以及时地了解到企业各个银行账户里存款的变动和结余情况,方便我们划拨钱款、结算资金。

可以看出,对于同一个经济业务而言,我们需要同时记入总分类账户和明细分类账户。因此总分类账户的余额应该和其各明细分类账户余额之和相等。这个严密的多层次记录体系体现着企业多层次的财务信息。

3.1.5　账户的结构

账户主要记录会计要素的数量增加或减少的变化情况,所以账户的结构相应地被分为两边,一边记录增加额,另一边记录减少额。账户是用左边记录增加额、右边记录减少额,还是反过来,即左边记录减少额、右边记录增加额,是由账户的性质和记账的方法所决定的。

在一个期间里,账户增加方登记的金额称为"本期增加发生额",账户减少方登记的金额称为"本期减少发生额"。账户记录的初始信息就是发生额,它们是被记录下来的直接信息。账户增加的金额和减少的金额相抵后的差额,就是账户的余额。

企业的经营和资金运动过程是连续的,但是为了便于观察和分析信息,我们人为地划分了时间段。这样账可以永远记录下去,我们可以定期总结各个账户的信息并加以分析和利用。所以在一定时期的期初,账户存在着从上一期期末承接而来的余额,这就是本期的期初余额。期初余额加上本期增加额,减去本期减少额,得出的就是期末余额。这个期末余额转入下一期,又成为下一期的期初余额。这个计算公式可以表达如下:

期末余额＝期初余额＋本期增加发生额－本期减少发生额

最简单的账户形状类似于字母"T",简称 T 形账户。这种形式的账户包含账户最基本的四要素:账户名称、增加发生额、减少发生额和结余数,如图 3.2 所示。

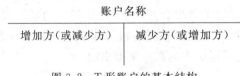

账户名称

| 增加方(或减少方) | 减少方(或增加方) |

图 3.2　T 形账户的基本结构

我们用"银行存款"账户加以举例说明,假设该账户左边记录增加额,右边记录减少额,如果余额为正数,余额将出现在左边,如图 3.3 所示。

银行存款

期初余额	2 000 000		
存款	300 000		
		取现	100 000
		支付货款	400 000
收款	500 000		
本期增加发生额	800 000	本期减少发生额	500 000
期末余额	2 300 000		

图 3.3　银行存款的 T 形账户显示(单位:元)

T 形账户只是账户的简化形式,仅仅表示了账户的基本轮廓。严格来说,账户的基本结构除了包括以上四要素外,还包括经济业务发生的日期;经济业务内容的简要说明,即摘要;所依据的记账凭证的编号;等等。在实务工作中,我们通常采用三栏式账户结构,如表 3.3 所示。

表 3.3　三栏式账户结构

年		凭证号数	摘　要	增加方	减少方	余　额
月	日					

3.2　记账方法

刚才我们说了账户的两边:一边记增加额;另一边记减少额。到底哪边记增加额,哪边记减少额,要看选取什么样的记账方法以及这个账户的性质如何。这里我们就一起来讨论记账方法以及账户性质。

3.2.1　记账方法概述

3.2.1.1　单式记账法

单式记账法,是指对于一项经济业务只在一个账户中做一笔账务记录的方法,主要用于记录钱款的收付和应收、应付的往来款项。比如公司以银行存款 30 万元购买了一台设备,单式记账法下记录的只是银行存款减少了 30 万元,没有其他内容,设备是不是增加了 30 万元,不在这种记账方法的考虑范围内。可以看出,这种记账方法非常简单,很容易学会,会计人员不需要复杂的财会知识都能胜任记账工作,能够在一定程度上满足满足经济活动的需要。因此在会计核算发展的初期,在业务简单、规模小、经济业务的内容对会计要求不高的组织里,这种方法发挥了一定的作用。但是就像例子中可以看见的,增加价值 30 万元的设备并没有被记录下来。这样的记账方法有很大的缺陷,它不注重账户之间的联系,许多重要的信息没有得到反映,因此最后提供的信息不能完整、系统地反映资金运动的来龙去脉。在这样的孤立记录单边账务的方法下,没有会计账户记录平衡的概念,也不容易对账户记录的正确性进行检查。这些局限性阻碍了信息使用者对信息的理解和利用,不符合现代组织发展的要求。因此,随着社会的发展,单式记账法逐渐被淘汰。

3.2.1.2　复式记账法

复式记账法的出现,是会计发展史上的里程碑。在这种方法下,每项经济业务引起的资金运动都被要求用相等的金额同时在两个或两个以上相互联系的账户中进行全面记录。复式记账法强调任何经济业务有"来"必有"去",来龙去脉都要记录清楚。任何一种经济业务"来龙"和"去脉"都是相联系、相对等的。所以,这种来龙去脉是建立在会计等式的基础之上的。

在上一章里我们认识到,组织中任何经济业务的发生,不论怎样影响了资产、负债、所有者权益、收入和费用等会计要素的具体账户项目,都不会打破会计等式的平衡关系。观察"资产+费用=负债+所有者权益+收入"这个等式,如果企业用现金支付水费,资产形态的现金转化成费用的形式退出企业;如果企业举借一笔债务收到钱款,说明外部资源流入企业,对于企业而言资源的来源是负债,增加的资源是资产形态下的钱款。所有这些经济业务的发生,我们都可以在两个或两个以上相互联系的账户中以同等金额加以记录,从而达到全面地记录经济业务的"来龙"和"去脉"、建立相关账户之间的内部联系的目的。

复式记账法能够弥补单式记账法的缺陷,不仅可以系统、完整地反映资金运动的全貌,还保证了账户间双重等量记账所形成的平衡关系,可以通过互相核对、查验记账错漏来检查交易记录的正确性,有利于会计体系的管理和控制。比如现金支付水费的情况,现金账上记录了减少,费用账户如果没有记录增加,或者记录的金额不等,账户间的平衡关系就会被打破。在复式记账法下,这样的遗漏或差错是很容易被发现的。

根据记账符号的不同,复式记账法可分为增减记账法、收付记账法和借贷记账法三种。增减记账法和收付记账法都是我国根据传统设计出的方法,曾在一定时期应用过。国际上,借贷记账法就是复式记账法的代名词。这种方法在中世纪的意大利产生以后,经过不断发展,目前成为世界上最为通用的记账方法。我国目前也采用借贷记账法作为记账方法,增减记账法和收付记账法已经被废止。

3.2.2　借贷复式记账法

理解借贷记账法,主要要从它的记账符号和记账规则入手,分析账户性质,使用会计分录,达到试算平衡。

3.2.2.1　记账符号

借贷记账法,顾名思义,是一种记账符号为"借"和"贷"的复式记账法,我们常常使用借(debit)和贷(credit)的缩写"Dr"和"Cr"。"借"和"贷"原来是在中世纪意大利海运贸易中出现的适用于借贷资本家的词语。对于经常借钱给船主买货、等到船主运货回来再收到还款和利息的借贷资本家们,把收进的存款,记在贷主(存款人)的名下,称为"贷",表示"欠人",即债务;把借给别人的款项,记在借主(借款人)的名下,称为"借",表示"人欠",即债权。但是随着生产的发展,其他行业如工业、商业等企业也开始采用借贷记账法记账,很多业务都和收款放贷无关。"借"和"贷"再保持原来的含义,就不适应各种经济业务的需要了。所以"借"和"贷"逐渐摆脱原来的含义,成为单纯的记账符号。

作为单纯的记账符号,"借"和"贷"主要表示记账的位置或者方向。前面讨论了账户的两边,即一边记增加数,另一边记减少数。在借贷记账法下,我们就统一规定了账户左边的部位为记借方,右边的部位为记贷方。因此形成的 T 形账户如图 3.4 所示。

图 3.4　T 形账户的结构

至于借方和贷方两边,哪一个是增加、哪一个是减少,还要由账户的性质来决定。

3.2.2.2　记账规则

一笔经济业务的发生有"来"必有"去"。受它影响的账户一定相互对应,保持了会计等式的平衡关系。我们用借贷记账法记录业务,记账涉及的会计账户如果一个记"来龙"一个记"去脉"(假设只涉及两个账户),不论是"借"记的"来龙"、"贷"记的"去脉",还是"贷"记的"来龙"、"借"记的"去脉",它们彼此之间应该平衡。因此我们能够总结出借贷记账法的记账规则是"有借必有贷,借贷必相等"。

上一章中我们总结了资金运动对会计等式的影响规律,使用借贷记账法的记账规则,能够忠实记录这些等式的平衡规律。

3.2.2.3　账户性质和结构

1. 账户性质

根据会计等式"资产＋费用＝负债＋所有者权益＋收入",我们将记账符号"借"和"贷"进行了分工。规定等式左边的项目,如资产、费用类账户,借记表示增加,贷记表示减少;等式右边的项目,如负债、所有者权益、收入类账户,借记表示减少,贷记表示增加,如图 3.5所示。

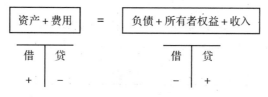

图 3.5　会计要素的借贷登记方法

现在我们进一步明确了,账户左边是借方,右边是贷方。对于资产或费用类账户来说,左边的借方记录增加数,右边的贷方记录减少数;对于负债、所有者权益、收入类账户来说,左边的借方记录减少数,右边的贷方记录增加数。这样安排,使资金运动规律中会计等式两边同增或同减、一边有增有减等变化都能在"有借必有贷,借贷必相等"的规则下被记录。

我们知道,按照经济内容的不同,可将账户分成六类:资产、负债、共同、所有者权益、成本和损益类。这里的共同类账户,余额如果在借方,就是资产性质的账户;余额如果在贷方,就是负债性质的账户。费用要素被拆分成了两个部分:一部分形成成本类账户,另一部分形成损益类账户。因而成本类账户和损益类账户中"损"的部分,都按照费用要素的性质,在借方记录增加数,贷方记录减少或转销数。由于收入要素形成损益类账户中"益"的部分,所以这个部分以贷记表示增加,借记表示减少。

明白了这样的账户性质以后,我们来观察一下借贷记账法下账户结构发生的变化。

2.账户结构

对于表3.3所示的三栏式账户结构,在借贷记账法下运用"借""贷"记账符号可表示为如表3.4所示的形式。图3.3所示的银行存款的T形账户,用借贷记账法下三栏式账户结构的形式表示,同样可以转换为表3.4的形式,以供大家对比分析。

表3.4 借贷记账法下"银行存款"账户的结构   单位:元

20×7年		凭证号数	摘 要	借 方	贷 方	借或贷	余 额
月	日						
3	1		期初余额			借	2 000 000
	2	(略)	存款	300 000		借	2 300 000
	6	(略)	取现		100 000	借	2 200 000
	18	(略)	支付货款		400 000	借	1 800 000
	24	(略)	收款	500 000		借	2 300 000
	31		本期合计和期末余额	800 000	500 000	借	2 300 000

可以发现,"借"和"贷"不仅替代了增加数和减少数栏目,还为余额增添了方向。对于属于资产类的银行存款而言,借方余额代表正数金额。

我们用T形账户的形式将资产、负债、共同、所有者权益、成本、损益类账户的结构说明如下。

(1)资产类账户的结构。资产类账户借方登记增加数,贷方登记减少数,期末如果有余额,通常情况下余额在借方,表示资产的实有数。资产类账户的期初余额一般情况下在借方,期末余额是期初余额加上本期增加额再减去本期减少额后的金额,一般也在借方。公式表示如下:

期末(借方)余额=期初(借方)余额+本期借方发生额-本期贷方发生额

资产类账户的结构如图3.6所示。

借方	资产类账户		贷方
期初余额	××××		
本期增加额	××××	本期减少额	××××
本期借方发生额	××××	本期贷方发生额	××××
期末余额	××××		

图3.6 资产类账户的结构

(2)负债类账户的结构。负债类账户贷方登记增加数,借方登记减少数,期末如果有余额,通常情况下余额在贷方,表示负债的实有数。负债类账户的期初余额一般情况下在贷方,期末余额是期初余额加上本期增加额再减去本期减少额后的金额,一般也在贷方。公式表示如下:

期末(贷方)余额=期初(贷方)余额+本期贷方发生额-本期借方发生额

负债类账户的结构如图3.7所示。

借方	负债类账户		贷方
	期初余额		××××
本期减少额	××××	本期增加额	××××
本期借方发生额	××××	本期贷方发生额	××××
		期末余额	××××

图 3.7　负债类账户的结构

（3）共同类账户的结构。共同类账户借方登记债权增加、债务减少等资产增加、负债减少的数额,贷方登记债权减少、债务增加等资产减少、负债增加的数额。期末如果有余额,余额在借方,表示资产的实有数;余额在贷方,表示负债的实有数。期初余额既可能在借方,也可能在贷方。基于借贷指向的双重可能性,共同类账户期末余额的计算公式如下：

期末余额＝期初余额＋本期增加数－本期减少数

共同类账户的结构如图 3.8 所示。

借方	共同类账户		贷方
（期初余额——表示资产性质	××××）	（期初余额——表示负债性质	××××）
本期发生额——资产增加	××××	本期发生额——资产减少	××××
或负债减少	××××	或负债增加	××××
本期借方发生额	××××	本期贷方发生额	××××
（期末余额——表示资产性质	××××）	（期末余额——表示负债性质	××××）

图 3.8　共同类账户的结构

（4）所有者权益类账户的结构。其和负债类账户的结构相同。账户贷方登记增加数,借方登记减少数,期末如果有余额,通常情况下余额在贷方,表示所有者权益的实有数。所有者权益类账户的期初余额一般情况下在贷方,期末余额是期初余额加上本期增加额再减去本期减少额后的金额,一般也在贷方。公式表示如下：

期末（贷方）余额＝期初（贷方）余额＋本期贷方发生额－本期借方发生额

所有者权益类账户的结构如图 3.9 所示。

借方	所有者权益类账户		贷方
	期初余额		××××
本期减少额	××××	本期增加额	××××
本期借方发生额	××××	本期贷方发生额	××××
		期末余额	××××

图 3.9　所有者权益类账户的结构

（5）成本类账户的结构。其与资产类账户的结构相同。账户借方登记增加数,贷方登记减少数,期末如果有余额,通常情况下余额在借方,表示成本的累积数。成本类账户和费用类账户的不同体现在,成本类账户往往有余额,费用类账户通常没有余额。一个时点上累积结余的成本具有盘存性质,代表这个时点上尚在生产加工状态的存货的价值,所以在期末编制财务报表时,我们将成本账户的余额归入资产中的存货项目中,以表达财务信息。

成本类账户的期初余额一般情况下在借方,期末余额是期初余额加上本期增加额再减去本期减少额后的金额，一般也在借方。公式表示如下：

期末（借方）余额＝期初（借方）余额＋本期借方发生额－本期贷方发生额

成本类账户的结构如图 3.10 所示。

借方	成本类账户		贷方
期初余额 ××××			
本期增加额 ××××	本期减少额		××××
本期借方发生额 ××××	本期贷方发生额		××××
期末余额 ××××			

图 3.10　成本类账户的结构

（6）损益类账户的结构。损益类账户包含了两种性质截然不同的要素，因此这类账户也有两种截然不同的结构。

①收入部分账户的结构。损益类账户中"益"的部分，就是收入要素的部分，结构和所有者权益类账户的结构类似，这是因为收入的增加会导致利润的增加，而利润最终是归属于所有者的。收入部分账户贷方登记增加数，借方登记转销或者冲减数。与所有者权益类账户不同的地方是，期末经过借方转销处理后，收入部分账户没有余额保留。收入部分账户期末余额的计算公式如下：

期末余额＝期初余额＋本期贷方增加数－本期借方转销数

收入部分账户的结构如图 3.11 所示。

借方	损益类收入部分账户		贷方
	本期增加额		××××
本期减少或转销额 ××××			
本期借方发生额 ××××	本期贷方发生额		××××

图 3.11　损益类收入部分账户的结构

②费用部分账户的结构。损益类账户中"损"的部分，就是费用要素的部分。因为费用的增加会导致利润的减少，利润最终归属于所有者，所以费用部分账户的结构与所有者权益类账户的结构不同，而与资产和成本类账户的结构类似。费用部分账户借方登记增加数，贷方登记转销或者冲减数。与资产和成本类账户不同的地方是，期末经过贷方转销处理后，费用部分账户没有余额保留。费用部分账户期末余额的计算公式如下：

期末余额＝期初余额＋本期借方增加数－本期贷方转销数

费用部分账户的结构如图 3.12 所示。

借方	损益类费用部分账户		贷方
本期增加额 ××××			
	本期减少或转销额		××××
本期借方发生额 ××××	本期贷方发生额		××××

图 3.12　损益类费用部分账户的结构

我们在第 2 章里曾经讨论到成本与费用的区别,成本是企业资源转化的量度。企业发生成本,并没有发生经济利益的净流出。只是企业资源从一种形态转变成了另外一种形态,企业的总资源并未发生变化,因而不会减少所有者权益。这是成本与费用的根本区别。成本不能抵减收入,只能以资产的形式反映在资产负债表中,而费用则冲减当期的收入,反映在利润表中。但是成本通过转化为存货成本,最终可以间接转化为费用,费用却不能转化为成本。可以看出,成本是企业资源的一种表达方式,费用却是抵减收入因而抵减利润、最后抵减所有者权益的部分。它们性质的不同导致它们账户的结构也不相同。成本类账户有余额,代表资源的实有数额;费用类账户没有余额,因为已经抵减收入,转入利润,进而转入所有者权益。

我们将前面讨论的几种账户结构加以总结,如表 3.5 所示。

表 3.5　账户的借贷发生额和余额显示

账户类别	借方发生额	贷方发生额	期末余额(一般情况下)
资产类	增加	减少	借方
负债类	减少	增加	贷方
共同类	资产增加、负债减少	资产减少、负债增加	在借方代表资产特性,在贷方代表负债特性
所有者权益类	减少	增加	贷方
成本类	增加	减少	借方,具有资产特性
损益类——收入	减少(转销或冲减)	增加	无
损益类——费用	增加	减少(转销或冲减)	无

除了《企业会计准则》公布的共同类账户之外,还有部分账户也具有双重性质。比如待处理财产损溢,虽然目前这类账户被归于资产或负债类账户,但是仍应该按照期末余额的方向来判断其性质:如果余额在借方,就是资产类账户;如果余额在贷方,就是负债类账户。

3.2.2.4　会计分录

知道了记账符号、记账规则和账户结构后,怎样才能把这三者结合起来以完整记录每笔经济业务呢?实现这一目的的工具就是会计分录。

会计分录是根据原始凭证,在记账凭证上运用记账方法,表现每笔经济业务的资金运动来龙去脉和金额的记录。可以通过会计分录的记录登记账户。在借贷记账法下,会计分录就是根据复式记账要求,列示每笔经济业务应借、应贷的账户和金额的记录。可以看出,会计分录将纷繁复杂的经济业务用借贷记账方式记载下来,可以确保之后录入账户的正确性。之所以不根据业务直接登记账户,是因为一笔业务往往关联几方,直接登记账户的方式容易产生遗漏。在账户钩稽关系复杂的情况下,发生错误的概率比较高。先用分录形式将每笔业务翻译成会计语言,再据此一一登记账户,既能反映资金的来龙去脉,又能加强账户间的联系,提高登账的正确率。

1.会计分录的编制和格式

在一笔经济业务中相互联系,因而被反映在一个分录的借贷两边的账户,被称为“对应账户”。

针对一笔经济业务编写会计分录,第一步就是找准业务所影响的对应账户,第二步是确定账户所属类别,第三步是观察金额变化方向(是增加还是减少),第四步是结合第二、三步判断哪一方是借,哪一方是贷,最后在借、贷两边记入相等金额。

例如,支付银行存款 30 万元购买设备,在借贷记账法下分析,然后编制会计分录的过程如图 3.13 所示。

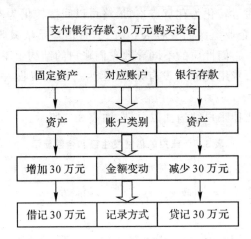

图 3.13   借贷记账法下业务分析示例

根据上面的步骤,最终分析得出会计分录:

<pre>
    借:固定资产   300 000
        贷:银行存款   300 000
</pre>

会计分录的三个要件是:账户名称、记账符号(方向)、金额。完整的分录还包括经济业务的简要说明。

会计分录的格式要求如下:

(1)先记借方,再记贷方。贷方记在借方的下面一行,不能和借方记在同一行内。

(2)贷方左空两格开始记录,账户和金额错格填写。

(3)同在借方(或同在贷方)的账户和金额分别保持对齐。

(4)账户名称规范,分录要件完整。

2.简单分录和复合分录

一笔经济业务的记录,只需要动用两个相互联系的账户,即一个借方一个贷方,这样的分录我们称为简单分录。上例中的分录,只有银行存款和固定资产两个账户被涉及,所以是简单分录。

经济业务的记录,需要动用三个或三个以上的账户,比如一个借方多个贷方,或者一个贷方多个借方,这样的分录我们称为复合分录。

举例说明,公司收到股东注入的资本 160 万元,其中 100 万元是货币资金,存入了公司银行账号,剩下的 60 万元是一项专利权的作价投入。

经过分析,这笔业务影响了银行存款、无形资产、实收资本三个账户。前两者是资产类账户,实收资本是所有者权益类账户。银行存款和无形资产在这笔业务中都是增加的,因为是资产类账户,增加用借记表示;实收资本也是增加的,作为所有者权益类账户,增加用贷记表示。这笔分录如下:

借:无形资产	600 000	
银行存款	1 000 000	
贷:实收资本		1 600 000

这笔业务影响了三个账户,呈现了"一贷多借"的复合分录形式。复合分录是可以分解成几个简单分录的。所以这笔分录可以拆解成如下两个分录:

借:无形资产	600 000	
贷:实收资本		600 000
借:银行存款	1 000 000	
贷:实收资本		1 000 000

复合分录能够简化工作、提高效率,所以日常工作中我们经常能够看见"一借多贷"和"一贷多借"的分录。但是"多借多贷"的分录并不得到鼓励,因为"多借多贷"的分录对应关系过于复杂,不能清楚地反映资金的来去脉络,编制时不容易实现平衡,也不容易验证其正确性。

3.3　会计分录与记账过程

我们运用初步掌握的借贷记账法知识,重新分析第 2 章最后提到的小服装店开业第一个月的 11 项经济业务,编制会计分录,然后根据这些分录内容登记相关账户。登记相关账户的步骤称为过账、记账或者登账。这 11 笔业务编制分录并记账的整个过程如下。

【例 3.1】　20××年 10 月 1 日,小店获得两位投资者甲和乙分别投入的 25 000 元(总共 50 000 元)作为小店的启动资金,款项存入小店的银行户头。

资产(银行存款)增加 50 000 元的同时,代表所有者要求权的所有者权益(实收资本)增加了同样金额。作为资产类账户的"银行存款",增加记在借方;作为所有者权益类账户的"实收资本",增加记在贷方。因此分录表达如下:

借:银行存款	50 000	
贷:实收资本——甲		25 000
实收资本——乙		25 000

根据会计分录,我们将这笔经济业务登记进相应的账户,如图 3.14 所示。这里为了说明的简便性,只列示总账账户。有关总账账户和明细账账户同时记录的内容,将在会计账簿一章中展开说明。

借方	银行存款	贷方	借方	实收资本	贷方
期初余额	0		期初余额		0
(1)	50 000		(1)		25 000
			(1)		25 000

图 3.14　收到投资者投入的资金(单位:元)

【例 3.2】　10 月 2 日,小店采购了第一批服装,价值 20 000 元,和供货厂家约好以后付款。

　　服装是小店的"库存商品",作为资产类账户,增加 20 000 元记录在借方。小店背负了 20 000 元债款,答应以后付款,计入"应付账款"。"应付账款"作为负债类账户,增加记录在贷方。这笔业务的分录表达如下:

借:库存商品　　　　　　　　　　　　　　　　　　　20 000
　　贷:应付账款　　　　　　　　　　　　　　　　　　　　　　20 000

将这笔业务登记进账户,如图 3.15 所示。

借方	库存商品	贷方	借方	应付账款	贷方
期初余额	0			期初余额	0
(2)	20 000			(2)	20 000

图 3.15　赊购货物(单位:元)

【例 3.3】　10 月 6 日,取出银行账户里的 10 000 元,用于归还 10 月 2 日欠下货款的一半。

　　这笔业务涉及"银行存款"和"应付账款"两个账户。"银行存款"是资产类账户,减少 10 000 元应该记在贷方;"应付账款"是负债类账户,减少 10 000 元应该记在借方。分录表达如下:

借:应付账款　　　　　　　　　　　　　　　　　　　10 000
　　贷:银行存款　　　　　　　　　　　　　　　　　　　　　　10 000

将这笔业务登记进相应账户,如图 3.16 所示。

借方	应付账款	贷方	借方	银行存款	贷方
	期初余额	0	期初余额	0	
	(2)	20 000	(1)	50 000	
(3)	10 000			(3)	10 000

图 3.16　用银行存款归还所欠货款(单位:元)

【例 3.4】　10 月 10 日,一名投资者想从投资中抽走 5 000 元。小店开出银行账户的现金支票让他取款。

　　小店支付了"银行存款"作为投资者的投资抽离。因此这笔业务涉及"银行存款"和"实收资本"两个账户。"银行存款"作为资产类账户,减少 5 000 元登记在贷方。"实收资本"作为所有者权益类账户,减少 5 000 元登记在借方。分录表达如下:

借:实收资本　　　　　　　　　　　　　　　　　　　5 000
　　贷:银行存款　　　　　　　　　　　　　　　　　　　　　5 000

将这笔业务登记进相应账户,如图 3.17 所示。

借方	实收资本	贷方	借方	银行存款	贷方
	期初余额	0	期初余额	0	
	(1)	25 000	(1)	50 000	
	(1)	25 000		(3)	10 000
(4)	5 000			(4)	5 000

图 3.17　投资者抽资(单位:元)

【例 3.5】 10 月 12 日,小店卖出一批衣服,售价 6 800 元,全部以现款交易,销售款已经收到并存入银行(暂不考虑增值税)。

小店收到钱款,存入银行,涉及"银行存款"账户。小店是靠出售服装获得这笔钱款的,出售服装是小店的主要营业活动,所实现的收入就是"主营业务收入"。这笔业务涉及的两个账户中,"银行存款"是资产类账户,增加 6 800 元登记在借方;"主营业务收入"是损益类账户中的收入类账户,增加数登记在贷方。分录表达如下:

借:银行存款   6 800

   贷:主营业务收入   6 800

将这笔业务登记进相应账户,如图 3.18 所示。

借方	银行存款	贷方		借方	主营业务收入	贷方
期初余额	0					
(1)	50 000				(5)	6 800
		(3)	10 000			
		(4)	5 000			
(5)	6 800					

图 3.18 销售商品收到款项(单位:元)

【例 3.6】 小店雇了一个大二学生看店,和这个学生约好每个月的 15 日支付其工资 600 元。10 月 15 日是约定的支付薪水日,但是这天小店没有支付薪水给这个学生,答应过些时候取了现金再支付。

小店雇用的学生是做营业员工作的,他的薪水是小店每个月期间费用中"销售费用"的组成部分。不论小店有没有支付薪水给他,小店都要确认本月应该承担的这部分工资费用。"销售费用"作为损益类账户中的费用类账户,增加 600 元记录在借方。小店没有付款,所以确认"应付职工薪酬"。"应付职工薪酬"作为负债类账户,增加债务记录在贷方。分录表达如下:

借:销售费用   600

   贷:应付职工薪酬   600

将这笔业务登记进相应账户,如图 3.19 所示。

借方	销售费用	贷方		借方	应付职工薪酬	贷方
(6)	600				期初余额	0
					(6)	600

图 3.19 计算并提取销售人员薪水(单位:元)

【例 3.7】 10 月 18 日,小店去银行取出账户里的 2 000 元备用。

这笔业务中,"银行存款"和"库存现金"两个账户的金额发生了变动。两个账户都属于资产类账户。"银行存款"减少 2 000 元,登记在贷方;"库存现金"增加 2 000 元,登记在借方。分录表达如下:

借:库存现金   2 000

   贷:银行存款   2 000

将这笔业务登记进相应账户,如图 3.20 所示。

借方	库存现金	贷方	借方	银行存款	贷方
期初余额	0		期初余额	0	
(7)	2 000		(1)	50 000	
					(3) 10 000
					(4) 5 000
			(5)	6 800	
					(7) 2 000

图 3.20　从银行账户中提取现金(单位:元)

【例 3.8】　10 月 20 日,小店用现金支付了 1 000 元海报印刷费。

这笔业务涉及"库存现金"和"销售费用"两个账户。"库存现金"作为资产类账户,减少 1 000 元登记在贷方;海报印刷费属于"销售费用",作为费用类账户,增加 1 000 元登记在借方。分录表达如下:

借:销售费用　　　　　　　　　　　　　　　　　　　　　1 000
　　贷:库存现金　　　　　　　　　　　　　　　　　　　　　　　　1 000

将这笔业务登记进相应账户,如图 3.21 所示。

借方	销售费用	贷方	借方	库存现金	贷方
(6)	600		期初余额	0	
(8)	1 000		(7)	2 000	
					(8) 1 000

图 3.21　用现金支付海报印刷费(单位:元)

【例 3.9】　10 月 23 日,小店向银行借了一笔 3 个月的借款 10 000 元,用来归还 10 月 2 日所欠货款中的剩余部分。

3 个月期借款形成"短期借款"的同时,归还了企业的"应付账款"。两个账户都是负债类账户。用一种债务形式替代另一种债务形式。"短期借款"增加 10 000 元,登记在贷方;"应付账款"减少 10 000 元,登记在借方。分录如下:

借:应付账款　　　　　　　　　　　　　　　　　　　　　10 000
　　贷:短期借款　　　　　　　　　　　　　　　　　　　　　　　　10 000

将这笔业务登记进相应账户,如图 3.22 所示。

借方	应付账款	贷方	借方	短期借款	贷方
		期初余额 0			期初余额 0
		(2) 20 000			(9) 10 000
(3)	10 000				
(9)	10 000				

图 3.22　举借短期借款以归还所欠货款(单位:元)

【例 3.10】　10 月 28 日,上次投资的那个投资者资金调度回来了,决定追加投资。于是他替小店把 10 000 元的短期借款还掉了,作为他的追加投资款。

在这笔业务中,"实收资本"增加,"短期借款"减少。"实收资本"是所有者权益类账户,增加 10 000 元登记在贷方;"短期借款"是负债类账户,减少 10 000 元登记在借方。分录如下:

借:短期借款　　　　　　　　　　　　　　　　　　10 000

　　贷:实收资本　　　　　　　　　　　　　　　　　　　　　　　10 000

将这笔业务登记进相应账户,如图 3.23 所示。

借方	短期借款		贷方
	期初余额		0
	(9)		10 000
(10)	10 000		

借方	实收资本		贷方
	期初余额		0
	(1)		25 000
	(1)		25 000
(4)		5 000	
	(10)		10 000

图 3.23　获得追加投资以归还短期借款(单位:元)

【例 3.11】　10 月 31 日,结转本月出售的服装的成本。这个月所销售服装的成本是 3 200元。

出售服装,除了实现收入以外,服装本身的成本也要结转,和收入在同一个会计期间相配比。本批服装的收入在前例中已经确认,这里结转这些服装的成本。销售服装是小店的主要经营内容,所以服装成本从"库存商品"中转出,确认进"主营业务成本"。"库存商品"是资产类账户,减少 3 200 元登记在贷方;"主营业务成本"是损益类账户中的费用类账户,增加 3 200 元登记在借方。分录如下:

借:主营业务成本　　　　　　　　　　　　　　　　　3 200

　　贷:库存商品　　　　　　　　　　　　　　　　　　　　　　　3 200

将这笔业务登记进相应账户,如图 3.24 所示。

借方	主营业务成本		贷方
(11)	3 200		

借方	库存商品		贷方
	期初余额		0
	(2)	20 000	
	(11)		3 200

图 3.24　结转销售成本(单位:元)

3.4　试算平衡

3.4.1　试算平衡的原理

借贷记账法的记账规则是"有借必有贷,借贷必相等"。在这个记账规则下,每一笔会计分录都保持着借方和贷方的金额相等。我们根据会计分录填列账户。一笔分录所影响的不同账户里,借方变动额和贷方变动额相等。那么一个时期中所有分录影响的全部账户里,登入借方的总发生额应该等于登入贷方的总发生额。因此综合观察全部账户,一定会得出如下规律:

(1)全部账户的期初借方余额合计等于全部账户的期初贷方余额合计;

(2)全部账户的本期借方发生额合计等于全部账户的本期贷方发生额合计;

（3）全部账户的期末借方余额合计等于全部账户的期末贷方余额合计。

账户之间形成的期初余额、本期发生额和期末余额三个方面的平衡关系，是借贷记账法的特点和优点之一。我们将这种平衡称为"自动平衡"。根据自动平衡的原理，可以及时发现和纠正记账工作中的许多错误，这种方法就是试算平衡。如果记账工作结束以后，发现上述三个平衡公式中的任何一个没有平衡，都意味着会计记录工作中出现了差错。

试算平衡能够查验会计记录工作中的错误，还可以通过试算平衡表汇总各个账户的数据，方便会计报表的编制。企业管理人员可以通过编制试算平衡表，在会计报表形成之前，对企业的财务状况和经营成果有大致的了解。

试算平衡可以保证所有经济业务都以相等的金额记入借贷双方。但是，试算平衡检查错账的方式还是具有一定局限性的。有些错账是试算平衡所难以发现的：

（1）借贷两边同时少记或者多记某笔业务（这里的少记或多记可能发生在编制分录中或者记账过程中，还可能发生在编制试算平衡表的时候）；

（2）借贷两边正好发生相同金额的错误；

（3）记账方向没有错，但是记错了账户，比如应该记库存商品借方的，错记成了原材料借方。

这些错误不会影响上述三个方面的平衡关系，很难利用试算平衡方式查验出来。因此我们发现，试算平衡方式在查验影响借贷平衡的错误时简便、有效，但是对于不会影响平衡的错误无能为力。试算平衡仅仅证明一个方面，即借方总额等于贷方总额。

3.4.2　试算平衡表的编制

由于试算平衡涉及三个方面的平衡，所以据此编制的试算平衡表也有三种：①总分类账本期发生额试算平衡表；②期末余额试算平衡表；③合并显示的本期发生额及期末余额试算平衡表。

继续使用上一节里我们讨论的小服装店20××年10月的经济业务的例子。如果10月份只发生了这11笔业务，结算出所有账户的本期发生额和余额，如图3.25与图3.26所示（需要说明的是，结账工作在下一节进行讨论，所以目前费用和收入类账户尚有余额）。

借方	库存现金	贷方
期初余额	0	
(7)	2 000	
		(8) 1 000
本期发生额	2 000	本期发生额 1 000
期末余额	1 000	

借方	银行存款	贷方
期初余额	0	
(1)	50 000	(3) 10 000
(5)	6 800	(4) 5 000
		(7) 2 000
本期发生额	56 800	本期发生额 17 000
期末余额	39 800	

借方	库存商品	贷方
期初余额	0	
(2)	20 000	
		(11) 3 200
本期发生额	20 000	本期发生额 3 200
期末余额	16 800	

借方	应付职工薪酬	贷方
	期初余额	0
	(6)	600
本期发生额 0	本期发生额	600
	期末余额	600

图3.25　20××年10月小服装店所有账户的发生额和余额（一）（单位：元）

借方	应付账款		贷方
	期初余额		0
	(2)		20 000
(3)	10 000		
(9)	10 000		
本期发生额	20 000	本期发生额	20 000
		期末余额	0

借方	短期借款		贷方
	期初余额		0
	(9)		10 000
(10)	10 000		
本期发生额	10 000	本期发生额	10 000
		期末余额	0

借方	实收资本		贷方
	期初余额		0
	(1)		25 000
(4)	5 000	(1)	25 000
		(10)	10 000
本期发生额	5 000	本期发生额	60 000
		期末余额	55 000

借方	销售费用		贷方
(6)	600		
(8)	1 000		
本期发生额	1 600	本期发生额	0
期末余额	1 600		

借方	主营业务成本		贷方
(11)	3 200		
本期发生额	3 200	本期发生额	0
期末余额	3 200		

借方	主营业务收入		贷方
		(5)	6 800
本期发生额	0	本期发生额	6 800
		期末余额	6 800

图 3.26　20××年 10 月小服装店所有账户的发生额和余额(二)(单位:元)

根据账户记录的内容,我们编制第一种试算平衡表——总分类账本期发生额试算平衡表,如表 3.6 所示。

表 3.6　小服装店总分类账本期发生额试算平衡表

20××年 10 月　　　　　　　　　　　　　　　　　单位:元

账户名称	借方发生额	贷方发生额
库存现金	2 000	1 000
银行存款	56 800	17 000
库存商品	20 000	3 200
短期借款	10 000	10 000
应付账款	20 000	20 000
应付职工薪酬		600
实收资本	5 000	60 000
销售费用	1 600	
主营业务成本	3 200	
主营业务收入		6 800
合　　计	118 600	118 600

根据账户情况编制第二种试算平衡表——期末余额试算平衡表,如表 3.7 所示。

表 3.7 小服装店期末余额试算平衡表

20××年 10 月 单位:元

账户名称	借方余额	贷方余额
库存现金	1 000	
银行存款	39 800	
库存商品	16 800	
短期借款		
应付账款		
应付职工薪酬		600
实收资本		55 000
销售费用	1 600	
主营业务成本	3 200	
主营业务收入		6 800
合　计	62 400	62 400

我们根据期初余额,结合账户情况编制第三种试算平衡表——本期发生额及期末余额试算平衡表。在这张表的填制过程中,首先抄入各个账户的期初余额,然后根据各个账户的本期借贷发生额填写本期发生额部分,最后根据期初余额和本期发生额计算填列期末余额栏。三个栏目借贷方的合计数都应该保持平衡。

20××年 10 月是小店开业的第一个月,所有账户的期初余额都是零。小店 20××年 10 月的发生额及期末余额试算平衡表如表 3.8 所示。

表 3.8 小服装店本期发生额及期末余额试算平衡表

20××年 10 月 单位:元

账户名称	期初余额		本期发生额		期末余额	
	借　方	贷　方	借　方	贷　方	借　方	贷　方
库存现金			2 000	1 000	1 000	
银行存款			56 800	17 000	39 800	
库存商品			20 000	3 200	16 800	
短期借款			10 000	10 000		
应付账款			20 000	20 000		
应付职工薪酬				600		600
实收资本			5 000	60 000		55 000
销售费用			1 600		1 600	
主营业务成本			3 200		3 200	
主营业务收入				6 800		6 800
合　计			118 600	118 600	62 400	62 400

　　试算平衡表可以定期和不定期编制。一般每个会计期间结束时,为了查验记账工作是否正确,会编制试算平衡表。我们能看出,试算平衡表可以将各个账户中分散的信息合并起来,这样汇总起来的信息一定程度上能够显示企业的情况,会计人员可以据此编制会计报表。

3.5　账项调整

▷ 思考

　　一位顾客到市中心的一家理发店做头发。头发做完后,这位顾客支付了 30 元满意地离开了。这 30 元是否可以被确认为理发店的收入? 如果顾客听了理发师的宣传,决定以后都到这家理发店保养、护理头发,于是办了一张卡,支付了 1 000 元的护理费,以后他每次来店中洗发、剪发、护理都从卡里扣钱。那么这 1 000 元现在可以被确认为理发店的收入吗? 什么时候被确认? 如果这 1 000 元现在不能被确认为理发店的收入,理发店应该怎么进行账务处理? 将来又怎么处理才能使这 1 000 元进入利润表?

　　前面几节里,我们讨论了会计循环的前三个步骤:会计分录、登记账户、编制试算平衡表。现在我们讲第四个步骤:期末账项调整。

　　之所以需要进行期末账项调整,是因为当我们确认收入和费用时,使用的不是“现金制”而是“应计制”,又称为“权责发生制”。在这种确认制度下,收入并不都是在收到钱款的时候确认,费用也不总是在支付钱款时确认。现金流量和收入、费用的确认出现了时间差,弥补这个差异的方法就是建立“应计和递延”过渡账户,在期末进行账项调整。

　　详细地说,为了定期编制会计报告、提供财务信息,我们人为地将一个企业的生命周期划分为一个接一个的会计期间。这样我们可以通过每个会计期间产生的财务信息,及时发现各种决策者所需要了解的重要趋势。但是,这些人为划分的会计期间有时不能对应真实业务发生的时间。一些业务可能会影响多个会计期间的收入或费用。因而,在每个会计期末我们会通过账项调整,将收入和费用以合理的金额分配进合适的会计期间,使每个会计期间的利润表涵盖恰当的损益金额。这样所进行的账项调整也是经济业务,所以也需要编制会计分录。账项调整是通过编制会计分录来达到调整目的,所编制的这些分录称为调整分录。

　　思考题中理发店收到的 1 000 元,顾客可能会在很长一段时间里慢慢使用,理发店就要在很长时间里陆续提供服务、实现收入。凡是涉及影响一个以上会计期间收入或者费用的经济业务,我们都应该为此编制调整分录。大多数情况下,企业是在会计期末的时候(往往为月底)编制调整分录的。

3.5.1　调整分录的类型

　　调整分录表现在收入或费用的推后确认或者先期确认上,主要有五种类型。除了下面我们讨论的四种类型之外,还有一种是对某些特定资产进行计价调整的分录,如考虑风险性而对应收账款计提坏账准备的账务处理。

为了完整地展示各种调整分录的情况,假设我们开设的小服装店已经经营了三个月,现在是第二年1月底,小店发生了四种不同类型的账项调整业务。

3.5.1.1　收入的递延——负债转换为收入

上面思考题中的情况显示,有时企业可能预先收到货币资金,却在未来的会计期间才提供相应的服务或货物,以完成交易。这种情况下,收到货币资金时,资产增加的同时,确认一项负债,这项负债需要通过未来提供服务或货物偿还。未来偿还债务的会计期,是实际提供服务或货物的时期,也就是收入真正被确认的时期。因此收入并没有在收到钱款的时候被确认,而是递延到实际提供服务或商品的时候才被确认。这就是"收入的递延确认",所通过的路径就是"负债向收入的转换"。一般我们通过设立"预收账款"这一类负债类的过渡科目来实现收入的递延。收到款项时确认"预收账款"增加。提供服务或商品的会计期编制调整分录,调出部分"预收账款"负债进入损益类的收入科目,确认进该期利润。

【例3.12】　1月,小服装店将店外临街橱窗的一个区域出租给一家专业培训公司张贴广告,租期为半年,每个月租金为100元。小服装店收到培训公司支付的半年租金现金600元。

(1)租赁开始日,小服装店收到600元现金的租金时,分录如下:

借:库存现金　　　　　　　　　　　　　　　　　　600

　　贷:预收账款　　　　　　　　　　　　　　　　　　　　　600

(2)1—6月每个月月底编制调整分录,由于小服装店的主要经营范围是销售服装,出租橱窗只是其他业务,因此分录如下:

借:预收账款　　　　　　　　　　　　　　　　　　100

　　贷:其他业务收入　　　　　　　　　　　　　　　　　　　100

3.5.1.2　费用的递延——资产转换为费用

刚才讨论了一笔现在收进的款项在将来被确认为收入,同样,一笔现在支付的款项也可能在将来被确认为费用。这种费用的递延,表现在一笔支出款项的受益期不是或不仅是本期,可能还惠及将来的会计期。这时支付款项的处理,不能像受益期只限本期的业务那样当即确认费用,而需要借记入某个资产类账户。在未来得到这项资产获益的会计期间,编制调整分录,将资产负债表中的一部分资产转换为利润表中的费用。这个过程就是"费用的递延确认",通过"资产向费用的转换"完成。我们通常设置"预付账款""其他应收款"或者"长期待摊费用"等资产类过渡账户来实现费用的递延。预付账款、其他应收款是流动资产,可以使用在受益期短于或者等于一年的情况下;长期待摊费用是长期资产,使用在受益期为一年以上的情况下。

【例3.13】　1月,小服装店支付了1—6月销售商品的保险费12 000元。

(1)1月小服装店支付12 000元保险费的分录如下:

借:预付账款　　　　　　　　　　　　　　　　　12 000

　　贷:银行存款　　　　　　　　　　　　　　　　　　　　12 000

(2)1—6月每个月月底编制调整分录,销售中发生的保险费是销售费用,逐期将"预付账款"资产确认进费用的分录如下:

借:销售费用　　　　　　　　　　　　　　　　　2 000

　　贷:预付账款　　　　　　　　　　　　　　　　　　　　2 000

费用递延的另一个典型例子,是资产的折旧过程。购买资产的行为往往发生在前,资产被使用的过程发生在后。因此资产从购买到被使用消耗的过程也是费用递延的过程。在资产使用寿命期里将应折旧的资产金额分配进各个会计期,逐渐折旧、转进费用,实现与使用该项资产所带来的收入的配比。这样通过折旧将资产转换进费用,也是账项调整中的常见方法。

折旧的过程其实可能是每时每刻一直在进行的,但是我们难以做到实时记录。因此通常情况下,我们在会计期末编制调整分录来将每一期应该转换的资产金额调整进费用。这里我们设置了“累计折旧”这一过渡账户来帮助我们完成固定资产折旧的记录工作。“累计折旧”账户是“固定资产”账户的抵减账户,意味着对“固定资产”账户余额的对冲、抵消,为了达到这一对冲效果,它的余额方向与“固定资产”账户相反,因而在贷方。“固定资产”账户余额减去“累计折旧”账户余额后的金额,才是固定资产的账面价值,即净值。账面价值意味着该资产可能还有多少金额需要在未来会计期里继续被折旧进费用,以和收入相配比。

我们知道很多资产在被使用的过程中,可能一直保持着原有的外形,在最后被用坏之前,并没有实际特征可以显示其已经被使用了多少价值。这些资产逐渐被耗用的过程,在会计记录中是通过我们人为估计经济价值的耗用速度,即估计折旧情况来处理的。折旧在会计处理上展现的信息主要是一种估计金额,我们有很多种估计方法,但每种方法都不可能完全精确地估计。例如,我们拥有一幢房屋,估计这幢房屋可以使用多长时间呢? 精确地估计使用寿命是很困难的。估计的使用寿命会影响到我们估计的每一会计期的折旧金额。以最常使用的直线法为例,折旧费用的计算公式如下:

$$每一会计期的折旧费用 = \frac{应计折旧额}{估计使用期限} = \frac{固定资产原值 - 预计净残值}{估计使用期限}$$

【例 3.14】 一家外贸公司花费 300 万元购买了一处写字楼,用于办公,估计使用 20 年时间,预计使用完后该写字楼的净残值是 60 万元。

(1)购买写字楼时的会计分录如下:

借:固定资产　　　　　　　　　　　　　　　　　　　3 000 000

　　贷:银行存款　　　　　　　　　　　　　　　　　　　　　3 000 000

(2)第二个月开始每个月月底对写字楼进行折旧会计处理,每个月的折旧费用为

(300－60)/(20×12)＝1(万元)

办公使用的写字楼,其耗费归属管理费用,费用发生登记在借方,累计折旧增加登记在贷方,调整分录如下:

借:管理费用　　　　　　　　　　　　　　　　　　　10 000

　　贷:累计折旧　　　　　　　　　　　　　　　　　　　　　10 000

3.5.1.3　应计未付的费用

前面两种情况都是现金流量在先、实现收入或确认费用在后,而实现收入或确认费用在先、现金流量在后的情况也是存在的。

还没有支付款项,本会计期已经先开始发生费用的情况是很容易发生的。比如还没有付房租,已经开始租用房屋;还没有付电费、水费,已经开始使用电和水;还没有付利息,已经开始使用借来的款项。

这时就需要在会计期末通过编制调整分录,借记确认当期已经发生的费用,并通过设置

"应付职工薪酬""应付利息"等应计负债类的过渡科目,贷记在未来应该支付、现在还没有支付的负债款项。这样需要支付的款项日积月累起来,待到未来支付款项时,再转销这些应计负债类过渡科目的数额。这类的调整分录实现了费用可以在发生的当期予以确认,款项在将来实际支付时予以减少的记录过程。

前面的例 3.6 应付而未付大学生工资其实就是一次应计未付费用的调整分录。

【例 3.15】　本月小服装店向银行借款 60 万元,利息和本金都在 1 年后到期之时偿还,每个月应承担的利息费用为 2 500 元,全年利息总和为 30 000 元。

(1)向银行借款 60 万元的会计分录如下:

借:银行存款　　　　　　　　　　　　　　　　　　600 000
　　贷:短期借款　　　　　　　　　　　　　　　　　　　　　　600 000

(2)本月起每个月月底确认利息费用,记录欠付利息的负债,调整分录如下:

借:财务费用　　　　　　　　　　　　　　　　　　　2 500
　　贷:应付利息　　　　　　　　　　　　　　　　　　　　　　　2 500

(3)一年后,归还所有利息和本金,会计分录如下:

借:应付利息　　　　　　　　　　　　　　　　　　　30 000
　　短期借款　　　　　　　　　　　　　　　　　　　600 000
　　贷:银行存款　　　　　　　　　　　　　　　　　　　　　　630 000

3.5.1.4　应计未收的收入

未来才能收到款项,本会计期已经先开始实现收入,这样的情况同样经常发生。这时需要设置的过渡账户是"应收账款""其他应收款"等应计资产类的债权账户。实现收入的会计期里,确认收入,由于没有收到相应款项,借记"应收账款"等资产类过渡账户,表明拥有一项可以收到的债权,待到实际收到款项的时期,再贷记该过渡账户,达到收入在实际实现时确认、款项在实际收到时记录的目的。

【例 3.16】　本月小服装店将一个柜面出租给一个首饰品牌,每月租金为 500 元,租期为半年,租金在半年后收取。

对于小服装店来说,出租柜面和出租橱窗都是其他业务,不是主营业务。

(1)本月起每个月月底确认租金收入的调整分录如下:

借:应收账款　　　　　　　　　　　　　　　　　　　500
　　贷:其他业务收入　　　　　　　　　　　　　　　　　　　　500

(2)半年后一次性收取租金 3 000 元,存入银行,会计分录如下:

借:银行存款　　　　　　　　　　　　　　　　　　3 000
　　贷:应收账款　　　　　　　　　　　　　　　　　　　　　3 000

3.5.2　调整后的试算平衡

编制调整分录是每个企业会计期末都不可缺少的环节。调整分录的内容同样需要被登记进账簿,进而影响账户的余额。因此,编制完调整分录之后,企业往往还会再将调整分录登记进试算平衡表,编制调整后的试算平衡表,检查最终是否达到平衡。

20××年 1 月小服装店账项调整之前的期末余额试算平衡表如表 3.9 所示。

表 3.9　小服装店调整前的期末余额试算平衡表

20××年 1 月　　　　　　　　　　　　　　　　　　　单位:元

账户名称	借方余额	贷方余额
库存现金	14 000	
银行存款	647 800	
预付账款	12 000	
库存商品	16 800	
短期借款		600 000
应付账款		4 700
应付职工薪酬		800
应付利息		
预收账款		600
实收资本		55 000
销售费用	500	
财务费用		
主营业务成本	28 000	
主营业务收入		58 000
其他业务收入		
合　　计	719 100	719 100

我们根据例 3.12、例 3.13、例 3.15 和例 3.16 四个例题(例 3.14 不是小服装店发生的业务)总结小服装店在 20××年 1 月底需要编制的调整分录如下:

(1)确认本月橱窗的租金收入 100 元

借:预收账款　　　　　　　　　　　　　　　　　　100

　贷:其他业务收入　　　　　　　　　　　　　　　　　　　　100

(2)摊销本月的保险费 2 000 元

借:销售费用　　　　　　　　　　　　　　　　　　2 000

　贷:预付账款　　　　　　　　　　　　　　　　　　　　　2 000

(3)预提本月的借款利息 2 500 元

借:财务费用　　　　　　　　　　　　　　　　　　2 500

　贷:应付利息　　　　　　　　　　　　　　　　　　　　　2 500

(4)确认本月柜面的租金收入 500 元

借:应收账款　　　　　　　　　　　　　　　　　　500

　贷:其他业务收入　　　　　　　　　　　　　　　　　　　　500

将上述四笔调整业务登记进账簿,再根据账簿金额编制调整后的试算平衡表,如表 3.10 所示。

表 3.10   小服装店调整后的期末余额试算平衡表

20××年1月   单位:元

账户名称	调整前余额		调整分录		调整后余额	
	借　方	贷　方	借　方	贷　方	借　方	贷　方
库存现金	14 000				14 000	
银行存款	647 800				647 800	
预付账款	12 000			2 000	10 000	
应收账款			500		500	
库存商品	16 800				16 800	
短期借款		600 000				600 000
应付账款		4 700				4 700
应付职工薪酬		800				800
应付利息				2 500		2 500
预收账款		600	100			500
实收资本		55 000				55 000
销售费用	500		2 000		2 500	
财务费用			2 500		2 500	
主营业务成本	28 000				28 000	
主营业务收入		58 000				58 000
其他业务收入				600		600
合　计	719 100	719 100	5 100	5 100	722 100	722 100

3.6　结账与报表编制

3.6.1　结　账

　　期末经过账项调整与试算平衡后,在最后出具报表报送信息之前,还有一个重要的环节,就是结账。结账就是在会计期末结算各种账簿记录的信息,确定出本期利润总额、净利润,以便编制报表。一些观点认为试算平衡表已经完成了账户本期发生额和期末余额的结算工作,实现了部分结账工作,所以可以视作结账中的一个部分。

　　结账的工作除了结算账簿的发生额和余额外,一个重要的步骤就是确定出本期的利润总额和净利润,计算累计利润总额和累计净利润。完成这项工作的方法主要有"账结法"和"表结法"两种。

3.6.1.1　账结法

账结法是我国会计准则所要求的结账方法,所以被我国大部分企业采用,后面的章节也是按照这种方法讲述的。账结法的特点是:每个会计期末(1 月末—12 月末)都要对各损益类账户进行账务处理,将它们的余额转入"本年利润"账户。在"本年利润"账户里进行配比,结算出本期的利润总额和净利润。"本年利润"账户的余额就是本年的累计净利润。

这种方法下,损益类账户期末余额都被转入"本年利润"账户,其都不会再保有期末余额,因此我们又将收入、费用这些损益类账户称为临时性账户、名义账户或者虚账户。因为这些账户都只在一个会计期间进行累计计算,一旦会计期结束,它们累计的数额就被转移到"本年利润"这个集中账户中去。如果移入的本期收入(贷方金额)大于移入的本期费用(借方金额),就代表本期有净利润;反之,则代表本期有净亏损。

"本年利润"是所有者权益类账户中的留存收益。这也就表明,一个会计期里损益类账户中累计的收益变动数,到了会计期结束,被转移去更新所有者权益类账户中的留存收益。

资产负债表中的账户,即资产、负债、所有者权益以及成本类账户,其余额可以跨越会计期存续下去,因而我们把这些账户又称为永久性账户或者实账户。在期末将损益类账户这样的临时账户的余额结清,转入永久性账户的账务处理,称为结账分录。账结法的名称由此而来。根据损益类账户中收入和费用的不同性质,有两种不同的结账分录。

1. 收入类账户的结账分录

损益类账户中的收入类账户余额在贷方,因此结清收入类账户时,将该余额借记收入类账户,贷记"本年利润"账户。编制这样的结账分录之后,收入类账户的余额变为零,"本年利润"账户的贷方拥有了转入的收入余额。

继续沿用上一节 20××年 1 月开业三个月后小服装店的情况进行分析。本月小服装店的收入情况如表 3.11 所示。

表 3.11　小服装店 20××年 1 月收入类账户余额　　　　　　　　　　　单位:元

账户名称	贷方余额
主营业务收入	58 000
其他业务收入	600

编制结账分录如下:

借:主营业务收入　　　　　　　　　　　　　　　　　58 000
　　其他业务收入　　　　　　　　　　　　　　　　　　600
　　贷:本年利润　　　　　　　　　　　　　　　　　　　　　　　58 600

2. 费用类账户的结账分录

损益类账户中的费用类账户余额在借方,因此结清费用类账户时,将该余额贷记该费用类账户,借记"本年利润"账户。编制这样的结账分录之后,费用类账户的余额变为零,"本年利润"账户的借方拥有了转入的费用余额。

小服装店 20××年 1 月的费用情况如表 3.12 所示。

表 3.12　小服装店 20××年 1 月费用类账户余额　　　　单位:元

账户名称	借方余额
销售费用	2 500
财务费用	2 500
主营业务成本	28 000

编制结账分录如下:

借:本年利润　　　　　　　　　　　33 000
　　贷:销售费用　　　　　　　　　　　　　　　2 500
　　　　财务费用　　　　　　　　　　　　　　　2 500
　　　　主营业务成本　　　　　　　　　　　　 28 000

编制结账分录之后,为了防止结账分录出现差错,我们编制结账后的试算平衡表,如表 3.13 所示。

表 3.13　小服装店结账后的期末余额试算平衡表

20××年 1 月　　　　　　　　　　单位:元

账户名称	账项调整后余额(结账前)		结账分录		结账后余额	
	借　方	贷　方	借　方	贷　方	借　方	贷　方
库存现金	14 000				14 000	
银行存款	647 800				647 800	
预付账款	10 000				10 000	
应收账款	500				500	
库存商品	16 800				16 800	
短期借款		600 000				600 000
应付账款		4 700				4 700
应付职工薪酬		800				800
应付利息		2 500				2 500
预收账款		500				500
实收资本		55 000				55 000
销售费用	2 500			2 500		
财务费用	2 500			2 500		
主营业务成本	28 000			28 000		
主营业务收入		58 000	58 000			
其他业务收入		600	600			
本年利润			33 000	58 600		25 600
合　计	722 100	722 100	91 600	91 600	689 100	689 100

3.6.1.2　表结法

表结法通常在一些西方国家或者我国的外商投资企业中使用。它的特点是:除了年终,其他各个会计期末(1 月末—11 月末)对各损益类账户不做账务处理,不用将它们的余额转入"本年利润"账户,利润总额和净利润的数额是通过编制工作底稿进行计算而得的。年终再使用账结法编制结账分录,将各损益类账户的余额(本年累计数)转入"本年利润"账户,在"本年利润"账户中集中计算出全年利润总额和净利润。

以前人们往往手工编制纸质工作底稿,现在大部分情况下则运用 Excel(电子表格软件)等来编制。工作底稿可以有很多种形式,因为它只是会计人员编制会计报表之前进行试算平衡、账项调整和结账的草稿文件,并不是会计循环中的正式步骤。在未来的会计学习中我们还会见到合并会计报表中的各种工作底稿,表 3.14 是阐述试算平衡、调整分录和财务报表之间关系的工作底稿。

表 3.14　表结法下小服装店的工作底稿

20××年 1 月　　　　　　　　　　　　　　　　　　　　　　　　　单位:元

账户名称	调整前试算平衡表		调整分录		调整后试算平衡表		利润表		资产负债表	
	借　方	贷　方	借　方	贷　方	借　方	贷　方	借　方	贷　方	借　方	贷　方
资产负债表账户:										
库存现金	14 000				14 000				14 000	
银行存款	647 800				647 800				647 800	
预付账款	12 000			2 000	10 000				10 000	
应收账款			500		500				500	
库存商品	16 800				16 800				16 800	
短期借款		600 000				600 000				600 000
应付账款		4 700				4 700				4 700
应付职工薪酬		800				800				800
应付利息				2 500		2 500				2 500
预收账款		600	100			500				500
实收资本		55 000				55 000				55 000
利润表账户:										
销售费用	500		2 000		2 500		2 500			
财务费用			2 500		2 500		2 500			
主营业务成本	28 000				28 000		28 000			
主营业务收入		58 000				58 000		58 000		
其他业务收入				600		600		600		
总　　计	719 100	719 100	5 100	5 100	722 100	722 100	33 000	58 600	689 100	663 500
本期利润							25 600			25 600
合　　计							58 600	58 600	689 100	689 100

可以看到,采用表结法的企业可以不通过编制正式的结账分录,而采用工作底稿提供所需的资料来源,方便编制中期财务报表。由于工作底稿往往是在编制调整分录之前编制的,

所以在底稿中编入调整分录,对于观察调整前后的影响是有意义的。本期的利润不是通过"本年利润"这样的汇总科目观察而得,而是通过底稿上的计算得出的。

编制工作底稿主要有以下五个步骤:

(1)将账簿中各账户余额转入工作底稿中的"调整前试算平衡表"。

(2)填入调整分录。

(3)得出"调整后试算平衡表"。

(4)将"调整后试算平衡表"分别按照资产负债表项目和利润表项目转入"资产负债表"栏和"利润表"栏。

(5)汇总"资产负债表"栏和"利润表"栏,确定本期的利润或损失。我们会发现"利润表"栏下借贷初始不平衡的原因,就是本期利润或者损失的存在。轧差的数额部分,就是我们想确认的利润或者亏损数。也正是这个数字,最后会影响"资产负债表"栏中的平衡关系。

另外还需要指出的是,即使采用账结法的企业,也可以通过编制工作底稿完成试算平衡、账项调整、结账的工作以及编制报表的底表。账结法下需要在上述步骤(3)和(4)之间增加"结账分录"和"结账后试算平衡表"两个部分,最后将"结账后试算平衡表"的金额转入"资产负债表"栏和"利润表"栏。

同时还要强调的是,表结法下企业年终还是需要编制结账分录以结清所有损益类账户余额的。

3.6.2　报表编制

经过整个会计循环,可以得到一个结果——会计报表。会计报表汇集了在会计准则规范要求下整个会计循环中我们用会计语言记录的各种信息,其正是我们想要分析、研究、对外报送给各个信息使用者的资料。一家企业通常需要报送的会计报表有资产负债表、利润表、现金流量表、所有者权益变动表以及各种附表等。本书后续章节将对会计报表的编制和内容进行详细介绍,这里暂根据小服装店20××年1月调整、结账后的信息编制出简化版的资产负债表(见表3.15)和利润表(见表3.16)(由于本书讲述到此的知识所限,表格部分地方不符合会计报表规范,相关内容将在后续章节讨论)。

表 3.15　小服装店资产负债表(简化)

20××年1月31日　　　　　　　　　　　　　　　　　　单位:元

资　产	期末余额	期初余额(略)	负债及所有者权益	期末余额	期初余额(略)
库存现金	14 000		负债:		
银行存款	647 800		短期借款	600 000	
预付账款	10 000		应付账款	4 700	
应收账款	500		应付职工薪酬	800	
库存商品	16 800		应付利息	2 500	
			预收账款	500	
			负债合计	608 500	
			所有者权益:		

资　产	期末余额	期初余额（略）	负债及所有者权益	期末余额	期初余额（略）
			实收资本	55 000	
			本期利润	25 600	
			所有者权益合计	80 600	
资产合计	689 100		负债及所有者权益合计	689 100	

表 3.16　小服装店利润表（简化）

20××年1月　　　　　　　　　　　　　　　　　　　单位:元

项　目	本月数	本年累计数（略）
一、营业收入（主营业务收入＋其他业务收入）	58 600	
减:营业成本	28 000	
销售费用	2 500	
财务费用	2 500	
二、本期利润	25 600	

习　题

一、简答题

1. 会计循环通常包括哪些步骤？它们之间有怎样的关联？

2. 什么是账户？它有什么意义？设置账户应该遵循怎样的原则？

3. 账户的结构通常有哪些形式？

4. 根据不同的分类方式,账户能够分成哪些类型？它们各自有什么特点？

5. 复式记账法的原理是什么？你觉得这种记账法的科学性体现在哪里？

6. 怎么理解"有借必有贷,借贷必相等"这个记账规则？怎么应用？

7. "借"和"贷"两个记账符号是如何发挥作用的？

8. 会计分录是什么？它应该包括哪些要素？会计分录有什么不同形式？

9. 编制会计分录应该经过怎样的思考路径？看到一笔经济业务,你会怎么分析,如何一步步得到会计分录？谈谈你的感想。

10. 什么是对应账户？

11. 试算平衡的原理是什么？我们为什么要进行试算平衡？

12. 试算平衡的"盲点"是什么？为什么？

13. 为什么要编制调整分录？调整分录主要有哪些类型？

14. 结账的含义是什么？有哪些方法？

15. 结账的主要内容是什么？通常如何进行账务处理？

二、判断题

1. 账项调整是根据复式记账原理进行的。　　　　　　　　　　　　　　（　　）

2. 成本类账户和损益类账户中的费用类账户的结构相同。　　　　　　　（　　）

3.会计账户是根据会计科目设置的,会计科目也是账户的名称。   （   ）

4.试算平衡表中全部账户的期初余额合计数,加上本期发生额合计数,等于期末余额合计数。   （   ）

5.借贷记账法下,由账户的性质决定账户的哪一边登记增加数,哪一边登记减少数。

                                                                （   ）

6.借贷记账法下试算平衡的依据是会计账户的基本结构。   （   ）

7.对于一笔经济业务,单式记账法只记一个账户,复式记账法记两个账户。 （   ）

8.借贷记账法的记账规则是"账户借方登记增加数,贷方登记减少数"。   （   ）

三、单项选择题

1."借"和"贷"记账符号表示(   )。

    A.债权债务关系   B.记账的金额

    C.账务的平衡关系   D.记账的部位

2.下列账户中和"实收资本"账户结构相同的是(   )。

    A.应收账款   B.应付账款

    C.主营业务收入   D.管理费用

3.下列科目中属于损益类的是(   )。

    A.制造费用   B.本年利润

    C.长期待摊费用   D.税金及附加

4.账户的对应关系是指(   )。

    A.成本类账户与损益类账户之间的关系

    B.资产类账户与负债类账户之间的关系

    C.一项业务中有关账户之间的应借应贷关系

    D.总分类账户与明细分类账户之间的关系

5.下列记账差错中能通过编制试算平衡表判断的是(   )。

    A.颠倒了记账方向   B.只登记了会计分录的借方或贷方,漏记另一方

    C.借方登记的会计科目选择错误   D.漏记某项经济业务

6.符合所有者权益类账户记账规则的是(   )。

    A.借方登记减少额   B.贷方登记减少额

    C.期末一般无余额   D.和收入类账户记账规则相同

7.下列账户中年末一般没有余额的是(   )。

    A.生产成本   B.所得税费用

    C.盈余公积   D.长期借款

8.下列分录中属于结账分录的是(   )。

    A.借:库存商品   B.借:无形资产

        贷:生产成本   贷:实收资本

    C.借:营业外收入   D.借:管理费用

        贷:本年利润   贷:银行存款

9.下列分录中属于调整分录的是(   )。

    A.借:管理费用   B.借:财务费用

　　　　　贷:累计折旧　　　　　　　　　　贷:银行存款

　　C.借:银行存款　　　　　　　　D.借:生产成本

　　　　　贷:预收账款　　　　　　　　　　贷:原材料

　　10.下列分录中属于应收未收收入的调整分录的是(　　　　)。

　　　　A.借:预收账款　　　　　　　　B.借:应收账款

　　　　　贷:其他业务收入　　　　　　　　贷:其他业务收入

　　　　C.借:财务费用　　　　　　　　D.借:销售费用

　　　　　贷:应付利息　　　　　　　　　　贷:其他应收款

四、多项选择题

　　1.记账符号"借"对于下列哪几个会计要素来说表示减少?(　　　　　　)

　　　　A.资产　　　　　　　　　　　B.负债

　　　　C.所有者权益　　　　　　　　D.收入

　　　　E.费用

　　2.下列账户中用贷方登记增加数的有(　　　　)。

　　　　A.盈余公积　　　　　　　　　B.应付账款

　　　　C.预收账款　　　　　　　　　D.其他业务收入

　　　　E.累计折旧

　　3.期末一般没有余额的账户是(　　　　)。

　　　　A.损益类账户中的收入类账户　　B.资产账户

　　　　C.成本类账户　　　　　　　　D.所有者权益类账户

　　　　E.损益类中的费用类账户

　　4.借贷记账法下,账户之间的试算平衡包括(　　　　)。

　　　　A.本期发生额平衡　　　　　　　B.期初余额平衡

　　　　C.差额平衡　　　　　　　　　D.期末余额平衡

五、业务题

业务题一

　　1.目的:熟悉会计科目的设置和分类。

　　2.资料:第2章业务题三的相关资料如表3.17所示。

表 3.17　企业资产、费用、负债、所有者权益和收入的相关资料　　　　　　单位:元

资料内容	资　产	费　用	负　债	所有者权益	收　入
销售商品收入(示例)					主营业务收入
借款利息(示例)		财务费用			
仓库里存放的材料					
从银行借入的三个月期借款					
支付的广告费					
车间的机器设备					

续表

资料内容	资　产	费　用	负　债	所有者权益	收　入
出租设备收入					
从利润中提取的法定盈余公积					
行政部门的办公费					
销售部门的差旅费					
拥有的商标使用权价值					
赊销商品收入					
应交还未交的各项税金总计					
投资者投入的资本					
销售商品的成本					
存放在银行的款项					
应付的上个月办公人员薪酬					
销售商品支付的包装费					
以前年度没有分配的利润					

3. 要求:在表 3.17 中的相应空格内填写对应的会计科目名称。

业务题二

1. 目的:熟悉会计科目的设置,练习运用借贷记账法编制会计分录,练习登记账户和编制试算平衡表。

2. 资料:3 月 31 日,一家加油站的相关账户余额如表 3.18 所示。

表 3.18　3 月 31 日加油站相关账户余额　　　　　　　　单位:元

账户名称	借方余额	账户名称	贷方余额
库存现金	8 000	短期借款	250 000
银行存款	750 000	应付账款	180 000
应收账款	85 000	预收账款	130 000
预付账款	15 000	应付职工薪酬	20 000
库存商品	800 000	实收资本	3 000 000
固定资产	2 600 000	未分配利润	678 000
合　计	4 258 000	合　计	4 258 000

4 月份,加油站发生了以下经济业务(为简化问题,不考虑增值税):

(1) 购入加油设备一台,价值 40 000 元,货款用银行存款支付,示例如表 3.19 所示。

表 3.19　用银行存款支付加油设备费　　　　　　　　单位:元

账户名称	要素类别	金额变化	借　方	贷　方
固定资产	资产	增加	40 000	
银行存款	资产	减少		40 000

（2）从银行提取现金 20 000 元,完成表 3.20。

表 3.20　从银行提取现金　　　　　　　　单位:元

账户名称	要素类别	金额变化	借　方	贷　方

（3）用现金发放上个月员工工资 20 000 元,完成表 3.21。

表 3.21　用现金发放上个月员工工资　　　　　　　　单位:元

账户名称	要素类别	金额变化	借　方	贷　方

（4）用银行存款支付本月水电费和电话费等杂费 3 400 元,完成表 3.22。

表 3.22　用银行存款支付本月水电费和电话费等杂费　　　　　　　　单位:元

账户名称	要素类别	金额变化	借　方	贷　方

（5）赊购 97 号汽油一批,金额为 230 000 元,完成表 3.23。

表 3.23　赊购 97 号汽油一批　　　　　　　　单位:元

账户名称	要素类别	金额变化	借　方	贷　方

（6）预收客户交付的现金 800 元,为客户办理加油卡(将来客户可通过刷卡买油,不必再支付款项),完成表 3.24。

表 3.24　预收客户交付的现金　　　　　　　　单位:元

账户名称	要素类别	金额变化	借　方	贷　方

（7）收到客户交还的上个月欠款 5 000 元，存入银行，完成表 3.25。

表 3.25   收到客户交还的上个月欠款并存入银行   单位:元

账户名称	要素类别	金额变化	借　方	贷　方

（8）收到股东投入的 200 000 元，存入银行，完成表 3.26。

表 3.26   收到股东投入的款项并存入银行   单位:元

账户名称	要素类别	金额变化	借　方	贷　方

（9）销售汽油取得收入 400 000 元，其中 380 000 元已经收款存入银行，其余尚未收到，完成表 3.27。

表 3.27   销售汽油取得收入   单位:元

账户名称	要素类别	金额变化	借　方	贷　方

3. 要求：

（1）参照表 3.19，对每项经济业务进行分析，完成表 3.20 至表 3.27，编制会计分录。

（2）将每笔分录填入相应的 T 形账户。

（3）根据资料提供的期初余额，编制本期发生额和期末余额试算平衡表。

业务题三

1. 目的：练习运用借贷记账法编制会计分录，熟悉登记账户和编制试算平衡表的步骤和方法。

2. 资料：7 月 1 日，陈某准备开设一家牙科医院。医院在 7 月里发生了以下一些业务（为简化问题先不考虑增值税）。

（1）7 月 1 日，陈某以 400 万元银行存款向医院投资。

（2）7 月 3 日，医院付款购买 300 万元的工作用房。

（3）7 月 5 日，向银行借款 200 万元，期限为 2 年。

（4）7 月 6 日，购买医疗设备 170 万元，付款完毕。

（5）7 月 10 日，购买价值 60 万元的办公家具，支付其中 20 万元，剩余 40 万元在下个月支付。

（6）7 月 12 日，在几家报纸做广告，支付 3 万元的广告账单。

（7）7 月 18 日，提供治疗服务，开出发票 2 500 元，其中 2 000 元收到现金，剩余 500 元将在 30 天内收讫。

(8)7 月 20 日,收到一个患者支付的 1 万元诊疗费,约定在 5 个月里每个月进行一次治疗,当天提供了第一次治疗服务。

(9)7 月 28 日,收到 7 月 18 日治疗费的 500 元(现金)。

(10)7 月 31 日,计算本月管理人员薪水 3 000 元,下月初支付。

(11)7 月 31 日,计提本月借款的利息 2 000 元,本金到期时将一并归还。

3.要求:

(1)请在表 3.28 中填入上述每笔业务的影响金额,查看会计等式是否平衡(资产＋费用＝负债＋所有者权益＋收入)。

表 3.28　上述业务的影响金额　　　　　　　　　单位:元

序　号	资　产	费　用	负　债	所有者权益	收　入
1					
2					
3					
4					
5					
6					
7					
8					
9					
10					
11					
合　计					

(2)为每笔业务编制会计分录。

(3)将每笔分录填入相应的 T 形账户。

(4)编制 7 月份的发生额和期末余额试算平衡表。

(5)利用试算平衡表中的数据,计算资产、负债和所有者权益的总额,并计算说明 7 月份的盈利情况。

业务题四

1.目的:熟悉会计分录和会计要素。

2.资料:某公司发生了一些记账错误,如表 3.29 所示。

表 3.29　某公司发生的记账错误

记账错误事项	资　产	负　债	所有者权益	净利润
1.现购设备误记为赊购设备	高估	高估	无	无
2.赊购商品未记账				
3.赊销收入未记账				
4.少提折旧				
5.漏提利息				

3. 要求: 判断记账错误对各项目的影响, 根据表 3.29 第二行的示例完成该表(用"高估""低估"和"无"填列)。

六、案例题

根据以下案例, 尝试设计一个会计信息系统。

张大明原来在超市门口出售豆腐干、香肠和奶茶, 小本经营, 但是因为地段不错, 生意很是红火。发现利润不错以后, 张大明决定开连锁店。他在另外三个大超市门口都租到了摊位, 好地段的租金虽然不菲, 但客流量大足以弥补这一弊端。开店新买的设备和各种器具(比如烤香肠的电烤架、奶茶杯封口机)花费了他 20 万元, 部分钱是向银行贷款获得的。

张大明的豆腐干、香肠和奶精粉都是自己特制的, 每天他向四个店面提供这些特制原料。店面的雇员完成食品加工步骤, 向顾客出售食品或者传送外卖。张大明经常在几个店之间巡视。为了留住技术娴熟的雇员, 他提供的薪水相对比较高。

四家店经营了一段时期以后, 张大明陷入了新的困惑中。他发现很难分清楚哪些是自己的哪些是店里的。小店要长远发展, 就需要更为完善的会计信息系统。这样他就可以知道自己每个店当前的状况, 可以分析每个店到底经营得如何。

要求:

1. 现在张大明向你求教, 请你帮助他设计一个会计信息系统。你能不能告诉他, 他应该安排哪些会计科目进公司的会计信息系统, 并且告诉他这些会计科目分别属于什么要素。

2. 发生以下业务时, 使用你设计的会计信息系统, 将动用哪些会计科目呢? 你觉得在借贷记账法下, 以下业务大约该怎么记录呢?

(1) 门店卖给一位年轻人一杯奶茶和一串豆腐干, 收进现金 5 元。

(2) 从茶厂买进一批茶叶, 价值 3 万元, 答应茶厂下个月付款。

(3) 用现金支付银行利息 400 元。

(4) 购买设备花费 1 万元。

(5) 向银行贷款 5 万元, 期限为 1 年。

(6) 购买原料豆腐干和香肠花费 3 000 元。

(7) 预付摊位租赁费 2 万元。

(8) 支付店面销售人员薪水 1 万元。

(9) 张大明取出自己的存款 3 000 元替门店购买奶精粉。

第4章 借贷记账法的具体应用(一)

学习目标

> 1.理解企业筹集资金、供应与销售过程的业务核算。
>
> 2.了解企业筹资、供应与销售过程主要账户的设置和用法。
>
> 3.熟悉并掌握企业筹办过程的账务处理。
>
> 4.熟悉并掌握企业供应过程的账务处理。
>
> 5.熟悉并掌握企业销售过程与其他日常业务的账务处理。
>
> 6.初步掌握日常经营中增值税的账务处理。
>
> 7.熟悉并掌握账项调整、利润结转与分配过程的业务核算。
>
> 8.巩固借贷记账法的学习和实践应用,加强对借贷复式记账法的理解和使用。

在前面三章的内容里,我们逐步了解了会计工作的基本循环,大致上明白了面对日常经济活动,会计通过借贷复式记账法对各类信息进行加工处理,形成会计工作语言,最终通过报表形式加以总结和传达的过程。对于这个循环过程,还需要借贷记账法的具体应用来帮助我们真正理解并加以灵活运用。所以接下来的两章将围绕企业的筹资、采购、销售和生产等主要经营活动进行讨论和分析。

本章以我们成立的服装批发公司为例介绍借贷记账法的具体应用,以此为例的原因是,服装批发公司是典型的商业企业,相对于生产性企业,其不涉及产品的生产制造,资金运动缺少"储备资金—生产资金—成品资金"环节,因而较为简单,利于初学者学习掌握。商业企业主要有批发企业和零售企业两种形式,账务处理方法也有进价核算法和售价核算法等的区别。我们从分析批发形式的商业企业入手,从简到难,层层递进,更有利于初学者对会计循环和借贷复式记账法等知识的理解和掌握。

商业企业资金运动的全过程,就是我们需要核算的内容。这个过程主要包括商品购进和商品销售两个部分,在这两种循环交替的业务中,企业的资金运动表现为"货币资金—成品资金—货币资金"。可以参看第2章的图2.2,企业投入货币资金购买商品,使货币资金转化为成品资金,再通过销售商品获取收入,成品资金重新转化回货币资金的形态,如此周而复始,不断运转。企业重新获取的货币资金,弥补各类耗费和成本后形成利润,利润中的一部分可能被企业作为投资回报分还投资者而离开企业,另一部分继续存留在企业中参与新的流转。

现实生活中,企业资金运动的循环过程并不是以简单的单线条形式进行的,而是以各个部门的行为交叠的形式进行的。比如某天,销售部正在卖上个月购进的一批围巾,采购部可能正在买进新的一批长裤,财务部在筹资,投资部则正在对外进行某项投资活动。每一项业务既按照业务流程的顺序发生着,它们彼此又可能同时展开。企业的筹资活动不一定只在企业创立时发生,正常的经营过程中只要有需要,都可以进行筹资。投资活动亦然。这样同时发生许多步骤的画面并不便于初学者清晰辨认资金运动的脉络。所以为了增加案例的可理解性,在我们的案例中各个过程将是顺次逐步展开的。我们选用企业筹备并营业的一个时间段作为分析对象(假定 20×8 年 11 月筹办,第 2 个月开始公司正式营业),先后分析购进、销售和其他业务的核算。需要说明的是,这样的时间分割只是教学所需,而非现实常态。

4.1　融资筹办过程的核算

　　20×8 年 11 月,我们利用开拓出来的供货和销售渠道着手开设一家服装批发公司。在第 1 个月里,我们忙忙碌碌完成了筹备期的各种事宜,比如筹集注册资金、办理注册登记和银行开户、招募和培训员工、募集借款、购买办公家具等,为接下来公司的开张经营做好了准备。

4.1.1　融资筹办过程的主要账户设置

　　为了记录融资筹办过程的经济活动内容,我们需要使用一些账户。这些账户主要围绕两部分内容展开,第一部分内容就是融资活动,以获取企业经营所需的启动资产;第二部分内容是各项筹建工作,比如购买办公用的电脑设备、招聘员工等。

4.1.1.1　筹集资金活动的主要账户

　　企业筹集资金的渠道主要有两条,一条是以吸收投资者投入资金的形式获得股权资金(或权益资金),另一条是以向银行或其他金融机构借款或者发行企业债券等形式,募得债务资金。前一种渠道筹集的资金形成企业的所有者权益,后一种渠道筹集的资金形成债权人权益。

　　1.股权资金筹集的主要账户:实收资本

　　企业实际收到的投资者资本投入,就是企业筹集的股权资金(或权益资金),即投入资本。所有者投入的资本是企业运作的"本钱",是投资者在企业拥有权益的主要体现。

　　在一般企业中,投入资本代表全体投资者的实际出资额,因此用来核算它的账户称为"实收资本"。而在股份有限公司中,公司是通过投资者认购股份的方式募集投入资本的,因此用来核算它的账户称为"股本"。实收资本是指投资者作为资本投入企业的各种财产,是企业注册登记的法定资本总额的来源,它表明所有者对企业的基本产权关系。实收资本的构成比例是企业向投资者进行利润或股利分配的主要依据。我们开设的服装批发公司是以有限责任公司形式注册的,因此后面的内容中,我们将以"实收资本"的名称讨论投入资本。

　　"实收资本"(或"股本")是所有者权益类账户的主要组成部分。企业收到投资者投入的资本,登记在该科目的贷方(所有者权益增加);投资者抽回资本时,登记在这个科目的借方(所有者权益减少)。该账户的余额一般在贷方,代表企业实际收到投资人投入的资本总额。

假设这家服装批发公司的成立计划,引起了三个投资者的兴趣。投资者陈天准备通过银行转账方式投入货币资金,投资者王文打算将一项专利权和一项商标权作价投入,投资者赵宇则想用一套办公用房作价出资。三个投资者提出了三种不同的投入资产形式,它们都可行吗?

答案是这三种做法都是可以的。我国《公司法》规定,投资者可以用货币出资,也可以用实物、知识产权、土地使用权等可以用货币估价并可以依法转让的非货币财产作价出资。因此我们把投入资产的不同形式分成货币投资、实物投资和无形资产投资等几种类型。实物投资主要包括投入固定资产、原材料或者商品等的资产,无形资产投资包括投入专利权、商标权、非专利技术、著作权等。企业收到投资者投入的各种形式的资产,一方面获得资产,另一方面确认投资者享有的权益"实收资本"。

2.债务资金筹集的主要账户:短期借款、长期借款

企业筹集资金的方式并不局限于投入资本的募集。比如服装批发公司发现,三个投资者的全部投资加起来还是不够运营需要,于是打算向银行申请借款。如果借款成功,筹集到的资金就是债务资金。银行成为服装批发公司的债权人,享有相应的权益,在规定的时间内向服装批发公司收回本金并收取利息。债务资金募集的最常见方式就是向银行或者其他金融机构借款,除此之外,企业还可以通过发行债券筹集资金。在本书中,我们只讨论以借款方式筹集资金。

根据所借款项的时间长短,借款可以分为短期借款和长期。我们为此设立了两个账户——"短期借款"和"长期借款"。短期借款是企业向银行或其他金融机构借入的期限在 1 年以下(含 1 年)的各种借款。长期借款是企业向银行或其他金融机构借入的期限在 1 年以上(不含 1 年)的各种借款。这两个账户都属于负债,因此贷方登记借款的借入(负债增加),借方登记借款的归还(负债减少)。余额通常都在贷方,表示尚未归还的借款数额。

4.1.1.2　筹建期间日常活动的主要账户:管理费用

我们把企业从创立到正式开始经营之前的这段时间,称为筹建期间。企业在筹建期间发生的各种费用称作开办费,包括人员工资、办公费、培训费、差旅费、印刷费、通信费以及不计入固定资产成本的借款费用等,但是不包括固定资产和无形资产等的购置成本。

企业筹建期间的各种开办费均计入"管理费用"账户,该账户除了核算开办费外,更为常用的是核算企业行政管理部门的组织管理费用。"管理费用"账户属于损益类账户,是期间费用的一种。因此在开办费实际发生时,我们借记"管理费用"(费用增加)。损益类账户需要在期末转销账户,因此期末结转时在"管理费用"账户的贷方登记所需结转的金额,账户的余额就成了零。

4.1.1.3　购进或支付环节的附加支出账户:应交税费——应交增值税(进项税额)

现实中,企业在进行采购、销售和支付各种运营费用等资金运动时,会伴随着一种额外的现金收支,那就是增值税(上一章我们重点学习记账原理,因此过滤了经营活动中的增值税因素)。那么什么是增值税呢?为了让部分对增值税可能还比较陌生的读者更好地了解增值税,我们在这里插入一段有关增值税的小知识。

1.增值税的计税原理与计算方法

增值税是以商品(含货物、加工、修理修配劳务、服务、无形资产或不动产,以下统称商品和服务)在流转过程中的增值额为计税依据而征收的一种税,它的核心是对企业的增值额

征税。

从计税原理上看,增值税是对一般纳税人购进商品和服务的增值额征收的一种流转税。然而在实务中,商品和服务的新增价值或附加值很难准确计算。因此,中国采用国际上通行的税款抵扣办法,即企业销售商品和提供服务时收取的增值税(即销项税额),扣除该企业购入各种商品和服务时所支付的增值税(即进项税额),就是增值部分应交的税额。这种计算方法体现了按增值因素计税的原则,实务上便于操作与管理。

增值税的征收范围起初仅限于商品的进口、销售和工业性劳务。从 2012 年 1 月开始,我国增值税改革采取"分步走"的方式,先局部再全国、分行业分步骤逐步推进营改增试点工作。2016 年 5 月 1 日起,我国全面实行"营改增"后,营业税退出历史舞台,增值税征收范围除了原先的工业和商业外,已经全面扩展到现代服务、交通运输、邮政电信、金融保险、建筑安装、无形资产、不动产和生活服务等领域。2019 年 4 月 1 日后,增值税税率调整为四档:13%、9%、6%和 0,部分增值税税目、税率如表 4.1 所示。

表 4.1　部分增值税税目、税率

序　号	行业内容	税　率
1	销售或者进口货物,除本表第 2、3 项以外;销售劳务	13%
2	销售或进口粮食等农产品、食用植物油、食用盐;自来水、暖气、冷气、热水、煤气、石油液化气、天然气、二甲醚、沼气、居民用煤炭制品;图书、报纸、杂志、音像制品、电子出版物;饲料、化肥、农药、农机、农膜;国务院规定的其他货物	9%
3	出口货物(国务院另有规定的除外)	0
4	加工、修理修配劳务	13%
5	增值电信服务、金融服务、现代服务(研发和技术服务、信息技术服务、文化创意服务、物流辅助服务、鉴证咨询服务、广播影视服务等,但租赁服务除外)、生活服务(文化体育服务、教育医疗服务、旅游娱乐服务、餐饮住宿服务、居民日常服务)、转让无形资产(土地使用权除外)	6%
6	交通运输服务(陆路运输、水路运输、航空运输、管道运输、无运输工具承运)、邮政服务、基础电信服务、工程服务、安装服务、修缮服务、装饰服务、其他建筑服务、不动产租赁服务、销售不动产、转让土地使用权	9%
7	有形动产租赁	13%

增值税的相关计算公式如下:

进项税额=增值税专用发票上注明的增值税税额

销项税额=不含税销售额×税率

不含税销售额=含税销售额/(1+税率)

应交增值税税额=当期销项税额-当期进项税额

如果销项税额少于进项税额,公司本月就不用交纳增值税了。

下面举例说明增值税的计算过程:假如某个服装贸易公司 2019 年 6 月购买和销售涉及的金额、税款如表 4.2 所示(表中的购销价款均不含增值税),如果该企业按月交纳增值税,那么通过进项税额和销项税额的比较,很快就可以计算出该企业 6 月应交纳的增值税税额。

表 4.2　服装贸易公司的增值税税额计算表

采购情况	价款/万元	税率/%	税款/万元	合计/万元	销售情况	价款/万元	税率/%	税额/万元	合计/万元
购买服装	30.00	13	3.90	33.90	销售服装	50.00	13	6.50	56.50
支付运费	1.00	9	0.09	1.09	出租专营权	6.00	6	0.36	6.36
购买技术	5.00	6	0.30	5.30					
支付仓库租金	2.00	9	0.18	2.18					
合　计	38.00		4.47	42.47	合　计	56.00		6.86	62.86

应向税务机关交纳的增值税税额＝销项税额－进项税额＝6.86－4.47＝2.39(万元)

2.一般纳税人与小规模纳税人

增值税纳税人分为两种,一种是一般纳税人,另一种是小规模纳税人。自 2018 年 5 月 1 日起,各行各业的小规模纳税人的认定标准统一为:年应征增值税销售额在 500 万元及以下。这就是说,如果年应税销售额达到 500 万元以上,应当向主管税务机关申请一般纳税人资格认定。如果公司年销售额未能达到一般纳税人认定标准,则属于小规模纳税人。小规模纳税人如果会计核算健全,能够提供准确的税务资料,也可以申请成为一般纳税人。小规模纳税人发生的应税行为按简易计税方法计税,其购买商品或接受服务时支付的增值税税额不计入进项税额,不得由销项税额抵扣,应计入相关成本费用。一般纳税人与小规模纳税人在认定条件、税收管理、税率和税金计算等方面都有较大区别(见表 4.3)。

表 4.3　一般纳税人与小规模纳税人的比较

项　目	一般纳税人	小规模纳税人
认定条件	年应征增值税销售额在 500 万元以上,且会计核算健全	年应征增值税销售额在 500 万元及以下,并且会计核算不健全,不能按规定报送税务资料
税收管理	销售货物或劳务可以开具增值税专用发票;购进货物或劳务并取得增值税专用发票可以作为进项税额抵扣	销售货物或劳务只能开具普通发票;购进货物或劳务不能抵扣进项税额
税　率	适用 0、6%、9%、13% 等几档税率	一般适用 3% 的征收率
税金的计算	差额征收:销项税额－进项税额	全额征收:[含税销售额/(1＋3%)]×3%

上面介绍的增值税计税原理和增值税税额计算的例子针对的是增值税一般纳税人。为了简化问题,本书后面所讨论的案例都以一般纳税人为例。

会计处理上,增值税一般纳税人应当在"应交税费"科目下设置"应交增值税""未交增值税"等二级明细科目。进一步地,在"应交税费——应交增值税"明细科目内设置"进项税额""销项税额抵减""已交税金""转出未交增值税""减免税款""出口抵减内销产品应纳税额""销项税额""出口退税""进项税额转出""转出多交增值税"等专栏。由于相关明细科目及专栏较多,且运用比较复杂,会计学基础阶段应主要掌握二级科目"应交增值税"下的"进项税额""销项税额""进项税额转出"(本书第 11 章涉及)等专栏以及二级科目"未交增值税"。

纳税人购进货物和服务所支付或负担的增值税税额,登记在"应交税费——应交增值税(进项税额)"的借方;纳税人销售货物或发生应税行为时向购买方收取的增值税税额,登记在"应交税费——应交增值税(销项税额)"账户的贷方。月度终了,企业应当将当月应交未交或多交的增值税自"应交增值税"明细科目转入"未交增值税"明细科目。对于当月应交未交的增值税,应借记"应交税费——应交增值税(转出未交增值税)"科目,贷记"应交税费——未交增值税"科目;对于当月多交的增值税(即借方余额),则借记"应交税费——未交增值税"科目,贷记"应交税费——应交增值税(转出多交增值税)"科目。账务处理完后,"应交税费——应交增值税"科目余额为零。企业当月交纳当月的增值税,通过"应交税费——应交增值税(已交税金)"科目核算。应当注意的是,一般纳税人在采购中要取得增值税专用发票,其进项税额才允许从销项税额中抵扣,若取得普通发票则不允许抵扣。

4.1.1.4　无形资产价值摊销账户:累计摊销

"累计摊销"账户是为无形资产账户价值摊销而设置的科目,用来核算企业对使用寿命有限的无形资产计提的累计摊销,即表明无形资产净值的减少。这个账户作为无形资产账户的扣减项,在无形资产使用的首月开始计提,在贷方登记增加额,和无形资产账户相反。但是作为无形资产账户的配套辅助账户,"累计摊销"账户和"无形资产"账户一样,同属于资产类账户。"累计摊销"账户的贷方登记每期计提的无形资产摊销金额,借方登记处置无形资产时结转的相应累计摊销。期末账户余额一般在贷方,反映企业无形资产的累计摊销额。

企业在融资筹办过程中可能涉及的账户,包括"库存现金""银行存款""固定资产""无形资产""累计摊销""实收资本""短期借款""管理费用""应交税费——应交增值税"等,这些账户的主要核算内容、借方和贷方登记的内容、余额的含义及明细账设置情况如表 4.4 所示。需要说明的是,这里仅列示会计学基础阶段要求掌握的内容,并在随后的案例中详细解释其应用,相关账户更为复杂的内容将在后续的财务会计课程中介绍。

表 4.4　融资筹办过程的主要账户设置

账户名称	主要核算内容	借记内容	贷记内容	余额的含义	明细核算
库存现金	核算企业的库存现金。企业有内部周转使用备用金的,可以单独设置"备用金"科目	核算现金增加的金额,如:①从银行提取现金;②其他原因收到现金	核算现金减少的金额,如:①将现金交存银行;②其他原因付出现金	期末借方余额,反映企业持有的库存现金	一般不设置明细账;有外币收支的企业,可按不同币种设置明细账
银行存款	核算企业存入银行或其他金融机构的各种款项	核算银行存款增加的金额,如:①将现金交存银行;②银行转账结算方式收到的款项	核算银行存款减少的金额,如:①从银行提取现金;②银行转账结算方式付出的款项	期末借方余额,反映企业存在银行或其他金融机构的各种款项	可按不同的开户银行或其他金融机构、存款种类、币种等设置明细账

续表

账户名称	主要核算内容	借记内容	贷记内容	余额的含义	明细核算
固定资产	固定资产是企业为生产商品、提供劳务、出租或经营管理而持有的,使用寿命超过一个会计年度的资产。本科目核算企业持有的固定资产原价	核算增加的固定资产的原始价值,如:①购买或自行建造固定资产时发生的买价、相关税费、运输费、保险费等成本;②接受投资得到的固定资产的价值	核算减少的固定资产的原始价值,如:①对外投资转出等原因减少的固定资产;②盘亏、出售、转让、报废和毁损等原因减少的固定资产	期末借方余额,反映企业固定资产的原始价值	可按固定资产类别、项目和使用部门进行明细核算。融资租入的固定资产,设置"融资租入固定资产"明细科目。设置"固定资产登记簿"和"固定资产卡片账"
无形资产	无形资产是指企业拥有或者控制的没有实物形态的可辨认非货币性资产。本科目核算企业持有的无形资产成本,包括专利权、非专利技术、商标权、著作权、土地使用权等	核算增加的无形资产的价值,如:①外购无形资产,登记应计入无形资产成本的金额;②自行开发的无形资产,登记应予资本化的支出;③接受投资方式得到的无形资产,登记应确认的价值	核算减少的无形资产的价值,如:①无形资产预期不能为企业带来经济利益时,转销的无形资产的账面余额;②出售、对外投资等处置行为减少的无形资产的账面余额	期末借方余额,反映企业无形资产的成本	可按无形资产项目进行明细核算
累计摊销	核算企业对使用寿命有限的无形资产计提的累计摊销	登记处置无形资产时结转的相关累计摊销	登记按期(月)计提无形资产的摊销	期末贷方余额,反映企业无形资产的累计摊销额	可按无形资产项目进行明细核算
实收资本	核算企业接受投资者投入的实收资本。股份有限公司应将本科目改为"股本"科目	企业按法定程序报经批准减少的注册资本	企业接受投资者投入的资本	期末贷方余额,反映企业实收资本或股本总额	可按投资者进行明细核算。股本按普通股和优先股设明细账
短期借款	核算企业向银行或其他金融机构等借入的期限在 1 年以下(含 1 年)的各种借款	归还短期借款	借入短期借款	期末贷方余额,反映企业尚未偿还的短期借款	可按借款种类、贷款人和币种进行明细核算

续表

账户名称	主要核算内容	借记内容	贷记内容	余额的含义	明细核算
管理费用	核算企业为组织和管理企业生产经营所发生的管理费用	①筹建期间发生的开办费；②行政管理部门职工工资及福利费、物料消耗、低值易耗品摊销、办公费和差旅费等；③工会经费；④董事会费；⑤业务招待费、咨询顾问费、诉讼费等	期末结账时，转销本科目	期末结转后，本科目无余额	可按各种不同的费用项目设置明细账，如"开办费""工资及福利费""办公费""差旅费"等
应交税费——应交增值税	核算企业按照税法等规定应交纳的增值税	①采购物资和服务按可抵扣的增值税税额，借记本科目（进项税额）；②期末转出应交未交增值税，借记本科目（转出未交增值税）	①销售物资或提供应税服务的增值税税额，贷记本科目；②存货因非正常损失盘亏时，进项税额转出；③期末转出多交的增值税	账务处理完成后，本科目期末余额为零	可按"进项税额""销项税额""出口退税""进项税额转出""已交税金"等设置专栏

4.1.2　融资筹办过程的主要业务核算

我们的服装批发公司在20××年11月发生了一系列有关融资和筹建过程的经济活动，财务部如实地将各项活动以会计语言的形式加以记录。

11月15日，服装批发公司由三个投资者注资成立，注册资本为600万元，像前面所讨论的一样，投资者陈天以银行转账方式投入货币资金220万元，投资者王文将一项专利权和一项商标权作价120万元投入，投资者赵宇则用一套办公用房作价260万元投入（假设公司取得专利权、商标权和办公用房均未获得增值税抵扣凭证，不考虑增值税进项税额）。

从表4.4我们可以得知，"银行存款"账户是核算企业存入银行或其他金融机构的各种款项的账户，属于资产类账户，借方登记存款增加的数额，贷方登记存款减少的数额，余额通常在借方，表示企业在银行或者其他金融机构存余的款项。投资者陈天通过银行转账方式将款项直接划拨到企业的银行账户上，所以企业直接登记"银行存款"账户增加。"银行存款"账户因为变动频繁，因此需要每天根据收款和付款的情况填写"银行存款日记账"。

投资者王文投入的专利权和商标权都是无形资产。"无形资产"是指企业拥有或者控制的没有实物形态的可辨认非货币性资产。这里说的"可辨认"，是指可以单独分离或者划分出来，可以独自用于出售、交换或者租赁等。无形资产通常包括专利权、非专利技术、商标权、著作权、土地使用权等。无形资产账户属于资产类账户，借方登记增加的无形资产的价值，贷方登记减少的无形资产的价值。增加无形资产的方式有外购、自行开发、接受投资、政府补助、企业合并等，减少无形资产的方式有出售、对外投资或者预期不能带来经济利益时转销。无形资产的账户借方余额表示企业无形资产的成本。无形资产如果具有有限的使用寿命,在使用寿命内摊销无形资产价值并不通过直接减少"无形资产"账户余额来实现,具体方式将在后面的例题中进行阐述。

投资者赵宇投入的办公用房是一项固定资产。"固定资产"是企业为生产商品、提供劳务、出租或经营管理而持有的,使用寿命超过一个会计年度的资产。通常情况下固定资产包括房屋、建筑物、机器设备、机械工具、运输工具、动力设备等多种形式。这些形式的资产如果与企业生产商品、提供劳务、出租或经营管理无关,或者使用寿命没有超过一个会计年度,就不能被当作固定资产。使用寿命通常是预计的使用期间。企业往往也会购买一些使用寿命不到一个会计年度的资产,比如各种包装物等,来帮助企业进行经营管理或者生产商品等。但是这些资产不符合固定资产的确认条件,它们应该作为"周转材料"加以核算,属于资产中的流动资产,是企业的一项存货。

"固定资产"属于资产类账户。该账户借方登记增加的固定资产的原始价值,可以通过购买或自行建造的方式增加固定资产,还可以通过接受投资、融资租赁等方式。贷方登记减少的固定资产的原始价值,固定资产减少的原因可以是报废、转让、毁损、出售、对外投资等。由于借方、贷方登记的都是原始价值,所以账户的借方余额代表的也是企业固定资产的原始价值。固定资产在使用过程中逐渐磨损老化的问题,并不通过本账户核算,具体内容我们在前一章的账项调整中简单讨论过,在后面还会进行专门讨论。因此固定资产账户和无形资产账户一样,余额保持的是原始价值或成本本身。

服装批发公司获得上述三种资产增加的同时,所有者权益相应增加,所涉及的所有者权益类账户是"实收资本"账户。因此借方登记三项资产,贷方登记"实收资本",分录如下:

借:银行存款　　　　　　　　　　　　　　　2 200 000
　　无形资产　　　　　　　　　　　　　　　1 200 000
　　固定资产　　　　　　　　　　　　　　　2 600 000
　　贷:实收资本——陈天　　　　　　　　　　　　　　2 200 000
　　　　实收资本——王文　　　　　　　　　　　　　　1 200 000
　　　　实收资本——赵宇　　　　　　　　　　　　　　2 600 000

11 月 15 日,服装批发公司租入写字楼作为办公用房,每个月租金为 30 000 元,通过银行账户预付 3 个月的房租 90 000 元和增值税进项税额 8 100 元。

办公用房是企业经营必备的条件。企业筹办期的房租属于开办费,应计入"管理费用"账户。应该注意的是,现在一次性支付了 3 个月的房租,但只有本月的房租才可以算作费用,后面 2 个月的房租是企业尚未使用的租房权利,不能算作费用,而应该计入资产类账户"预付账款"的借方(有关"预付账款"账户更多的应用情形,将在下一节供应过程的核算中详细讨论)。支付的增值税进项税额属于负债的减少,登记在"应交税费——应交增值税(进项税额)"账户的借方。该业务应编制如下分录:

借:管理费用　　　　　　　　　　　　　　　30 000
　　预付账款　　　　　　　　　　　　　　　60 000
　　应交税费——应交增值税(进项税额)　　　 8 100
　　贷:银行存款　　　　　　　　　　　　　　　　　98 100

11 月 16 日,服装批发公司通过银行账户支付办公用品费 5 500 元,取得普通发票。

办公用品费是开办费中的常见内容,同开办费中的其他项目一样,在发生的当时确认进当期损益"管理费用"。由于获得的是普通发票,因此无法进行增值税进项税额的抵扣。费用是增加状态,所以登记在"管理费用"的借方。银行账户处于支付状态,作为减少项,登记在"银行存款"的贷方。因此这笔业务的分录如下:

借:管理费用   5 500

    贷:银行存款   5 500

11月19日,服装批发公司向银行借款200 000元,准备用于经营周转,借款期限为3个月,借款已到账。

从银行借得款项的时候,银行账户获得借入的款项,同时确认对银行这一债权人的负债。所以资产中的银行存款增加(登记在借方),负债中的短期借款增加(登记在贷方)。因此这笔业务的分录如下:

借:银行存款   200 000

    贷:短期借款   200 000

11月20日,服装批发公司从银行提取现金15 000元,以备公司的各种零星开支所需。

企业大多数结算工作都是通过银行转账方式实现的,但是在支付员工工资或者支付金额不大的情况下,可以通过"库存现金"账户来完成。出纳保管着库存现金,将现金的收付情况填列进"现金日记账"。企业每天结束业务时应该进行账款的核对。"库存现金"账户是资产类账户,提取现金的时候,现金增加,登记在账户借方;支付现金的时候,登记在贷方。账户的余额代表库存现金的金额。本题中的"以备××所需"是将来准备做什么的意思,并没有发生,所以进行会计核算时不必考虑这个因素。提取现金的分录如下:

借:库存现金   15 000

    贷:银行存款   15 000

11月26日,服装批发公司以库存现金支付市内交通费300元、交际应酬费600元、文件打印费50元、通信费150元(上述支出均未获得增值税专用发票,因此不涉及增值税进项税额的抵扣)。

上述的所有费用都是开办费中的内容,所以费用增加,确认进"管理费用"账户的借方。本笔业务的分录如下:

借:管理费用   1 100

    贷:库存现金   1 100

11月27日,服装批发公司支付员工培训费用2 000元和筹建人员工资25 000元,以银行存款支付。

员工培训费和筹建人员工资同样属于筹建期间的开办费,所以同样借记"管理费用"。

借:管理费用   27 000

    贷:银行存款   27 000

11月28日,为经营管理需要,服装批发公司购买运输用汽车一辆,通过银行转账方式支付价款280 000元和增值税进项税额36 400元,汽车已到货并开始使用。

筹建期间得到的固定资产或者无形资产,按"固定资产"或"无形资产"处理,并不和开办费一起计入"管理费用"。作为运输工具的汽车,符合固定资产确认条件。增值税进项税额登记在"应交税费——应交增值税(进项税额)"的借方。该业务编制分录如下:

借:固定资产	280 000	
应交税费——应交增值税(进项税额)	36 400	
贷:银行存款		316 400

11 月 30 日,服装批发公司经理办公室的小张报销差旅费 1 200 元,公司付现。

筹建期间的差旅费也属于开办费的范畴,进入"管理费用"账户核算。分录如下:

| 借:管理费用 | 1 200 | |
| 贷:库存现金 | | 1 200 |

假设服装批发公司拥有的价值 120 万元的无形资产专利权和商标权的有效期都是 20 年,11 月 30 日,摊销本月应承担的无形资产费用部分 5 000 元。

费用的界限划分受到权责发生制以及划分资本性和收益性支出的影响,专利权这项无形资产应该在使用的当月开始摊销本月应承担的部分价值(固定资产从开始使用的下一个月开始折旧)。无形资产的摊销方法应该和无形资产预期可以实现的经济利益方式有关,这种方式不容易确定时,我们通常采用直线法来平均摊销。

这项无形资产价值 120 万元,有效期为 240 个月(240=20×12),所以每个月摊销的价值为 0.5 万元(0.5=120÷240)。无形资产的摊销,使得资产减少,逐步转进费用,所以借方登记费用类账户(商业企业的专利权和商标权一般不会用于生产产品,所以通常登记进"管理费用"),贷方登记"累计摊销"账户。

"累计摊销"账户是"无形资产"的备抵账户,对"无形资产"中的原始成本价值起到扣减作用,和"无形资产"余额方向相反。因此虽然"累计摊销"账户是资产类账户,但平时却在贷方记录摊销数,余额在贷方,反映"无形资产"的累计摊销数。"无形资产"的借方余额减去"累计摊销"的贷方余额,就是"无形资产"的实际价值。这笔业务的分录如下:

| 借:管理费用 | 5 000 | |
| 贷:累计摊销 | | 5 000 |

11 月 30 日,结转损益类账户。

11 月属于公司的筹办期,筹办期所有的费用均记在"管理费用"账户中,并且筹办期无收入产生。因此,本月需要结转的损益类账户只有"管理费用"账户。根据筹办期"管理费用"账户的登记,本月借方发生额为 69 800 元。结账分录如下:

| 借:本年利润 | 69 800 | |
| 贷:管理费用 | | 69 800 |

月末还应当将"应交税费——应交增值税"账户的余额转入"应交税费——未交增值税"明细账。本月应交增值税业务一共有 2 笔,分别发生进项税额 8 100 元和 36 400 元,故"应交税费——未交增值税"账户的借方余额为 44 500 元,反映本月多交增值税。月末将此多交增值税自"应交税费——应交增值税"账户转出,并计入"应交税费——未交增值税"的借方。上述分析以分录表达如下:

| 借:应交税费——未交增值税 | 44 500 | |
| 贷:应交税费——应交增值税 | | 44 500 |

上述会计分录需及时进行账簿登记,包括总账和明细账。月末结账后,可编制账户余额表(见表 4.5)。

表 4.5　服装批发公司账户余额表

20××年 11 月 30 日　　　　　　　　　　　　　　　　单位:元

账户名称	借方余额	贷方余额
库存现金	12 700	
银行存款	1 938 000	
预付账款	60 000	
应交税费	44 500	
固定资产	2 880 000	
无形资产	1 200 000	
短期借款		200 000
累计摊销		5 000
实收资本		6 000 000
本年利润	69 800	
合　计	6 205 000	6 205 000

4.2　供应过程的核算

　　经过前期的紧张准备,第 2 个月服装批发公司正式开始经营活动。作为商品流通企业的服装批发公司,它的经营离不开供应和销售两个过程。让我们先来看看供应过程吧。

　　一般来说,商品流通企业的会计核算方法主要有数量金额核算法和金额核算法两种。所谓数量金额核算法,是指同时采用实物计量和货币计量两种方式对库存商品的增减变动和结存情况进行反映和监督的核算方法,它既提供库存商品的数量指标,又提供金额指标。而金额核算法是仅采用货币计量方式的核算方法。批发企业具有经营规模大、商品存货多、购销对象多等特点,通常采用数量金额核算法。零售企业经营品种繁多、交易频繁、每笔交易数量较少,因而往往采用金额核算法。

　　企业买进商品,然后卖出商品。同一样商品分别具有买入价(进价,或称实际价)和卖出价(售价,或称计划价)。用进价还是售价登记库存商品的价值,涉及不同的处理方法。在数量金额核算法和金额核算法的基础上,结合商品进价计量或者售价计量的区别,演化出了四种核算方法:数量进价金额核算法、数量售价金额核算法、进价金额核算法、售价金额核算法。

　　一般而言,除了进销价相对稳定的小型批发企业和销售贵重商品的零售商会选用数量售价金额核算法进行会计核算以外,大部分大中型批发企业都选用数量进价金额核算法。

　　除了销售质量易变、价格需要随时调整的鲜活商品的零售企业会选用进价金额核算法以外,大部分零售企业采用售价金额核算法。

本章案例所涉及的服装批发公司是一家中等规模的批发企业,选用数量进价金额核算法作为会计核算方法。下面我们将以数量进价金额核算法为例,讨论商品购进过程中可能涉及的主要会计账户和账务处理。

4.2.1　供应过程的主要账户设置

商品购进过程中,买进商品获取货物的同时,可能现时支付货款,也可能提前付款或者延后付款,因此有两类账户会被涉及,一类是核算货物价值的账户,如"库存商品"等;另一类是核算支付款项或者计量债权债务关系的账户,如"银行存款""应付账款""预付账款"等。另外,购买商品和服务时还会涉及增值税的进项税,因此还会涉及"应交税费——应交增值税"账户。

4.2.1.1　商品物资计量的相关账户

如果我们购买的商品的发货点就在我们公司附近,付款的同时提取货物,当场验收合格后存入我们公司的库房,自然是很便捷的。但是现实生活中往往没有这样便捷,很多时候我方付款之后,对方发出的货物需要经过一定时间的运输才能到达我方公司。这些货物到达之后可能还要经过仔细检验,检验合格后才能确认入库。因此为了区分货款已付但还没有验收入库的在途物资和已经入库的商品物资,我们分别设置了"在途物资"和"库存商品"两个账户加以核算。

1. 在途物资

"在途物资"账户用来核算企业采用实际成本(或进价)进行材料、商品等物资的日常核算,货款已付但尚未验收入库的在途物资的采购成本。该账户属于资产类账户,因而借方登记企业购入材料、商品等物资时应计入材料、商品采购成本的金额;贷方登记所购材料、商品到达并验收入库,转入"库存商品"或"原材料"等账户的金额。期末一般是借方余额,反映企业在途材料、商品等物资的采购成本。

2. 库存商品

顾名思义,"库存商品"账户是用来核算企业库存的各种商品的成本的。根据进价计量或者售价计量的不同,该成本可能是库存商品的实际成本(进价)或者计划成本(售价)。我们现在讨论的是批发企业,其主要采用数量进价金额核算法,所以在这种方法下,"库存商品"账户反映的就是企业库存的各种商品的进价。当然"库存"这个词并不能按字面意思理解为"存放在企业仓库",企业寄放在外面或者发出去参加展览等的商品仍是企业的存货资产,所以也属于"库存商品"账户核算的内容;而其他企业寄放在本企业仓库的商品,不属于本企业的存货资产,当然也不作为本企业的"库存商品"核算。"库存商品"账户是资产类账户,借方登记验收入库的商品、产成品等物资的金额,贷方登记对外销售并结转销售成本的商品的金额或者因盘亏等其他方式减少的商品的价值。账户借方余额反映企业库存商品的实际成本(进价)或计划成本(售价)。

4.2.1.2　赊购或预付行为的相关账户

在商品的采购过程中,资金支付的现金流和货物流转的实物流未必是同时进行的。有的时候,我们会赊购一项货物,先使用货物,将来付款;有的时候,我们会预付货款采购一项货物,将来才从对方那里获取货物。在现金流和实物流分离的情况下,根据权责发生制的要求,需要设置一些过渡账户来完成会计处理。这些过渡账户反映了现金流和实物流分离过程中的债权债务关系。

1.应付账款

"应付账款"账户核算企业因购买材料、商品和接受劳务等经营活动应付而未付的款项。这个账户是负债类账户,账户贷方登记企业应付款项的增加金额,借方登记企业支付的应付账款款项。

如果企业购入材料、商品等验收入库,但货款尚未支付,应根据有关凭证(如发票账单、随货同行发票上记载的实际价款或暂估价值),借记"材料采购""在途物资"等科目,按应付的款项,贷记"应付账款"科目。"应付账款"账户期末余额一般在贷方,反映企业尚未支付的应付账款余额。账户可以按照对方供货单位的名称设置"应付账款"明细账户,进行明细核算。

2.应付票据

"应付票据"账户也是负债类账户,核算企业购买材料、商品和接受劳务供应等开出、承兑的商业汇票①,包括商业承兑汇票和银行承兑汇票。企业采用商业汇票结算方式购买物资时,在"应付票据"账户的贷方登记开出、承兑商业汇票而增加的金额,借方登记商业汇票到期而减少的金额。期末余额一般在贷方,反映企业尚未到期的商业汇票的票面金额。可按债权人设置明细账户进行明细核算,并设置应付票据备查簿,详细登记商业汇票的种类、号数和出票日期、到期日、票面金额、交易合同号、收款人姓名或单位名称以及付款日期、金额等资料。应付票据到期结清时,在备查簿中应予注销。

3.预付账款

"预付账款"账户在融资筹办阶段已有所涉及。该账户核算企业按照合同规定预付给供应单位的款项。这个账户是资产类账户。账户借方登记企业预付的款项,贷方登记企业收到的对方销货单位发来物资的金额。账户期末如果借方有余额,反映企业预付的款项;期末如果贷方有余额,则反映企业尚未补付的款项。预付款情况不多的企业,也可以将预付的款项直接计入"应付账款"的借方。在实务中,企业预付的需要以后若干月份分摊的费用(比如报刊订阅费、保险费、房租费等)也在这个账户核算。

4.2.1.3 其他相关账户

"其他应收款"账户核算企业除存出保证金、应收票据、应收账款、预付账款、应收股利、应收利息、长期应收款等以外的其他各种应收及暂付款项。这个账户属于资产类账户,借方登记企业发生的其他各种应收、暂付款项,贷方登记企业收回或转销的各种应收、暂付款项。期末余额一般在借方,反映企业尚未收回的其他应收款项。

商品购进过程涉及的主要账户设置以表4.6列示如下。

---

① 商业汇票是由收款人、付款人或承兑申请人签发,由承兑人承兑,于到期日向收款人或持票人无条件支付款项的票据。付款期限由交易双方共同商定,最长不超过6个月。商业汇票可以按照承兑人的不同,分为商业承兑汇票和银行承兑汇票。

表 4.6　商品购进过程的主要账户设置

账户名称	主要核算内容	借记内容	贷记内容	余额的含义	明细核算
在途物资	核算企业采用实际成本(或进价)进行材料、商品等物资的日常核算,货款已付但尚未验收入库的在途物资的采购成本	购入材料、商品等物资时应计入材料、商品采购成本的金额,借记本科目	所购材料、商品到达并验收入库,贷记本科目	期末借方余额,反映企业在途材料、商品等物资的采购成本	可按供应单位和物资品种进行明细核算
库存商品	核算企业库存的各种商品的实际成本(进价)或计划成本(售价),包括库存产成品、外购商品、存放在门市部准备出售的商品等	①购入商品采用进价(售价)核算的,在商品到达且验收入库后,按商品进价(售价)借记本科目;②其他方式获得的商品,借记所应确认的商品价值	①对外销售产成品,结转销售成本时,贷记本科目;②因盘亏等其他方式减少商品价值时,贷记本科目	期末借方余额,进价法下反映企业库存商品的实际成本(进价),售价法下反映企业库存商品的计划成本(售价)	可按库存商品的种类、品种和规格等进行明细核算
预付账款	核算企业按照合同规定预付的款项。预付款项情况不多的,也可以不设置本账户,将预付的款项直接计入"应付账款"的借方	企业因购货或支付工程价款、赔付款而预付的款项,借记本科目	收到所购物资等时,贷记本科目	期末借方余额,反映企业预付的款项;期末贷方余额,反映企业尚未补付的款项	可按供货单位进行明细核算
其他应收款	核算企业除存出保证金、应收票据、应收账款、预付账款、应收股利、应收利息、长期应收款等以外的其他各种应收及暂付款项	发生其他各种应收、暂付款项时,借记本科目	收回或转销各种应付、暂付款项时,贷记本科目	期末借方余额,反映企业尚未收回的其他应收款项	可按对方单位(或个人)进行明细核算
应付账款	核算企业因购买材料、商品和接受劳务等经营活动应付而未付的款项	登记企业支付的应付账款款项	登记企业购买材料、商品等验收入库,但尚未支付的货款,或者接受劳务应付未付的款项	期末贷方余额,反映企业尚未支付的应付账款余额	可按债权人进行明细核算

续表

账户名称	主要核算内容	借记内容	贷记内容	余额的含义	明细核算
应付票据	核算企业购买材料、商品和接受劳务供应等开出、承兑的商业汇票,包括商业承兑汇票和银行承兑汇票	①支付承兑汇票的票款时,借记本科目;②银行承兑汇票到期,企业无力支付票款的,按应付票据的票面金额,借记本科目,贷记"短期借款"科目	企业开出、承兑商业汇票或以承兑商业汇票抵付货款、应付账款等	期末贷方余额,反映企业尚未到期的商业汇票的票面金额	可按债权人进行明细核算。企业应当设置"应付票据备查簿",详细登记商业汇票的资料。应付票据到期结清时,在备查簿中应予注销

4.2.2　供应过程的主要业务核算

4.2.2.1　商品采购成本的计算

商品属于存货,根据会计准则的要求,存货的成本包括采购、加工和其他方面形成的成本。在商品购进过程中形成的成本,主要是采购成本。会计准则规定,存货应按照成本进行初始计量。

所以采购成本主要包括在采购过程中所发生的各项支出,由买价和相关进货费用组成,具体如下:①买价,是指购货发票上注明的货款金额;②采购过程中发生的运杂费(包括运输费、装卸费、保险费、包装费、仓储费等,不包括可抵扣的增值税税额);③运输途中发生的合理损耗(这里能进入采购成本的仅指合理损耗,如果发生的是不合理损耗或者意外损耗,应向责任人或者保险公司索赔,索赔到的金额加上残值的价值后如果还是不能弥补损失,损失计入管理费用或者营业外支出);④材料入库之前发生的挑选整理费(指挑选整理过程中发生的人工费支出和必要的损耗,扣除回收的下脚废料的价值后的净开支);⑤按规定计入存货采购成本的各种税金(如进口关税、进口消费税等,但不包括购进商品支付的增值税进项税额);⑥其他费用(如大宗材料的市内运杂费等,但是不包括市内零星运杂费、采购人员差旅费和采购机构的经费等,这些应计入期间费用)。

如果能够直接分清上述进货费用(即②③④⑤⑥)是购买的哪种商品承担的,则可以直接将其计入该商品的采购成本;如果无法分清是购买的哪些商品承担的,应选取某些标准(比如重量比例、数量比例、金额比例等)将这些进货费用计入采购的各种商品的成本。

按照重要性原则,对于采购商品的小额进货费用(比如市内小额运输费),可以将其直接计入当期"销售费用"(生产性企业计入"管理费用")。如果进货费用金额较大、较复杂,也可以先归集,到期末按照所购商品的存销情况进行分摊。限于篇幅,本书暂不对这种处理方法进行举例说明。

4.2.2.2　固定资产成本的计算

企业的供应过程还包括购进固定资产等行为。

固定资产不同于"在途物资"等存货,它是企业用于生产经营活动的长期资产,企业拥有固定资产不是为了销售它以获取利益,而是为了使它参与企业的生产经营活动。这一点使固定资产区别于存货。固定资产的价值是在长期的使用中逐渐磨损的。这一点也使固定资产区别于一般的流动资产。

固定资产的取得成本,包括企业购建的固定资产达到预定可使用状态前所发生的所有合理、必要的支出,如直接发生的固定资产买价、运杂费、包装费、保险费、安装费、进口关税、场地整理费、其他税费和固定资产取得过程中间接发生的应该予以资本化的借款利息部分。购买固定资产时支付的增值税,应该被确认为增值税进项税额,而不计入固定资产的成本。根据实质性要求,会计准则选用固定资产"达到预定可使用状态",而不是固定资产是否"经过竣工验收",作为固定资产核算处理的标准。固定资产的取得方式,有外购、自行建造、接受投资、接受抵债、接受捐赠等。各种方式下取得固定资产的入账价值所包含的具体内容应根据各种方式的具体情况而定,但是都要符合属于企业购建的固定资产达到预定可使用状态前所发生的所有合理、必要的支出这个条件。

4.2.2.3　商品批发公司供应过程核算举例

继续以我们成立的服装批发公司20××年12月发生的业务为例分析商品批发公司供应过程的核算。

【例 4.1】　12 月 1 日,服装批发公司通过银行转账支付一批办公用电脑和空调设备款项,价款为 200 000 元,增值税税率为 13%。同时用现金支付运杂费 1 500 元、途中保险费 300 元以及可以抵扣的增值税进项税额 135 元。电脑和空调设备已经运到并投入使用。

这笔业务中,办公用电脑和空调设备都是为企业经营管理所用的,使用寿命一般都在一年以上,所以作为"固定资产"入账。企业获得的固定资产达到预定可使用状态之前所发生的所有合理、必要的支出共同形成固定资产的价值。因而该固定资产的取得成本为买价(200 000 元)加上相关费用(1 500 元+300 元),即 201 800 元。企业得到价值 201 800 元的固定资产,作为资产的增加,记录在"固定资产"账户的借方;同时进项税额(26 000 元+135元)增加,作为负债的扣减项,也登记在借方;企业以银行存款 226 000 元和库存现金 1 935元支付该固定资产的款项,作为资产的减少,记录在"银行存款"和"库存现金"的贷方。分录表达如下:

借:固定资产　　　　　　　　　　　　　　　　　　　　201 800
　　应交税费——应交增值税(进项税额)　　　　　　　　26 135
　　贷:银行存款　　　　　　　　　　　　　　　　　　　　　　　226 000
　　　　库存现金　　　　　　　　　　　　　　　　　　　　　　　　1 935

【例 4.2】　12 月 2 日,服装批发公司采购部门的员工秦宇预支差旅费 2 000 元,付现。

预支给职工的差旅费,要等到职工出差回来凭发票等依据报销时才能确认费用发生。正式报销之前,暂付给职工差旅费,并不能认为费用已经发生,而应将应作为公司借给职工的一种应收款,予以确认。这种应收款不是因为公司销售商品而产生的,所以不能计入"应收账款",而应计入反映其他各种应收、暂付款项的科目"其他应收款"里。职工回来报销差旅费时,发现预支的款项不足的,补足给职工;预支的款项有多余的,从职工处收回。

因此,这笔业务中公司支付了库存现金,作为资产的减少,计入"库存现金"的贷方;公司

支付的现金成为公司对职工的应收款,作为一项资产的增加,计入"其他应收款"的借方。分录表达如下:

借:其他应收款——秦宇　　　　　　　　　　　　　2 000
　　贷:库存现金　　　　　　　　　　　　　　　　　　　　　　　　　2 000

【例4.3】 12月4日,服装批发公司向外地大溪地工厂购入秋装外套1 000件,每件价格为200元,礼服(包含配饰)600件,每件价格为500元。增值税税率为13%。所有款项都用银行存款付清,货物尚未到库。

这笔业务涉及增值税的进项税,先计算进项税的金额。秋装外套的货款共计200 000元(200 000=1 000×200),礼服的货款共计300 000元(300 000=600×500),因此支付的进项税额为65 000元[65 000=(200 000+300 000)×13%]。这笔业务中,公司购入秋装外套和礼服,使存货增加500 000元(500 000=200 000+300 000),增值税进项税额增加65 000元,同时公司的银行存款减少565 000元。由于衣服都还没有入库,所以使用"在途物资"账户核算这些商品的存货成本,"在途物资"是资产类账户,资产类账户增加登记在借方,因而增加的存货成本价值登记在"在途物资"的借方;增值税进项税是负债的抵扣,也就是减少,所以登记在"应交税费——应交增值税"的借方;银行存款的减少,作为资产的减少,登记在账户的贷方。整个分录表达如下:

借:在途物资——秋装外套　　　　　　　　　　　200 000
　　　　　　——礼服　　　　　　　　　　　　　　300 000
　　应交税费——应交增值税(进项税额)　　　　　 65 000
　　贷:银行存款　　　　　　　　　　　　　　　　　　　　　　　　565 000

【例4.4】 12月6日,服装批发公司用银行存款支付上述秋装外套和礼服的外地运杂费8 000元,增值税税率为9%。假设每件秋装外套和每件礼服的重量基本相当,以商品的数量比例作为标准分配运杂费。

分配进货费用的标准可以有很多,可以是重量、数量或体积等比例,通常选用商品重量比例。本例按商品的数量比例分摊进货费用,1 000件秋装外套和600件礼服共同承担了运杂费8 000元,按数量计算的运杂费分配率如下:

分配率=8 000÷(1 000+600)=5(元/件)

秋装外套承担的运杂费=1 000×5=5 000(元)

礼服承担的运杂费=600×5=3 000(元)

经过上述计算得知,这笔经济业务使得公司购买的商品采购成本增加8 000元,其中秋装外套增加采购成本5 000元,礼服增加采购成本3 000元,增加的采购成本计入"在途物资"账户的借方,表示存货资产的增加,增值税进项税额登记在"应交税费——应交增值税(进项税额)"的借方;同时公司支付银行存款8 720元,减少的银行存款计入"银行存款"账户的贷方,表示资产的减少。整个分录表达如下:

借:在途物资——秋装外套　　　　　　　　　　　　5 000
　　　　　　——礼服　　　　　　　　　　　　　　　3 000
　　应交税费——应交增值税(进项税额)　　　　　　 720
　　贷:银行存款　　　　　　　　　　　　　　　　　　　　　　　　 8 720

【例4.5】 12月7日,服装批发公司向外地太平洋公司购买羽绒服200件,发票已经送达,上面注明每件羽绒服的价格为 500 元,价款共计 100 000 元,增值税税额为 13 000 元(13 000＝100 000×13％),太平洋公司代我公司垫付了货物的运杂费 545 元(其中 45 元是增值税),所有款项尚未支付,货物已经运出,尚未到库。

这笔经济业务只涉及一种商品,因此运杂费由该商品直接承担。这笔业务一方面使得公司的商品采购成本增加 100 500 元(100 500＝100 000＋500),增值税进项税额增加 13 000 元,另一方面使得公司承担的应付给太平洋公司的货款和运杂费等各项负债增加,共计 113 545 元(113 545＝100 000＋13 000＋545)。存货采购成本增加,作为资产的增加,登记在"在途物资"的借方;增值税进项税额增加,作为负债的减少,登记在"应交税费——应交增值税"的借方;应付的货款等增加,作为负债的增加,登记在"应付账款"的贷方。分录表达如下:

借:在途物资——羽绒服　　　　　　　　　　　　　　100 500
　　应交税费——应交增值税(进项税额)　　　　　　　 13 045
　　贷:应付账款——太平洋公司　　　　　　　　　　　　　　　　113 545

【例 4.6】　12 月 7 日,服装批发公司采购部门的职工秦宇出差回来报销差旅费 1 600 元,交回现金 400 元。

这笔业务是 12 月 2 日业务的后续过程,采购员秦宇出差回来,原来预支的 2 000 元,使用了 1 600 元,剩下 400 元没有用完,交回公司。这时才是职工正式报销差旅费的时刻,在这笔业务中,公司一方面根据职工报销的发票等依据确认费用发生 1 600 元,并且收到库存现金 400 元,其作为资产的增加,计入"库存现金"的借方;另一方面公司收回原来拥有的"其他应收款"这一债权,作为资产的减少,登记在"其他应收款"的贷方。需要解释的是,前面讨论采购成本时曾经说明采购部门的经费和采购人员的差旅费不能计入采购成本,而应计入当期期间费用,因此这里采购部门人员出差回来报销的差旅费,作为费用增加,登记在"管理费用"的借方。分录表达如下:

借:管理费用　　　　　　　　　　　　　　　　　　　1 600
　　库存现金　　　　　　　　　　　　　　　　　　　　 400
　　贷:其他应收款——秦宇　　　　　　　　　　　　　　　　　 2 000

【例 4.7】　12 月 10 日,服装批发公司签发并承兑一张商业汇票,用来购入棕榈泉公司出售的 2 000 件风衣,每件价格为 150 元,增值税税率为 13％。假设没有发生相关进货费用,风衣尚未到库。

公司签发的商业汇票的金额是包括增值税和价款的含税总价。

含税总价金额＝2 000×150×(1＋13％)＝339 000(元)

这笔业务一方面使得公司获得存货商品,货物采购成本增加 300 000 元(300 000＝2 000×150),作为资产的增加,登记在"在途物资"的借方,增加增值税的进项税 39 000 元(39 000＝300 000×13％),作为负债的减少,登记在"应交税费——应交增值税"的借方;另一方面使得公司背负上应付票据的债务 339 000 元,作为负债的增加,登记在"应付票据"的贷方。该业务的分录如下:

借:在途物资——风衣　　　　　　　　　　　　　　　300 000
　　应交税费——应交增值税(进项税额)　　　　　　　 39 000
　　贷:应付票据——棕榈泉公司　　　　　　　　　　　　　　　339 000

【例 4.8】　12 月 12 日,服装批发公司用银行存款预付外地长滩公司的风衣订货款200 000 元。

这笔业务中,公司拥有了预付订货款的债权 200 000 元,作为资产的增加,登记在"预付账款"这一资产类科目的借方;同时公司支付了银行存款 200 000 元,作为资产的减少,登记在"银行存款"的贷方。分录表达如下:

借:预付账款——长滩公司　　　　　　　　　　　　200 000
　　贷:银行存款　　　　　　　　　　　　　　　　　　　　　200 000

【例 4.9】　12 月 13 日,长滩公司发来风衣 1 000 件,尚未到库。风衣每件价格为 270元,价款共计270 000 元,运杂费为 2 000 元,保险费为 1 000 元,可抵扣的增值税进项税额共计 35 280 元,冲抵原来的预付款后,余款用银行存款支付。

这笔业务中,长滩公司发来的风衣商品,其采购成本为 273 000 元(273 000＝270 000＋2 000＋1 000)作为资产增加,登记在"在途物资"的借方;增值税进项税额为 35 280 元,作为负债的减少,登记在"应交税费——应交增值税"的借方;同时收回了原来预付定金的债权,减少预付账款 200 000 元,作为资产的减少,登记在"预付账款"的贷方;余款为 116 400 元(116 400＝273 000＋43 400－200 000),以银行存款 108 280 元补足该部分款项,作为资产的减少,登记在"银行存款"的贷方。这是一笔多借多贷业务,注意分清业务涉及的对应账户之间的关系。分录表达如下:

借:在途物资——风衣　　　　　　　　　　　273 000
　　应交税费——应交增值税(进项税额)　　　　35 280
　　贷:预付账款——长滩公司　　　　　　　　　　　　108 280
　　　　银行存款　　　　　　　　　　　　　　　　　　116 400

【例 4.10】　12 月 14 日,服装批发公司偿还之前欠的太平洋公司的货款 113 545 元,用银行存款支付。

这笔业务的完成,使得公司负担的应付账款减少 113 545 元,作为负债的减少,登记在"应付账款"的借方;同时公司支付银行存款,作为资产的减少,登记在"银行存款"的贷方。分录表达如下:

借:应付账款——太平洋公司　　　　　　　　　113 545
　　贷:银行存款　　　　　　　　　　　　　　　　　　113 545

【例 4.11】　12 月 16 日,服装批发公司用银行存款支付行政管理部门半年的保险费2 400 元以及 6% 的增值税。

这笔业务中涉及的保险费虽然已经于当期支出,但是实际费用并没有正式发生,因此不能被确认为费用,而应作为"预付账款"处理。分录表达如下:

借:预付账款　　　　　　　　　　　　　　　　2 400
　　应交税费——应交增值税(进项税额)　　　　　144
　　贷:银行存款　　　　　　　　　　　　　　　　　　2 544

【例 4.12】　12 月 17 日本月购入的所有商品都已经验收入库,结转各种商品的实际采购成本。

假设本月采购工作到此为止,所购全部商品都已验收入库,则一次性结转全部商品采购成本。

入库商品的实际采购成本,可以通过在途物资明细账上的金额编制在途物资成本计算单确定。公司本月采购的四种商品的在途物资明细账分别如表4.7至表4.10所示。

表 4.7　在途物资明细账

物资名称:秋装外套　　　　　　　　　　　　　　　　　　　　　　　　　　　　　　　　　　单位:元

| 20×8年 | | 凭证号数 | 摘　要 | 借　方 | | | 贷　方 | 结　余 |
月	日			买　价	运杂费	合　计		
12	4	(略)	购入 1 000 件,每件价格为 200 元	200 000		200 000		200 000
	6	(略)	分摊运杂费		5 000	5 000		205 000
	17	(略)	结转采购成本				205 000	
			本期发生额	200 000	5 000	205 000	205 000	

表 4.8　在途物资明细账

物资名称:礼服　　　　　　　　　　　　　　　　　　　　　　　　　　　　　　　　　　　　单位:元

| 20×8年 | | 凭证号数 | 摘　要 | 借　方 | | | 贷　方 | 结　余 |
月	日			买　价	运杂费	合　计		
12	4	(略)	购入 600 件,每件价格为 500 元	300 000		300 000		300 000
	6	(略)	分摊运杂费		3 000	3 000		303 000
	17	(略)	结转采购成本				303 000	
			本期发生额	300 000	3 000	303 000	303 000	

表 4.9　在途物资明细账

物资名称:羽绒服　　　　　　　　　　　　　　　　　　　　　　　　　　　　　　　　　　　单位:元

| 20×8年 | | 凭证号数 | 摘　要 | 借　方 | | | 贷　方 | 结　余 |
月	日			买　价	运杂费	合　计		
12	7	略	购入 200 件,每件价格为 500 元	100 000		100 000		100 000
	7	(略)	产生运杂费		500	500		100 500
	17	(略)	结转采购成本				100 500	
			本期发生额	100 000	500	100 500	100 500	

表 4.10 在途物资明细账

物资名称:风衣 单位:元

20×8年		凭证号数	摘 要	借 方			贷 方	结 余
月	日			买 价	运杂费	合 计		
12	10	(略)	购入 2 000 件,每件价格为150 元	300 000		300 000		300 000
	13	(略)	购入 1 000 件,每件价格为270 元	270 000		270 000		570 000
	13	(略)	产生运杂费、保险费		3 000	3 000		573 000
	17	(略)	结转采购成本				573 000	
			本期发生额	570 000	3 000	573 000	573 000	

根据上述明细账编制四种商品的在途物资成本计算单,如表 4.11 所示。

表 4.11 在途物资成本计算单 单位:元

成本项目	秋装外套(1 000 件)		礼服(600 件)		羽绒服(200 件)		风衣(3 000 件)		合 计
	总成本	单位成本	总成本	单位成本	总成本	单位成本	总成本	单位成本	
买 价	200 000	200	300 000	500	100 000	500	570 000	190	1 170 000
进货费用	5 000	5	3 000	5	500	2.5	3 000	1	11 500
采购成本	205 000	205	303 000	505	100 500	502.5	573 000	191	1 181 500

结转在途部分的商品采购成本,进入在库商品的成本,一方面增加"库存商品"的成本,借记这一增加金额;另一方面减少"在途物资"的金额,贷记这一减少金额。分录表达如下:

借:库存商品——秋装外套 205 000
　　　　　——礼服 303 000
　　　　　——羽绒服 100 500
　　　　　——风衣 573 000
　　贷:在途物资——秋装外套 205 000
　　　　　——礼服 303 000
　　　　　——羽绒服 100 500
　　　　　——风衣 573 000

4.3 销售过程与其他日常业务的核算

商业企业在采购、供应过程中,将货币资金转化为成品资金,然后再通过销售过程,实现成品资金向货币资金的转化。商业企业在销售过程中,一方面会发生销售商品等主营业务,获得商品销售收入,同时结转商品销售成本,支付销售中产生的相关税金和包装费、保险费等销售费用,最后形成销售商品业务产生的利润或亏损;另一方面,还可能发生出租固定资产或无形资产等其他业务收入和成本,以及营业外的收入或支出、对外投资的收益或损失等。假设这家服装批发公司在 12 月剩下的时间里,发生了各种主营业务、其他业务、营业外收支以及投资行为。

4.3.1　销售过程的核算

4.3.1.1　销售过程的主要账户设置

1.销售损益计量的相关账户

（1）主营业务收入

我们通过"主营业务收入"账户核算企业销售商品或者提供劳务等主营业务实现的收入。对于商业企业来说,销售商品业务属于主营业务。"主营业务收入"账户属于损益类账户中的收入类账户。因此贷方登记已经实现的主营业务收入,借方登记发生销售退回或者销售折让时应冲减本期的主营业务收入。期末在贷方登记转入"本年利润"账户的该账户本期净额。月末结转后,该账户没有余额。可以按照主营业务的种类设置明细账进行分类核算。

（2）主营业务成本

"主营业务成本"账户也是损益类账户,是其中的费用类账户。主营业务产生的收入登记在"主营业务收入"账户的贷方,而获得这些收入所发生的成本登记在"主营业务成本"账户的借方。"主营业务成本"账户的借方登记企业销售商品或提供劳务所实际发生的成本,贷方登记企业发生销售退回时冲减的销售成本。期末在借方登记转入"本年利润"账户的该账户本期净额。月末结转后,账户没有余额。这个账户同样可以按照主营业务的种类设置明细账进行分类核算。

（3）销售费用

企业在销售过程中,除了要负担所销售商品的成本以外,还会支付一些其他的相关费用,比如促销的广告费、承担的运费和保险费以及销售部门的经费等,这些费用都是为了销售过程的顺利进行而发生的日常开支。我们通过"销售费用"这一账户来专门核算这些费用。

"销售费用"是损益类账户中的费用类账户,核算企业销售商品和材料、提供劳务的过程中发生的各种费用,包括销售过程中发生的保险费、包装费、展览费和广告费、商品维修费、预计产品质量保证损失、运输费、装卸费等以及为销售本企业商品而专设的销售机构(含销售网点、售后服务网点等)的职工薪酬、业务费、折旧费等经营费用。借方登记本期发生的各种销售费用,期末在贷方登记转入"本年利润"账户的金额,结转后月末没有余额。

（4）税金及附加

除了增值税,企业在经营过程中还需要交纳其他税种。按照我国"营改增"后的相关法规,设置"税金及附加"账户来核算企业经营活动所发生的消费税、城市维护建设税、资源税和教育费附加以及房产税、土地使用税、车船使用税、印花税等相关税费。这个账户是损益类账户中的费用类账户,借方登记按规定计算确定的与经营活动相关的税费,月末在贷方登记应该转入"本年利润"账户的金额,结转后月末没有余额。

2.赊销或预收行为的相关账户

(1)应收账款

在商品销售过程中,可能发生赊销这样的现象。我们在没有收到买方货款之前就先行发货,这样我们就需要记录买方欠我们的货款。用来记录企业因销售商品、提供劳务等经营活动应收取的款项的科目,被称作"应收账款"。这个科目可以按照不同的债务人进行明细核算。该账户为资产类账户,在借方按应收的金额登记发生的应收账款,在贷方登记收回应收账款时减少的应收债权金额。

代购货单位垫付的包装费、运杂费,也借记本科目,贷记"银行存款"等科目。收回代垫费用时,借记"银行存款"科目,贷记本科目。期末该账户如果借方有余额,反映企业尚未收回的应收账款;期末如果贷方有余额,反映企业预收的账款。

(2)应收票据

商业汇票这种票据结算形式,除了购买商品时可以由本企业作为承诺提供给别人以外,也可以在赊销商品时作为承诺由其他企业提供给本企业。资产类账户"应收票据"专门用来核算企业因销售商品、提供劳务等而收到的商业汇票,包括银行承兑汇票和商业承兑汇票,可以按照开出、承兑商业汇票的单位进行明细核算。账户的借方登记企业因销售商品、提供劳务等收到的商业汇票的票面金额,商业汇票到期时从贷方结转商业汇票的票面金额。期末通常为借方余额,反映企业持有的商业汇票的票面金额。

平时企业应当设置应收票据备查簿,逐笔登记商业汇票的种类、号数和出票日、票面金额、交易合同号和付款人、承兑人、背书人的姓名或单位名称、到期日以及收款日、收回金额、退票情况等资料。商业汇票到期结清票款或退票后,在备查簿中应予注销。

(3)预收账款

除了赊销以外,企业销售时还会遇到的特殊情况是,在本企业还没有提供货物给对方时,对方已经支付了货款或者部分货款给本企业。提前收到的货款,是本企业需要用货物归还的负债。负债类账户"预收账款"用来核算企业按照合同规定预收的款项。预收情况不多的企业,也可不设置该账户,直接将相关款项计入"应收账款"账户。"预收账款"账户贷方登记企业向购货单位预收的款项;待到销售实现时,在借方登记转销的负债金额。期末如果贷方有余额,反映企业预收的款项;期末如果借方有余额,反映企业尚未转销的款项。可以按照不同的购货单位进行明细核算。

3.其他相关账户

企业的日常经营活动还会涉及职工薪酬计提和发放、包装物押金的收取等业务,为此还需要增设一些其他的账户记录这些信息。

(1)其他应付款

负债类账户"其他应付款"核算企业除应付票据、应付账款、预收账款、应付职工薪酬、应付利息、应付股利、应交税费、长期应付款等以外的其他各项应付、暂收的款项。确认其他各种应付或者暂收款项时,贷记该科目;实际支付这些应付或者暂收款项,消除这些债务时,借记该科目。期末账户的贷方余额反映企业应付未付的其他应付款项。企业通常可以按照其他应付款的项目和对方单位(或个人)设置明细核算账户。

(2)应付职工薪酬

在企业的正常运作中,支付员工薪酬也是必不可少的一个环节。负债类账户"应付职工薪酬"用来核算企业根据有关规定应付给职工的各种薪酬。这个账户通常包括应该支付给职工的各种不同内容的薪酬,因此可以按照薪酬的内容进行明细核算,如设置"工资""职工福利""社会保险费""住房公积金""工会经费""职工教育经费""非货币性福利""辞退福利""股份支付"等明细科目。企业确认应付职工薪酬时,将计提的应付金额登记在该负债类账户的贷方,同时分别借记相应的"管理费用""销售费用"等科目;在企业实际发放职工薪酬时,借记"应付职工薪酬"科目。账户期末的贷方余额反映企业应付未付的职工薪酬。

销售过程的主要账户设置以表 4.12 列示如下。

表 4.12　销售过程的主要账户设置

账户名称	主要核算内容	借记内容	贷记内容	余额的含义	明细核算
销售费用	核算企业销售商品和材料、提供劳务的过程中发生的各种费用	①企业在销售商品过程中发生的保险费、包装费、展览费和广告费、运输费、装卸费等费用;②为销售本企业商品而专设的销售机构的职工薪酬、业务费等经营费用	期末结转时,贷记本科目	期末结转后没有余额	可按费用项目进行明细核算
主营业务收入	核算企业确认的销售商品或提供劳务等主营业务实现的收入	①本期(月)发生的销售退回或销售折让,按应冲减的营业收入,借记本科目;②期末结转时借记本科目	企业销售商品或提供劳务实现的收入,按确认的营业收入,贷记本科目	期末结转后没有余额	可按主营业务的种类进行明细核算
主营业务成本	核算企业确认的销售商品、提供劳务等实现主营业务收入时应结转的成本	登记企业根据本期(月)销售各种商品、提供各种劳务等实际成本而计算出的应结转的主营业务成本	期末结转时,贷记本科目	期末结转后没有余额	可按主营业务的种类进行明细核算
税金及附加	核算企业经营过程中发生的消费税、城市维护建设税、资源税和教育费附加以及房产税、土地使用税、车船使用税、印花税等相关税费	企业按规定计算确定的与经营活动相关的税费,借记本科目	期末结转时,贷记本科目	期末结转后没有余额	

续表

账户名称	主要核算内容	借记内容	贷记内容	余额的含义	明细核算
应收账款	核算企业因销售商品、提供劳务等经营活动应收取的款项	发生应收账款,按应收金额,借记本科目	收回应收账款时,贷记本科目	期末借方余额,反映企业尚未收回的应收账款;期末贷方余额,反映企业预收的账款	可按债务人进行明细核算
应收票据	核算企业因销售商品、提供劳务等而收到的商业汇票,包括银行承兑汇票和商业承兑汇票	因销售商品、提供劳务等而收到开出、承兑的商业汇票,按商业汇票的票面金额借记本科目	商业汇票到期,按商业汇票的票面金额贷记本科目	期末借方余额,反映企业持有的商业汇票的票面金额	可按开出、承兑商业汇票的单位进行明细核算;企业应当设置应收票据备查簿,逐笔登记商业汇票的资料
预收账款	核算企业按照合同规定预收的款项。预收情况不多的企业,也可不设置本账户,直接将相关款项计入"应收账款"账户	销售实现时,借记本科目	企业向购货单位预收的款项,贷记本科目	期末贷方余额,反映企业预收的款项;期末借方余额,反映企业尚未转销的款项	可按购货单位进行明细核算
其他应付款	核算企业除应付票据、应付账款、预收账款、应付职工薪酬、应付利息、应付股利、应交税费、长期应付款等以外的其他各项应付、暂收的款项	实际支付的其他各种应付、暂收款项,借记本科目	登记企业发生的其他各种应付、暂收款项,贷记本科目	期末贷方余额,反映企业应付未付的其他应付款项	可按其他应付款的项目和对方单位(或个人)进行明细核算
应付职工薪酬	核算企业根据有关规定应付给职工的各种薪酬	①向职工支付工资、奖金、津贴、福利费等;②支付工会经费和职工教育经费用于工会活动和职工教育;③按照国家有关规定交纳社会保险费和住房公积金	登记应付给职工的各种薪酬的金额	期末贷方余额,反映企业应付未付的职工薪酬	可按"工资""职工福利""社会保险费""住房公积金""工会经费""职工教育经费""非货币性福利""辞退福利""股份支付"等进行明细核算

4.3.1.2　商品销售收入的确认

通过对权责发生制的学习,我们已经了解到会计准则不是以收钱与否作为收入是否实现的标准的。何时记录收入,是我们需要进一步思考的问题。

理论上来说,我们将"实现原则"作为收入确认的依据,即收入应该在商品已经销售或者服务已经提供的时候被确认。这个时点上,收入才真正被获得,金额才能真正被确定。由于收入确定时点的不同会极大地影响各会计期利润的金额,因此很多国家都对收入的确定时点进行了严格的规定。我国 2017 年修订的《企业会计准则第 14 号——收入》规定了收入确认的核心原则,即企业应当在履行了合同中的履约义务,即在客户取得相关商品或服务的控制权时确认收入。

收入的确认与计量大致分为五步:第一步,识别与客户订立的合同;第二步,识别合同中的单项履约义务;第三步,确定交易价格;第四步,将交易价格分摊至单项履约义务;第五步,履行各单项履约义务时确认收入。其中,第一步、第二步和第五步与收入的确认有关,第三步和第四步主要与收入的计量有关。详细的讨论将在中级财务会计中展开。

尽管各行各业的收入模式有差异,但是可以根据具体情形选择按"时段"或"时点"来确认收入。对于在某一时段内履行的履约义务,企业应当在该时段内按照履约进度确认收入,但履约进度不能合理确定的除外。确定履约进度时,企业应考虑商品的性质,采用产出法或投入法。

对于在某一时点履行的履约义务,企业应当在客户取得相关商品控制权时点确认收入。企业判断客户是否取得商品控制权时,应当考虑下列迹象:

(1)企业就该商品享有现时收款权利,即客户就该商品负有现时付款义务。

(2)企业已将该商品的法定所有权转移给客户,即客户已拥有该商品的法定所有权。

(3)企业已将该商品实物转移给客户,即客户已实际占有该商品。

(4)企业已将该商品所有权上的主要风险和报酬转移给客户,即客户已取得该商品所有权上的主要风险和报酬。

(5)客户已接受该商品。

(6)其他表明客户已取得商品控制权的迹象。

本书所讨论的收入,均指某一时点的履约义务。如果客户已经取得相关商品的控制权,那么企业已将该商品实物转移给客户,不再继续管理或者控制这项资产;企业不再承担商品可能发生的减值或者毁损所造成的损失,企业也不享有商品可能发生的增值等所带来的经济利益;同时企业因向客户转让商品而有权取得的对价很可能收回。商品控制权转移的各种迹象,决定了一项收入是否能够被记录或确认。

收入和费用之间有着至关重要的关联。究其根本,费用的发生是为了收入的实现。因此根据收入和费用配比的要求,在实现收入的会计期里,我们相应地应该确认该收入的实现所耗费的成本费用。比如,出售一支成本为 10 元的钢笔获得 15 元的收入,在收入确认的会计期里确认出售钢笔获得收入 15 元的同时,也要确认为了获取这 15 元收入企业耗费的成本费用 10 元,因此产生毛利 5 元。如果拿本期实现的 15 元收入,和买来准备下个月出售的钢笔的成本进行配比,就会因为没有因果关系而不能得出正确的利润金额。所以能否准确地选择收入确认的时点和准确地匹配收入与费用,是影响企业利润表金额的关键因素。

4.3.1.3 销售过程的主要业务核算

介绍完相关知识点之后,我们继续用服装批发公司的例子来阐释销售过程的主要业务核算。

【例 4.13】 12 月 20 日,服装批发公司向海蓝公司销售风衣 2 000 件,每件售价为 300 元,增值税税率为 13%。服装批发公司收到全部货款和增值税税款,存入银行。

这笔业务下,服装批发公司收到货款和增值税税款,存入银行后,银行存款增加,登记在"银行存款"账户的借方;同时企业实现了销售行为,能够确认收入 600 000 元,收入的增加登记在贷方。

这笔业务还涉及增值税的销项税,销项税额为 78 000 元(78 000＝600 000×13%)。企业收到对方单位支付的增值税销项税额,销项税额并不是全额交纳给税务局的,需要和企业自己曾经支付给别人的进项税额进行抵扣,将多余的部分交纳给税务局。因此,收到的增值税销项税额,不是企业的收入,是企业要交给税务局的债务,应该确认进"应交税费——应交增值税(销项税额)"贷方,和购买过程中登记进"应交税费——应交增值税(进项税额)"的借方金额相抵扣,抵扣之后"应交税费——应交增值税"账户贷方的余额就是企业最后应该向税务局交纳的增值部分税额。

因此本笔业务中企业一共收到 678 000 元(678 000＝600 000＋78 000),其中 600 000 元是销售商品实现的主营业务收入,78 000 元是增值税销项税额。分录表达如下:

```
借:银行存款                          678 000
    贷:主营业务收入                              600 000
        应交税费——应交增值税(销项税额)           78 000
```

【例 4.14】 12 月 21 日,服装批发公司出售 200 件羽绒服给南加州公司,每件售价为 1 000 元,增值税税率为 13%。对方承诺 30 天内付款。

可以看出这笔业务和上笔业务的不同在于,这是一次赊销业务。公司没有收到货款,但是公司已经实现销售过程,按照权责发生制的要求和收入确认条件,我们确认收入已经实现。没有收到的货款和增值税销项税额都是我们将向南加州公司索取的债权。

我们在"应收账款"账户的借方登记债权 226 000 元[226 000＝1 000×200×(1＋13%)],在"主营业务收入"的贷方登记实现的商品销售收入 200 000 元,在"应交税费——应交增值税(销项税额)"的贷方登记销项税额 32 000 元。分录表达如下:

```
借:应收账款——南加州公司              226 000
    贷:主营业务收入                              200 000
        应交税费——应交增值税(销项税额)           26 000
```

【例 4.15】 12 月 22 日,服装批发公司收到凯德公司付来的订购礼服为 400 件的订货款为 200 000 元,存入银行。

这笔业务使得公司的银行存款增加 200 000 元,登记在"银行存款"账户的借方;同时,由于还没有实现销售行为,收到的订金 200 000 元形成负债,登记在"预收账款"的贷方。分录表达如下:

```
借:银行存款                          200 000
    贷:预收账款——凯德公司                       200 000
```

【例 4.16】　12 月 23 日,服装批发公司向凯德公司发出其所订的礼服 400 件,每件售价为 800 元,增值税税额为 41 600 元,抵扣原来的预收款后,向凯德公司收取差额部分款项。款项全部收妥并存入银行。

这时公司正式实现销售,所以能够确认主营业务收入 320 000 元(320 000＝400×800)以及增值税销项税额 41 600 元,加起来一共是 361 600 元,抵扣原来收到的订货款 200 000 元,还有 161 600 元需要向凯德公司收取。

这笔业务使得公司的预收账款被转销,减少的预收账款 200 000 元登记在"预收账款"账户的借方;银行存款增加 161 600 元,登记在"银行存款"账户的借方。实现的收入 320 000 元和增值税销项税额 41 600 元分别登记在"主营业务收入"和"应交税费——应交增值税"的贷方。整个分录表达如下:

```
借:预收账款——凯德公司                    200 000
   银行存款                              161 600
   贷:主营业务收入                                       320 000
      应交税费——应交增值税(销项税额)                      41 600
```

【例 4.17】　12 月 23 日,服装批发公司为了扩大影响和销路,用银行存款支付了广告费 3 180 元(含税 6%)。

广告费是企业在销售商品时发生的各项费用中的一种,它和销售过程中的商品维修费、展览费、预计产品质量保证损失、保险费、包装费、装卸费一起归属于"销售费用"核算的范畴。同样归入"销售费用"范畴的还有公司为了销售自己的商品专设的销售机构发生的职工薪酬、业务招待和相关折旧费用等。

所以,本笔业务支付了银行存款,其中增值税进项税额为 180 元[180＝3 180÷(1＋6%)×6%],分别借记销售费用 3 000 元,借记增值税进项税额 180 元,贷记银行存款 3 180 元,分录表达如下:

```
借:销售费用                              3 000
   应交税费——应交增值税(进项税额)            180
   贷:银行存款                                        3 180
```

【例 4.18】　12 月 24 日,服装批发公司用现金支付销售中发生的包装材料费 300 元、运杂费 500 元、保险费 400 元以及可以抵扣的增值税 108 元。

这笔业务中涉及的是销售过程中发生的包装费 500 元、运杂费 300 元以及保险费 400 元,它们都属于我们讨论过的销售费用的内容。因此这笔业务总共增加销售费用 1 200 元(1 200＝300＋500＋400),同时支付的增值税属于进项税,登记在借方。分录表达如下:

```
借:销售费用                              1 200
   应交税费——应交增值税(进项税额)            108
   贷:库存现金                                        1 308
```

【例 4.19】　12 月 24 日,服装批发公司向黄石公司销售 900 件秋装外套,每件售价为 350 元,增值税税额为 40 950 元。黄石公司开出自己承兑的 30 天商业汇票。

收到商业汇票,一方面使公司拥有债权 355 950 元(355 950＝900×350＋40 950),登记在"应收票据"账户的借方;另一方面使公司增加商品销售收入 315 000 元(315 000＝900×

350），登记在"主营业务收入"账户的贷方，并且增加了公司的增值税销项税额，登记在"应交税费——应交增值税（销项税额）"账户的贷方。分录表达如下：

借：应收票据——黄石公司　　　　　　　　　　　　355 950
　　贷：主营业务收入　　　　　　　　　　　　　　　　　　315 000
　　　　应交税费——应交增值税（销项税额）　　　　　　　40 950

【例4.20】　12月25日，服装批发公司收取购买方包装物的押金57 000元并存入银行。

包装物的押金是公司需要归还的暂收款项，因为其不属于"应付账款"等账户的核算范畴，故应划入"其他应付款"账户核算。这笔业务使服装批发公司的银行存款增加57 000元，同时增加将来需要归还的"其他应付款"57 000元。资产类账户增加登记在借方，负债类账户增加登记在贷方。分录表达如下：

借：银行存款　　　　　　　　　　　　　　　　　　57 000
　　贷：其他应付款　　　　　　　　　　　　　　　　　　57 000

【例4.21】　12月25日，服装批发公司以银行存款向员工发放工资90 000元。

这笔业务中公司以银行存款支付员工工资，使公司的银行存款减少的同时，"应付职工薪酬"也减少了。"银行存款"的减少登记在贷方，"应付职工薪酬"的减少登记在借方。分录表达如下：

借：应付职工薪酬——工资　　　　　　　　　　　　90 000
　　贷：银行存款　　　　　　　　　　　　　　　　　　90 000

【例4.22】　12月26日，服装批发公司根据当月的工作情况，计算和确定销售机构人员的工资50 000元，行政管理人员的工资40 000元。

这笔业务涉及职工薪酬的相关概念。职工薪酬包括短期薪酬、离职后福利、辞退福利和其他长期福利。短期薪酬是指企业预期在职工提供相关服务的年度报告期间结束后12个月内将全部予以支付的职工薪酬，因解除与职工的劳动关系给予的补偿则属于辞退福利的范畴。本书仅涉及货币性短期薪酬，具体包括：①职工工资、奖金、津贴和补贴；②社会保险费（医疗保险费、工伤保险费和生育保险费等）；③住房公积金；④工会经费和职工教育经费。

这笔业务表明，公司计算出来的应该支付给员工的工资总额90 000元，被确认为公司对于员工的负债，即"应付职工薪酬——工资"，登记在该负债类账户的贷方；公司将销售机构人员的工资作为"销售费用"予以确认，将行政管理人员的工资作为"管理费用"予以确认，登记在"管理费用"账户的借方。分录表达如下：

借：销售费用　　　　　　　　　　　　　　　　　　50 000
　　管理费用　　　　　　　　　　　　　　　　　　40 000
　　贷：应付职工薪酬——工资　　　　　　　　　　　　90 000

【例4.23】　12月26日，服装批发公司以本公司工资总额为基数，按规定的比例计提由公司承担的养老保险费、医疗保险费和住房公积金（假如计提比例分别为18%、7%和10%）。

社会保险和住房公积金简称"五险一金"，"五险"是指企业按国家规定为本单位职工交纳的养老保险、医疗保险、失业保险、生育保险、工伤保险，"一金"是指企业为职工交纳的住房公积金。其中养老保险、医疗保险、失业保险和住房公积金由单位和个人各承担一部分。各项社会保险和住房公积金的计提比例因地区和时期不同而有所不同。

社会保险费和住房公积金的会计处理,是企业每月都要做的分录。企业为职工交纳的社会保险费和住房公积金应当在职工为其提供服务的会计期间,根据规定的计提基础和计提比例计算确定相应的职工薪酬金额,并确认相应负债,按照受益对象计入当期损益或相关资产成本。比如,销售部门人员受益的应计入"销售费用"科目、行政管理部门人员受益的应计入"管理费用"科目。

这笔业务按照 18%、7% 和 10% 的计提比例,分别计算销售部门和管理部门受益的养老保险、医疗保险和住房公积金数额,如表 4.13 所示。

表 4.13　销售部门和管理部门养老保险、医疗保险与住房公积金的计算　　单位:元

	销售部门 (计提基数为 50 000 元)	管理部门 (计提基数为 40 000 元)	合　计
养老保险	18%×50 000=9 000	18%×40 000=7 200	16 200
医疗保险	7%×50 000=3 500	7%×40 000=2 800	6 300
住房公积金	10%×50 000=5 000	10%×40 000=4 000	9 000
合　计	17 500	14 000	31 500

根据上述计算的结果,这笔业务的分录表达如下:

借:销售费用　　　　　　　　　　　　　　　　17 500
　　管理费用　　　　　　　　　　　　　　　　14 000
　　贷:应付职工薪酬——养老保险　　　　　　　　　　　16 200
　　　　　　　　——医疗保险　　　　　　　　　　　　6 300
　　　　　　　　——住房公积金　　　　　　　　　　　9 000

此外,企业每月还应按规定比例计提工会经费和职工教育经费,专门用于企业的工会活动出和职工教育。计提的工会经费和职工教育经费,一方面按照受益对象计入当期损益或相关资产成本账户的借方,同时作为负债计入"应付职工薪酬——工会经费"和"应付职工薪酬——职工教育经费"账户的贷方。

【例 4.24】　12 月 27 日,服装批发公司开出转账支票分别向有关机构支付各类社会保险费和住房公积金共计 31 500 元。

社会保险费的支付,反映出应付职工薪酬的减少,计入该账户的借方。本业务可编制如下会计分录:

借:应付职工薪酬——养老保险　　　　　　　　16 200
　　　　　　　　——医疗保险　　　　　　　　6 300
　　　　　　　　——住房公积金　　　　　　　9 000
　　贷:银行存款　　　　　　　　　　　　　　　　　　31 500

【例 4.25】　12 月 31 日,服装批发公司根据商品的销售情况,结转本月销售的全部商品的实际成本。

根据收入和费用在因果和时间上配比的要求,本月销售实现收入的所有商品,其成本也需要在本月结转入费用。我们用"主营业务成本"这一费用类账户来接收这些商品成本转化

来的费用,借记"主营业务成本",增加费用的同时减少"库存商品"这一资产。

根据表 4.11 中的各项商品单位成本数据,结合上述各项商品的销售数量,计算当期应该转化为费用的商品成本如下:

"库存商品——礼服"成本＝400(件)×505(元/件)＝202 000(元)

"库存商品——羽绒服"成本＝200(件)×502.5(元/件)＝100 500(元)

"库存商品——风衣"成本＝2 000(件)×191(元/件)＝382 000(元)

"库存商品——秋装外套"成本＝900(件)×205(元/件)＝184 500(元)

商品成本合计 869 000 元。

分录表达如下:

借:主营业务成本		869 000
贷:库存商品——礼服		202 000
——羽绒服		100 500
——风衣		382 000
——秋装外套		184 500

4.3.2　其他业务、投资活动以及营业外活动的核算

在这一部分里,我们继续讨论公司买卖商品的主营业务活动之外的其他活动,如兼营业务、投资活动或者日常营业活动之外的活动。

4.3.2.1　其他业务的相关账户

其他业务是企业在主营业务之外还可能发生的一些具有兼营性质的业务,也称为附营业务,主要包括制造业企业销售原材料、出租包装物、出租固定资产、出租无形资产、出租商品以及用材料进行非货币性交换或债务重组等。在这些业务中实现的收入,用"其他业务收入"账户加以核算,发生的费用用"其他业务成本"账户加以记录。需要注意的是,主营业务活动以外的其他经营活动发生的相关税费,也在"税金及附加"科目核算。

1.其他业务收入

"其他业务收入"账户核算企业确认的除主营业务活动以外的其他经营活动实现的收入。企业确认其他业务收入时,贷记该科目。期末将科目余额转入"本年利润"科目,结转之后该科目没有余额。这个科目可以按其他业务收入的不同种类进行明细核算。

2.其他业务成本

损益类账户"其他业务成本"核算企业确认的除主营业务活动以外的其他经营活动所发生的支出,包括销售材料的成本、出租固定资产的折旧额、出租无形资产的摊销额、出租包装物的成本或摊销额等。该账户借方登记企业发生的各项其他业务成本。期末将科目余额转入"本年利润"科目,结转后科目没有余额。这个账户可以按照其他业务成本的不同种类进行明细核算。

4.3.2.2　投资活动的相关账户

企业常常会对外进行一些投资,在这些投资活动中获取的投资收益或者投资损失,用同一个损益类科目"投资收益"来核算。

"投资收益"账户核算企业确认的投资收益或投资损失。该账户的贷方登记实现的投资收益,借方登记发生的投资损失。期末结账前账户余额在贷方,代表本期有投资净收益,期

末结账时将该净收益转走,转入"本年利润"账户的贷方;期末结账前账户余额在借方,代表本期有投资净损失,期末结账时将该净损失转出,转入"本年利润"账户的借方。期末结账后,该账户没有余额。这个账户可以按照投资的不同项目进行明细核算。

4.3.2.3　营业外活动的相关账户

营业外活动通常涉及两个账户,一个是"营业外支出",另一个是"营业外收入"。需要进一步指出的是,营业外活动并不是企业的日常经营活动,因此产生的"营业外支出"不属于会计要素的费用,而是"损失";产生的"营业外收入"也不是会计要素的收入,而属于"利得"。费用的支出是为了收入的实现,而"营业外支出"的耗费不是为了"营业外收入"的实现。"营业外支出"与"营业外收入"两者之间没有关联。

1.营业外支出

设置"营业外支出"科目核算企业发生的各项营业外支出,包括非流动资产处置损失、非货币性资产交换损失、债务重组损失、公益性捐赠支出、非常损失、盘亏损失等。发生这些营业外支出时,借记该账户。该账户为损益类账户,期末将该账户的余额从贷方转入"本年利润"的借方后,该账户没有余额。这个账户可以按照营业外支出的不同项目设置明细类账户核算。

2.营业外收入

损益类账户"营业外收入"核算企业发生的各项营业外收入,主要包括非流动资产处置利得、非货币性资产交换利得、债务重组利得、政府补助、捐赠利得等。确认各项营业外收入时,登记在该账户的贷方。期末将账户的余额从借方转入"本年利润"科目的贷方后,账户没有余额。这个账户可以按照营业外收入的不同项目进行明细核算。

其他业务、投资活动以及营业外活动的主要账户设置以表 4.14 列示如下。

表 4.14　其他业务、投资活动以及营业外活动的主要账户设置

账户名称	主要核算内容	借记内容	贷记内容	余额的含义	明细核算
其他业务收入	核算企业确认的除主营业务活动以外的其他经营活动实现的收入,包括出租固定资产、无形资产、包装物,销售原材料	期末结转时,借记本科目	登记企业确认的其他业务收入	期末结转后没有余额	可按其他业务收入的不同种类进行明细核算
其他业务成本	核算企业确认的除主营业务活动以外的其他经营活动所发生的支出,包括销售材料的成本、出租固定资产的折旧额、出租无形资产的摊销额、出租包装物的成本或摊销额等	登记企业发生的其他业务成本。其他经营活动发生的相关税费,在"税金及附加"科目核算	期末结转时,贷记本科目	期末结转后没有余额	本科目可按其他业务成本的不同种类进行明细核算

续表

账户名称	主要核算内容	借记内容	贷记内容	余额的含义	明细核算
投资收益	核算企业确认的投资收益或投资损失	①记录投资损失；②期末贷方余额，结转投资收益	①记录投资收益；②期末借方余额，结转投资损失	期末结转后没有余额	可按投资的不同项目进行明细核算
营业外收入	核算企业发生的各项营业外收入，主要包括非流动资产处置利得、非货币性资产交换利得、债务重组利得、政府补助、捐赠利得等	期末结转时，借记本科目	登记各项营业外收入发生的数额	期末结转后没有余额	可按营业外收入的不同项目进行明细核算
营业外支出	核算企业发生的各项营业外支出，包括非流动资产处置损失、非货币性资产交换损失、债务重组损失、公益性捐赠支出、非常损失、盘亏损失等	登记各项营业外支出发生的数额	期末结转时，贷记本科目	期末结转后没有余额	可按营业外支出的不同项目进行明细核算

4.3.2.4 其他业务、投资活动以及营业外活动的主要业务核算

服装批发公司在这个月剩下的时间里，还进行了一系列其他活动。

【例 4.26】 12 月 27 日，公司出租商标权，获得 200 000 元收入，增值税为 12 000 元，存入银行。

商标权是无形资产中的一种。出租商标权，就是转让无形资产的使用权，属于其他业务收入的范畴。这笔业务中，公司的银行存款增加，借记"银行存款"账户；收入增加，贷记"其他业务收入"账户。分录表达如下：

借：银行存款　　　　　　　　　　　　　　　　　212 000
　　贷：其他业务收入　　　　　　　　　　　　　　　　　200 000
　　　　应交税费——应交增值税（销项税额）　　　　　　　12 000

【例 4.27】 12 月 27 日，出租商标权时，发生中介和咨询费用 2 200 元（取得普通发票），用银行存款支付。

这笔业务中支付中介和咨询费，是为了获得出租商标权的其他业务收入而支付的相关费用，所以将该费用记录进"其他业务成本"账户，登记在借方；支付银行存款，登记在贷方。分录表达如下：

借：其他业务成本　　　　　　　　　　　　　　　　2 200
　　贷：银行存款　　　　　　　　　　　　　　　　　　　2 200

【例 4.28】 12 月 28 日，公司接受政府的一项政策性补助 100 000 元，款项已收入银行。

这项政策性补助属于财政拨款，假定与企业日常活动无关，直接计入"营业外收入"账

户。这笔业务的会计分录为:

借:银行存款　　　　　　　　　　　　　　　　　　100 000

　　贷:营业外收入　　　　　　　　　　　　　　　　　　　100 000

【例 4.29】　12 月 28 日,公司对外进行公益性捐赠,用银行存款支付 25 000 元。

对外进行公益性捐赠,通过"营业外支出"账户来核算。这笔业务增加了营业外支出,登记在借方;同时支付了银行存款,登记在贷方。分录表达如下:

借:营业外支出　　　　　　　　　　　　　　　　　25 000

　　贷:银行存款　　　　　　　　　　　　　　　　　　　　25 000

【例 4.30】　12 月 29 日,收到对方公司支付的罚款 3 000 元,存入银行。

收到罚款和收到捐赠、利得、政府补助等一样,都属于"营业外收入",所以本笔业务增加了"营业外收入"和"银行存款"。分录表达如下:

借:银行存款　　　　　　　　　　　　　　　　　　3 000

　　贷:营业外收入　　　　　　　　　　　　　　　　　　　3 000

【例 4.31】　12 月 29 日,公司决定进行一次短期的股票投资,在证券市场上以 235 000元的成本价购入 1 万股股票,用银行存款支付股票买价。

以交易为目的而持有的股票投资,属于"交易性金融资产"账户的核算范围。作为资产类账户,增加该投资资产,登记在账户借方;同时减少了银行存款,登记在贷方。分录表达如下:

借:交易性金融资产　　　　　　　　　　　　　　235 000

　　贷:银行存款　　　　　　　　　　　　　　　　　　　235 000

【例 4.32】　12 月 30 日,公司抛售前一天购入的股票,收到卖出价款 246 000 元,存入银行。

出售股票时,售价和金融资产本身账面余额之间的差额,是公司实现的投资收益(或损失)。这笔业务中,公司获得银行存款 246 000 元,计入"银行存款"账户的借方;同时公司减少了交易性金融资产 235 000 元,计入该资产类账户的贷方;获得的投资收益 11 000 元在贷方,表示收入的增加。分录表达如下:

借:银行存款　　　　　　　　　　　　　　　　　　246 000

　　贷:交易性金融资产　　　　　　　　　　　　　　　　235 000

　　　投资收益　　　　　　　　　　　　　　　　　　　　11 000

4.4　账项调整、利润结转与分配过程的核算

4.4.1　账项调整、利润结转与分配过程的主要账户设置

4.4.1.1　账项调整过程的主要账户设置

1. 累计折旧

"累计折旧"账户是资产类账户,核算企业固定资产的累计折旧金额,可以根据固定资产的类别或项目进行明细核算。虽然"累计折旧"是资产类账户,但是为了达到对固定资产原

值抵扣的作用,它在贷方(固定资产原值的反方向)登记折旧金额的增加额。当固定资产被处置时,相应的累计折旧也需要被转走,这时将需要转销的金额借记"累计折旧"。"累计折旧"科目期末余额在贷方,反映固定资产的累计折旧额。

2.期间费用:财务费用、销售费用、管理费用

期间费用是每期应该直接计入当期损益的各种费用,它不同于那些直接归属于某个特定对象的商品成本。一般来说,期间费用是那些相对容易确定归属的会计期间,但是较难确定归属的商品的费用。它们的发生可能是在一些时间段里不断进行的,很难与某些商品的成本建立直接联系。

期间费用包括管理费用、销售费用和财务费用三种费用。销售费用在前文已经进行过解说,此处不再赘述。

管理费用在前面曾经介绍过,企业筹建期间的开办费主要通过它进行核算,除此之外,还有很多项目都属于管理费用的核算范畴,如企业董事会和行政管理部门在企业的经营管理中发生的或者应由企业统一负担的公司经费(包括行政管理部门职工工资及福利费、物料消耗、办公费和差旅费等)、工会经费、董事会费(包括董事会成员津贴、会议费和差旅费等)、诉讼费、业务招待费、排污费等。

"财务费用"账户主要核算企业为筹集生产经营所需资金等而发生的筹资费用,包括利息支出(减利息收入)、汇兑损益以及相关的手续费、企业发生的现金折扣或收到的现金折扣等。账户的借方登记企业发生的财务费用,贷方登记应冲减财务费用的利息收入、汇兑损益或现金折扣。期末将"财务费用"账户的余额转入"本年利润"账户,结转后"财务费用"账户和其他损益类账户一样没有余额。这个账户通常可以按照不同的费用项目进行明细核算。

3.坏账准备

应收款项类资产存在着收不回款项的风险。充分考虑这些风险,是符合谨慎性要求的。每个会计期我们合理地估计出应收款项中可能收不回来的部分金额,及时地确认其损失,也能体现费用和收入配比的要求。

实现这一账项调整需要设置的过渡账户是"坏账准备"账户。它主要用来核算企业应收款项(主要包括"应收账款"账户和"其他应收款"账户)的坏账准备,可以按照应收款项的类别进行明细核算。"坏账准备"账户通常余额在贷方,反映企业已计提但尚未转销的坏账准备。

一般在期末资产负债表日应收款项发生减值的时候,在"坏账准备"科目的贷方登记应该减记的金额。如果本期应该计提的坏账准备大于账面余额,则按其差额计提;如果应该计提的坏账准备小于账面余额,就做相反的分录处理,在"坏账准备"借方登记应冲减的数额。

一项应收款项确实无法收回,按照管理权限报经批准后作为坏账处理时,在"坏账准备"账户的借方登记需要转销的坏账数额,同时贷记"应收账款"等科目。如果前述已经确认并转销的应收款项以后又收回,则按照实际收回的金额,贷记"坏账准备"科目。

4.资产减值损失

损益类账户"资产减值损失"核算企业计提各项非金融资产减值准备所形成的损失。当企业的存货、长期股权投资、固定资产、无形资产等资产发生减值时,在这个科目的借方登记

应减记的金额；当发生减值的资产价值得以恢复时，在这个科目的贷方登记原来计提的减值准备金额内恢复增加的金额。期末该账户的余额转入"本年利润"科目，没有余额。这个科目可以按照资产减值损失的项目来进行明细核算。

5.信用减值损失

损益类账户"信用减值损失"，用来核算企业金融工具(比如应收款项、贷款、债权投资等)预期信用损失。如果该预期信用损失大于该工具(或组合)当前减值准备的账面金额，就应当将其差额确认为减值损失，借记"信用减值损失"科目，贷记"坏账准备"等科目。期末该账户的余额转入"本年利润"账户，没有余额。

4.4.1.2　利润结转与分配过程的主要账户设置

1.本年利润

"本年利润"账户在损益类账户的介绍中频频出现，每个损益类账户期末都因为将余额转入了"本年利润"而不再保有余额。"本年利润"账户是所有者权益类账户，用来核算企业当期实现的净利润(或发生的净亏损)。

可以看到，期末(通常是月末)各损益类账户的余额都转入了"本年利润"账户，原来损益类账户借方的余额转入"本年利润"账户的借方，原来损益类账户贷方的余额转入"本年利润"账户的贷方，各损益类账户结平。此时"本年利润"账户如果有贷方余额就表示本年到目前为止累计实现的净利润，如果有借方余额就表示本年到目前为止累计发生的净亏损。

年度终了，把"本年利润"账户中本年收入和支出相抵后结出的本年实现的净利润，通过借记"本年利润"账户，转入"利润分配——未分配利润"账户的贷方；如果相抵后结出的是净亏损，就通过贷记"本年利润"账户，做相反的会计分录，转入"利润分配"账户的借方。年底结转后"本年利润"账户没有余额。

2.所得税费用

所得税是企业按照税法规定需要从利润中扣除出来交纳给税务机关的一种税。为此设置了"所得税费用"这一损益类账户，用以核算企业确认的应从当期利润总额中扣除的所得税费用。该账户的借方登记发生的所得税费用，期末在贷方登记要结转进"本年利润"的金额，结转后该账户没有余额。

3.应交税费

负债类账户"应交税费"用来核算企业按税法规定应交纳的各种税费的金额以及实际交纳情况。"应交税费"账户的贷方登记按照税法规定计算的各种应交而未交的税费，包括计算出的增值税、消费税、所得税、资源税、土地增值税、城市维护建设税、房产税、土地使用税、车船使用税、教育费附加、矿产资源补偿费等；借方登记实际交纳的各种税费。期末贷方余额反映企业尚未交纳的税费，期末借方余额反映企业多交或尚未抵扣的税费。

4.利润分配

"利润分配"账户与"本年利润"账户不同，用来核算企业利润的分配(或亏损的弥补)和历年利润分配(或弥补)后的余额。它是所有者权益类账户，账户的年末余额反映企业的未分配利润(或未弥补亏损)。

"利润分配"账户的借方登记企业按规定提取的盈余公积，或者按股东大会决议分配给股东或投资者的股利或利润；贷方登记通过盈余公积弥补亏损而得到的补亏数额。年终本年实现的净利润从"本年利润"账户中转入本科目贷方,如果发生的是净亏损,则从"本年利润"账户中转入本科目的借方。

"利润分配"账户可以按照"提取法定盈余公积""提取任意盈余公积""应付现金股利或利润""转作股本的股利""盈余公积补亏"和"未分配利润"等进行明细核算。年终其他明细科目的余额都应转入"未分配利润"明细科目,除了这个明细科目外,其他明细科目没有余额。

5.应付股利

"应付股利"账户是负债类账户,用来核算企业应该分配出去的现金股利或利润。该账户可以按照不同的投资者进行明细核算。股东大会或类似机构审议批准通过了利润分配方案以后,就在"应付股利"账户的贷方登记应该支付的现金股利或利润的数额;等到实际支付现金股利或利润时,借记"应付股利"科目。期末贷方余额反映企业应付未付的现金股利或利润。

6.盈余公积

"盈余公积"账户是所有者权益类账户,用以核算企业从净利润中提取的盈余公积,一般分别设置"法定盈余公积""任意盈余公积"进行明细核算。提取盈余公积时,登记在该科目的贷方;用盈余公积弥补亏损或者转增资本时,借记该科目。期末贷方余额反映企业的盈余公积数额。

账项调整、利润结转与分配过程的主要账户设置以表4.15列示如下。

表 4.15　账项调整、利润结转与分配过程的主要账户设置

账户名称	主要核算内容	借记内容	贷记内容	余额的含义	明细核算
累计折旧	核算企业固定资产的累计折旧金额	处置固定资产同时结转累计折旧,借记本科目	按期(月)计提固定资产的折旧,贷记本科目	期末贷方余额,反映企业固定资产的累计折旧额	可按固定资产的类别或项目进行明细核算
财务费用	核算企业为筹集生产经营所需资金等而发生的筹资费用,包括利息支出(减利息收入)、汇兑损益以及相关的手续费等	企业发生的财务费用,借记本科目	发生的应冲减财务费用的利息收入、汇兑损益或现金折扣,贷记本科目	期末将本科目余额转入"本年利润"科目后,本科目无余额	可按不同的费用项目进行明细核算
资产减值损失	核算企业计提各项非金融资产减值准备所形成的损失	企业的存货、长期股权投资、固定资产、无形资产等资产发生减值时,按应减记的金额,借记本科目	相关资产的价值得以恢复的,按恢复增加的金额,贷记本科目	期末应将本科目余额转入"本年利润"科目,结转后本科目无余额	可按资产减值损失的项目进行明细核算

账户名称	主要核算内容	借记内容	贷记内容	余额的含义	明细核算
信用减值损失	核算企业各项金融工具的预期信用损失	企业的金融工具预期信用损失大于相应的减值准备的账面金额,按其差额借记本科目	相关金融工具价值得以恢复的,按增加的价值,贷记本科目	期末将本科目余额转入"本年利润"后,没有余额	可按金融工具减值损失的项目进行明细核算
坏账准备	核算企业应收款项的坏账准备	对于确实无法收回的应收款项,转销应收款项,借记本科目	①应收款项发生减值时,按应减记的金额,贷记本科目;②已确认并转销的应收款项以后又收回时,应按实际收回的金额,贷记本科目	期末贷方余额,反映企业已计提但尚未转销的坏账准备	可按应收款项的类别分为应收账款、预付账款、其他应收款、长期应收款进行明细核算
所得税费用	核算企业确认的应从当期利润总额中扣除的所得税费用	按照税法规定计算确定的当期应交所得税,借记本科目	期末登记结转进"本年利润"的数额	期末,应将本科目的余额转入"本年利润"科目,结转后本科目无余额	可按"当期所得税费用""递延所得税费用"进行明细核算
应交税费(除应交增值税外)	核算企业按照税法等规定应交纳的各种税费,包括消费税、所得税、资源税、土地增值税、城市维护建设税、房产税、土地使用税、车船使用税、教育费附加等	实际交纳时,借记本科目	企业按规定计算应交的消费税、所得税、资源税、土地增值税、城市维护建设税、房产税、土地使用税、车船使用税、教育费附加等,贷记本科目	期末贷方余额,反映企业尚未交纳的税费;期末借方余额,反映企业多交或尚未抵扣的税费	可按应交税费的项目进行明细核算
本年利润	核算企业当期实现的净利润(或发生的净亏损)	①期(月)末结转利润时,应将各损益类科目的借方余额转入本科目借方,结平各损益类科目;②年度终了,应将本年收入和支出相抵后结出的本年实现的净利润,转入"利润分配"科目,借记本科目	①期(月)末结转利润时,应将各损益类科目的贷方余额转入本科目贷方,结平各损益类科目;②年度终了,应将本年收入和支出相抵后结出的本年实现的净亏损,转入"利润分配"科目,贷记本科目	①期(月)末结转后本科目的贷方余额为当期实现的净利润,借方余额为当期发生的净亏损;②年终结转后本科目应无余额	

续表

账户名称	主要核算内容	借记内容	贷记内容	余额的含义	明细核算
盈余公积	核算企业从净利润中提取的盈余公积	①用盈余公积弥补亏损或转增资本,借记本科目;②用盈余公积派送新股,按派送新股计算的金额,借记本科目	企业按规定提取的盈余公积,贷记本科目	期末贷方余额,反映企业的盈余公积数额	可分别按"法定盈余公积""任意盈余公积"进行明细核算
应付股利	核算企业分配的现金股利或利润	实际支付现金股利或利润,借记本科目	根据利润分配方案,按应支付的现金股利或利润,贷记本科目	期末贷方余额,反映企业应付未付的现金股利或利润	可按不同的投资者进行明细核算
利润分配	核算企业利润的分配(或亏损的弥补)和历年利润分配(或弥补)后的余额	①按规定提取的盈余公积,借记本科目;②分配给股东或投资者的现金股利或利润,借记本科目;③分配给股东的股票股利,应在办理增资手续后借记本科目;④年度终了,企业应将本年实现的净亏损自"本年利润"科目转入本科目借方	①用盈余公积弥补亏损,贷记本科目;②年度终了,企业应将本年实现的净利润自"本年利润"科目转入本科目贷方	①年末将"利润分配"科目的其他明细科目余额转入本科目"未分配利润"明细科目;②本科目年末余额反映企业的未分配利润(或未弥补亏损)	可分别按"提取法定盈余公积""提取任意盈余公积""应付现金股利或利润""转作股本的股利""盈余公积补亏"和"未分配利润"等进行明细核算

4.4.2 账项调整、利润结转与分配过程的主要业务核算

像所有的企业一样,服装批发公司到了期末(月底),进入了账项调整和结账时期。这时根据第三章所讲述的会计循环知识,我们会先编制试算平衡表,然后进行账项调整,调整后可以再进行试算平衡,接着编制结账分录,如果是年末,还需要进行利润结转和分配,之后可以再次进行试算平衡,最后出具报表。下面我们来看一看期末账项调整、利润结转与分配过程中涉及的会计分录该如何编制。

【例4.33】 本月起公司出租一台闲置的办公设备,租期为1年,每月租金为1 500元,有形动产租赁的增值税税率为13%。租金及增值税在1年后一次性收取。该项租赁合同已经签订,但公司尚未开具发票。12月31日,确认本月出租办公设备的租金收入。

这是一笔期末调整账项业务。根据权责发生制的要求,租金虽然在未来才能收取,并且

公司也未开具发票,但是出租的业务本月已经实际发生,月底应确认本月的租金收入。

出租固定资产、无形资产、包装物的使用权,都属于其他业务的范畴,所以贷记"其他业务收入"1 500 元;由于公司没有收到租金,所以确认债权增加,计入资产类账户"应收账款"的借方。公司虽未收款,也未开发票,但根据租赁合同及实际情况,增值税的纳税义务产生了,也应计提本月增值税销项税额。当前的分录表达如下:

借:应收账款　　　　　　　　　　　　　　　　　　　　1 695

　贷:其他业务收入　　　　　　　　　　　　　　　　　　　　　1 500

　　应交税费——应交增值税(销项税额)　　　　　　　　　　　　195

【例 4.34】　12 月 31 日,摊销本月无形资产专利权和商标权 5 000 元,计提行政管理部门固定资产折旧 5 000 元。

跟 11 月一样,12 月末仍然要摊销无形资产价值 5 000 元,计入"管理费用"账户借方以及"累计摊销"账户贷方。同时,类似于无形资产费用摊销,计提折旧也是将资本性支出逐渐分摊为当期成本或费用的账务处理。固定资产的价值应该在固定资产的受益期内逐步转移进成本或费用,而不是在购买的当时直接确认为收益性支出、当期费用化。计提折旧的计算方法有直线法和加速折旧法等。本月是固定资产使用的第 2 个月,按照会计核算规定,从本月起需计提固定资产折旧费 5 000 元,计入"管理费用"账户的借方以及"累计折旧"账户的贷方。这笔业务的分录表达如下:

借:管理费用　　　　　　　　　　　　　　　　　　　10 000

　贷:累计摊销　　　　　　　　　　　　　　　　　　　　　　5 000

　　累计折旧　　　　　　　　　　　　　　　　　　　　　　5 000

【例 4.35】　12 月 31 日,预提本月短期贷款的利息 1 200 元。

服装批发公司在 11 月 19 日时向银行借过 20 万元的短期借款用于经营周转,这笔借款的利息如果在未来到期才需支付,当期期末就需要编制调整分录。这一调整分录是应付未付费用的调整分录,利息费用已经发生,支付利息的现金流却在未来发生。因此借方确认"财务费用"发生,贷方确认需要支付利息的负债形成。短期借款的利息如果到期归还,通常还是在短期之内,所以用"应付利息"账户加以核算。这笔业务的分录表达如下:

借:财务费用　　　　　　　　　　　　　　　　　　　1 200

　贷:应付利息　　　　　　　　　　　　　　　　　　　　　　1 200

【例 4.36】　12 月 31 日,公司估算并计提本月应收账款坏账准备 3 200 元。

这一调整分录是将可能发生的坏账风险估算出来,确认其费用"信用减值损失",将计提的坏账估计数记入"坏账准备"账户的贷方。分录表达如下:

借:信用减值损失　　　　　　　　　　　　　　　　　3 200

　贷:坏账准备　　　　　　　　　　　　　　　　　　　　　　3 200

【例 4.37】　12 月 31 日,摊销本月行政管理部门承担的保险费 400 元和房租 30 000 元。

这笔调整分录是递延费用的调整分录,半年的保险费 2 400 元和三个月的房租 90 000 元已经支付过了,费用在受益的期间确认。现在确认本月的保险费 400 元和房租 30 000 元,从原来的"预付账款"账户贷方转出,借方确认管理费用增加,分录表达如下:

```
借:管理费用                                              30 400
    贷:预付账款                                                      30 400
```

【例4.38】　12月31日,计算本月应承担的房产税1 800元。

按照《增值税会计处理规定》,国家全面试行"营改增"后,将"营业税金及附加"账户改为"税金及附加"账户。该账户属于费用类账户,借方登记发生的消费税、城市维护建设税、资源税、教育费附加以及房产税、土地使用税、车船使用税、印花税等税费。期末结转进"本年利润"账户后没有余额。这笔业务编制分录如下:

```
借:税金及附加                                            1 800
    贷:应交税费——应交房产税                                          1 800
```

【例4.39】　12月31日,期末计算和结转本月的利润,各损益类科目余额如表4.16所示。

表 4.16　服装批发公司结账前各损益类账户余额　　　　　　　　　单位:元

账户名称	贷方余额	账户名称	借方余额
主营业务收入	1 435 000	主营业务成本	869 000
其他业务收入	201 500	其他业务成本	2 200
投资收益	11 000	税金及附加	1 800
营业外收入	103 000	销售费用	71 700
		管理费用	96 000
		财务费用	1 200
		信用减值损失	3 200
		营业外支出	25 000
合　计	1 750 500	合　计	1 070 100

在账结法下,期末需要将损益类科目结平,余额——转入"本年利润"账户。收入类账户和费用类账户结转进"本年利润"账户后进行配比,计算出当期经营成果。我们在第2章介绍利润要素时已经详细介绍了利润的内容,在第3章的结账部分解释过结账分录的特点,这里介绍结账分录的编制。

收入类账户的余额原来在贷方,现在从借方转销,转入"本年利润"账户的贷方,代表利润的增加额;费用类账户的余额原来在借方,现在减少这些余额,登记在费用类账户的贷方,转入"本年利润"账户的借方,代表利润的减少额。

关于服装批发公司20××年12月的经营成果,通过编制结账分录得出利润总额予以说明。

利润总额＝营业利润＋营业外收入－营业外支出

$$=(营业收入-营业成本-税金及附加-期间费用-信用减值损失-资产减$$
$$值损失\pm公允价值变动收益\pm投资收益)+营业外收入-营业外支出$$

会计分录如下:

(1)借:主营业务收入　　　　　　　　　　　　1 435 000

　　　其他业务收入　　　　　　　　　　　　　201 500

　　　投资收益　　　　　　　　　　　　　　　11 000

　　　营业外收入　　　　　　　　　　　　　　103 000

　　　　贷:本年利润　　　　　　　　　　　　　　　　　1 750 500

(2)借:本年利润　　　　　　　　　　　　　　1 070 100

　　　　贷:主营业务成本　　　　　　　　　　　　　　　869 000

　　　　　其他业务成本　　　　　　　　　　　　　　　2 200

　　　　　税金及附加　　　　　　　　　　　　　　　　1 800

　　　　　销售费用　　　　　　　　　　　　　　　　　71 700

　　　　　管理费用　　　　　　　　　　　　　　　　　96 000

　　　　　财务费用　　　　　　　　　　　　　　　　　1 200

　　　　　信用减值损失　　　　　　　　　　　　　　　3 200

　　　　　营业外支出　　　　　　　　　　　　　　　　25 000

利润总额=1 750 500-1 070 100=680 400(元)

也可以先算出营业利润:

营业利润=营业收入-营业成本-税金及附加-期间费用-信用减值损失±公允价值变动收益±投资收益=602 400(元)

再计算出企业利润总额:

利润总额=营业利润+营业外收入-营业外支出=602 400+103 000-25 000=680 400(元)

【例 4.40】　12 月 31 日,根据公司本年累计利润总额的金额,按照 25% 的税率计算本月预交的所得税。

按照我国企业所得税有关征管制度,企业所得税按年计算,分月或分季计提预缴,年度终了汇算清缴,多退少补。所得税计提时按本年度累计利润总额计算。假如服装批发公司按月计提预缴所得税,由于上月开办时发生开办费(管理费用)69 800 元,而本月经营后实现利润总额 680 400 元,因此本年累计利润总额为 610 600 元。

本月应交所得税=610 600×25%=152 650(元)

期末计算出所得税的金额后,先确认本期的所得税费用,承担应交给税务机关的税额,分录如下:

借:所得税费用　　　　　　　　　　　　　　152 650

　　贷:应交税费——应交所得税　　　　　　　　　　　152 650

【例 4.41】　12 月 31 日,结清"所得税费用"账户。

"所得税费用"也是损益类科目,期末需要通过账结法下的结账分录将余额转入"本年利润"。分录如下:

借:本年利润   152 650
    贷:所得税费用   152 650

【例 4.42】 12 月 31 日,将税后净利润转入"利润分配"账户。

至此,"本年利润"账户中剩下的已经是净利润的金额了。每个月月底时,"本年利润"账户不需要结转,可以保有余额。但是到了年终结账时,"本年利润"账户的余额要转入"利润分配——未分配利润"账户以待分配。

净利润=累计利润总额-所得税费用=610 600-152 650=457 950(元)

编制分录,将该净利润转入"利润分配"账户:

借:本年利润   457 950
    贷:利润分配——未分配利润   457 950

【例 4.43】 12 月 31 日,按税后净利润的 10% 提取法定盈余公积金。

转入"利润分配"账户后的净利润一般按照弥补以前年度亏损、提取盈余公积、支付普通股现金股利的顺序进行分配和划转。服装批发公司没有以前年度的亏损需要被弥补,因此首先按照制度规定的 10% 的比例提取法定盈余公积。企业也可以按照自定的比例再加提任意盈余公积。

在这笔业务中,服装批发公司提取的法定盈余公积=457 950×10%=45 795(元)。

分录减少"利润分配",同时增加"盈余公积",分录表达如下:

借:利润分配——提取法定盈余公积   45 795
    贷:盈余公积——法定盈余公积   45 795

【例 4.44】 12 月 31 日,按税后净利润的 20% 计算将分配给投资者的现金股利。

公司提取了盈余公积之后,可以向投资者分配股利或者利润。本笔业务中,公司向投资者分配的现金股利=457 950×20%=91 590(元)。

减少"利润分配"的同时,增加负债"应付股利",分录表达如下:

借:利润分配——应付现金股利   91 590
    贷:应付股利   91 590

【例 4.45】 12 月 31 日,期末结清"利润分配"账户的各明细账户。

期末"利润分配"账户的所有明细账户的余额都转入"未分配利润"明细账户,最后只有"未分配利润"明细账户有余额。分录如下:

借:利润分配——未分配利润   137 385
    贷:利润分配——提取法定盈余公积   45 795
            ——应付现金股利   91 590

在这个月里发生的每笔业务,我们都一一填入相应的账户中(在此限于篇幅只列示总分类账户,略去明细分类账户),如图 4.1、图 4.2 与图 4.3 所示(由于是正式开业第一个月,所以有些账户没有期初余额)。

借方	银行存款		贷方
月初	1 938 000	(1)	226 000
(13)	678 000	(3)	565 000
(15)	200 000	(4)	8 720
(16)	161 600	(8)	200 000
		(9)	108 280
(20)	57 000	(10)	113 545
(26)	212 000	(11)	2 544
(28)	100 000	(17)	3 180
(30)	3 000	(21)	90 000
(32)	246 000	(24)	31 500
		(27)	2 200
		(29)	25 000
		(31)	235 000
本期发生额	1 657 600	本期发生额	1 610 969
期末余额	1 984 631		

借方	固定资产		贷方
月初	2 880 000		
(1)	201 800		
本期发生额	201 800	本期发生额	
期末余额	3 081 800		

借方	应交税费		贷方
月初	44 500		
(1)	26 135	(13)	78 000
(3)	65 000	(14)	26 000
(4)	720	(16)	41 600
(5)	13 045	(19)	40 950
(7)	39 000	(26)	12 000
(9)	35 280	(33)	195
(11)	144	(38)	1 800
(17)	180	(40)	152 650
(18)	108		
本期发生额	179 612	本期发生额	353 195
		期末余额	129 083

借方	预收账款		贷方
(16)	200 000	(15)	200 000
本期发生额	200 000	本期发生额	200 000
		期末余额	0

借方	管理费用		贷方
(6)	1 600	(39)	96 000
(22)	40 000		
(23)	14 000		
(34)	10 000		
(37)	30 400		
本期发生额	96 000	本期发生额	96 000

借方	库存现金		贷方
月初	12 700		
(6)	400	(1)	1 935
		(2)	2 000
		(18)	1 308
本期发生额	400	本期发生额	5 243
期末余额	7 857		

借方	主营业务收入		贷方
(39)	1 435 000	(13)	600 000
		(14)	200 000
		(16)	320 000
		(19)	315 000
本期发生额	1 435 000	本期发生额	1 435 000

借方	其他业务收入		贷方
(39)	201 500	(26)	200 000
		(33)	1 500
本期发生额	201 500	本期发生额	201 500

借方	主营业务成本		贷方
(25)	869 000	(39)	869 000
本期发生额	869 000	本期发生额	869 000

借方	其他业务成本		贷方
(27)	2 200	(39)	2 200
本期发生额	2 200	本期发生额	2 200

图 4.1 服装批发公司总分类账户(一)(单位:元)

借方	其他应收款		贷方
（2）	2 000	（6）	2 000
本期发生额	2 000	本期发生额	2 000
期末余额	0		

借方	营业外收入		贷方
（39）	103 000	（28）	100 000
		（30）	3 000
本期发生额	103 000	本期发生额	103 000

借方	库存商品		贷方
（12）	205 000	（25）	202 000
（12）	303 000	（25）	100 500
（12）	100 500	（25）	382 000
（12）	573 000	（25）	184 500
本期发生额	1 181 500	本期发生额	869 000
期末余额	312 500		

借方	在途物资		贷方
（3）	200 000	（12）	205 000
（3）	300 000	（12）	303 000
（4）	5 000	（12）	100 500
（4）	3 000	（12）	573 000
（5）	100 500		
（7）	300 000		
（9）	273 000		
本期发生额	1 181 500	本期发生额	1 181 500
期末余额	0		

借方	应收票据		贷方
（19）	355 980		
本期发生额	355 950	本期发生额	

借方	应付账款		贷方
（10）	113 545	（5）	113 545
本期发生额	113 545	本期发生额	113 545
		期末余额	0

借方	应付票据		贷方
		（15）	339 000
本期发生额		本期发生额	339 000
		期末余额	339 000

借方	销售费用		贷方
（17）	3 000	（39）	71 700
（18）	1 200		
（22）	50 000		
（23）	17 500		
本期发生额	71 700	本期发生额	71 700

借方	预付账款		贷方
月初	60 000		
（8）	200 000	（9）	200 000
（11）	2 400	（37）	30 400
本期发生额	202 400	本期发生额	230 400
期末余额	32 000		

借方	营业外支出		贷方
（29）	25 000	（39）	25 000
本期发生额	25 000	本期发生额	25 000

借方	投资收益		贷方
（39）	11 000	（32）	11 000
本期发生额	11 000	本期发生额	11 000

借方	信用减值损失		贷方
（36）	3 200	（39）	3 200
本期发生额	3 200	本期发生额	3 200

借方	交易性金融资产		贷方
（31）	235 000	（32）	235 000
本期发生额	235 000	本期发生额	235 000

图 4.2　服装批发公司总分类账户（二）（单位：元）

借方	本年利润		贷方
月初	69 800		
(39)	1 070 100	(39)	1 750 500
(41)	152 650		
(42)	457 950		
本期发生额	1 680 700	本期发生额	1 750 500
		期末余额	0

借方	所得税费用		贷方
(40)	152 650	(41)	152 650
本期发生额	152 650	本期发生额	152 650

借方	利润分配		贷方
(43)	45 795	(42)	457 950
(44)	91 590	(45)	45 795
(45)	137 385	(45)	91 590
本期发生额	274 770	本期发生额	595 335
		期末余额	320 565

借方	应付职工薪酬		贷方
(21)	90 000	(22)	90 000
(24)	16 200	(23)	16 200
(24)	6 300	(23)	6 300
(24)	9 000	(23)	9 000
本期发生额	121 500	本期发生额	121 500
		期末余额	0

借方	应付股利		贷方
		(44)	91 590
本期发生额		本期发生额	91 590
		期末余额	91 590

借方	盈余公积		贷方
		(43)	45 795
本期发生额		本期发生额	45 795
		期末余额	45 795

借方	财务费用		贷方
(35)	1 200	(39)	1 200
本期发生额	1 200	本期发生额	1 200

借方	应付利息		贷方
		(35)	1 200
本期发生额		本期发生额	1 200
		期末余额	1 200

借方	坏账准备		贷方
		(36)	3 200
		本期发生额	3 200
		期末余额	3 200

借方	税金及附加		贷方
(38)	1 800	(39)	1 800
本期发生额	1 800	本期发生额	1 800

借方	应收账款		贷方
(14)	226 000		
(33)	1 740		
本期发生额	227 695	本期发生额	
期末余额	227 695		

借方	累计摊销		贷方
		月初	5 000
		(34)	5 000
本期发生额		本期发生额	5 000
		期末余额	10 000

借方	其他应付款		贷方
		(20)	57 000
本期发生额		本期发生额	57 000
		期末余额	57 000

借方	累计折旧		贷方
		(34)	5 000
本期发生额		本期发生额	5 000
		期末余额	5 000

图 4.3 服装批发公司总分类账户(三)(单位:元)

期末根据所有分录为上述所有总分类账户编制结账后的发生额及余额试算平衡表,如表 4.17 所示。

表 4.17　服装批发公司期末总分类账户发生额及余额试算平衡表　　　　单位:元

账户名称	期初余额		本期发生额		期末余额	
	借　方	贷　方	借　方	贷　方	借　方	贷　方
库存现金	12 700		400	5 243	7 857	
银行存款	1 938 000		1 657 600	1 610 969	1 984 631	
交易性金融资产			235 000	235 000		
应收票据			355 950		355 950	
应收账款			227 695		227 695	
坏账准备				3 200		3 200
预付账款	60 000		202 400	230 400	32 000	
其他应收款			2 000	2 000		
在途物资			1 181 500	1 181 500		
库存商品			1 181 500	869 000	312 500	
固定资产	2 880 000		201 800		3 081 800	
无形资产	1 200 000				1 200 000	
累计折旧				5 000		5 000
累计摊销		5 000		5 000		10 000
短期借款		200 000				200 000
应付票据				339 000		339 000
应付账款			113 545	113 545		
预收账款			200 000	200 000		
其他应付款				57 000		57 000
应付职工薪酬			121 500	121 500		
应交税费		44 500	179 612	353 195		129 083
应付股利				91 590		91 590
应付利息				1 200		1 200
实收资本		6 000 000				6 000 000
盈余公积				45 795		45 795
本年利润		69 800	1 680 700	1 750 500		
利润分配			274 770	595 335		320 565
主营业务收入			1 435 000	1 435 000		
其他业务收入			201 500	201 500		
投资收益			11 000	11 000		

账户名称	期初余额		本期发生额		期末余额	
	借　方	贷　方	借　方	贷　方	借　方	贷　方
营业外收入			103 000	103 000		
主营业务成本			869 000	869 000		
其他业务成本			2 200	2 200		
税金及附加			1 800	1 800		
销售费用			71 700	71 700		
管理费用			96 000	96 000		
财务费用			1 200	1 200		
信用减值损失			3 200	3 200		
营业外支出			25 000	25 000		
所得税费用			152 650	152 650		
合　计	6 205 000	6 205 000	10 789 222	10 789 222	7 202 433	7 202 433

期末同时编制的服装批发公司资产负债表如表 4.18 所示。

表 4.18　服装批发公司资产负债表

20××年 12 月 31 日　　　　　　　　　　　单位:元

资　产	金　额	负债及所有者权益	金　额
流动资产:		流动负债:	
库存现金	7 857	短期借款	200 000
银行存款	1 984 631	应付票据	339 000
交易性金融资产		应付账款	
应收票据	355 950	预收账款	
应收账款	227 695	应付职工薪酬	
坏账准备	−3 200	应交税费	129 083
预付账款	32 000	应付股利	91 590
其他应收款		其他应付款	57 000
在途物资		应付利息	1 200
库存商品	312 500	流动负债合计	817 873
流动资产合计	2 917 433	非流动负债:	
		长期借款	
		非流动负债合计	
非流动资产:		负债合计	817 873

续表

资　产	金　额	负债及所有者权益	金　额
固定资产	3 081 800	所有者权益：	
累计折旧	−5 000	实收资本	6 000 000
无形资产	1 200 000	盈余公积	45 795
累计摊销	−10 000	未分配利润	320 565
非流动资产合计	4 266 800	所有者权益合计	6 366 360
资产合计	7 184 233	负债及所有者权益合计	7 184 233

期末同时编制的服装批发公司利润表如表4.19所示。

表 4.19　服装批发公司利润表(简化)

20×8 年 12 月　　　　　　　　　　　　　　　　　单位:元

项　目	行次(略)	本月数	本年累计数
一、营业收入		1 636 500	1 636 500
减:营业成本		871 200	871 200
税金及附加		1 800	1 800
销售费用		71 700	71 700
管理费用		96 000	165 800
财务费用		1 200	1 200
加:公允价值变动收益(损失以"−"填列)			
投资收益(损失以"−"填列)		11 000	11 000
信用减值损失(损失以"−"填列)		3 200	3 200
二、营业利润(亏损以"−"填列)		602 400	532 600
加:营业外收入		103 000	103 000
减:营业外支出		25 000	25 000
三、利润总额(亏损总额以"−"填列)		680 400	610 600
减:所得税费用		152 650	152 650
四、净利润(净亏损以"−"填列)		527 750	457 950

习　题

一、简答题

1. 商业企业的资金是怎样运动的?

2. 商业企业的主要经营活动由哪些部分组成?

3. 商业企业筹建过程的核算主要有哪些特点?

4. 商业企业物资采购过程的核算主要有哪些特点? 应该计入采购成本的有哪些项目?

5.固定资产的入账价值包括哪些内容?

6."库存商品"中的商品成本何时才会转化为"主营业务成本"? 请说出"库存商品"账户和"主营业务成本"账户的联系和区别。

7.如何对购进、支出和销售过程中产生的增值税进行会计处理?

8.营业利润、利润总额和净利润有什么区别,分别应如何计算?

9.哪些项目属于其他业务,哪些项目属于营业外的活动?

10.期末账结法下有哪些会计分录需要编制?

11.利润分配活动有哪些步骤,如何进行核算?

12.资产负债表上的"未分配利润"包括哪些内容?

二、判断题

1.应将购买商品时发生的运杂费计入商品的取得成本中。　　　　　　　　　　(　　)

2.应付而未付的贷款利息,通过"其他应付款"账户核算。　　　　　　　　　　(　　)

3.管理费用是一种期间费用,按期进行归集,期末全部转入"本年利润"账户。　(　　)

4.企业使用支票支付货款时,应贷记"应付票据"科目。　　　　　　　　　　(　　)

5.固定资产的入账价值包括取得的固定资产达到预定可使用状态以前发生的各种开支,如为建造固定资产而借款的利息。　　　　　　　　　　　　　　　　　　(　　)

6.企业的净利润减去提取的盈余公积金,剩余的部分为未分配利润。　　　　　(　　)

7.企业应当在客户取得相关商品或服务的控制权时确认收入。　　　　　　　　(　　)

8.企业准备分配给投资者的利润,在企业实际分配之前是企业的一项负债。　　(　　)

三、单项选择题

1.在采购业务中,一般不会和"在途物资"账户的借方相对应的贷方账户是(　　)。

　　A.应交税费　　　　　B.应付票据　　　　　C.银行存款　　　　　D.应付账款

2.按照权责发生制的要求,下列应作为本期费用的是(　　)。

　　A.预付明年的报刊费　　　　　　　　B.尚未付款的本月借款利息

　　C.采购人员预支差旅费　　　　　　　D.支付上季度的保险费

3.下列关于"本年利润"账户的说法中不正确的是(　　)。

　　A.借方登记期末转入的各项费用损失　　B.年末结转后该账户一般没有余额

　　C.贷方登记期末转入的各项收入利得　　D.借方余额为本期发生的亏损额

4.年末结转后,下列关于"利润分配"账户贷方余额的说法中正确的是(　　)。

　　A.贷方余额是本期实现的利润总额　　　B.贷方余额是本期实现的净利润额

　　C.贷方余额是累计分配的利润额　　　　D.贷方余额是累计未分配的利润额

5.下列业务中属于资产内部一增一减的是(　　)。

　　A.预付定金给外单位　　　　　　　　B.借入长期借款

　　C.预收外单位交来的定金　　　　　　D.支付欠外单位的欠款

6.下列业务中不会引起所有者权益变动的是(　　)。

　　A.提取盈余公积　　　　　　　　　　B.收到投资者投入的资本

　　C.准备派发股利　　　　　　　　　　D.投资者抽资

7.销售一批商品,其不含增值税的售价为 24 000 元,不含税的进货成本为 20 000 元,增值税税率为 13%。编制销售分录时,贷方应记(　　)元和"应交税费——应交增值税

（销项税额）"3 120元。

A."库存商品"20 000　　　　　　　　　B."主营业务收入"24 000

C."银行存款"27 120　　　　　　　　　D."主营业务成本"20 000

8.计算应交所得税时,应该借记(　　　)科目。

A.应交税费——应交所得税　　　　　B.税金及附加

C.管理费用　　　　　　　　　　　　D.所得税费用

9.从外地购入一批原材料,价款为33 900元,其中包含增值税进项税额3 900元。另外发生运输费1 000元、装卸费200元、增值税108元、采购人员工资1 200元。材料运输途中发生了合理损耗,损失材料价值300元。该批材料的采购成本入账价值应为(　　　)元。

A.31 200　　　　　B.31 608　　　　　C.35 508　　　　　D.32 100

10.9月底企业的负债总额为200万元,10月份发生三笔业务:①预付购货款20万元;②收回欠款30万元;③用银行存款归还借款15万元。10月底企业的负债总额为(　　　)万元。

A.205　　　　　B.175　　　　　C.185　　　　　D.155

四、多项选择题

1.下列项目中不计入商品采购成本,而计入当期损益的是(　　　)。

A.外地运杂费　　　　　　　　　　　B.市内采购材料的零星运杂费

C.运输中的合理损耗　　　　　　　　D.采购人员的差旅费

E.采购机构的经费

2.下列属于"利润分配"账户的明细账户的有(　　　)。

A.提取法定盈余公积　　　　　　　　B.提取资本公积

C.未分配利润　　　　　　　　　　　D.应付现金股利或利润

E.提取实收资本

3.下列运用"其他应付款"账户的情形有(　　　)。

A.从金融机构临时借入资金　　　　　B.从外单位临时调入资金

C.收取包装物押金　　　　　　　　　D.尚未支付的水电费

E.赊购过程中尚未支付的增值税

4.可以在"税金及附加"账户进行核算的有(　　　)。

A.印花税　　　　　　　　　　　　　B.消费税

C.增值税　　　　　　　　　　　　　D.房产税

E.城市维护建设税

5."其他业务收入"包括(　　　)。

A.罚款收入　　　　　　　　　　　　B.出售固定资产收入

C.出售原材料收入　　　　　　　　　D.出租无形资产收入

E.出租固定资产收入

五、业务题

业务题一

1.目的:练习企业融资筹办过程的业务核算。

2.资料:20××年3月,康友公司发生以下有关融资筹办活动的业务。

(1)收到投资人投入的 300 000 元,存入银行。

(2)向银行取得期限为 1 年的借款 500 000 元和期限为 3 年的借款 1 000 000 元。

(3)收到投资者投入的房屋建筑物和商品,房屋估价 6 000 000 元,商品估价 400 000 元,验收入库(均未获得增值税抵扣凭证)。

(4)从银行提取现金 10 000 元备用。

(5)用现金支付筹办期间的电话费 300 元。

(6)用银行存款支付筹办人员的工资 9 000 元。

(7)一笔临时性借款 50 000 元到期,用银行存款归还。

(8)投资人投入一项专营权,作价 30 万元(不考虑增值税)。

(9)用银行存款支付筹办人员的差旅费 4 500 元。

3.要求:为上述业务编写相应的会计分录。

业务题二

1.目的:练习企业商品和固定资产购进(供应)过程的业务核算。

2.资料:20××年8月,大理公司发生以下有关商品和固定资产购进过程的业务。

(1)从外地的大地公司购入 A 商品 4 000 千克,单价为 100 元,增值税税率为 13%,款项未付。

(2)用银行存款支付上述 A 商品的运杂费 2 000 元和增值税 180 元。

(3)上述 A 商品到达,验收入库。

(4)购入一批办公用的电脑,买价为 68 000 元,运杂费为 1 500 元,保险费为 240 元,可以抵扣的增值税进项税额为 8 975 元,款项均以银行存款支付。

(5)用银行存款 1 600 元向七星公司支付定金,用于购买 D 商品 20 千克。

(6)从外地的五环公司购进 B 商品 2 000 千克(单价为 120 元),C 商品 3 000 千克(单价为 90 元),增值税税率为 13%,款项已经用银行存款支付。

(7)用银行存款 10 900 元支付上述 B、C 商品的运杂费(含增值税 9%),运杂费按重量比例进行分配。

(8)上述 B、C 商品运抵,验收入库。

(9)以前预购七星公司的 D 商品 20 千克到货,单价为 180 元,增值税为 468 元,余款用银行存款支付。

(10)采购人员预支差旅费 800 元,用现金支付。

(11)用银行存款归还欠大地公司的货款(含增值税)452 000 元。

(12)从本地供货商处赊购 D 商品 100 千克,总价为 20 000 元,增值税为 2 600 元,开出商业汇票。

(13)用现金支付该批 D 商品的市内运杂费 80 元。

(14)该批 D 商品到库。

(15)采购人员报销差旅费 700 元,冲销原借款后,归还公司 100 元现金。

(16)用银行存款预付下一年销售部门的保险费 3 180 元(尚未收到发票)。

3.要求:

(1)为上述业务编写相应的会计分录。

(2)分别登记"在途物资"和"库存商品"的总分类账户和明细分类账户。

(3)登记在途物资成本计算单,如表 4.20 所示。

表 4.20　在途物资成本计算单 单位:元

成本项目	A		B		C		D		合　计
	总成本	单位成本	总成本	单位成本	总成本	单位成本	总成本	单位成本	
买　价									
进货费用									
采购成本									

业务题三

1.目的:练习企业销售过程的业务核算。

2.资料:20××年 7 月,风帆公司发生以下有关销售过程的业务。

(1)销售 A 商品 200 件,单价为 300 元,增值税税率为 13%,款项的一半已收到并存入银行,另外一半对方单位答应在一个月内付款。

(2)用银行存款支付销售这批 A 商品所发生的运输费 200 元和保险费 100 元(取得普通发票)。

(3)用银行存款支付商品的广告费 2 300 元和增值税 138 元。

(4)销售 B 商品 400 件,单价为 200 元,增值税税率为 13%,收到对方开来的商业汇票。

(5)用现金支付所售 B 商品的包装费 200 元和增值税 26 元。

(6)结转已销 A 商品和 B 商品的成本 50 000 元和 70 000 元。

(7)收到外单位预付的订货款 25 000 元,存入银行。

(8)计算本月销售商品应交纳的城市维护建设税 700 元和教育费附加 300 元。

(9)收到外单位汇来的前欠货款 3 800 元,存入银行。

(10)持有的一张商业汇票到期,去银行兑付,收到汇票到期值 20 000 元并存入银行。

3.要求:为上述业务编写相应的会计分录。

业务题四

1.目的:练习企业期间费用和其他损益活动的业务核算。

2.资料:20××年 5 月,美地公司发生以下涉及期间费用和其他损益活动的业务。

(1)用银行存款向某单位支付违约罚金 1 000 元。

(2)出租一项专营权,租期为 1 年,收到租金 200 000 元及增值税 12 000 元并存入银行。

(3)用银行存款支付专营权出租时发生的中介转让费等杂费 3 000 元。

(4)一项随商品出售的包装物逾期未退,没收曾加收的押金 600 元,增值税税率为 16%。

(5)用现金 400 元购买行政管理部门的办公用品。

(6)计算本月行政管理部门员工和销售机构员工工资,分别为 30 000 元和 50 000 元。

(7)分别按照上述工资总额的 16%、10%和 12%计提计提养老保险费、医疗保险费和住房公积金。

(8)分别按照上述工资总额的 2%、1.5%计提工会经费和职工教育经费。

(9)抛售短期持有的 100 股股票,售价为每股 33.41 元,买价为每股 28.87 元。款项存入银行。

(10)用银行存款 2 000 元支付董事会费。

(11)上个月借入一笔期限为 3 个月的借款 50 万元,利息共 15 000 元,将和本金到期一起支付。计提本月借款利息。

3.要求:为上述业务编写相应的会计分录。

业务题五

1.目的:练习期末账项调整的业务核算。

2.资料:20××年 9 月 30 日,士园公司发生下列账项调整业务。

(1)计提本月应承担的短期借款利息 2 600 元。

(2)年初向外出租的一间店面,租金为每月 5 000 元,增值税税率为 9%,全部租金将在年底收取。

(3)本月起向外单位租用一辆汽车为销售机构使用,租金为每月 10 000 元,全部租金将在半年后支付。

(4)计提本月应收账款坏账准备 5 800 元。

(5)年初租出去一台打包机器,全部租金已经在年初收到,共 12 000 元。

(6)摊销本月应承担的行政管理部门报刊订阅费 400 元。

(7)公司拥有一项专利权,摊销年限为 5 年,价值为 60 万元。

(8)计提本月由管理部门承担的固定资产折旧费 8 000 元。

3.要求:为上述业务编写相应的会计分录。

业务题六

1.目的:练习企业利润结转和分配过程的业务核算。

2.资料:20××年 11 月 30 日,蓝枫公司"本年利润"账户余额为 540 000 元。12 月 31 日,公司发生以下有关利润结转和分配过程的业务。

(1)结转本月实现的各项收入,其中销售商品实现收入 570 000 元,其他业务收入为 120 000 元,投资收益为 20 000 元,营业外收入为 30 000 元。

(2)结转本月发生的各项费用,其中销售的商品的成本为 480 000 元,其他业务成本为 100 000 元,税金及附加为 20 000 元,销售费用为 8 000 元,管理费用为 2 000 元,财务费用为 3 000 元,资产减值损失为 1 500 元,营业外支出为 10 000 元。

(3)按本月利润总额的 25%计提所得税,并结转"所得税费用"账户。

(4)将本月税后利润和本年 1 月至 11 月的净利润总和结转入"利润分配"账户,等待分配。

(5)按本年税后利润的10%提取法定盈余公积。

(6)按本年税后利润的40%计算应分配给投资者的股利。

3.要求:为上述业务编写相应的会计分录。

业务题七

1.目的:练习商业企业销售过程和其他损益活动的业务核算。

2.资料:20××年12月,苏勤公司发生以下有关销售过程和其他损益活动的业务。

(1)用银行存款支付明年办公室的房租24 000元。

(2)收到某单位归还的所欠货款5 000元并存入银行。

(3)用银行存款支付上个月的税金7 900元。

(4)从银行提取现金34 200元,准备发放工资。

(5)用现金34 200元发放工资。

(6)用银行存款3 390元(含增值税13%)支付行政管理部门的办公用品费。

(7)销售给湖畔公司A商品的价款为384 200元(含税),增值税税率为13%,款项尚未收到。

(8)采购人员预支差旅费2 000元,用现金支票支付。

(9)收到投资人投入的车辆一台,评估价值为200 000元。

(10)用银行存款4 300元进行公益性捐赠。

(11)购买一套办公设备,价格为200 000元,增值税为26 000元,运费为218元(含增值税9%),设备已经投入使用,用银行存款支付款项150 000元,其余部分一个月内付清。

(12)收到山地公司支付的定金50 000元,存入银行。

(13)从外地购买A商品200千克,单价为800元,B商品300千克,单价为900元,增值税税率为13%,款项通过开出商业汇票承诺付款。

(14)开出现金支票支付上述商品的运费5 000元、增值税450元,按重量比例分配运费。

(15)上述商品入库。

(16)归还银行3个月期借款500 000元。

(17)销售给平原公司B商品一批,价格为500 000元,增值税税率为13%,款项已收到并存入银行。

(18)用银行存款支付上述销售商品的运费300元、保险费100元、包装费100元、可抵扣的增值税46元。

(19)采购人员回来后报销差旅费1 850元,交回余款150元。

(20)本月起出租闲置的店面,一次性收取半年租金6 000元及增值税540元,存入银行。

(21)收到对方单位支付的违约金罚金3 000元,存入银行。

(22)出售2 000股短期股票,售价为每股41元,成本为每股35元。销售款存入银行。

(23)计算本月工资:销售部门20 000元,管理部门10 000元。

(24)分别按工资总额的16%、10%和8%计提养老保险费、医疗保险费和住房公积金,分别按工资总额的2%和1.5%计提工会经费和职工教育经费。

(25)结转本月销售A商品的成本280 000元,B商品的成本400 000元。

(26)预提本月银行短期借款的利息 3 200 元。

(27)摊销本月行政管理部门的报刊订阅费 150 元。

(28)摊销本月起租的店面(第 20 小题)在本月实现的租金收入。

(29)本月应付电费、电话费等杂费 1 000 元,可抵扣的增值税为 130 元。电费和电话费中,销售部门承担 600 元,管理部门承担 400 元。

(30)计算本月应交的房产税 1 000 元、城市维护建设税 70 元、教育费附加 30 元。

(31)提取坏账准备 400 元。

(32)摊销无形资产 500 元;计提固定资产折旧 2 000 元,其中管理部门承担 60%,销售部门承担 40%。

(33)月末结账,将本月实现的各收入转入"本年利润"账户。

(34)月末结账,将本月实现的各费用转入"本年利润"账户。

(35)按所得税税率 25% 计算所得税,并结清"所得税费用"账户。

(36)已知 11 月 30 日,"本年利润"贷方余额为 1 357 850 元,将今年 12 个月实现的净利润一并转入"利润分配"账户,等待分配。

(37)按本年税后利润的 10% 提取盈余公积。

(38)按本年税后利润的 30% 计算待分配给股东的现金股利。

(39)结转"利润分配"账户的二级科目。

3.要求:为上述业务编写相应的会计分录。

第 5 章　借贷记账法的具体应用(二)

> 1.理解零售企业的账务处理方法售价金额核算法。
> 2.掌握制造业企业主要经济内容的会计核算方法。
> 3.了解固定资产的相关账务处理。
> 4.进一步理解和比较商业企业和制造业企业的会计核算方法。
> 5.加强对会计循环和借贷复式记账法的理解。
> 6.深化对会计账户知识的理解。

在第 4 章里,我们用服装批发公司的例子阐释了进价法下商业企业会计计量系统的工作流程。本章我们将继续补充一些重要经济活动的会计处理,以完善知识结构体系。

第一,由于上章讨论的服装批发公司是一个批发型商业企业,我们在讲述案例时主要使用最为简单易懂的进价法进行会计核算。但是对于大部分的零售商来说,进价法是不适用的,售价法被更广泛地采用。所以我们将在本章介绍售价法下商业企业会计核算的内容。

第二,上一章我们讨论的是商业企业的会计核算过程,没有讨论制造业企业这一非常重要的企业形式的特殊账务处理。本章我们将介绍制造业企业不同于商业企业的会计核算的特点和方法。

5.1　零售企业的售价金额核算法

5.1.1　零售企业与售价金额核算法的特点

上一章里,我们讨论了商业企业的四种核算方法:批发企业较多采用"数量进价金额核算法"和"数量售价金额核算法",零售企业较多采用"进价金额核算法"和"售价金额核算法"。我们以服装批发公司为例,阐释了大部分批发企业采用的"数量进价金额核算法"的账务处理过程。

现在我们来讨论零售企业的会计处理方法。零售企业经营的商品种类繁多,交易频繁,这些特点都为会计工作人员记录数量带来了困难,因此零售企业较为普遍地采用"金额核算法"。在两种"金额核算法"中,除去小部分销售鲜活商品的零售企业选用"进价金额核算法"以外,大部分零售企业选择"售价金额核算法"进行会计核算。这种方法能提高企业的工作效率,简化核算手续。但是只记金额、不记数量的金额核算法会给商品的数量控制造成障碍,需要健全商品的盘点制度,以及时发现差错、查明原因。同时,由于"库存商品"账户一律以售价计量,一旦售价出现变动,就需要及时更改"库存商品"账户金额。

5.1.2　售价金额核算法下主要账户的设置

售价金额核算法的一个重要特点就是"库存商品"是以售价登记的,而不是按实际购买的进价成本登记的。如此一来,"在途物资"中的进价成本和"库存商品"中的售价金额之间就形成了一个差额,需要设置一个账户来登记这个差额。这个账户就是"商品进销差价"。

"商品进销差价"账户核算企业采用售价金额核算法进行日常核算时商品售价与进价之间的差额。企业购进商品时,如果售价比进价高,就将差额登记在"商品进销差价"账户的贷方。待到企业销售商品时,将所售商品所应分摊的差额从"商品进销差价"账户的借方转出。理论上讲,应该将不含税售价与不含税进价的差额计入"商品进销差价",但是实务中为了简化工作,通常是将含税售价与不含税进价的差额计入"商品进销差价"的。所以"商品进销差价"账户期末一般有贷方余额,反映企业库存商品的商品进销差价(即含税售价高于不含税进价的部分)。

售价金额核算法下"商品进销差价"账户的设置如表 5.1 所示。

表 5.1　售价金额核算法下"商品进销差价"账户的设置

账户名称	主要核算内容	借记内容	贷记内容	余额的含义	明细核算
商品进销差价	核算企业采用售价金额核算法进行日常核算时商品售价与进价之间的差额	期末将本期已售商品分摊的(含税)进销差价转出	企业购进的商品售价高于进价的部分	反映企业库存商品的商品进销差价(含税售价高于不含税进价的部分)	可按分类商品进行明细核算

5.1.3　售价金额核算法下零售企业主要经济活动的会计核算

下面我们以一家电器商店为例来观察"售价金额核算法"下零售企业会计核算的特点。

【例 5.1】　(1)5 月 1 日,一家销售电器商品的商店从外地的电器批发公司处购进 A 型号电脑 30 台,每台购进价为 5 000 元,同时还购进 B 型号笔记本电脑 20 台,每台购进价为 6 000 元,增值税税率为 13%。货款和增值税进项税款都以银行支票支付(假设未发生运费等其他费用,同时假设电器商店之前没有这两种商品的存货)。

这笔业务下购入的两种商品,都以进价成本登记在"在途物资"账户的借方;增值税的进项税作为应交增值税的抵扣项,也登记在借方;用支票支付的结算方式,是直接支付银行存款的形式,所以减少银行存款,贷记"银行存款"账户。分录表达如下:

借:在途物资——A 型号电脑　　　　　　　　　　　150 000

　　　　——B 型号笔记本电脑　　　　　　　　　120 000

　应交税费——应交增值税(进项税额)　　　　　　 35 100

　贷:银行存款　　　　　　　　　　　　　　　　　　　　　　　305 100

(2)5 月 2 日,两款电脑运抵商店,经检验后入库。A 型号电脑不含增值税的销售价为每部 6 500 元,B 型号笔记本电脑不含增值税的售价为每台 7 000 元,增值税税率为 13％。

零售商对外销售给消费者的商品的价格即含增值税销项税的含税售价。在零售企业售价金额核算法下,"库存商品"科目要以含税售价登记入账,因此我们需要计算上述两种商品的含税售价。

A 型号电脑含税售价＝6 500×30×(1＋13％)＝220 350(元)

B 型号电脑含税售价＝7 000×20×(1＋13％)＝158 200(元)

因此,根据上例进价成本计算得出:

商品进销差价＝(220 350＋158 200)－(150 000＋120 000)＝108 550(元)

借:库存商品——A 型号电脑　　　　　　　　　　 220 350

　　　　——B 型号笔记本电脑　　　　　　　　 158 200

　贷:在途物资——A 型号电脑　　　　　　　　　　　　　　　 150 000

　　　　——B 型号笔记本电脑　　　　　　　　　　　　 120 000

　　商品进销差价　　　　　　　　　　　　　　　　　　　 108 550

(3)5 月 3 日,电器商店按照原定含税售价分别售出 A 型号电脑和 B 型号笔记本电脑各 1 台。货款和增值税都已收妥,存入银行。

对于零售商来说,每销售一笔货物就要将增值税销项税登记进"应交税费——应交增值税"的贷方,是件非常冗繁的工作。由于平时零售业务琐碎繁杂,所以售价金额核算法下零售企业直接将实现的含税总售价确认为含税销售收入,多计入收入的增值税销项税部分留待月底一并调整出来。

本笔业务的含税总售价＝7 000×(1＋13％)＋6 500×(1＋13％)＝15 255(元)。

分录如下:

借:银行存款　　　　　　　　　　　　　　　　　　15 255

　贷:主营业务收入　　　　　　　　　　　　　　　　　　　　 15 255

(4)5 月 3 日,冲减或转销上笔业务中所销售商品的库存价值。

由于入库时在"库存商品"账户里登记的是含税售价,因此将所售库存商品的金额转入"主营业务成本"时,所转销的金额是含税售价,并不是真正的成本。月末再编制分录将确认进成本的售价部分调整成真实的进价成本。现在的分录如下:

借:主营业务成本　　　　　　　　　　　　　　　　15 255

　贷:库存商品　　　　　　　　　　　　　　　　　　　　　　 15 255

(5)接下来,电器商店陆续发生了多笔销售业务。假如截至 5 月底,电器商店累计实现含税销售收入 294 930 元。5 月 31 日,电器商店调整增值税销项税额。

平时销售商品时,为了简化会计核算工作,售价金额核算法下的企业都将增值税销项税确认进了收入,期末为了正确反映真实的收入金额,需要将增值税销项税从含税销售收入中调整出来,使收入变为不含税收入。

本月电器商店销售电脑发生的销项税计算如下：

$$\frac{294\,930}{1+13\%}\times13\%=261\,000\times13\%=33\,930(元)$$

编制分录，将增值税销项税从含税销售收入中调整出来：

借：主营业务收入 　　　　　　　　　　　　　　　　　　　　33 930

　　贷：应交税费——应交增值税(销项税额) 　　　　　　　　　　　　33 930

(6)5 月 31 日，计算并调整已销商品的进销差价。

售价金额核算法下零售企业销售商品时确认进"主营业务成本"的金额是含税售价，而非实际的进价成本，所以月底需要将其中的差额部分调整出来。这个差额就是本期所销售商品的进销差价。一般已销商品的进销差价有两种计算方法，其一是差价率法，其二是实际差价法。这里介绍差价率法。差价率可以分类计算，也可以综合计算，相对而言，综合计算比较简便但是粗糙，企业一般采用分类差价率(或称分柜组差价率)。本例中两种型号的电脑可以归为一个柜组或一个类别，因此分类差价率计算如下：

$$分类差价率=\frac{月末调整前"商品进销差价"账户余额}{月初结存商品售价+本月购入商品售价}\times100\%$$

分子：月末调整前"商品进销差价"账户余额＝月初"商品进销差价"账户余额＋本月购入商品所含商品进销差价＝月末"商品进销差价"账户余额＋本月已销商品所含商品进销差价

分母：月初结存商品售价＋本月购入商品售价＝本月已销商品售价＋月末结存商品售价

本例假定电器商店月初没有电脑存货，本月购买行为也只发生了 5 月 1 日的一次，"商品进销差价"在调整前的余额即 5 月 2 日形成的 108 550 元。

"库存商品"账户本期借方共登记 378 550 元(378 550＝220 350＋158 200)，即为本月购入商品售价。

将上述数据代入分类差价率计算公式：

$$分类差价率=\frac{108\,550}{378\,550}\times100\%\approx28.68\%$$

本期已销商品应分摊的(含税)进销差价＝本月已销商品售价×分类差价率
　　　　　　　　　　　　＝294 930×28.68%＝84 585.92(元)

将计算出来的本期已销商品(含税)进销差价从成本中调整出来，编制分录如下：

借：商品进销差价 　　　　　　　　　　　　　　　84 585.92

　　贷：主营业务成本 　　　　　　　　　　　　　　　　　　　84 585.92

因为本期销项税为 33 930 元，故

本期已销商品不含税进销差价＝84 585.92－33 930＝50 655.92(元)

本期主营业务收入＝294 930－33 930＝261 000(元)

本期主营业务成本＝294 930－84 585.92＝210 344.08(元)

5.2   制造业企业主要经济活动的核算

制造业企业的资金运动过程比商业企业复杂,最大的特征就是增加了生产制造环节。制造业企业在购买环节里,不是购买马上可以用于销售的成品商品,而是购买原材料。在生产制造环节中,制造业企业使用原材料,投入人工等其他成本,制造出产成品,从而销售商品,回笼资金。

我们将第二章里的图 2.2 进一步深化,得出图 5.1,以阐释制造业企业的资金运动过程。

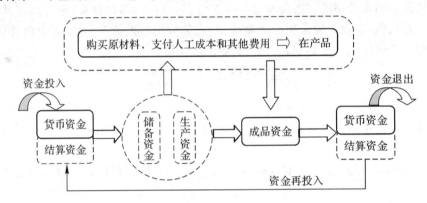

图 5.1   制造业企业的资金运动过程

对于制造业企业来说,如何计算在产品成本是其会计核算的重点。在产品成本的计算方法有很多,留待后续会计课程进行详细解说,我们这里只做简单介绍。

5.2.1   制造业企业生产过程的成本计算

制造业企业为了销售商品、实现收入,在生产经营过程中会产生各种耗费。这些耗费中有的与一定的期间直接相关,形成直接影响当期损益的狭义费用;另外一些则是生产某种产品(或提供某种劳务)的耗费,与一定的产品(或劳务)直接相关,形成这个产品(或劳务)的成本。前者影响利润表的当期损益,后者影响资产负债表的存货资产价值。有关费用和成本的概念与区别在本书的第 2 章中曾经做过详细介绍,这里不再赘述。

我们将制造业企业在生产过程中发生的生产耗费称作生产费用。这些在生产过程中消耗原材料、产生人工成本以及其他耗费的费用,最终都会根据其直接或间接归属的成本耗费对象,归集、分配到产品中去,形成该产品的成本。一定期间发生的生产耗费是生产费用,其对象化后形成的结果就是产品成本。生产费用和产品成本既有区别又有联系,前者强调在一定期间发生,后者强调由一定对象来负担。对象化于各个产品的生产费用的总和,就是各个产品的成本。

生产费用可以分为直接费用和间接费用。直接费用是与某一成本对象直接相关的费用,如直接材料和直接人工直接归属于某一产品的生产,不需经过分配就可直接计入成本计算对象,发生时计入"生产成本"账户。间接费用是产品生产过程中发生的、应计入产品成本但无法直接归属于某一成本对象的共同性生产费用,发生时计入"制造费用"账户。

期末,"制造费用"账户中集合的各种间接费用,经过合理的分配步骤后分摊入"生产成本"账户,计入各个产品成本中去。期末"生产成本"账户的余额代表在产品存货的价值,编制报表时列入资产负债表的存货资产中,区别于列入利润表的"期间费用""资产减值损失"等账户。因此,"生产成本"账户可以有余额,不用像损益类账户那样在期末经过结账分录清空余额。

制造业企业生产过程的成本计算如图 5.2 所示。

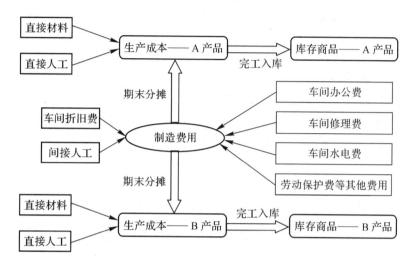

图 5.2　制造业企业生产过程的成本计算

5.2.2　制造业企业生产过程的主要账户设置

制造业企业的基本账户设置同于商业企业,重复的内容在这里不再赘述,只对增设的部分账户进行必要的说明。制造业企业除了增加"原材料"科目用以核算材料成本以外,还有一个重要特点是设置了成本类账户。

5.2.2.1　原材料

"原材料"账户是资产类账户,核算企业库存的各种材料,包括原料及主要材料、辅助材料、外购半成品(外购件)、修理用备件(备品备件)、包装材料、燃料等的计划成本或实际成本。该账户借方登记企业通过购入、自制或者委托外单位加工完成并已验收入库的材料成本,贷方登记生产经营领用材料、对外销售材料、发出委托外单位加工的材料。期末余额一般在借方,反映企业库存材料的计划成本或实际成本。"原材料"账户可以按照材料的保管地点(仓库)、材料的类别、品种和规格等进行明细核算。收到来料加工装配业务的原料、零件等,应当设置备查簿进行登记,不作为企业的资产入账。

5.2.2.2　生产成本

"生产成本"账户是成本类账户,用以核算企业进行工业性生产发生的各项生产成本,包括生产各种产品(产成品、自制半成品等)、自制材料、自制工具、自制设备等的成本。

成本类账户和资产类账户有相似的结构。"生产成本"账户借方登记发生的各项直接生产成本或者应分摊负担的制造费用;贷方登记成本的减少数,生产完成并验收入库产成品或者自制半成品入库时,贷记"生产成本"将产品成本转出。账户期末的借方余额,反映企业尚未加工完成的在产品成本或尚未收获的农产品成本。

"生产成本"账户可以按照基本生产成本和辅助生产成本进行明细核算。其中,基本生产成本又可以按照生产车间和成本核算对象(产品的品种、类别、订单、批别、生产阶段等)设置明细账,并按照规定的成本项目设置专栏。为了简化问题,本书讲述过程中直接以成本核算对象(即产品品种)作为明细核算科目。

5.2.2.3 制造费用

"制造费用"账户也是成本类账户,核算企业生产车间(部门)为生产产品和提供劳务而发生的各项间接费用。

制造费用的主要内容包括:

(1)车间组织管理生产所发生的耗费,如车间管理人员的工资、车间管理用的固定资产折旧费与修理费以及车间管理部门发生的水电费、办公费或者差旅费等。

(2)间接用于生产产品的耗费,如车间生产用的固定资产折旧费、修理费以及机物料消耗、保险费、劳动保护费、车间生产用的水电费等。

(3)直接用于生产产品,但是不需要或者很难单独核算的耗费,如生产工具的摊销费等。

当企业生产车间发生机物料消耗、支付管理人员的工资等职工薪酬、计提固定资产折旧、支付办公费、水电费等或者发生季节性的停工损失时,借记"制造费用"科目;将制造费用的金额按照一定的分配比率分配进相关成本核算对象的"生产成本"时,贷记本科目。由于期末制造费用已经分摊进相关对象的生产成本,因此"制造费用"账户一般情况下期末没有余额,只有季节性开工的生产性企业可以将为下一年开工生产做准备的制造费用的余额留到下一年再进行分配。这个账户可以按照不同的生产车间、部门和费用项目进行明细核算。

5.2.2.4 减值准备

1.存货跌价准备

存货是指企业在日常活动中持有以备出售的产成品或商品、处在生产过程中的在产品、在生产或提供劳务过程中耗用的材料和物资。存货包括"在途物资""原材料""生产成本""库存商品""周转材料"等流动资产,它以在正常生产经营过程中被销售或耗用为目的而取得。存货属于非货币性资产,其价值容易受市场价格以及其他因素变动的影响,它转换为货币资金的数额不固定,具有价值减损的可能性。在会计期末,应当按成本与可变现净值孰低法来确认存货的价值。所谓成本,是指期末存货的实际成本;所谓可变现净值,是指存货的估计售价减去至完工时估计将要发生的成本、估计的销售费用以及相关税费后的金额。在资产负债表日,企业应当首先确定存货的可变现净值,然后将存货的可变现净值与存货成本比较,确定本期存货可变现净值与成本的差额(本书假定"存货跌价准备"科目原有余额为零),并按此差额,借记"资产减值损失"科目,贷记"存货跌价准备"科目。如果期末存货的可变现净值大于或等于存货成本,则说明存货未发生减值,不需要计提存货跌价准备。

2.固定资产减值准备

"固定资产减值准备"账户是资产类账户,核算企业固定资产的减值准备。为了达到对固定资产原值抵扣的作用,"固定资产减值准备"虽然是资产类账户,但在贷方登记减值金额的增加数。资产负债表日,固定资产发生减值时,按应减记的金额贷记本科目。当固定资产被处置时,从"固定资产减值准备"的借方结转相应应该转销的减值金额。"固定资产减值准备"账户期末余额在贷方,反映企业已计提但尚未转销的固定资产减值准备。

5.2.2.5 固定资产清理

"固定资产清理"账户也是资产类账户,用以核算企业因报废、毁损等原因转出的固定资产的价值以及在清理过程中发生的费用等。该账户借方登记企业因报废、毁损等转出的固定资产净值(原值减累计折旧和减值准备的净值)和清理过程中应支付的相关税费及其他费用,贷方登记清理过程中收回的固定资产残料价值以及应由保险公司或过失人赔偿的损失部分。

清理完毕后的净损益转入"营业外收入"或"营业外支出"账户。"固定资产清理"账户可以按照被清理的固定资产项目进行明细核算。

制造业企业的主要账户设置如表 5.2 所示。

表 5.2 制造业企业的主要账户设置

账户名称	主要核算内容	借记内容	贷记内容	余额的含义	明细核算
原材料	核算企业库存的各种材料,包括原料及主要材料、辅助材料、外购半成品(外购件)修理用备件(备品备件)、包装材料、燃料等的计划成本或实际成本	企业购入、自制或委托外单位加工的并已验收入库的材料,按计划成本或实际成本,借记本科目	生产经营领用材料、出售材料结转成本、发出委托外单位加工的材料时,贷记本科目	期末借方余额,反映企业库存材料的计划成本或实际成本	可按材料的保管地点(仓库)、材料的类别、品种和规格等进行明细核算
生产成本	核算企业进行工业性生产发生的各项生产成本,包括生产各种产品(产成品、自制半成品等)、自制材料、自制工具、自制设备等的成本	①发生的各项直接生产成本,借记本科目;②转入各生产车间应负担的制造费用时,借记本科目	企业已经生产完成并已验收入库的产成品以及入库的自制半成品,应于期(月)末,借记"库存商品"等科目,贷记本科目	期末借方余额,反映企业尚未加工完成的在产品成本或尚未收获的农产品成本	可按基本生产成本和辅助生产成本进行明细核算
制造费用	核算企业生产车间(部门)为生产产品和提供劳务而发生的各项间接费用	①生产车间发生的机物料消耗;②生产车间管理人员的工资等职工薪酬;③生产车间计提的固定资产折旧;④生产车间支付的办公费、水电费等;⑤发生季节性的停工损失	将制造费用分配计入有关的成本核算对象,借记"生产成本"等科目,贷记本科目	除季节性开工的生产性企业外,本科目期末应无余额	可按不同的生产车间、部门和费用项目进行明细核算

续表

账户名称	主要核算内容	借记内容	贷记内容	余额的含义	明细核算
存货跌价准备	核算企业存货的跌价准备	①已计提跌价准备的存货的价值以后又得以恢复,应在原已计提的存货跌价准备金额内,按恢复增加的金额,借记本科目,贷记"资产减值损失"科目;②发出存货结转存货跌价准备的,借记本科目,贷记"主营业务成本""生产成本"等科目	存货发生减值的,按存货可变现净值与成本的差额,借记"资产减值损失"科目,贷记本科目	期末贷方余额,反映企业已计提但尚未转销的存货跌价准备	可按减值的存货的种类和名称设置明细账
固定资产减值准备	核算企业固定资产的减值准备	处置固定资产同时结转固定资产减值准备,借记本科目	固定资产发生的减值,按应减记的金额,借记"资产减值损失"科目,贷记本科目	期末贷方余额,反映企业已计提但尚未转销的固定资产减值准备	可按减值的固定资产的种类和名称设置明细账
固定资产清理	核算企业因报废、毁损等原因转出的固定资产的价值以及在清理过程中发生的费用等	①企业因报废和毁损等转出的固定资产,按该项固定资产的账面净值,借记本科目;②清理过程中应支付的相关税费及其他费用,借记本科目;③如为贷方余额,借记本科目转销	①收回的固定资产残料价值以及应由保险公司或过失人赔偿的损失,贷记本科目;②如为借方余额,贷记本科目转销	期末借方余额,反映尚未清理完毕的固定资产净损失	可按被清理的固定资产项目进行明细核算

5.2.3　制造业企业主要经济活动的会计核算

我们以一家制造厂的部分经济业务为例,介绍制造业企业主要经济活动的会计核算。

【例 5.2】　(1)6 月 2 日,制造厂开出银行支票向外地某企业支付 100 000 千克甲材料的购买价 400 000 元、运费 1 500 元、保险费 500 元以及可以抵扣的增值税 52 135 元。

制造业企业的采购成本计算方法和商业企业相同,因此外地运费、保险费和购买价共同构成甲材料的采购成本 402 000 元,将其登记进"在途物资"账户的借方,借方确认的增值税的进项税 52 135 元为将来交纳增值税时的抵扣项;贷记银行存款 452 135 元。分录如下:

借:在途物资——甲材料　　　　　　　　　　　　　402 000

　　应交税费——应交增值税(进项税额)　　　　　52 135

　　贷:银行存款　　　　　　　　　　　　　　　　　　　　　　452 135

(2)6 月 5 日,甲材料运抵,经检验合格后入库。

原材料入库以后,从"在途物资"账户将采购成本结转入"原材料"账户。分录如下:

借:原材料——甲材料　　　　　　　　　　　　　402 000

　　贷:在途物资——甲材料　　　　　　　　　　　　　　　402 000

(3)6 月 7 日,制造厂库存甲、乙两种材料若干,现领用材料用于生产 100 件 A 产品和 60 件 B 产品,领用材料情况如表 5.3 所示。

表 5.3　制造厂领用材料表

使用部门	甲材料		乙材料		合　计
	数量/千克	金额/元	数量/千克	金额/元	金额/元
生产 A 产品	20 000	80 400	8 000	120 000	200 400
生产 B 产品	10 000	40 200	10 000	150 000	190 200
车间一般耗用	3 000	12 060	5 000	75 000	87 060
行政管理部门	500	2 010	200	3 000	5 010
合　计	33 500	134 670	23 200	348 000	482 670

根据前文所讲述的生产费用的归集方法,直接用于制造 A、B 产品的材料耗费归入"生产成本"账户,增加成本,登记在账户的借方;车间一般耗用的材料属于间接材料使用,借记"制造费用"账户;行政管理部门使用的材料耗费,属于期间费用,计入"管理费用"的借方,影响当期损益。从仓库中减少两种原材料存货,贷记"原材料"账户。分录如下:

借:生产成本——A 产品　　　　　　　　　　　　200 400

　　　　　　　——B 产品　　　　　　　　　　　　190 200

　　制造费用　　　　　　　　　　　　　　　　　87 060

　　管理费用　　　　　　　　　　　　　　　　　5 010

　　贷:原材料——甲材料　　　　　　　　　　　　　　　134 670

　　　　　　　——乙材料　　　　　　　　　　　　　　　348 000

(4)6 月 10 日,计算本月应付给员工的工资共计 200 000 元,具体如下:生产 A 产品的工人的工资 80 000 元,生产 B 产品的工人的工资 60 000 元,车间管理人员的工资 20 000 元,厂部管理人员的工资 15 000 元,销售部门人员的工资 25 000 元。

生产 A 产品和 B 产品的工人的工资,形成 A、B 两种产品的直接人工成本,应计入两种产品的"生产成本"中去。车间管理人员的工资是制造厂的生产产品的间接人工成本,计入"制造费用"账户;厂部管理人员是行政管理人员,其工资费用是制造厂的期间费用,应计入"管理费用"账户;销售部门人员的工资同样是期间费用,计入"销售费用"账户。贷方确认"应付职工薪酬"负债增加。分录如下:

借:生产成本——A 产品　　　　　　　　　　　　80 000

　　　　　　　——B 产品　　　　　　　　　　　　60 000

制造费用	20 000	
管理费用	15 000	
销售费用	25 000	
贷:应付职工薪酬——工资		200 000

(5)6 月 10 日,以工资总额为基数,按当地规定,分别按 16%、6%和 8%的比例计提由制造厂承担的养老保险费、医疗保险费和住房公积金;分别按 2%和 1.5%的比例,计提工会经费和职工教育经费。

以不同部门人员的工资为基数,按规定比例提取的各种社保费以及工会经费和职工教育经费,由不同的成本费用类账户承担。计算如下:

应计入 A 产品生产成本的职工薪酬=80 000×(16%+6%+8%+2%+1.5%)=26 800 元

应计入 B 产品生产成本的职工薪酬=60 000×(16%+6%+8%+2%+1.5%)=20 100 元

应计入制造费用的职工薪酬=20 000×(16%+6%+8%+2%+1.5%)=6 700 元

应计入管理费用的职工薪酬=15 000×(16%+6%+8%+2%+1.5%)=5 025 元

应计入销售费用的职工薪酬=25 000×(16%+6%+8%+2%+1.5%)=8 375 元

根据上述数据,编制分录如下:

借:生产成本——A 产品	26 800	
——B 产品	20 100	
制造费用	6 700	
管理费用	5 025	
销售费用	8 375	
贷:应付职工薪酬		67 000

(6)6 月 15 日,车间发生临时性修理费 2 000 元,增值税税率为 13%,用银行存款支付。

不论是车间管理用还是生产用的固定资产,其修理费都是企业制造产品的间接费用,计入"制造费用"账户的借方。同时贷记"银行存款"账户。编制分录如下:

借:制造费用	2 000	
应交税费——应交增值税(进项税额)	260	
贷:银行存款		2 260

(7)6 月 18 日,用现金支付车间办公用品费 540 元,取得普通发票。

车间发生的办公用品费也是企业生产产品的间接费用,计入"制造费用"账户的借方。这笔业务是用现金支付的,因此贷记"库存现金"账户。分录如下:

| 借:制造费用 | 540 | |
| 贷:库存现金 | | 540 |

(8)6 月 25 日,制造厂用银行存款支付水电费 3 000 元,可抵扣的增值税为 370 元。其中车间负担的费用为 2 600 元,厂部管理部门负担的费用为 400 元。

根据费用"谁受益,谁负担"的原则,车间发生的水电费是间接用于生产产品的耗费,属于"制造费用";厂部管理部门发生的水电费是期间费用,直接影响企业当期损益,属于"管理费用"。同时贷记"银行存款"账户。编制分录如下:

| 借:制造费用 | 2 600 | |
| 管理费用 | 400 | |

$$\text{应交税费——应交增值税(进项税额)} \qquad 370$$
$$\text{贷:银行存款} \qquad\qquad 3\ 370$$

(9)6 月 30 日,月末计算本月各部门固定资产应分摊的折旧费用 60 000 元,其中车间厂房和机器折旧费用 30 000 元,销售部门用固定资产折旧费用 10 000 元,厂部管理用固定资产折旧费用 20 000 元。

按照受益部门的不同,固定资产的折旧费用由不同的成本或费用类账户承担。车间用固定资产折旧费用作为生产产品的间接费用,由"制造费用"账户承担;销售部门用固定资产折旧费用,计入"销售费用"账户;厂部管理用固定资产折旧费用,计入"管理费用"账户。所有的固定资产折旧都会逐步减少固定资产价值,固定资产账户保留原值不变,折旧而减少的价值计入"累计折旧"账户的贷方,反映固定资产的累计折旧金额。分录表达如下:

借:制造费用　　　　　　　　　　　　　　30 000
　　销售费用　　　　　　　　　　　　　　10 000
　　管理费用　　　　　　　　　　　　　　20 000
　　贷:累计折旧　　　　　　　　　　　　　　　　60 000

(10)6 月 30 日,将本月发生的制造费用按生产工时比例分配进 A、B 两种产品的"生产成本"账户中。其中,A 产品生产工时为 7 000 小时,B 产品生产工时为 3 000 小时。

制造费用在期末按照一定比例分配进入各个产品的生产成本,如果企业只制造一种产品,则不需经过分配,直接全额转入该产品的生产成本即可。当制造两个或两个品种以上,就需要分配制造费用。

一般可以采用的制造费用分配标准有生产工人工资比例、生产工时比例、机器工作小时比例、耗用原材料数量(或成本)比例、产品产量比例等。企业也可以根据自己生产管理的需要和特点来选择或制定标准。

制造厂选用了生产工时比例分配标准,计算如下:

根据以上分录计算得知,"制造费用"账户本月累计发生额为 148 900 元。

$$\text{制造费用分配率} = \frac{\text{制造费用总额}}{\text{生产工时总额}} = \frac{148\ 900}{10\ 000} = 14.89(\text{元/工时})$$

A 产品应负担的制造费用 = A 产品生产工人工时(7 000 工时) × 分配率(14.89 元/工时)
$$= 104\ 230(\text{元})$$

B 产品应负担的制造费用 = B 产品生产工人工时 3 000(工时) × 分配率 14.89(元/工时)
$$= 44\ 670(\text{元})$$

将"制造费用"账户余额 148 900 元结平转入"生产成本"账户,所以借记"生产成本"账户,贷记"制造费用"账户,分录如下:

借:生产成本——A 产品　　　　　　　　　104 230
　　　　　　　——B 产品　　　　　　　　　 44 670
　　贷:制造费用　　　　　　　　　　　　　　　　148 900

(11)6 月 30 日,制造厂本月投产制造的 100 件 A 产品和 60 件 B 产品全部都生产完工,验收合格后入库,按实际成本入账。

完工入库以后,产品成本将不再由"生产成本"核算,而是归属于"库存商品"。现在将"生产成本"中两种产品的制造成本转出,转入"库存商品"账户的借方。

A、B 两种产品生产成本的汇总计算情况,可以通过平时登记的"生产成本明细账"得出,如表 5.4 和表 5.5 所示。

表 5.4　生产成本明细账

产品名称或类别:A 产品　　　　　　　　　　　　　　　　　　　　　　　　　单位:元

××年		凭证号数	摘　要	借　方				贷　方	余　额
月	日			直接材料	直接人工	制造费用	合　计		
6	7	(略)	生产耗用材料	200 400			200 400		200 400
	10	(略)	分配工资		80 000		80 000		280 400
	10	(略)	计提社保等费用		26 800		26 800		307 200
	30	(略)	分配制造费用			104 230	104 230		411 430
	30	(略)	结转完工产品	200 400	106 800	104 230	411 430	411 430	0

表 5.5　生产成本明细账

产品名称或类别:B 产品　　　　　　　　　　　　　　　　　　　　　　　　　单位:元

××年		凭证号数	摘　要	借　方				贷　方	余　额
月	日			直接材料	直接人工	制造费用	合　计		
6	7	(略)	生产耗用材料	190 200			190 200		190 200
	10	(略)	分配工资		60 000		60 000		250 200
	10	(略)	计提社保等费用		20 100		20 100		270 300
	30	(略)	分配制造费用			44 670	44 670		314 970
	30	(略)	结转完工产品	190 200	80 100	44 670	314 970	314 970	0

编制分录如下:

借:库存商品——A 产品　　　　　　　　　　　　411 430
　　　　　——B 产品　　　　　　　　　　　　314 970
　　贷:生产成本——A 产品　　　　　　　　　　　　　　　411 430
　　　　　　　——B 产品　　　　　　　　　　　　　　　314 970

(12)6 月 30 日,企业发现以前生产的 C 产品发生了减值,该产品账面价值为 50 000 元,可变现净值为 42 000 元。

可以确定,C 产品可变现净值低于成本 8 000 元(8 000=50 000-42 000)。企业按成本与可变现净值孰低法将这减值的 8 000 元计入"资产减值损失"科目的借方以及"存货跌价准备"科目的贷方,分录如下:

借:资产减值损失　　　　　　　　　　　　8 000
　　贷:存货跌价准备　　　　　　　　　　　　　　　　8 000

C 产品计提跌价准备后,在 6 月 30 日的资产负债表上,C 产品按可变现净值 42 000元列示。

(13)一台机器设备原值为 200 000 元,已提折旧 30 000 元,6 月 30 日测算时发现其可收回金额为 120 000 元。

这笔业务中机器设备的账面价值(净值)为 170 000 元(170 000＝200 000－30 000),高于可收回金额 50 000 元(50 000＝170 000－120 000)。这个部分就是固定资产发生减值的部分。固定资产的可收回金额小于固定资产账面价值时,应该确认这部分减少的数额,这是符合谨慎性要求的。当固定资产的可收回金额大于固定资产账面价值时,多出来的金额部分则不予确认。固定资产的可收回金额的计算方法在将来的会计课程中会进行详细阐述。

我们进行会计处理,将减值部分从固定资产的账面价值中扣除,登记在"固定资产减值准备"账户的贷方,达到对"固定资产"账户的抵扣效果。同时确认减值造成的损失费用,计入"资产减值损失"账户的借方。分录表达如下:

借:资产减值损失　　　　　　　　　　　　　　　　50 000
　　贷:固定资产减值准备　　　　　　　　　　　　　　　　　50 000

(14)7 月 4 日,销售上月生产的 A 产品 80 件,价款为 450 000 元,销售 C 产品,取得收入 40 000 元,增值税税率均为 13%,全部款项将于 15 天内收取。

制造厂销售自制的产品是主营业务,实现主营业务收入 490 000 元(490 000＝450 000＋40 000),同时增加增值税销项税额 63 700 元,都登记在贷方;对于未收到的款项,确认为应收账款,登记在该账户的借方。分录如下:

借:应收账款　　　　　　　　　　　　　　　　553 700
　　贷:主营业务收入　　　　　　　　　　　　　　　　　490 000
　　　　应交税费——应交增值税(销项税额)　　　　　　　63 700

(15)7 月 4 日,结转所销售的 A 产品和 C 产品的成本。

根据收入和费用配比的要求,我们将本月所销售的产品的成本转入损益类账户中的费用,影响本期损益,达到和本期实现的收入匹配的目的。

A 产品的单位成本＝411 430(元)÷100(件)＝4 114.30(元/件)

所销售的 A 产品成本＝4 114.30 元/件×80 件＝329 144(元)

由业务(12)可知,所销售的 C 产品的成本为 50 000 元。

减少"库存商品"账户 379 144 元,转入"主营业务成本",分录如下:

借:主营业务成本　　　　　　　　　　　　　　379 144
　　贷:库存商品——A 产品　　　　　　　　　　　　　　329 144
　　　　库存商品——C 产品　　　　　　　　　　　　　　　50 000

由于 C 产品计提过存货跌价准备 8 000 元,在结转该产品销售成本的同时,还应结转相应的存货跌价准备,借记"存货跌价准备"科目,贷记"主营业务成本"科目。具体分录如下:

借:存货跌价准备　　　　　　　　　　　　　　　8 000
　　贷:主营业务成本　　　　　　　　　　　　　　　　　8 000

(16)7 月 8 日,制造厂出售乙材料 2 000 千克,每千克售价为 20 元,增值税税率为 13%。收到销售材料的货款和增值税税额,存入银行。

在这笔业务中,制造厂没有将原材料用于加工制造产品,而是予以出售。对于制造业企业而言,出售产品是主营业务,而出售原材料则是其他业务。因此,本笔业务确认实现其他业务收入 40 000 元,计入"其他业务收入"账户的贷方;同时,贷记"应交税费——应交增值税（销项税额）"；由于收到货款，借记"银行存款"。编制分录如下：

借：银行存款 45 200

　　贷：其他业务收入 40 000

　　　应交税费——应交增值税（销项税额） 5 200

（17）7月8日，结转上笔业务中所销售乙材料的成本30 000元。

由于出售原材料是企业的其他业务，因此结转的成本30 000元计入"其他业务成本"账户的借方；贷方记录原材料减少30 000元。编制分录如下：

借：其他业务成本 30 000

　　贷：原材料——乙材料 30 000

（18）7月15日，制造厂的一台设备丧失了使用功能，经批准按正常报废处理。这台设备的原值为100 000元，税法规定的使用年限为5年，预计残值为10 000元。该设备实际使用了4年，已提折旧72 000元，已提减值准备3 000元。

这是一笔固定资产处置业务。在固定资产（本书假定拟出售的固定资产均不满足划归持有待售资产条件，不属于持有待售资产，下同）出售以及进行报废等处置时，为了便于反映固定资产处置过程中的账面价值、清理费用支出、固定资产出售收入、残料收入和其他收入等之间的关系和损益情况，会计上设置"固定资产清理"科目来登记这些内容。"固定资产清理"科目借方登记企业因出售、报废、毁损等原因转出的固定资产净值（原值减累计折旧和减值准备）和清理过程中发生的费用，贷方登记清理过程中收回的固定资产价值或残料价值以及保险公司或过失人赔偿的损失部分。该账户期末借方余额，反映尚未清理完毕的固定资产净损失。

企业通过"固定资产清理"科目核算因出售、转让、报废、毁损而处置的固定资产，其会计处理一般经过以下几个步骤。

第一，固定资产转入清理。固定资产转入清理时，按固定资产账面价值，借记"固定资产清理"科目，按已计提的累计折旧和减值准备，分别借记"累计折旧"科目和"固定资产减值准备"科目，按固定资产账面余额，贷记"固定资产"科目。

第二，发生的清理费用的处理。固定资产清理过程中发生的有关费用以及应支付的相关税费，借记"固定资产清理"科目，贷记"银行存款""应交税费"等科目。

第三，出售收入和残料等的处理。企业收回出售固定资产的价款、残料价值和变价收入等，应冲减清理支出。按实际收到的出售价款以及残料变价收入等，借记"银行存款""原材料"等科目，贷记"固定资产清理""应交税费——应交增值税"等科目。

第四，清理净损益的处理。固定资产清理完成后，应当通过固定资产净损益的处理，将"固定资产清理"科目的余额清为零。具体操作如下：属于正常出售、转让所得的利得或损失，应当转入"资产处置损益"科目的贷方或借方；属于已丧失使用功能而报废所产生的利得或损失，应当转入"营业外支出"科目的借方或"营业外收入"的贷方。清理完毕后，"固定资产清理"科目余额为零。

该笔业务中，制造厂设备的账面价值为固定资产原价25 000元（25 000＝100 000－72 000－3 000）。将此价值转入"固定资产清理"账户的借方，反映固定资产当前的实际价值；被转走的固定资产原值，通过贷记"固定资产"账户实现；相应的累计折旧和减值准备，通过借记"累计折旧"和"固定资产减值准备"账户实现。分录表达如下：

借:固定资产清理　　　　　　　　　　　　　　　　25 000

　　累计折旧　　　　　　　　　　　　　　　　　　72 000

　　固定资产减值准备　　　　　　　　　　　　　　3 000

　　贷:固定资产　　　　　　　　　　　　　　　　　　　　　　100 000

(19)7月16日,制造厂用现金500元支付上述拟转让设备的清理费用。

固定资产清理过程中支付的相关费用都计入"固定资产清理"账户的借方,同时贷记"库存现金"账户。分录表达如下:

借:固定资产清理　　　　　　　　　　　　　　　　500

　　贷:库存现金　　　　　　　　　　　　　　　　　　　　　　500

(20)7月18日,制造厂处置这台设备,获得2 000元残料收入,增值税为260元,款项已存入银行。

企业出售固定资产获得的价款或残料收入、变价收入,都登记在"固定资产清理"账户的贷方。按照增值税的有关规定,销售固定资产应收取的增值税的税率为13%,故该笔业务中增值税销项税额为260元;款项已存入银行,借记"银行存款"账户。分录表达如下:

借:银行存款　　　　　　　　　　　　　　　　　　2 260

　　贷:固定资产清理　　　　　　　　　　　　　　　　　　　2 000

　　　　应交税费——应交增值税(销项税额)　　　　　　　260

(21)7月18日,结转清理上述固定资产的净损益。

上述固定资产清理实现净损益－23 500元(－23 500＝2 000－25 000－500)。

固定资产清理完后,如果固定资产报废有净收益,贷记"营业外收入",借记"固定资产清理";如果固定资产报废有净损失,则借记"营业外支出",贷记"固定资产清理"。账务处理完毕,"固定资产清理"账户没有余额。

上述固定资产清理产生净损失23 500元,业务结束时,应将"固定资产清理"账户的余额23 500元转入"营业外支出"账户。分录表达如下:

借:营业外支出　　　　　　　　　　　　　　　　　23 500

　　贷:固定资产清理　　　　　　　　　　　　　　　　　　　23 500

如果这台设备尚可使用,企业正常出售这台设备(仍然假定该设备不划归为待售资产),获得收入18 000元,其他情况同前。我们计算出清理净损益为－7 500元(－7 500＝18 000－25 000－500),按规定该损失应转入"资产处置损益"科目的借方。分录表达如下:

借:资产处置损益　　　　　　　　　　　　　　　　7 500

　　贷:固定资产清理　　　　　　　　　　　　　　　　　　　7 500

习　题

一、简答题

1.商业企业的核算方法主要有哪些种类?它们分别适合怎样的商业企业?

2.售价金额核算法和上一章讲述的进价数量金额核算法的主要区别有哪些?

3.售价金额核算法的优点是什么?需要增设什么会计科目?

4.售价金额核算法下"库存商品"借方登记的是商品的什么金额?

5.售价金额核算法下日常销售中成本和收入如何计量?期末需要做哪些特殊处理?

6.和商业企业相比,制造业企业的资金运动过程有何不同?

7.制造业企业的生产过程的基本核算程序是什么?

8."制造费用"账户核算什么? 期末是否有余额?

9.固定资产如何计提折旧和减值?

10.简述固定资产清理程序的账务处理过程。

二、判断题

1.制造业企业的资金运动过程是以"货币——商品——货币"的形式进行的。　　（　　）

2.零售企业通常采用售价金额核算法和数量售价金额核算法。　　（　　）

3."商品进销差价"科目、"存货跌价准备"科目和"坏账准备"科目余额都只可能在贷方。　　（　　）

4.零售企业在售价金额核算法下,"在途物资"科目和"库存商品"科目都以售价核算。　　（　　）

5.固定资产因磨损而减少的价值称为折旧。　　（　　）

6.制造业企业在生产过程中发生的各种耗费和计入销售费用的费用一样会影响当期损益。　　（　　）

7."固定资产"账户反映企业固定资产的原始价值而非净值。　　（　　）

8."固定资产清理"账户的借方登记出售固定资产取得的价款、残料价值和变价收入,贷方登记转出固定资产的账面净值和清理费用。　　（　　）

9.工业企业发生的工资费用不一定都会构成产品成本。　　（　　）

10.融资租入的固定资产由于所有权不在本企业,所以在使用过程中不需要计提折旧。　　（　　）

三、单项选择题

1."商品进销差价"账户的贷方登记商品（　　）的差价。

　　A.含税售价大于进价　　　　　　　　B.不含税售价大于进价

　　C.进价大于含税售价　　　　　　　　D.进价大于不含税售价

2.批发企业一般采用（　　）核算方法。

　　A.金额　　　　　　　　　　　　　　B.数量金额

　　C.数量　　　　　　　　　　　　　　D.实物

3.售价金额核算法下,库存商品以（　　）计价。

　　A.进价　　　　　　　　　　　　　　B.进价＋增值税进项税

　　C.售价　　　　　　　　　　　　　　D.售价＋增值税销项税

4.车间管理部门使用的固定资产提取折旧时,应借记（　　）科目。

　　A.累计折旧　　　　　　　　　　　　B.管理费用

　　C.制造费用　　　　　　　　　　　　D.固定资产

5.下列活动中会影响本期利润的是（　　）。

　　A.加工过程中耗费材料　　　　　　　B.收到投资者投入的货币资金

　　C.筹建期间发生工资费用　　　　　　D.提取盈余公积

6.下列科目期中期末不应转入"本年利润"的是（　　）。

　　A.制造费用　　　　　　　　　　　　B.资产减值损失

C. 所得税费用   D. 税金及附加

7. 某零售企业月末"库存商品"账户余额为 250 000 元,"商品进销差价"调整前余额为 60 000 元,本月销售商品取得收入 150 000 元,则本月所销商品的进销差价为( )元。

A. 36 000   B. 22 500

C. 37 500   D. 90 000

8. 某商场月初"库存商品"账户余额为 130 000 元,"商品进销差价"账户余额为 30 000 元。本月购入商品的进价为 50 000 元,售价为 70 000 元,本月销售商品的收入为 90 000 元,则本期销售商品的实际成本为( )元。

A. 67 500   B. 72 000

C. 65 000   D. 63 000

9. 某零售商店年初库存商品成本为 50 万元,售价总额为 72 万元。当年购入商品的实际成本为 120 万元,售价总额为 200 万元,当年销售收入为当年购入商品售价总额的 80%,在采用零售价法的情况下,该商店年末库存商品的实际成本为( )万元。

A. 67.2   B. 70

C. 60   D. 80

10. 某制造业企业一批产品的制造成本为 47 500 元,销售过程中发生销售费用 2 000 元,支付消费税等税金及附加项目 1 000 元,销售该产品应计入"主营业务成本"账户( )元。

A. 49 500   B. 50 500

C. 48 500   D. 47 500

四、多项选择题

1. 下列账户中月末没有余额的有( )。

A. 本年利润   B. 制造费用

C. 财务费用   D. 应交税费

E. 主营业务收入

2. 售价金额核算法下,库存商品的入账价值是( )的合计数。

A. 销售中的运费   B. 商品的进价

C. 增值税进项税   D. 增值税销项税

E. 毛利

3. "制造费用"核算的内容包括( )。

A. 直接材料   B. 间接材料

C. 车间领用的办公用品费   D. 车间管理人员的差旅费

E. 直接人工

4. 下列关于"制造费用"账户的说法中正确的有( )。

A. 期末结转进"本年利润"后一般没有余额

B. 期末一般没有余额

C. 借方登记实际发生的各项间接生产费用

D. 期末余额一般在借方,表示在产品的间接成本

E.贷方登记分配转入产品成本的制造费用

5.下列各项业务中会使固定资产账面价值发生变化的有( )。

    A.计提固定资产折旧　　　　　　　　B.固定资产租金收入

    C.固定资产日常维修　　　　　　　　D.计提固定资产减值准备

    E.固定资产的扩建

6.下列各项中应计入"固定资产清理"科目借方的有( )。

    A.支付清理固定资产的人员的工资

    B.固定资产残值收入

    C.转出报废的固定资产的账面净值

    D.因出售厂房而交纳的增值税

    E.转出毁损的固定资产的账面净值

7.下列有关固定资产的业务中可能需要通过"营业外支出"科目处理的有( )。

    A.固定资产出租　　　　　　　　　　B.固定资产毁损

    C.固定资产日常修理　　　　　　　　D.固定资产报废

    E.固定资产出售

五、业务题

业务题一

1.目的:熟悉零售企业的核算方法。

2.资料:一家零售商店7月份发生以下经济业务(该零售商店为一般纳税人,增值税税率为13%),这家零售商店将商品分为"日用杂货"和"食品"两大类。

(1)从外地日用品制造公司购入洗发水一批,货款为10 000元,运费为350元,增值税进项税额为1 331.50元。该批商品含税零售价为16 950元。商品尚未到库,货款和运费用银行存款支付。

(2)洗发水运抵,验收入库。

(3)从本地食品批发公司购入饮料几箱,货款进价为20 000元,增值税进项税额为2 600元,含税售价为27 120元,饮料已经验收入库,货款尚未支付。

(4)7月1日,销售食品实现含税销售款4 800元,销售日用百货7 000元,所收现金均已存入银行。同时结转该日所售商品的成本。

(5)7月份继续发生购销业务(不一一展开),月末"日用百货"和"食品"两类商品的相关账户资料如表5.6所示。

表5.6　零售商店7月末账户资料　　　　　　　　　　单位:元

项　目	日用百货	食品
"库存商品"明细账月末余额	475 600	365 400
"商品进销差价"月末调整前余额	174 000	161 240
本月销售收入贷方发生额(含税)	220 400	440 800

①根据表 5.6 中的资料计算每类商品的分类差价率,对于本月已销商品的进销差价,予以转账调整。

②根据表 5.6 中的资料计算本月已销商品收入中的增值税销项税额,予以转账调整。

3.要求:为上述经济业务编制会计分录。

业务题二

1.目的:练习制造业企业供应和生产过程的核算以及产品生产成本的计算。

2.资料:8 月份,一家玩具制造厂在供应和生产过程中发生以下经济业务。

(1)从外地工厂购买甲材料一批,价格为 5 000 元,运费为 100 元,装卸费为 50 元,可抵扣的增值税为 650 元。款项用银行存款支付。

(2)材料运抵,验收合格入库。

(3)从仓库领用甲材料 38 100 元,用于加工产品,具体情况如表 5.7 所示。

表 5.7　甲材料领用表

使用部门	金额/元
生产 A 产品	25 000
生产 B 产品	12 000
车间一般耗用	800
公司管理部门耗用	300

(4)车间发生机器临时性修理费 2 000 元,增值税为 260 元,用银行存款支付。

(5)车间管理人员出差报销差旅费 560 元,冲销原预支款 500 元,企业用现金补付该管理人员 60 元。

(6)车间管理部门发生办公用品费 600 元(取得普通发票),用现金支付。

(7)以银行存款 54 000 元支付职工工资。

(8)结算本月应付职工工资 54 000 元,按用途分配如下表 5.8 所示。

表 5.8　应付职工工资分配

工　资	金额/元
A 产品生产工人工资	10 000
B 产品生产工人工资	30 000
车间管理人员工资	6 000
公司行政管理部门人员工资	8 000

(9)分别按工资总额的 16%、10% 和 12% 计提养老保险费、医疗保险费和住房公积金;按工资总额的 2% 计提工会经费,按工资总额的 1.5% 计提职工教育经费。

(10)计提生产车间的机器设备折旧费 1 250 元。

(11)销售仓库中以前完工的 A 产品共获得收入 30 000 元,增值税为 3 900 元,销售 B 产品共获得收入 20 000 元,增值税为 2 600 元,全部款项存入银行,同时结转 A 产品成本 2 4000 元、B 产品成本 17 000 元。

（12）销售原材料一批，售价为 3 000 元，增值税为 390 元，款项未收。该批原材料的成本为 2 800 元。

（13）以现金支付本月车间水电费 720 元以及可抵扣的增值税 108 元。

（14）用银行存款支付本季度车间的房租费用 1 500 元和增值税 135 元并摊销本月应承担的部分。

（15）结转本月发生的制造费用（按生产工人工资比例分配）

（16）本月投产的 A 产品全部完工，验收入库，结转其成本（期初"生产成本——A 产品"没有余额）。

3.要求：编制该厂本月生产过程相关业务的会计分录。

业务题三

1.目的：练习固定资产相关业务的账务处理。

2.资料：一家运动产品制造商发生以下经济业务。

（1）2 月 8 日，用银行存款支付一台制鞋机器的货款 300 000 元、运输费 1 200 元，进项税额合计 39 108 元。机器不需要安装，运达投入使用。

（2）该机器使用寿命为 10 年，预计残值率为 10%，3 月 31 日，运用直线法计算并提取该机器的本月折旧费用。

（3）6 月 30 日进行减值测试，发现这台机器的可收回金额为 282 000 元，计提这台机器的减值准备。

（4）7 月 2 日，由于该机器能耗太大，公司决定将该机器出售（不划归为持有待售资产），以便更换新机器。

（5）7 月 3 日，用现金支付该机器的清理费用 900 元。

（6）7 月 4 日，出售机器获得 278 000 元，增值税税率为 13%，款项存入银行。

（7）7 月 4 日，结转出售固定资产的净损益。

3.要求：编制固定资产相关业务的会计分录。

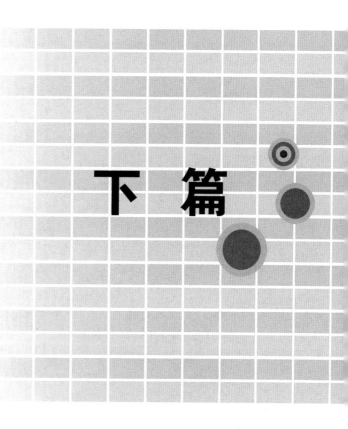

下 篇

第6章 会计理论体系
与会计工作规范

学习目标

1. 讨论会计理论框架的建构及其各个层次的关系。
2. 掌握会计的基本假设。
3. 理解会计信息的质量要求。
4. 了解会计法律制度的内容。
5. 熟悉会计的职业道德规范。

6.1 会计理论体系

会计是一门科学,因此也拥有自己的理论。会计理论究竟是什么,它与现行的会计实务有什么关系呢?美国会计学家利特尔顿(A. C. Littleton)提出实务为行动,理论为说明,意思是会计理论是为解释会计实务提供理论支持的。会计学家亨德里克森(Eidons S. Hendriksen)认为,会计理论是一套合乎逻辑的推理,用以衡量会计实务的得失;指示会计新工作进行的方向和程序;说明现行会计实务的性质。由此我们可以看出,会计理论是来源于会计实务,反过来又服务于会计实务的。

在漫长的历史沿革中,会计实务不断发生着变化,相应地,会计理论也伴随着实务的改进而发展深化。当前会计的发展,正是体现了这两方面的特征:会计实务不断改进,会计技术方法日臻完善;会计理论的研究逐渐深入,形成了比较完整的系统。20世纪30年代以来,为了消除会计实务领域的混乱局面,许多国家会计界逐渐认同和重视起公认会计原则,并因此对会计原则的建立依据——会计理论展开了系统的研究。20世纪70年代以来,逐步形成了以会计目标和基本概念为基础的会计理论体系。

会计理论体系的建立,有十分重要的意义。它是一套可以用来指导并评价会计准则的基本理论框架,来源于实践,又反过来指导实践。它为会计准则的制定和发展提供了规范的理论基础,保持了准则体系内在的逻辑一贯性,避免了概念上的冲突,从而有利于会计信息的使用者从同一概念出发来理解会计报告,使信息得到更加充分、有效、直接的运用。

现代会计理论体系应该包括会计的基本概念、信息提供的范围、基本标准、基本特征、基本目标等多方面的内容。它的结构已经比较成熟,主要是由会计目标、会计假设、会计要素概念、会计信息质量要求和会计程序等五个方面组成的。会计目标是会计理论中的核心部分,会计概念中最主要的部分就是会计要素概念,会计程序则指的是会计实务的具体方法和步骤,这三者在本书前面章节中都已经进行了多方面的阐述。所以在此主要就现代会计理论体系的其余两个方面——会计假设和会计信息质量要求展开讨论。

6.1.1　会计假设

会计作为一种国际通用的商业语言,它的特点是能够超越国界和不同的社会制度,使用不同语言、不同肤色的经济工作者都能够运用和读懂。面对变化不定的社会经济环境,要想实现会计的这一作用,就必须对会计核算的对象和环境做出一些基本的规定,这就是会计核算的基本前提,也被称为会计假设(accounting assumption)。

会计假设是人们在长期的实践活动中逐步认识和总结出来的,是对客观情况合乎情理的推断。它成为特定社会经济环境下会计运行和发展的前提和制约条件,也成为会计核算得以正常进行的基本条件。所以会计假设是会计核算的基本依据,也是会计规范体系的最高层次。

会计假设为国际会计界公认的内容,一般有以下四个部分:会计主体、持续经营、会计分期和货币计量。我国修订的《企业会计准则——基本准则》又加入了权责发生制这个基本假设。

6.1.1.1　会计主体

会计主体假设界定了会计工作的空间范围。会计主体又称为会计实体或会计个体,它是指会计工作为之服务的特定单位或组织。这个主体可以是一个特定的经济实体,或者是若干家企业组织起来的集团公司,也可以是一个企业中的某一个特定部分等。会计主体假设有以下三层含义。

(1)会计核算的范围就是会计主体自身发生的各项经济业务,独立于其他主体的经济业务。这就界定清楚了会计到底核算的是谁的经济业务,有哪些数据可以选择录入,站在什么立场上进行信息加工、处理。《企业会计准则——基本准则》指出:"企业应当对其本身发生的交易或者事项进行会计确认、计量和报告。"这里的确认和计量是以企业自身的经济活动为限的,只能反映所依存的特定会计主体的财务状况等相关信息,不涉及其他主体的活动,应该严格区分不同主体之间的利益界限。

(2)会计主体独立于自身的所有者。会计主体思想产生的前提是经营主体的概念。在市场经济条件下,会计主体一般是指所有权和经营权相分离的企业和其他经济组织。会计核算是对这一特定经营主体的经济活动进行确认、计量、记录和报告,而不包括其所有者的经济活动。这样就将企业投资者的个人消费、收入与企业自身的开支、收入区分开来,能够恰当地反映企业的费用和利润,达到正确计算考核企业盈亏的要求。

(3)会计主体还区别于法律主体。大部分会计主体是法律主体,但是会计主体的范围大于法律主体的范围。会计主体既可以是法人,也可以是非法人。比如独资企业和合伙企业,它们所拥有的财产与对外承担的债务,在法律上仍被视作业主或合伙人的财产与债务,但在会计核算中,它们被视作独立的会计主体。再比如,集团公司由若干个具有法人地位的企业组成,但是可以把整个集团公司看作一个独立的会计主体编制合并报表。由于会计主体假设要求企业的利润必须来自不同主体之间的交易行为,所以可以运用会计方法抵消集团内部各个企业之间的债权债务,将来自集团内部各成员企业之间的利润予以剔除。可以看出,任何独立运用会计的单位都可以被视为会计主体。成为会计主体的唯一条件就是一个具有从事经济业务性质的、特定的、明确的单位。

6.1.1.2　持续经营

持续经营假设讨论的是会计工作的时间范围。持续经营的含义是指会计主体的生产经营活动将按照目前的状况和目标持续无限期地延续下去,也就是说,在可以预见的将来,会计主体不会有破产清算的可能。如果企业近期可能面临破产清算,企业采取的核算方法会与正常持续经营不同。为了能够保持会计处理方法的稳定,保证会计记录的真实可靠,《企业会计准则——基本准则》规定:"企业会计确认、计量和报告应当以持续经营为前提。"这就是说,会计主体所持有的资产将按预定的目的在正常经营中被耗用、出售或转让,其所承担的债务也将按期偿还或履行。

会计核算中的一系列处理方法都建立在持续经营的基础上,解决了许多有关财产计价和收益确认的问题。例如,由于存在持续经营前提,企业的资产价值可以选择以历史成本计量属性计价,固定资产能够按照使用年限计提折旧,等等。

虽然企业永远存续是很难的,但是任何会计主体,除非有确切证据表明其不能再经营下去,否则它都是拥有持续经营的愿望和可能的。失去持续经营这一会计核算的重要前提条件的话,会计方法的选择和会计准则的建立将变得混乱而无意义。权责发生制、配比性、历史成本等原则都是以持续经营假设为前提的,会计主体真的需要停业或破产清算时,持续经营的假设才让位于停业、破产清算,权责发生制等原则让位于收付实现制等原则。

6.1.1.3　会计分期

会计分期就是指将企业持续不断的生产经营活动分割成一定的较短的时间段落,据以分期结算账目和编制会计报表,从而及时地提供有关的会计信息。会计分期假设继续补充了会计工作的时间范围,使持续经营假设具有可操作性。

这是因为,对于持续经营的主体来说,在可以预见的将来它是不会面临停业清算的。从理论上来说,企业从开始经营到结束经营之间的财务状况和损益状况是最能反映企业实际的经营情况的。但是按照这种方式进行会计核算,到了企业经营活动全部结束时才进行盈亏核算并编制报表,那么,会计信息的使用者们在企业的存续期间是无法得到企业的财务结果和经营状况信息的,也就无法进行有效的决策选择。因此,需要人为地将持续不断的企业生产经营活动划分一个个等距的、短时的期间。《企业会计准则——基本准则》规定,企业应当划分会计期间,分期结算账目和编制财务会计报告。

按照国际惯例,一般以 12 个月为一个会计期间。我国规定会计分期与公历年度相同,即以公历每年 1 月 1 日到 12 月 31 日为一个会计年度,再将会计年度划分成半年度、季度、月份进行会计核算。短于一个完整会计年度的报告期间,我们称之为中期。因此会计期间实际上分为年度和中期两大种类。

会计分期这个前提条件,对于确定会计核算程序和方法有着极为重要的影响。有了会计分期,就出现了本会计期和非本会计期的区别。这种期间的区别导致企业现金收支与收付权责期间归属上的不一致,产生了权责发生制和收付实现制两种不同的记账基准。同时,为了正确确定一个会计期间的经营成果,就需要采用配比方式对跨期的业务进行摊配、递延等,建立各种应计、递延、估计科目。

6.1.1.4　货币计量

货币计量是指企业在会计核算过程中将价值稳定的货币作为计量单位,记录和报告企业的经营情况。货币计量假设界定了会计核算的计量尺度。

在日常经济活动中,会计主体会发生大量错综复杂的交易事项,涉及各种不同的实物形态,比如房屋建筑物、机器设备、现金、各种商品等。为了综合地反映这些交易,会计核算客观上要求以一种统一的计量单位作为计量的尺度。这种计量单位必须能够同时满足在质和量两方面进行比较的需求,消除存在在各种实物形态上的差异,只有货币能够满足这些需求,因而货币成为会计核算计量单位的必然选择,这就产生了货币计量会计核算前提。

货币计量前提除了指以货币为计量单位以外,还包含两层意思。一层意思是假定货币的价值是稳定的或相对稳定的。用作计量单位的货币,可以是名义货币。在币值变动不大的情况下,一般对币值的变动忽略不计,因此历史成本原则才可以施行,会计的各种跨期处理才能够有效进行。但是货币这种特殊商品,其价值不是永远固定不变的,恶性通货膨胀的影响给会计核算带来挑战,因而产生了通货膨胀会计。另外一层意思是指货币计量并不排斥其他计量手段,只要需要,一些非货币的计量手段也是会计核算中经常借助的,用以弥补单纯货币计量的不足。

我国规定境内企业会计核算应以人民币为记账本位币,"元"是我国会计核算的基本度量单位,外商投资企业等业务收支以外币为主的企业,也可以选用某种外币作为记账本位币,但其提供给我国的会计报表应以一定汇率折算成人民币反映。在境外设立的企业一般以所在国家或地区当地货币进行核算,但是向我国境内报送的会计报表应该折算为人民币反映。

6.1.2　会计基础

企业的会计确认、计量和报告应当以权责发生制为基础。

权责发生制又称为应计制,或者应收应付制。它要求凡是当期已经实现的收入和已经发生或应负担的费用,不论款项是否收付,都应作为当期收入和费用处理;凡是不属于当期的收入和费用,即使款项已经在当期收付,也不应作为当期的收入和费用。权责发生制是收入实现、费用确认的基础。

权责发生制是指在确定企业的收入或费用的时候,不是以收到或者支付款项作为记录依据,而是以取得收款权力或者确定支付款项的责任为记录依据,以此来客观地反映企业各期的经营成果。在权责发生制下,收入是否实现,就要看产品是否已经完成销售过程,劳务是否已经提供,如果已经完成或提供,并已取得收款的权力,收入就算实现,不论当期是否收到货款,都应计入当期收入。权责发生制下判断费用是否发生,则要看与其相关联的收入是否已经实现,费用是与收入配比的。如果收入已经实现,那么与之相关的费用不论是否支付,都应视作发生,确认为当期的费用。

权责发生制是与收付实现制相对应的。权责发生制反映出来的经营成果与收付实现制反映的是不一致的。收付实现制在确认收入和费用时,一律是以实际的款项收付为标志的。很多国家都假定按照权责发生制所得出的企业收益方面的信息比只依靠现金收付实现制说明的财务情况更为有用。我国也采纳了这种假定,并在此假定的基础上搭建了现行财务会计理论的其他许多重要组成部分。因此,在我国 2006 年修订的《企业会计准则》中,权责发生制被列入了会计假设。

权责发生制也存在着一定的局限性。由于不能及时地反映企业的现金流动情况,它可能会给企业的资金周转管理造成一定的障碍。所以在现实工作中,许多企业往往选择权责发生制为主,辅之以收付实现制。例如,定期编制和提供现金流量表,用以弥补权责发生制的不足。

6.1.3　会计信息质量要求

在第 1 章中我们讨论过会计核算提供各种经济信息,供不同的使用者使用,需要满足不同的决策需要,才能实现财务会计的目标。财务会计加工、处理着每天发生的各种经济业务传达出来的纷繁信息,最终按照一定的标准选择提供着有用的信息,并且实现信息的通用性、可理解性。那么这个标准是什么呢?我们怎样区分有用的信息?这些有用的信息符合什么要求才是具有通用性的?

这个问题的答案,就体现在建立财务会计信息统一的质量要求上。财务会计信息的质量要求是人们从会计实践中总结出来的经验,在得到会计界的公认以后,上升为会计工作所应遵循的共同准则和规范。它是财务会计报告目标的具体化体现,是选择或评价具体会计准则、会计程序和方法的标准。会计信息质量要求能够保证会计信息的真实性和可比性,加强了会计信息使用者对会计报表内容的信任度和理解力,使会计信息能够更好地为使用者服务。

我国 2006 年修订的《企业会计准则——基本准则》中规定了八项会计信息质量要求,包括客观性要求、相关性要求、明晰性要求、可比性要求、实质性要求、重要性要求、谨慎性要求和及时性要求。

6.1.3.1　客观性要求

客观性要求就是指企业应当以实际发生的交易或事项为依据进行会计确认、计量和报告,如实反映符合确认和计量要求的各项会计要素及其他相关信息,保证会计信息真实可靠、内容完整。

会计核算的客观性主要包括三方面的含义:①真实性,是指会计反映的信息应当同企业实际的财务状况和经营成果相一致。每一项会计记录都要有合法的凭证做依据。会计记录和会计报告中不得存在任何的虚构歪曲、隐瞒谎报。②可靠性,即对于经济业务的记录和报告,应做到不偏不倚,以客观事实为依据,而不能受主观意志的左右。③可验证性,是指会计信息应该有合理合法的凭证做依据,经得起检验和复核。

客观性是对会计核算工作的基本要求之一。只有会计信息真实客观地反映企业经营成果和财务状况,才能使会计信息的使用者了解到企业的真实情况,做出有效的决策选择。

6.1.3.2　相关性要求

相关性要求是指企业提供的会计信息应当与财务会计报告使用者的经济决策需要相关,有助于财务会计报告使用者对企业过去、现在或者未来的情况做出评价或者预测。这就是指,会计信息要符合会计目标,要与信息使用者的经济决策相关联。只有与使用者的要求相关联的会计信息,才可以使使用者利用其进行相关决策选择,才是对使用者真正有用的。

相关性要求企业会计信息在满足国家宏观调控需要的同时,还要满足有关各方了解企业财务状况和经营成果的需要,满足企业加强内部经营管理的需要。企业在收集、加工、处理、传递会计信息的过程中,要考虑信息使用者的不同需求特点,保证各方使用者的相关需要都能得到一定的满足。

6.1.3.3 明晰性要求

明晰性要求是指企业提供的会计信息应当清晰明了,便于财务会计报告使用者理解和使用。

过于冗繁或晦涩难懂的会计信息是没有太多价值的。提供会计信息的目的就是帮助使用者进行经济决策。所以企业所提供的会计信息应该是信息的使用者能够理解和使用的。明晰性要求会计信息简明易懂,能够简单明了地反映企业的财务状况和经营成果。这样的信息才是信息使用者容易理解并能够准确把握和利用的。

6.1.3.4 可比性要求

可比性要求有两层含义。第一层含义是指同一企业不同时期发生的相同或者相似的交易或者事项,应当采用一致的会计政策,不得随意变更。确需变更的,应当在附注中说明。这个层次的可比性要求的是同一会计主体不同会计期间会计信息的纵向可比,因此要求的是同一个企业在不同会计期间尽可能保持会计处理程序、会计处理方法及会计资料的口径一致。

同一企业在不同时空发生的相同类型的经济业务,采用一致的会计处理程序与方法,能够使会计信息的使用者通过比较分析企业不同时期的财务会计报告,对企业的财务状况和经营成果的变化趋势做出正确的判断,从而有效地进行预测和决策。

可比性要求并不是指企业采用的会计核算方法绝对不能变更。当原有的会计核算方法不能满足信息使用者的要求,不能保证客观可靠时,企业可以对其做出必要的变更。但是应将变更的内容和理由以及造成的影响在会计报表附注中予以说明,以引起会计报告使用者的注意。

可比性要求的第二层含义是指不同企业发生的相同或者相似的交易或者事项,应当采用规定的会计政策,确保会计信息口径一致、相互可比。这个层次的可比性要求的是不同企业之间尽可能保持会计处理程序、会计处理方法及会计资料的口径一致,便于不同企业之间会计信息的横向比较。

它要求国家在制定会计准则和会计制度时,尽量减少会计政策的可选择余地。同时还要求各企业必须依据国家的统一规定进行会计核算,按照国家统一规定的会计指标编制会计报告。这就使各种不同企业的会计信息具有了相互可以比较的基础,使信息使用者得以比较不同企业的会计报告,在分析、汇总信息之后,得出相应的评估结论。

6.1.3.5 实质性要求

实质性要求是指企业应当按照交易或事项的经济实质进行会计确认、计量和报告,不应仅以交易或者事项的法律形式为依据。

在会计核算过程中,有时经济事实不一定与其法律形式相一致。为了真实客观地反映事实,会计核算应当体现出对经济实质的尊重,不能只是根据交易或事项的外在法律表象形式来进行。例如,企业融资租入的固定资产,在租期未满以前,从法律形式上看,其所有权还没有转移给承租方,但从经济实质上看,该项固定资产相关的收益和风险都已经转移给了承租方,该项资产实质上受承租方的控制,这时承租方应当将该项固定资产作为自己的资产进行核算,按期计提折旧和修理费用。

6.1.3.6　重要性要求

重要性要求是指企业提供的会计信息应当反映与企业财务状况、经营成果和现金流量等有关的所有重要交易或者事项。在会计核算过程中,应当对交易或事项区别重要程度,采用不同的核算方式。对资产、负债、损益等有较大影响,并进而影响财务会计报告使用者做出合理判断的重要会计事项,必须按照规定的会计方法和程序予以处理,并在财务会计报告中予以充分、准确地披露;对于次要的会计事项,在不影响会计信息真实性和不至于误导财务会计报告使用者做出正确判断的前提下,可适当简化处理。

重要性要求是指会计核算应在全面反映信息的基础上突出重点。在企业纷繁复杂的经济活动中,强调重要性要求,是具有现实意义的:①不用详细罗列所有零散数据和指标,可以降低提供会计信息的成本;②分清主次,突出重点,弱化次要信息,避免了无关信息的干扰,能够加强信息使用者对会计信息的理解和利用效率。

一项会计事项是否重要,主要取决于会计人员的职业判断。其判断依据是该会计内容对于会计信息使用者的决策是否有重大影响,或者该会计事项涉及的资产是否在总资产的一定比例以上。

6.1.3.7　谨慎性要求

谨慎性要求体现了要求稳健的观点,它要求企业对交易或者事项进行会计确认、计量和报告应当保持应有的谨慎,不应高估资产或者收益、低估负债或者费用。

谨慎性要求企业对于可能发生的收入,不做预计,也不提前入账;而对可能发生的费用和损失,应进行合理的估计,并予以入账。也就是说,企业的资产及收益类项目不可高估,负债及费用类项目不可低列,如此可以稳健地反映企业的财务状况和经营成果,增强企业抵御风险的能力。在谨慎性要求指导下的会计核算中,本期经营活动导致的潜在损失不至于递延到以后某期反映出来,增加那一期的费用负担,从而能够更加真实客观地反映各期的经营成果。

会计核算中,对于应收账款采用备抵法计提坏账准备,期末对存货采用成本与可变现净值孰低法估价等做法,都体现了谨慎性要求。但是,谨慎性要求不能被歪曲利用。任何蓄意隐瞒利润、逃税漏税的行为都是不符合谨慎性要求的。

6.1.3.8　及时性要求

及时性要求是指企业对于已经发生的交易或者事项,应当及时进行会计确认、计量和报告,不得提前或者延后。

会计信息具有很强的时效性,信息一旦过时价值就大打折扣,不仅不能及时反映企业在一定时点上的财务状况、一定期间里的经营成果和现金流量,而且还会给信息使用者的决策带来干扰。在竞争日趋激烈的市场经济条件下,企业只有及时地收集、整理会计信息,才能满足企业自身经营管理者和企业之外信息使用者的要求。同时,如果不是延后反映,而是提前进行反映,也不符合反映实际发生的交易或事项的客观性要求。

及时性要求是同时贯彻在两个方面中的:①及时记录,是指企业应该及时收集并及时加工会计信息,当期的业务在当期处理完成;②及时报告,是指企业应该在会计期间结束后的规定时间里将会计报告报送给有关方面,做到会计信息的及时传递。

6.2 会计的历史沿革

会计是一个古老的行业。随着社会环境的变迁,社会对会计信息的要求不断变化,会计不断发展演变。近现代以来,社会发展的速度加快,使得会计的面貌也日新月异,会计在社会经济生活中发挥的作用也越来越重要。

6.2.1 早期会计的发展历程

古代人类发明文字和算数主要就是为了记录各种信息。古代巴比伦人在楔形文字书板上就记录了生产的农作物的数量和种类。随着生产力的发展,剩余产品大量出现,原始计量逐步从人们进行生产、交换、分配和消费活动的附带职能,演变成一个独立的职能。社会化的生产使得共同协作劳动取代了个体劳动,脱离了劳动生产的个人得以单独从事会计工作。奴隶社会中单式簿记和内部控制特征形式的会计,标志着独立意义的会计产生。在我国,"会计"一词在《周礼》中被多次提及,当时还产生出审核地方会计文书的"司会"一职。会计虽然已经由人单独担任,但是这个时期的会计还是很不成熟的,并没有形成一门独立的学科。

6.2.2 近代会计的发展历程

6.2.2.1 复式记账方法的产生

近代会计的真正起点,是 1494 年《算术·几何·比与比例概要》一书的出版。中世纪的地中海沿岸城市成为世界商业中心。海运贸易的繁荣需要采用一定的簿记方法来记录商业交换中的债权债务关系。300 年间,日益发展的商业和金融业推动了意大利佛罗伦萨、威尼斯、热那亚等城市流行的复式记账方法的发展。1494 年,研究数学问题的意大利修道士卢卡·帕乔利(Luca Paciolio)著成了这部详细记述威尼斯当地复式记账法的著作,因此书中介绍的簿记方法又被称为威尼斯法。这本书的出版,使得复式簿记方法在欧洲乃至全世界得到推广。因此我们普遍认为复式记账方法的产生是近代会计形成的标志。

当时的复式簿记方法和我们今天的会计方法还是有着许多的不同的,比如由于公众很少向企业投资,因此企业不对外承担经济责任,财务会计报告并不是当时信息传递的重要手段,会计还是主要体现为簿记系统的记录和汇总功能。另外,当时的簿记系统主要是为单个业主提供保密的资产和负债信息,所以不具有统一性,没有统一的会计标准和单一的稳定货币单位,并且没有会计分期和持续经营的概念。

6.2.2.2 工业革命

19 世纪产生于英国的工业革命,打破了四个世纪以来会计理论和方法缓慢发展的步伐。产业技术的高速发展,产生出新的企业组织形式——股份公司。股东和管理者的分离,潜在投资者和社会公众等新增信息使用者的需要,都对会计提供的信息提出了新的要求。对企业会计的监督需求,催化了以查账为职业的公共会计的产生,也促成了审计学科的发展。1854 年在英国爱丁堡成立了世界上第一个会计师协会。1887 年美国会计师协会也宣告成立。

股份公司中股份的永久性也影响了持续经营和会计分期的概念提出。机器的使用产生了折旧概念,批量生产的复杂工序推动了成本会计的出现。这一时期的公司管理者需要更为先进的会计系统提供信息,以满足不断投产的新产品、新增加的流水线、新筹措的资金等各方面经营策略所提出的要求。管理会计因此产生,它实现了对公司成本的控制和对企业业绩的评价功能。这个时期簿记学成长为会计学,会计开始出现财务会计、管理会计、审计和成本会计等分支学科。

6.2.3　现代会计的发展

20 世纪 20 年代后,随着经济重心的转移,会计学的中心从英国转到了美国,发展出了适应复杂工业制造流程的标准成本会计等许多比较成熟完善的会计学科。会计理论向现代会计发展阶段转化。

这个时期纽约股票交易所开始要求成员公司提交财务报告,成为最早监管公司对外报告的组织。随着股市缺乏监督被认为是股市崩溃的重要原因,为人们所重视以来,美国证券交易委员会(SEC)不仅开始要求上市公司公布年度报告,还要求上市公司公布季度报告,并且这些报告必须经过注册会计师的独立审计。

公司的形式也发展得越来越复杂多样,管理者很难独自完成整个公司的监督控制,因而对于企业内部的控制系统也达到了一个更高的需求层次。企业的内控理论和实践都实现了新的飞跃。

财务会计受到了高度的监管,会计程序得到了严格的规定。各国先后制定出台了许多会计准则,促使会计工作规范化,以适应证券化市场的需要。跨国公司的兴起,更增添了国际会计这一分支学科。会计电算化进一步提高了会计信息的处理和传递速度。人力资源会计、环境会计、社会责任会计等新兴学科扩大了会计的应用领域。

6.3　会计规范

会计是一个人造信息系统,被称为国际通用的商业语言。它能够跨越国界,通过会计报告等形式,向使用不同语言、不同文化背景下的人们传递由数据构成的经济信息。只有建立在会计规范基础上的会计信息系统,才能正常发挥会计作为通用商业语言的作用。规范,是约定俗成或明文规定的标准,用以约束人们的行为或工作。

会计规范就是会计行为的约束标准,它能够协调和统一人们在会计处理过程中对不同会计处理方法的选择行为,是一套用于规定、约束会计信息系统的数据加工、处理与信息生成等行为的法律、标准、制度。

建立会计规范的必要性,可以从以下三个方面来看。

首先,会计处理方法种类繁多,如果没有统一的规范加以约束,将会出现不同行业、不同企业、不同时期对同一数据产生不同理解的局面。

其次,会计信息要跨越国家和地区的界限进行传递、交流,就需要建立一套会计规范以消除和协调不同国家、地区之间会计处理差异的问题。

再次,会计信息是提供给企业的所有者、债权人等多方面的使用者使用的,他们的经济利益受到这些信息直接或间接的影响。但是,会计信息的提供过程是在企业的经营者控制之下完成的,会受到经营者从己方利益出发的各种可能的干预。会计信息使用者和提供者之间的信息不对称,导致了会计信息被隐匿或篡改的可能性增加,增加了信息获得成本。只有引入公共机构的干涉力量,加以强制性的规范,才能确保会计信息的质量,维护经济关系的良性运转。

由此可以看出,市场经济条件下为了体现公平竞争和效益至上的原则,必须改变企业各自为政、自立规矩的局面,建立会计规范体系来维护信息渠道的畅通可靠。会计规范可以通过约束会计主体对会计处理方法的选择行为,保持一定范围内和适当程度上会计程序与方法的统一,使会计工作中估计和判断所带来的不确定性减弱,增强会计信息的可靠性、相关性和可比性。

会计规范的出现,是会计发展的必然结果。一直到20世纪初,各国企业的会计处理都是相当随意的,完全是某一特定会计主体的个别行为,企业会计核算方法和处理程序以及所提供的报告内容由企业自行决定,主观随意性很大,因而所提供的会计资料可信度很低,可比性很差。1929年爆发的世界经济大危机,给社会生产力造成了巨大的破坏。也正是因为这次经济危机,会计规范化的进程得到了加快。经济危机之后,人们开始认识到会计处理的随意性给整个社会经济带来的灾难,因此迫切需要规范会计实务,增强会计信息的真实性和可比性,使资本市场得到有序、健康的发展。1933年和1934年,美国国会先后通过了《证券法》和《证券交易法》,规定所有证券上市企业都必须执行统一的会计程序和方法,并授权证券交易委员会(Securities and Exchanges Commission,SEC)负责制定统一的会计准则。这就是世界上第一个条文性的会计规范的诞生。自此之后,世界上许多国家都开始制定本国的会计规范。为了促进国际资本的流动,证券委员会国际组织(International Organization of Securities Committee,IOSCO)和国际会计准则委员会(International Accounting Standards Committee,IASC)成立,其着手研究可被各国接受的核心准则(core standards)等,为增强全球会计报表的可比性而努力。

会计工作是会计人员对数据进行加工、处理的一个过程,所以会计规范主要应包括会计信息生成过程的技术规范和人员规范。一般来说,会计规范的表现形式有很多,包括各种对会计工作产生一定影响的法律、法规、制度、准则、职业道德规范等。

会计法律制度是国家权力机关或其授权机构制定的,用来规范会计核算实务、会计基础工作、会计主体和相关会计人员职责,以便及时调整经济活动中各种会计关系的规范性文件的总和。改革开放以来,我国改变了过去计划经济时期所采用的统一会计制度型会计规范体系结构,目前基本形成了以《中华人民共和国会计法》为主体的比较完整的会计法规体系,主要包括三个层次,即会计法律、会计行政法规和国家统一的会计制度(会计部门规章和会计规范性文件)。它们构成了我国会计从业人员必须遵守的职业纪律和规范。

6.3.1　会计法律制度

6.3.1.1　会计法律

会计法律指的是所有对会计工作具有约束作用的法律。目前我国有两部会计法律,分别是《中华人民共和国会计法》(简称《会计法》)和《中华人民共和国注册会计师法》(简称《注册会计师法》),它们是直接针对会计工作制定的法律。会计法律是会计规范体系中权威性最高、最具有法律效力的,是制定其他各层次会计规范的依据。除此之外,在其他法律中也有针对会计工作的相关规定,如《中华人民共和国审计法》《中华人民共和国预算法》《中华人民共和国公司法》和税法等。

1.《会计法》

《会计法》于 1985 年颁布施行,1993 年 12 月,经第八届全国人民代表大会常务委员会第五次会议修正,1999 年 10 月经第九届全国人民代表大会常务委员会第十二次会议修正,2017 年 11 月 4 日经第十二届全国人民代表大会常务委员会第三十会议修正。《会计法》是一切会计工作的基本大法,是对会计工作的一般要求,是会计法律制度中层次最高的法律规范,是制定其他会计法规的依据,是指导会计工作的最高准则。

《会计法》的立法目的是规范会计行为,保证会计资料真实、完整,加强经济管理和财务管理,提高经济效益和维护社会主义市场经济秩序。《会计法》主要规定了会计工作的基本目的、会计管理权限、会计责任主体、会计核算和会计监督的基本要求、会计人员和会计机构的职责权限,并对会计法律责任做出了详细规定。国家机关、社会团体、企事业单位、个体工商户和其他组织都必须遵守《会计法》来处理各项会计事务。拟定其他的会计法规、制定会计准则和会计制度,都应以《会计法》为依据。

2.《注册会计师法》

为了发挥注册会计师在社会经济活动中的鉴证和服务作用,加强对注册会计师的管理,维护社会公共利益和投资者的合法权益,促进社会主义市场经济的健康发展,1993 年 10 月31 日第八届全国人民代表大会常务委员会第四次会议通过了《注册会计师法》。

6.3.1.2　会计行政法规

会计行政法规是指国务院制定发布或者国务院有关部门拟定,经国务院批准发布,调整经济生活中某些方面会计关系的法律规范。它的制定依据是《会计法》,具体包括《总会计师条例》和《企业财务会计报告条例》等。

1.《总会计师条例》

《总会计师条例》主要规定了单位总会计师的职责、权限、任免、奖惩等,是对《会计法》中有关规定的细化和补充,共五章二十三条。

2.《企业财务会计报告条例》

《企业财务会计报告条例》自 2001 年 1 月 1 日起施行,共六章四十六条,主要规定了企业财务会计报告的构成、编制和对外提供的要求、法律责任等。它是对《会计法》中有关财务会计报告的规定的细化。条例要求企业负责人对本企业的财务会计报告的真实性和完整性负责;强调任何组织或者个人不得授意、指使、强令企业编制和对外提供虚假的或者隐瞒重要事实的财务会计报告;规定有关部门或机构必须依据法律法规,索要企业财务会计报告。条例还对违法违规行为应承担的法律责任做了明确规定。

6.3.1.3　国家统一的会计制度

国家统一的会计制度是指国务院财政部门根据《会计法》制定的关于会计核算、会计监督、会计机构和会计人员以及会计工作管理的制度,包括会计部门规章和会计规范性文件。

1.分类

(1)会计部门规章

会计部门规章是由财政部制定并公布的制度、办法,如以财政部第 33 号令签发的《企业会计准则——基本准则》和以财政部第 73 号令签发的《会计从业资格管理办法》等。

(2)会计规范性文件

会计规范性文件是指主管全国会计工作的行政部门,即国务院财政部门制定、发布的制度、办法,包括企业会计准则体系中的具体准则、应用指南以及《企业会计制度》《会计基础工作规范》《小企业会计制度》《行政单位会计制度》《事业单位会计制度》《会计档案管理办法》等。

2.主要内容

会计准则是调整会计对象的标准,是进行会计工作的规范,是评价会计工作质量的准绳。会计准则(accounting standards)和会计原则(accounting principles)本来并不是含义完全一样的概念。会计准则倾向于实务指导,是一套行之有效的规范化会计程序和方法。会计原则侧重于理论指导,是对会计实践经验的规律总结。但是严格地区分这两个概念,是比较困难的事情。现实中的会计界常常混同使用它们,现在已经不再加以区别。

会计准则是从长期的会计实务中抽象和概括出来的,是在实践中不断发展和完善起来的一种规范体系。它是社会生产发展到一定阶段的必然结果。19 世纪后半期,资本主义经济发展迅速,股份公司逐渐成为企业组织形式的主流,企业的所有权与经营权拆分开来,造成了会计信息提供者和使用者的分离,股东、债权人、国家宏观管理部门、企业管理当局等不同的信息使用者都需要得到真实可靠的会计报告,并对会计信息的可理解性和可比性提出了更高的要求。社会环境的发展变化推动了会计信息走向标准化。世界上最早出现的会计准则,是 1932 年美国公共会计师协会(American Association of Public Accountants, AAPA)与纽约证券交易所(NYSE)制定的一套比较完整的会计原则。美国公认会计原则正式形成的起点,一般被认为是美国注册会计协会(American Institute of Certified Public Accountants, AICPA)成立第一个全国性会计准则制定机构会计程序委员会(Committee on Accounting Procedure of AICPA, CAP of AICPA)。几十年来,会计程序委员会以及之后的会计原则委员会(APB)和财务会计准则委员会(FASB)不断地完善公认会计原则体系,使得这套体系成了各国会计准则体系的典范。

世界各国的会计准则,一种是由民间机构制定的,如美国的财务会计准则委员会(FASB)和英国的会计准则委员会(ASB);另一种是由国家机构出面制定的,如我国的财政部。

针对不同性质的会计主体的要求,我国的会计准则主要可以分为适用于营利组织的《企业会计准则》《小企业会计准则》以及适用于公共事业单位的非营利组织会计准则如《事业单位会计准则》等。

(1)企业会计准则

①层次及其内容

我国的企业会计准则体系分为以下三个层次。

第一个层次是基本会计准则,又称指导性准则,是指适用面最广,对会计核算具有普遍指导意义的准则,是所有会计主体必须共同遵守的会计核算基本规律。基本会计准则主要是就会计核算基本内容做出的原则性规定,包括四方面的内容:会计假设;会计信息质量要求;会计要素的确认、计量准则以及会计计量属性;财务会计报告的基本内容与目标要求。

第二个层次是具体会计准则,又称应用性准则,一共有 42 项,是在基本会计准则的基础上,对不同经济业务的会计处理的具体规定,内容主要包括一般业务准则、特殊行业的特定业务准则和报告准则三类。

一般业务会计准则是指对不同行业会计核算中的共性业务进行会计处理的规范,包括存货、固定资产、长期股权投资、无形资产、投资性房地产、借款费用、资产减值、职工薪酬、收入、所得税、外币折算等。

特殊行业的特定业务准则是指对企业一些不普遍发生的特殊经济业务的会计处理方法的规定,包括原保险合同、再保险合同、生物资产、金融工具确认和计量、石油天然气开采、套期保值等方面的规范。

报告准则是指对企业提供的会计报表、报表附注和财务情况说明书的格式、内容、列示方法等方面的规定,如现金流量表、关联方披露、资产负债表日后事项、财务报表列报、中期财务报告、合并财务报表、分部报告、金融工具列报等。

第三个层次是企业会计准则的应用指南,包括金融企业的会计科目和会计报表、非金融企业的会计科目和会计报表。应用指南是在基本准则和具体准则基础上制定的,是指导会计实务的操作性指南。由于金融企业业务的特殊性,应用指南主要按金融企业和非金融企业两大类型解释两者的会计科目、账务处理、会计报表及其格式。

②历史沿革和意义

我国的《企业会计准则》是由财政部于 2006 年 2 月 15 日颁布的。2006 年的准则内容多、涉及的范围广,那么它又是在什么样的环境下产生的呢? 我们一起先来看一下我国企业会计准则的演变历程。

新中国成立以来,我国一直采用的是由财政部制定和颁布的统一的会计制度,用以规范国有企业的会计事务。

改革开放后,我国的经济体制从高度集中的计划经济向社会主义市场经济转变,逐渐形成了多元化利益格局。企业的所有者、债权人、管理当局、职工和政府管理部门等不同的主体对会计信息提出了多元化的要求,企业可以根据自身的情况选择适合的会计方法等。

1992—1993 年,我国进行了重大财务会计制度改革,先后发布的《企业会计准则——基本准则》《企业财务通则》以及分行业的财务制度和会计制度,实现了会计核算模式的转换,即由适应高度统一的计划经济体制的财务会计核算模式,转换为适应社会主义市场经济体制的财务会计核算模式,建立了六大会计要素,将多种记账方法统一为借贷记账法,将资金平衡表改为资产负债表,等等。我国的这次会计改革初步建立起市场经济基础上的新会计模式,实现了企业会计核算原则和具体方法的转变,推动了与国际会计惯例接轨的进程。

但是,这些在我国市场经济刚刚起步阶段所制定的分行业会计制度,带有较多的计划经济痕迹。随着市场经济的进一步深入发展,它们逐渐显露出不适应市场经济条件下企业实际工作需要的问题。主要表现为:一是传统的财务会计管理模式不能适应市场经济发展的要求,1992 年的企业财务会计制度改革没有根本解决财务会计管理以及会计要素确认、计量标准上的不合理、不科学现象;二是不同性质的企业施行不同的会计制度,造成相同行业的会计信息不具有可比性;三是新兴行业无法在现有行业会计制度体系中找到适用的会计制度,分行业的会计制度已经不能满足经济发展的需要;四是分行业会计制度操作性不强,只是对会计处理程序加以简单指导,造成会计处理无章可循、各行其是的状况;最后是会计制度中所规定的某些会计政策和会计估计已经不能适应企业需要,导致反映的会计信息缺乏可靠性。

1999年发布的新修订的《会计法》对企业保证会计资料的真实、完整提出了更高的要求,并且规定国家实行统一的会计制度。随着我国加入世界贸易组织和国际会计师联合会,我国会计标准与国际会计惯例协调的迫切性、必要性明显增强。在这样的背景下,我国着手建立统一的企业会计核算制度,以取代当时并存的十几个行业会计制度。

20世纪80年代后期开始兴起的企业股份制改造,带来了会计的社会化、国际化协调问题。社会公众以及国家宏观管理部门对上市公司的会计核算和信息披露提出了更高的要求。因此,为了提高会计信息的透明度,保证会计信息的可靠性,同时公平地兼顾所有与企业有着利益关系的利益主体的利益,制定与市场经济相适应的会计准则被提到了议事日程上来。1988年10月我国财政部成立了会计准则课题组,着手研究与制定会计准则。经过反复论证与广泛征集意见,于1992年11月正式颁布并于1993年7月1日起施行《企业会计准则》,适用范围是设在我国境内的所有企业。1993年起,财政部又开始起草和制定具体会计准则。1997年5月,第一个具体会计准则《企业会计准则——关联方关系及其交易的披露》正式颁布,首先由上市公司执行。1998年起又颁布了《企业会计准则——现金流量表》《企业会计准则——债务重组》《企业会计准则——投资》《企业会计准则——建造合同》《企业会计准则——非货币性交易》《企业会计准则——或有事项》《企业会计准则——借款费用》《企业会计准则——中期财务报告》《企业会计准则——固定资产》等具体会计准则。这套准则在我国会计改革中发挥了积极的指导作用,在当时对推动会计改革、促进我国会计标准与国际会计惯例协调发展起了积极作用。

但是,后来我国经济生活中出现了许多新事物,给会计实务提出了许多新的课题,比如企业兼并、融资租赁、物价变动影响以及国际结算等;同时20世纪90年代后期以来频繁出现的会计信息失真以及股市波动问题,一定程度上暴露出了我国会计规范不完善和准则既定原则广泛适用性问题,既定的法律规范存在的时滞性和主观性导致整个会计和审计行业受到批评;再者,加入世界贸易组织以来,发达国家设置种种壁垒阻挠我国市场经济发展,并且通过各种反倾销诉讼使我国遭受了经济损失。例如,2004年欧盟在评估我国完全市场经济地位时,就设置了独立于双边协定和世界贸易组织规则的条款:必须建立一个符合国际会计准则的、账目清楚的会计记录,该会计记录应当由独立的机构根据国际会计准则进行审计。诸如此类的"霸王条款"和各种外部环境因素一起呼唤新会计技术方法和新会计准则的出台,产生了推动我国会计准则与国际准则趋同的外部动力。

国务院于2000年发布了《企业财务会计报告条例》,财政部于2000年和2001年颁布了《企业会计制度》和《金融企业会计制度》,但1992年颁布的《企业会计准则》没有同步修订,依然有效,形成了我国会计准则和会计制度并存的会计标准模式,在实际执行过程中,行政法规、部门规章之间不一致甚至相互抵触,如对会计目标以及会计要素的定义、确认和资产减值等问题的界定就有所不同。

基于上述种种原因,财政部于2006年2月15日发布了新的《企业会计准则》,从法规体系层面解决了上述矛盾。第一,从立法的角度,为企业会计准则体系纳入现行会计法规体系扫除了障碍,避免了不同会计准则和制度之间的矛盾冲突,保证了会计准则体系的完整性和严密性。准则通过基本准则、具体准则和应用指南构成了一个有机整体,完善了企业会计准则体系的架构。第二,企业会计准则也在会计政策和方法的选用上体现了科学性和全面性。

比如针对高风险的金融行业,企业会计准则体系完善了对该行业企业和创新金融业务的规范;在变革了基本准则中包括会计计量属性等在内的重要内容的同时,还推出了《企业会计准则第 30 号——财务报表列报》等企业具体准则的细部变化方案。第三,在公允价值的应用、企业合并的处理、关联方交易的披露等方面,准则体现了与国际会计准则的趋同性和差异性。

我国企业会计准则在不断学习和借鉴中发展。国际金融危机爆发之后的 2010 年,我国财政部发布了《中国企业会计准则与国际财务报告准则持续趋同路线图》,并再次明确我国企业会计准则与国际财务报告趋同目标。这既是我国对国际社会的承诺,又是我国企业会计准则发展的方向。

2014 年,财政部陆续修订了五项准则,分别为《企业会计准则第 2 号——长期股权投资》《企业会计准则第 9 号——职工薪酬》《企业会计准则第 30 号——财务报表列报》《企业会计准则第 33 号——合并财务报表》和《企业会计准则第 37 号——金融工具列报》。除此之外,还发布了三项新的企业会计准则,分别为《企业会计准则第 39 号——公允价值计量》《企业会计准则第 40 号——合营安排》和《企业会计准则第 41 号——在其他主体中权益的披露》。新修订的准则修订了长期股权投资核算方法转换和计量标准,明确规定了职工的概念,涵盖了劳务派遣,明确了财务报表列报的重要性,并进一步完善了合并财务报告的范围,对于金融工具列报强调经济实质而非法律形式。

2017 年,财政部又修订了六项准则,分别为《企业会计准则第 14 号——收入》《企业会计准则第 16 号——政府补助》《企业会计准则第 22 号——金融工具确认和计量》《企业会计准则第 23 号——金融资产转移》《企业会计准则第 24 号——套期会计》《企业会计准则第 37 号——金融工具列报》,还发布了一项新准则,即《企业会计准则第 42 号——持有待售的非流动资产、处置组和终止经营》。

这些会计准则的修订和发布,主要目的是与国际会计准则持续趋同并保持与我国香港财务报告准则持续等效。

(2)小企业会计准则

为了规范小企业会计确认、计量和报告行为,促进小企业可持续发展,发挥小企业在国民经济和社会发展中的重要作用,根据《中华人民共和国会计法》及其他有关法律和法规,财政部于 2011 年制定了《小企业会计准则》,自 2013 年 1 月 1 日起在小企业范围内施行,自此,原《小企业会计制度》作废。

准则适用于在中华人民共和国境内依法设立的、符合《中小企业划型标准规定》所规定的小型企业标准的企业,以下三类小企业除外:股票或债券在市场上公开交易的小企业;金融机构或其他具有金融性质的小企业;企业集团内的母公司和子公司。符合该准则规定的小企业,可以执行该准则,也可以执行《企业会计准则》。

(3)适用于非营利组织的会计准则和相关会计制度

我国在非营利组织会计领域颁布的会计准则,目前有《事业单位会计准则》,它和《事业单位会计制度》一起形成了一个整体,对非营利组织中的事业单位会计核算工作进行了界定。

我国在非营利组织会计领域颁布的会计制度主要有预算会计制度、《民间非营利组织会计制度》和《村集体经济组织会计制度》三个部分。其中,预算会计制度由《财政总预算会计制度》《行政单位会计制度》和《事业单位会计制度》组成。《民间非营利组织会计制度》主要针对依照国家法律、行政法规登记的社会团体、基金会、民办非企业单位和寺院、宫观、清真寺、教堂等组织设计。《村集体经济组织会计制度》则是为适应农村税费改革的新情况,搞好村务公开和民主管理,加强村集体经济组织的会计工作,针对村集体经济组织会计核算工作的规范。

6.3.2 会计工作管理体制

会计工作管理体制是划分会计管理工作职责权限的制度,包括会计工作的管理范围、职责权限及其相互关系等。我国的会计工作管理体制主要包括行政管理、自律管理和单位会计管理等内容。

6.3.2.1 会计工作的行政管理

会计工作的主管部门是指代表国家对会计工作行使管理职能的政府部门。《会计法》第七条规定,国务院财政部门主管全国的会计工作。县级以上地方人民政府财政部门管理本行政区域内的会计工作。由各级人民政府财政部门管理本行政区域内的会计工作,体现了"统一领导,分级管理"的原则。

财政部门履行的会计行政管理职能主要有以下几个方面。

1. 会计准则制度的制定和组织实施

会计法律制度是调整会计关系的法律规范。会计关系是会计机构和会计人员在处理会计事务过程中以及国家在管理会计工作中产生的经济关系。为了保证会计工作的有序进行,国家制定了一系列会计法律制度并组织实施,包括针对会计工作、会计核算、会计监督、会计人员、会计档案等管理制定的规范性文件。

2. 会计市场管理

会计是一项专业性很强的工作,会计信息质量以及会计师事务所执业质量直接影响市场秩序,进而影响国家和社会公众利益。在市场经济条件下,政府必须加强对会计市场的管理,包括会计市场的准入、运行、退出和人员培训几个方面。根据《会计法》和《注册会计师法》的规定,财政部门是会计行业和注册会计师行业的主管部门,履行相应的会计市场管理职责。会计市场准入包括会计从业资格、会计师事务所的设立条件、代理机构的设立条件等。

3. 会计专业人才评价

我国会计专业人才评价机制包括初级、中级、高级会计人才评价机制和会计行业领军人才的培养机制等。对初级、中级、高级会计人才的评价,主要通过会计专业技术考试来进行,由财政部门组织实施,人力资源和社会保障部门监督指导,包括初级、中级、高级三种级别的会计专业技术全国统一考试。

会计行业领军人才培养是适应我国当前经济发展的一种新的会计专业人才评价方式。财政部负责组织全国范围内的会计领军人才培养工作,地方财政部门和中央各单位负责本地区、本部门、本系统内的会计领军人才培养工作。

对会计人员的表彰、奖励也属于会计专业人才评价的范畴。《会计法》规定,对认真执行《会计法》,忠于职守,坚持原则,做出显著成绩的会计人员,给予精神的或物质的奖励。

此外,我国规定会计人员应当参加继续教育,以不断提高会计人员的专业胜任能力,促进会计人员整体素质的提高。

　　4.会计监督检查

　　会计监督检查属于政府市场监督的范畴。它是规范会计秩序,打击违法行为,保证会计信息质量,保护国家、投资者、债权人、社会公众利益,维护社会主义市场经济秩序的重要举措。财政部门实施的会计监督检查主要是会计信息质量检查和会计师事务所执业质量检查。

　　根据《会计法》的规定,县级以上人民政府财政部门为各单位会计工作的监督检查部门,对各单位会计工作行使监督权,对违法会计行为实施行政处罚。因此,财政部门是《会计法》的执行主体,是会计工作的政府监督实施主体。这里所说的财政部门,是指国务院财政部门、国务院财政部门的派出机构和县级以上人民政府财政部门。

　　财政部应当加强对县级财政部门的监督,指导注册会计师、会计师事务所的监督检查工作。省级财政部门应当建立信息报告制度,对于会计师事务所、注册会计师发生的重大违法违规案件及时上报财政部。

6.3.2.2　会计工作的自律管理

　　会计行业自律管理制度是对行政管理制度的一种有益的补充,有助于督促会计人员依法展开会计工作,树立良好的行业风气,促进行业的发展。

　　1.中国注册会计师协会

　　中国注册会计师协会是依据《注册会计师法》和《社会团体登记条例》的有关规定设立的社会团体法人,是中国注册会计师行业的自律管理组织,成立于 1988 年 11 月。

　　中国注册会计师协会分别于 1996 年 10 月和 1997 年 5 月加入亚太会计师联合会和国际会计师联合会,并与 40 多个境外会计师职业组织建立了友好合作和交往关系。

　　中国注册会计师协会的最高权力机构为全国会员代表大会,全国会员代表大会选举产生理事会。理事会选举产生会长、副会长、常务理事会,理事会设若干专门委员会和专业委员会。常务理事会在理事会闭会期间行使理事会职权。协会下设秘书处,为其常设执行机构。

　　2.中国会计学会

　　中国会计学会是由全国会计领域各类专业组织及会计理论界、实务界会计工作者自愿结成的“会员制”社会组织,具有学术性、专业性和非营利性的特点。以组织、推动会计理论和实务交流,建立和完善适应社会主义市场经济发展需要的、具有国际影响力的会计理论与方法体系为目标,致力于通过专业活动为会员提供终身持续的专业化服务,同时为社会提供不同层次的专业人才。

　　中国会计学会的许多个人会员在各自领域担任重要职务。中国会计学会还有单位会员,涵盖国有大中型企业、大专院校、省级会计管理机构。

6.3.2.3　单位会计工作管理

　　1.单位会计工作管理的责任主体

　　单位会计工作管理的责任主体是单位负责人。单位负责人要组织、管理好本单位的会计工作,负责单位内部的会计工作管理,应当保证会计机构、会计人员依法履行职责,不得授意、指使、强令会计机构、会计人员违法办理会计事项。单位负责人是单位的最高管理者,必须对本单位的一切经营管理和业务活动负责任,当然也必须对会计工作和会计资料的真实性、完整性负责任。

　　2.会计人员的管理制度

　　会计人员的管理制度主要包括会计人员从业资格、任职资格、任免、调迁、评优表彰奖惩管理,会计专业技术职务资格管理,会计人员继续教育管理,等等。

会计人员的选拔任用(任免、调迁)由所在单位具体负责。财政部负责会计人员从业资格管理、会计人员评优表彰奖惩管理、会计专业技术职务资格管理、会计人员继续教育管理等。

3.会计人员的任职资格

《会计法》第三十八条规定,会计人员应当具备从事会计工作所需要的专业能力。担任单位会计机构负责人(会计主管人员)的,应当具备会计师以上专业技术职务资格或者从事会计工作三年以上经历。

4.单位内部会计管理制度

单位内部会计管理制度是根据《会计法》和国家统一的会计制度的规定,结合单位类型和内部管理的需要,遵循一定的原则制定的,用于规范单位内部会计管理工作和会计行为的具体制度和管理方法。

6.3.3　会计法律制度的其他方面

会计法律制度是一个完整的体系,一共由六个部分组成,除了包含前述的会计法律制度、会计工作管理体制两个部分以外,还包括会计核算、会计监督、会计机构与会计人员、法律责任四个方面。其中,会计核算在本书的第 3 章及后续章节中陆续展开,会计机构与会计人员在本书的第 13 章中详细论述。因此此处只对这些部分进行简略叙述。

6.3.3.1　会计核算

会计核算是会计工作的基本职责之一,是会计工作的重要环节。我国会计法律制度对会计信息质量要求(详见本章前文)、会计资料基本要求以及会计年度、记账本位币、填制会计凭证、登记会计账簿、编制财务会计报告、财产清查、会计档案管理等做了统一规定。

1.总体要求

(1)会计核算依据

会计核算必须以实际发生的经济业务事项为依据。《会计法》第九条规定,各单位必须根据实际发生的经济业务事项进行会计核算,填制会计凭证,登记会计账簿,编制财务会计报告。任何单位不得以虚假的经济业务事项或者资料进行会计核算。实际发生的经济业务事项,是指各单位在生产经营或预算执行过程中发生的包括引起或未引起资金增减变化的经济活动。并非所有实际发生的经济业务事项都需要进行会计记录和会计核算。如签订合同或协议的经济业务事项,在签订时,往往无须进行会计核算,只有当实际履行合同或协议并引起资金运动时,才需要对履行合同或协议这一经济业务事项如实记录和反映,进行会计核算。以实际发生的经济业务事项为依据进行会计核算,是会计核算的重要前提,是填制会计凭证、登记会计账簿、编制财务会计报告的基础,是保证会计资料质量的关键。而以虚假的经济业务事项或资料进行会计核算,是一种严重的违法行为。没有经济业务事项,会计核算也就失去了对象;以不真实甚至虚拟的经济业务事项为核算对象,会计核算就没有规范、没有约束、没有科学可言。有些单位借此欺骗投资者、债权人和社会公众,达到非法目的。针对这种严重违法行为,《会计法》做出了禁止性规定。

(2)对会计资料的要求

会计资料主要是指会计凭证、会计账簿、财务会计报告、其他会计资料等会计核算专业资料,其是会计核算的重要成果,是投资者做出投资决策、经营者进行经营管理、国家进行宏观调控的重要依据。因此,《会计法》和《会计基础工作规范》都要求:第一,会计资料的内容和要求必须符合国家统一的会计制度的规定,保证会计资料的真实性、完整性。第二,任何单位和个人不得伪造、变造会计凭证、会计账簿、其他会计资料,提供虚假的财务会计报告。

伪造会计资料,是以虚假的经济业务为前提来编制会计凭证和会计账簿,旨在以假充真;变造会计资料,是用涂改、挖补等手段来改变会计凭证和会计账簿的真实内容,以歪曲事实真相。伪造、变造会计资料,造成会计资料失实、失真,误导会计资料的使用者,损害投资者、债权人、国家和社会公众利益。因此,《会计法》对伪造、变造会计资料和提供虚假财务会计报告等弄虚作假行为做出了禁止性规定。

2.其他要求

会计核算的其他要求包括对公司企业会计核算的特别要求,会计凭证、会计账簿、财务会计报告、财产清查、会计档案管理的具体要求,详见本书其他章。

6.3.3.2　会计监督

会计监督是会计的基本职能之一,《会计法》确立了三位一体的会计监督体系。所谓三位,是指会计监督体系的结构包括三个层次,即单位内部会计监督、政府监督和社会监督。所谓一体,是指各层次监督之间相互联系、相互协调,形成一个有机整体。内部监督的本质是内部控制,是内部管理的重要组成部分;政府监督和社会监督是对内部监督的再监督,其具有强制性和无偿性。

1.单位内部会计监督

(1)概述

单位内部会计监督是指单位的会计机构、会计人员依照法律的规定,通过会计手段对经济活动的合法性、合理性和有效性进行的一种监督。各单位应当建立、健全本单位内部会计监督制度,这是贯彻执行国家统一的会计法律制度,保证会计工作健康有序开展,完善会计监督体系,提高会计信息质量的重要保证。

单位内部会计监督的主体是单位的会计机构和会计人员。单位内部会计监督的对象是单位的经济活动。

单位内部会计监督的内容主要有:

①会计机构、会计人员应对原始凭证进行审核和监督。

②会计机构、会计人员对伪造、变造、故意毁灭会计账簿或者"账外设账"的行为,应当制止和纠正;制止和纠正无效的,应当向上级主管单位报告,请求处理。

③会计机构、会计人员应当对实物、款项进行监督,督促建立并严格执行财产清查制度。

④会计机构、会计人员对指使、强令编造、篡改财务报告行为,应当制止和纠正;制止和纠正无效的,应当向上级主管单位报告,请求处理。

⑤会计机构、会计人员应当对财务收支进行监督。

⑥会计机构、会计人员对违反单位内部会计管理制度的经济活动,应当制止和纠正;制止和纠正无效的,向单位领导人报告,请求处理。

⑦会计机构、会计人员应当对单位制订的预算、财务计划、经济计划、业务计划的执行情况进行监督。

单位内部会计监督制度应当符合以下要求:记账人员与经济业务或会计事项的审批人

员、经办人员、财物保管人员的职责权限应当明确,并相互分离、相互制约;对于重大对外投资、资产处置、资金调度和其他重要经济业务,应当明确决策和执行程序,并体现相互监督、相互制约的要求;财产清查的范围、期限和组织程序应当明确;对会计资料定期进行内部审计的办法和程序应当明确。

(2)内部控制

为了加强和规范企业内部控制,提高企业经营管理水平和风险防范能力,财政部会同中国证监会、审计署、中国银监会、中国保监会制定并发布《企业内部控制基本规范》,于2009年7月1日开始实施。单位内部控制的相关细节,详见本书第13章。

(3)内部审计

内部审计在本书第1章阐述过,它是指单位内部的一种独立客观的监督和评价活动,它通过单位内部独立的审计机构和审计人员审查和评价本部门、本单位财务收支和其他经营活动以及内部控制的适当性、合法性和有效性,从而促进单位目标的实现。

内部审计的内容主要包括:财务审计、经营审计、经济责任审计、管理审计和风险管理等。内部审计的审计机构和审计人员都设在单位内部,审计内容更侧重经营过程是否有效、各项制度是否得到遵守与执行。审计结果的客观性和公正性较低,并且以建议性意见为主。

内部审计在单位内部会计监督制度中的主要作用是预防保护、服务促进、评价鉴证。具体而言,内部审计可以帮助单位发现问题、纠正错误、堵塞管理漏洞、减少损失、保护资产的安全与完整、增强会计资料的真实可靠性;促进企业改善管理、挖掘潜力、降低生产成本、提高经济效益;对各部门活动做出客观、公正的审计结论和意见。

2.政府监督

财政部门代表国家对单位和单位中相关人员的会计行为实施监督检查,并对发现的违法会计行为实施行政处罚,这就是会计工作的政府监督。它是一种外部监督。财政部门是会计工作政府监督的实施主体。财政部门实施的会计监督、检查主要有:对单位是否依法设置会计账簿的检查;对单位会计资料真实性、完整性的检查;对单位会计核算情况的检查;对单位会计人员任职资格的检查;对会计师事务所出具的审计报告的程序和内容的检查。

除财政部门以外,审计、税务、人民银行、银行监管、证券监管、保险监管等部门依照有关法律、行政法规规定的职责和权限,可以对有关单位的会计资料实施监督检查。

3.社会监督

会计工作的社会监督主要是指由注册会计师及其所在的会计师事务所依法对委托单位的经济活动进行审计、鉴证的一种外部监督。此外,单位和个人检举违反《会计法》和国家统一的会计准则的行为,也属于会计工作社会监督的范畴。

注册会计师审计与内部审计既有联系又有区别。两者的联系主要有:

(1)都是现代审计体系的重要组成部分。

(2)都关注内部控制的健全性和有效性。

(3)注册会计师审计可能涉及对内部审计成果的利用等。

两者的区别主要有:

(1)审计的独立性不同。内部审计为组织内部服务,接受总经理或董事会的领导,独立性较弱。注册会计师审计为需要可靠信息的第三方提供服务,不受被审计单位管理层的领导制约,独立性较强。

（2）审计方式不同。内部审计依照单位经营管理的需要自行组织实施,具有较大的灵活性。注册会计师审计则是受托审计,依照《注册会计师法》和执业准则、规则实施审计。

（3）审计的职责和作用不同。内部审计的结果只对本部门、本单位负责,只作为本部门、本单位加强和改进经营管理的参考,不对外公开。注册会计师审计需要对投资者、债权人及其他利益相关者负责,对外出具的审计报告具有鉴证作用。

（4）接受审计的自愿程度不同。内部审计是代表总经理或董事会实施的组织内部监督,是内部控制制度的重要组成部分。注册会计师审计是以独立的第三方对被审计单位进行的审计,委托人可自由选择会计师事务所。

（5）审计目标不同。内部审计主要是对内部控制的有效性、财务信息的真实性和完整性以及经营活动的效率和效果所开展的一种评价活动。注册会计师审计主要对被审计单位财务报表的真实性(或合法性)和公允性进行审计。

（6）遵循的审计标准不同。内部审计人员遵循的是内部审计准则,注册会计师遵循的是注册会计师审计准则。

（7）审计的时间不同。内部审计通常是定期或不定期审计,时间安排灵活。注册会计师审计通常是定期审计,每年对被审计单位的财务报表审计一次。

我国的注册会计师办理以下审计业务:①审查企业会计报表,出具审计报告;②验证企业资本,出具验资报告;③办理企业合并、分立、清算事宜中的审计业务,出具有关报告;④法律、行政法规规定的其他审计业务。

注册会计师还可以办理会计咨询和会计服务业务,主要包括:①设计会计制度;②担任会计顾问;③代理纳税申报;④代理记账;⑤提供会计咨询、税务咨询和管理咨询;⑥代理申请工商注册登记,协助拟定合同、章程和其他业务文件;⑦培训会计、审计和财务管理人员;⑧其他的会计咨询和会计服务业务。

6.3.3.3　会计机构与会计人员

《会计法》对会计机构与会计人员有详细的规定。本部分内容详见本书第 13 章。

6.3.3.4　法律责任

法律责任是指违反法律规定的行为应当承担的法律后果。《会计法》规定的法律责任主要有行政责任和刑事责任。

行政责任是指犯有一般违法行为的单位或个人,依照法律、法规的规定应承担的法律责任。行政责任主要有行政处罚和行政处分两种方式。

行政处罚是指特定的行政主体基于一般行政管理职权,对其认为违反行政法上的强制性义务、违反行政管理程序的行政管理相对人所实施的一种行政制裁措施,主要形式有罚款、责令限期改正等。

行政处分是国家工作人员违反行政法律规范所应承担的一种行政法律责任,是行政机关对国家工作人员故意或者过失侵犯行政相对人的合法权益所实施的法律制裁,主要形式有警告、记过、记大过、降级、撤职、开除等。

刑事责任是指犯罪行为应当承担的法律责任,即对犯罪分子依照刑事法律的规定追究的法律责任。刑事责任包括主刑和附加刑两种。主刑分为管制、拘役、有期徒刑、无期徒刑和死刑。附加刑分为罚金、剥夺政治权利、没收财产。对犯罪的外国人,也可以独立或附加适用驱逐出境。

会计违法行为的法律责任如下。

(1)不依法设置会计账簿等会计违法行为的法律责任

有不依法设置会计账簿等会计违法行为的,由县级以上人民政府财政部门责令限期改正,可以对单位并处三千元以上五万元以下的罚款;对其直接负责的主管人员和其他直接责任人员,可以处两千元以上两万元以下的罚款;属于国家工作人员的,还应当由其所在单位或者有关单位依法给予行政处分。构成犯罪的,依法追究刑事责任。

适用上述规定的会计违法行为还包括:未按规定填制、取得原始凭证或填制、取得的原始凭证不符合规定;私设账簿(小金库、账外账、两本账);以未经审核的会计凭证为依据登记账簿或登记账簿不符合规定;向不同的会计资料使用者提供的财务会计报告编制依据不一致;未经规定保管会计资料,致使会计资料毁损、灭失;随意变更会计处理方法;未按规定使用会计记录文字或记账本位币;任用会计人员不符合《会计法》规定;未按规定建立并实施单位内部会计监督制度,或拒绝依法实施的监督,或不如实提供有关会计资料及有关情况。

(2)其他会计违法行为的法律责任

第一,伪造、变造会计凭证、会计账簿,编制虚假财务会计报告,隐匿或者故意销毁依法应当保存的会计凭证、会计账簿、财务会计报告,构成犯罪的,依法追究刑事责任。尚不构成犯罪的,由县级以上人民政府财政部门予以通报,可以对单位并处五千元以上十万元以下的罚款;对其直接负责的主管人员和其他直接责任人员,可以处三千元以上五万元以下的罚款;属于国家工作人员的,还应由其所在单位或者有关单位依法给予撤职直至开除的行政处分;其中的会计人员,五年内不得从事会计工作。

第二,授意、指使、强令会计机构、会计人员及其他人员伪造、变造会计凭证、会计账簿,编制虚假财务会计报告或者隐匿、故意销毁依法应当保存的会计凭证、会计账簿、财务会计报告,构成犯罪的,依法追究刑事责任;尚不构成犯罪的,可以处五千元以上五万元以下的罚款;属于国家工作人员的,由所在单位或者有关单位依法给予降级、撤职、开除的行政处分。

第三,单位责任人对依法履行职责的会计人员实行打击报复,构成犯罪的,依法追究刑事责任;尚不构成犯罪的,由其所在单位或者有关单位依法给予行政处分。对受打击报复的会计人员,应当恢复其名誉和原有职务、级别。

6.4 会计职业道德规范

▷ 思考

请分别根据会计领域的不同职业,讨论其矿需要的职业道德。如果同学 A 应聘企业会计岗位,同学 B 应聘公共会计岗位,同学 C 应聘政府机构会计岗位,同学 D 应聘会计教育工作者岗位,结合第 1 章的内容,请问他们各自需要具备什么样的综合素质才能胜任工作要求?

职业道德的概念有广义和狭义之分。广义的职业道德是指从业人员在职业活动中应该遵循的行为准则,涵盖了从业人员与服务对象、职业与职工、职业与职业之间的关系。狭义的职业道德是指在一定职业活动中从业人员应遵循的、体现一定职业特征的、调整一定职业关系的职业行为准则和规范。从事不同职业的人员在特定的职业活动中形成了特殊的职业关系。为了协调这些复杂的、特殊的社会关系,除了需要政治的、行政的、法律的、经济的规范和手段之外,还需要一种适应职业生活特点的调节职业社会关系的规范和手段,由此形成了不同职业人员的道德规范,即职业道德。会计职业道德规范就是为了解决会计人员的行为规范问题而被提出的。道德是人们之间相互关系及其行为的准则和规范,是社会意识形态之一。会计职业道德是从事会计工作的人员所应遵守的道德标准。

社会主义市场经济体制的建立和改革开放的推进,促进了职业道德的发展,改变了人们传统的职业道德观念,使新的职业道德规范产生并在实践中指导人们的行为。加强会计职业道德规范体系建设,不断提高会计人员的职业素养,提高会计信息质量,是维护社会经济秩序、加快改革开放和现代化建设步伐的重要前提。

会计职业道德规范体系是一个复杂的、开放的系统,拥有丰富的内涵。它的建设重点主要集中在对象、层次和实施途径等方面。

6.4.1　会计职业道德规范的对象

会计职业道德规范的对象可以分成两大部分:一是在某一会计主体内部从事会计核算工作,对本单位的经济业务进行核算,提供反映单位财务状况、经营成果和现金流量的会计报告的人员,统称为"会计人员";二是在具体单位之外,以中立者身份接受单位外的利益集团的委托,对该单位的经营活动和会计行为进行检验、鉴证,负责提供独立审计、会计咨询服务的中介机构执业人员,被称为"审计人员"或"注册会计师"。两者的业务活动有相同之处,都遵循会计职业活动的基本职业道德如诚实守信、客观公正、坚持准则、廉洁自律等。同时,两者的业务活动存在的差异又要求其职业道德各具特点,如注册会计师从事审计业务,强调独立性,以保证审计业务的客观公正;会计人员由于其身份从属于所在单位,不能对其提出独立性的要求。

6.4.2　会计职业道德规范体系的层次

会计职业道德规范体系的层次主要包括会计职业道德的基本规范、会计职业道德评价和惩戒规范等。会计职业道德的基本规范主要规定会计职业人员应当遵循的道德规范的基本内容、要求、方法等;会计职业道德评价和惩戒规范主要明确对会计职业人员在工作中的职业道德表现进行检查、考核的方法和程序,以及对职业道德失范者进行惩戒的方法和程序。会计职业道德的基本规范是整个会计职业道德规范体系的基础和核心,会计职业道德评价和惩戒规范是有效实施会计职业道德基本规范的重要保证。

会计职业道德的基本规范对会计职业人员提出了以下要求:

(1)诚实守信。会计职业人员在工作中实事求是、如实反映、正确记录,保持审慎的态度,注重职业操守。

(2)客观公正。会计职业人员应坚持客观认真的态度,尊重事实,不为他人所左右,不弄虚作假,不唯领导是从;应继承优秀的道德文化传统,树立正确的价值观和人生观,洁身自好,不受利益诱惑,不贪占便宜;应熟悉相关法规,坚持客观事实与公正相结合。

(3)廉洁自律。会计职业人员应重视会计职业声望,保持自尊、自爱、自立,增强抵制行业不正之风的能力,敢于同违法违纪现象做斗争。

（4）恪守规则。会计职业人员应认真学习与会计职业活动相关的法律规范、会计准则和会计制度等规则，依照规则办事，增强遵守规则的自觉性，在高度不确定的经济业务面前，能够正确运用规则。

（5）勤勉敬业。会计职业人员在工作中应积极主动，不断提高职业品质，同时应具有事业心、责任感，尽心尽力做好每一项平凡细微的工作，严格把好业务的审核关和管理关，对本单位的经营活动、业务流程和会计核算历史有相当程度的了解。

（6）提高技能。会计职业人员应提高会计实务操作能力、沟通交流能力和职业判断能力。

（7）参与管理。会计职业人员应树立参与管理的意识，有针对性地参与管理。

（8）强化服务。会计职业人员应强化服务意识，注重自身修养，提高服务质量。

会计职业道德评价体系是建立在检查和评价相结合的基础上的。会计职业道德的检查通过会计专业技术资格考评进行，会计职业道德的评价机制包括激励和惩处两个方面，《会计法》和《会计基础工作规范》对会计人员的激励和惩处制度进行了规定。

6.4.3　会计职业道德规范的实施途径

会计职业道德规范的实施途径主要有：自我修养与外部督促相结合，宣传教育与检查惩戒相结合，行业自律与舆论监督、政府监督相结合，以"德"规范会计职业与依"法"监管会计职业相结合，等等。在道德约束力量之外，发挥经济、法律、行政手段的辅助作用，运用社会公众、新闻媒体、政府部门、行业组织等多方面的力量，共同加强会计职业道德规范体系的建设。

习　题

一、讨论题

1. 会计理论体系包括哪些内容和层次？

2. 会计假设有哪些内容，它们的含义各是什么？

3. 什么是会计主体？为什么要进行会计主体假设？

4. 会计分期假设与持续经营假设的关系是什么？

5. 正确理解会计信息的质量要求的具体含义。

6. 会计的发展史上有哪些重大里程碑，它们分别有什么意义？

7. 什么是会计规范？为什么需要制定会计规范？如何进行会计规范？

8. 我国会计规范体系的层次是怎样的？各个层次之间的关系如何？

9. 《会计法》在会计规范体系中的地位和作用是什么？新修订的《会计法》有哪些特点？

10. 会计准则体系一般包括哪些层次，每一层次有哪些内容？

11. 会计制度与会计准则的区别是什么？我国新的会计制度的意义是什么？它与旧的会计制度的区别是什么？

12. 会计职业道德规范体系建设的重点是什么？它们各自又有什么内容？

二、判断题

1. 会计计量单位只有一种，就是货币。　　　　　　　　　　　　　　（　　）

2. 谨慎性要求会计核算工作不得虚增费用，夸大资产。　　　　　　　（　　）

3. 企业提供的会计信息应当反映与企业财务状况、经营成果和现金流量等有关的所有交易或者事项。   （   ）

4.可比性要求是指会计处理方法在不同企业之间应当保持一致,不得随意变更。

（   ）

5.会计主体一般都是法律主体。   （   ）

6.权责发生制要求,收益在实现时确认,费用在发生时确认。   （   ）

7.单位和个人检举违反《会计法》和国家统一的会计准则的行为,也属于会计工作社会监督的范畴。   （   ）

8.近代会计形成的标志是奴隶社会中会计作为单独职能的出现。   （   ）

9.簿记学向会计学的转化是在近代会计中实现的。   （   ）

10.会计人员违反职业道德的,可能会被吊销会计证。   （   ）

三、单项选择题

1.对应收账款计提坏账准备这一处理方法体现的是（   ）要求。

　A.实质重于形式　　　　　　　　　　B.客观性

　C.可比性　　　　　　　　　　　　　D.谨慎性

2.权责发生制假设下,应作为本期收入或费用入账的是（   ）。

　A.预付的下个季度的房租

　B.支付的上个月借款的利息

　C.本月收到的上个月销售产品的货款

　D.摊销的以前已经付款的固定资产的修理费

3.企业以前年度采用的是直线法计提固定资产折旧,现在开始采用年数总和法,违背的是（   ）要求。

　A.谨慎性　　　　　　　　　　　　　B.相关性

　C.重要性　　　　　　　　　　　　　D.可比性

4.确定会计核算工作的空间范围的会计假设是（   ）。

　A.会计主体　　　　　　　　　　　　B.持续经营

　C.会计分期　　　　　　　　　　　　D.货币计量

5.下列各项准则中不属于具体会计准则的是（   ）。

　A.特殊行业的特定业务会计准则　　　B.会计要素准则

　C.基本业务会计准则　　　　　　　　D.会计报告准则

6.下列会计法规中,作为从事会计工作、制定其他各种会计法规的根本依据的是（   ）。

　A.基本会计准则　　　　　　　　　　B.具体会计准则

　C.会计法　　　　　　　　　　　　　D.企业会计制度

7.每一项会计记录都要有合法的凭证作依据,体现的是（   ）信息质量要求。

　A.谨慎性　　　　　　　　　　　　　B.实质性

　C.客观性　　　　　　　　　　　　　D.相关性

8.下列支出中属于资本性支出的是（   ）。

　A.购买固定资产的开支　　　　　　　B.支付职工工资

　C.支付本月房租　　　　　　　　　　D.支付当月办公费

第 7 章　账户分类

1. 理解账户分类的意义。
2. 熟悉账户分类的各种方法。
3. 掌握按用途和结构分类的账户类别及其特征与结构。

7.1　账户分类概述

7.1.1　账户分类的意义

经过前面的学习,我们了解和使用了许多账户。作为会计信息系统的骨架,这些账户撑起了严密而井然有序的信息编制和传递系统。这些账户都有着自身的特点,拥有不同于其他账户的性质、用途和结构,从各个侧面反映和监督着会计对象的变化过程和结果。这些账户在保持自身特点、发挥自身特殊作用的同时,并不是孤立存在的。每个账户和其他账户之间形成紧密的联系,组成了一个有机的整体,一起提供完整而系统的会计信息。可见账户在保有独立个性的同时,又有着某些共性。这些个性和共性的并存,保证了它们各司其职又互相联动,为实现同一个会计目标而工作。

为了科学地了解不同账户的共性和个性,理解它们的区别和联系,认识它们在会计信息系统中占据的不同地位和发挥的不同作用,我们有必要进一步研究账户的分类,寻找对各种账户进行设置和运用的规律。

7.1.2　账户分类的标志

我们通过对账户共同性的梳理和总结,将具有同样共性的账户归为一类。对账户进行分类一般坚持有用性和可行性原则,即账户的分类要合理、可行、通俗易懂、符合需要。

从不同的角度认识账户,会得出账户不同的共性。认识账户、区分账户的不同角度,就是账户分类的标志,一般根据以下四种标志对账户进行分类。

7.1.2.1　按账户的经济内容分类

账户的经济内容就是账户反映的会计对象的具体内容。由于账户之间最本质的区别就是所反映的经济内容的不同,所以这种分类方法是账户分类最基本的方法,也是其他账户分类方法的基础。

账户反映的会计对象的具体内容,就是企业的资金运动。因此按账户的经济内容,通常可以将账户分为反映企业资金静态运动的账户和反映企业资金动态运动的账户两大类。其中,反映企业资金静态运动的账户又可以分为资产、负债、所有者权益三种账户,反映企业资金动态运动的账户又可以分为收入、费用和利润三种账户。分类情况如图 7.1 所示。

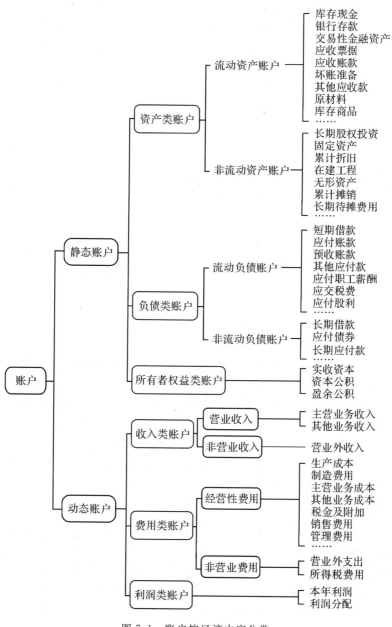

图 7.1　账户按经济内容分类

(1)资产类账户:反映资产的增减变动和余额情况。可以按流动性将其分为流动资产(如"库存现金")和非流动资产(如"固定资产")账户。

(2)负债类账户:反映负债的增减变动和余额情况。可以按流动性将其分为流动负债账户(如"应付职工薪酬")和非流动负债账户(如"长期借款")。

(3)所有者权益类账户:反映所有者权益的增减变动和余额情况。可以按来源和构成将其分为反映所有者原始投资的账户(如"实收资本")、反映经营积累的账户(如"盈余公积")以及反映所有者权益其他来源的账户(如"资本公积")等。

(4)收入类账户:反映收入实现及结转的情况。这类账户可分为核算营业活动的"主营业务收入""其他业务收入"账户以及核算非营业活动的"营业外收入"账户。

(5)费用(成本)类账户:反映费用发生及结转的情况。这类账户包括核算营业活动的"主营业务成本""其他业务成本""销售费用""生产成本""制造费用""管理费用""财务费用""税金及附加""资产减值损失"等账户,以及核算非营业活动的"营业外支出"和"所得税费用"账户。

(6)利润类账户:核算企业财务成果的形成和分配情况的账户。这类账户可分为核算企业财务成果形成情况的"本年利润"账户,以及核算企业利润分配情况的"利润分配"账户。

需要指出的是,期末企业进行利润分配,使部分利润通过分配给投资者的形式退出企业以后,剩余的未分配利润归为所有者的权益。因此按经济内容分,也可以将利润类账户归为所有者权益类账户。

另外,制造加工、提供劳务类企业为了便于产品或劳务成本的计算,需要设置核算成本的账户。成本类账户和直接影响企业当期损益的费用对企业报表的影响是不同的。为了体现彼此的区别,现实中按经济内容分类的账户分类方法往往将直接影响当期损益的收入和费用类账户合并为损益类账户,再单列出成本类账户,最终形成本书第3章所讲述的资产、负债、所有者权益、成本、损益等五种账户的分法。这种分类方法的账户结构在第3章有详细介绍,这里不再赘述。

还需要注意的是,具有双重性质的账户的归属,应该按照其余额的方向来判断。

7.1.2.2　按账户的隶属关系分类

按账户的隶属关系分类,即按照账户所提供的核算指标的详细程度进行分类,也可以认为是按照账户控制和被控制的关系进行分类。隶属关系,即账户的统驭关系。

这种分类方法可以将账户分为总分类账户和明细分类账户。总分类账户所提供的是总括的核算资料,对其明细分类账户起统驭和控制作用;明细分类账户所提供的则是详细的核算资料,对总分类账户起补充说明作用。

7.1.2.3　按账户与会计报表的关系分类

账户是日常记录经济业务数据的场所,而会计报表是在期末传递财务信息的载体。经济业务发生以后,对其初次确认和分类记录,填入账户;到了期末对账户里的信息内容进行再次归类和确认,编入会计报表。所以,会计报表中的信息来自账户。

根据账户与会计报表的关系,反映静态资金运动的账户称为资产负债表账户(实账户),期末根据其余额编制资产负债表;反映动态资金运动的账户称为利润表账户(虚账户),期末根据其发生额编制利润表。实账户可以称为永久性账户,虚账户则可以称为暂时性账户。

实账户能反映企业资产负债表的各个项目(资产、负债和所有者权益)的实有数额。这些账户在期末结账后通常都有余额,期末余额可以跨期延续到下一会计期,成为下一会计期的期初余额,以进行业务的连续登记。

虚账户则反映企业在生产经营过程中产生的影响当期损益的收入和费用等数额。这些账户在期末结账后通常没有余额,下期期初需重新开始新一期业务的记录。

7.1.2.4　按账户的用途和结构分类

在按经济内容对账户分类的基础上,为了进一步了解各个账户的具体用途,明确每个账户所提供指标的规律性,我们按照账户的用途和结构对账户进行分类。

账户的用途就是账户设置和运用的目的,比如希望通过设置和运用这个账户提供什么信息。账户的结构表明了账户中记录经济业务的具体方法,比如在账户的借、贷方登记什么,余额一般在哪个方向,代表什么含义。

尽管账户核算的经济内容相同,但其用途和结构却未必相同。比如"应收账款"和"坏账准备"账户都是用来核算企业的应收账款数额的,同属于资产类账户。可是"应收账款"增加登记在借方,余额一般在借方;"坏账准备"增加登记在贷方,余额一般在贷方。理解账户按用途和结构进行的分类,有助于我们加强对账户核算经济信息的理解,增强我们驾驭和管理账户的能力。

在借贷记账法下,账户按其用途和结构的不同,可以分为基本账户、调整账户、成本账户和损益计算账户四大类。其中,基本账户又可以分为盘存账户、投资权益(资本)账户、结算账户、跨期摊配账户、暂记账户五种;调整账户可以分为备抵(抵减)账户、附加账户和备抵附加账户三种;成本账户可以分为集合分配账户、对比账户和成本计算账户三种;损益计算账户可以分为财务成果计算账户和收入费用计算账户两种。账户按用途和结构分类如图 7.2 所示。

此外,账户还可以按照会计主体的不同分为表内账户和表外账户,在此不做详细介绍。

7.2　账户按用途和结构分类

7.2.1　基本账户

基本账户所反映的经济内容是企业经济活动的基础。基本账户一般都是资产负债表账户,所反映的内容多是资产、负债和所有者权益的增减变动和结存情况。账户期末通常有余额,余额编入资产负债表。基本账户又可以分为盘存账户、投资权益(资本)账户、结算账户、跨期摊配账户和暂记账户五种。

7.2.1.1　盘存账户

盘存账户(inventory accounts)是用来核算和监督各项财产物资和货币资金增减变动及其结存情况的账户。这类账户的结构是:账户的借方反映各项财产物资和货币资金的增加额;贷方反映各项财产物资和货币资金的减少额;余额在借方,反映各项财产物资和货币资金的结存额。盘存账户的结构如图 7.3 所示。

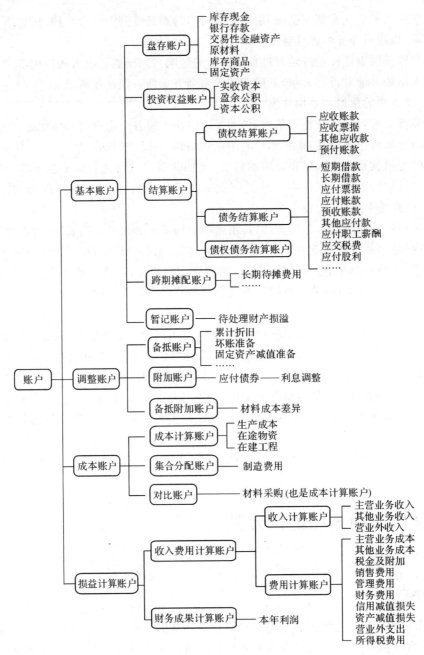

图 7.2 账户按用途和结构分类

借方	盘存账户	贷方
期初余额——期初财产物资或货币资金的实有额 借方发生额——财产物资或货币资金的增加额		贷方发生额——财产物资或货币资金的减少额
本期借方发生额——财产物资或货币资金的本期增加额		本期贷方发生额——财产物资或货币资金的本期减少额
期末余额——期末财产物资或货币资金的实有额		

图 7.3 盘存账户的结构

盘存账户包括大部分的资产类账户,如"库存现金""银行存款""交易性金融资产""原材料""库存商品""固定资产"等,是所有单位都必须设置的基本账户。盘存账户的特点是一般可以通过盘点方式进行财产清查,核查实际结存数和账面结存数是否相符。因此除了"库存现金"和"银行存款"外,其他盘存账户通常记录实物和价值两种指标,使用数量金额式明细分类账。

需要注意的是,"生产成本"账户期初和期末的余额表示在产品的成本,也是具有盘存账户的性质的。

7.2.1.2　投资权益(资本)账户

投资权益账户又称为"资本账户"(investing accounts)、"所有者投资账户"或者"权益资本账户",是用来反映和监督企业所有者投资的增减变动及其结存情况的账户,也是所有单位必须设置的基本账户。这类账户的结构是:借方反映各项投资和积累的减少额;贷方反映各项投资和积累的增加额;余额在贷方,反映各项投资和积累的结存额。投资权益账户的结构如图 7.4 所示。

借方　　　　　　　　　　　投资权益(资本)账户　　　　　　　　　　　贷方	
借方发生额——资本的减少额	期初余额——期初结存资本的实有额 贷方发生额——资本的增加额
本期借方发生额——资本的本期减少额	本期贷方发生额——资本的本期增加额 期末余额——期末结存资本的实有额

图 7.4　投资权益(资本)账户的结构

属于投资权益账户的有"实收资本""资本公积""盈余公积"等,它们或者来自所有者的原始投入,或者归属于所有者的权益性投入。这类账户只能提供货币价值指标。

7.2.1.3　结算账户

结算账户(clearance accounts)是用来反映和监督企业与其他单位或个人之间债权(应收或预付款项)、债务(应付或预收款项)结算情况的账户。结算账户往往都只提供货币价值指标,可以按照结算业务的对方单位或者个人设置明细账进行明细核算。

按照结算业务性质的不同,结算账户又可以分为债权结算账户、债务结算账户和债权债务结算账户三类,它们分别具有不同的结构和用途。

1.债权结算账户

债权结算账户又称为"资产结算账户",是用来核算和监督企业与各单位或个人之间的债权结算业务的账户。这类账户的结构是:借方登记债权的增加额;贷方登记债权的减少额;期末余额一般是在借方,表示期末尚未收回债权的实有额。债权结算账户的结构如图 7.5 所示。属于债权结算账户的有"应收账款""应收票据""其他应收款""预付账款"等。

借方　　　　　　　　　　　债权结算账户　　　　　　　　　　　贷方	
期初余额——期初尚未收回的各项债权的实有额 借方发生额——债权的增加额	贷方发生额——债权的减少额
本期借方发生额——债权的本期增加额 期末余额——期末尚未收回的各项债权的实有额	本期贷方发生额——债权的本期减少额

图 7.5　债权结算账户的结构

2.债务结算账户

债务结算账户又称为"负债结算账户",是用来核算和监督企业与其他单位或个人之间的债务结算业务的账户。这类账户的结构是:贷方登记债务的增加额;借方登记债务的减少额;期末余额一般在贷方,表示期末尚未偿还的债务的实有额。债务结算账户的结构如图7.6所示。

借方	债务结算账户	贷方
借方发生额——债务的减少额	期初余额——期初尚未偿付的各项债务的实有额 贷方发生额——债务的增加额	
本期借方发生额——债务的本期减少额	本期贷方发生额——债务的本期增加额 期末余额——期末尚未偿还的各项债务的实有额	

图7.6　债务结算账户的结构

由于债务包括企业借入的款项和应付、预收的各种款项,所以债务结算账户包括"短期借款""应付账款""应付票据""预收账款""其他应付款""长期借款""应付股利""应付利息""应付职工薪酬""应交税费""应付债券"等账户。

3.债权债务结算账户

债权债务结算账户也称为"资产负债结算账户"或"往来结算账户"。这类账户的特点是既能反映债权结算业务,又能反映债务结算业务,是一种是有双重性质的结算账户。

这类账户的结构是:借方登记债权的增加额和债务的减少额,贷方登记债务的增加额和债权的减少额。期末账户余额既可能在借方,也可能在贷方。如果余额在借方,表示尚未收回的债权净额,即尚未收回的债权大于尚未偿还的债务的部分;如果余额在贷方,表示尚未偿还的债务净额,即尚未偿还的债务大于尚未收回的债权的部分。债权债务结算账户的结构如图7.7所示。

借方	债权债务结算账户	贷方
(如果)期初余额——期初债权大于债务的部分 借方发生额——债权的增加额或者债务的减少额	(如果)期初余额——期初债务大于债权的部分 贷方发生额——债务的增加额或者债权的减少额	
本期借方发生额——本期债权的增加额或者债务的减少额	本期贷方发生额——本期债务的增加额或者债权的减少额	
(如果)期末余额——期末债权大于债务的部分	(如果)期末余额——期末债务大于债权的部分	

图7.7　债权债务结算账户的结构

预收业务发生不多的企业,可以在预收业务发生的时候,将预收的款项计入"应收账款"账户的贷方,而不单独设置"预收账款"账户。在实现收入时,再借记"应收账款"账户,转销这项债务。同样,预付业务不多的企业,也可以不单独设置"预付账款"账户,在预付业务发生时,将预付的款项直接计入"应付账款"账户的借方,收到货物时再贷记"应付账款",转销这笔债权。这种情况下,"应收账款"和"应付账款"账户就都成了债权债务结算账户。

企业为了简化核算手续,还可以将"其他应收款"和"其他应付款"账户合并为"其他往来"账户。"其他往来"账户也是债权债务结算账户。

7.2.1.4　跨期摊配账户

跨期摊配账户(interperiod allocation accounts)也称为跨期摊提账户,是用来核算和监督应由若干个相连的会计期间共同负担的费用,并将这些费用在各个会计期间进行分摊或预提的账户。跨期摊配账户既可以是资产类跨期摊配账户,也可以是负债类跨期摊配账户。

如果支付款项在前,摊配进费用在后,就形成资产类跨期摊配账户;如果预提确认费用在前,支付款项在后,就形成负债类跨期摊配账户。

这类账户的结构是:借方登记费用的实际发生额或支付额;贷方登记应由某个会计期间负担的费用摊配额或预提额;期末余额如果在借方,表示已经发生或支付但尚未摊配的费用,是资产;期末余额如果在贷方,表示已经预提但尚未支付的费用,是负债。跨期摊配账户的结构如图 7.8 所示。

借方　　　　　　　　　　　　　跨期摊配账户　　　　　　　　　　　　　贷方	
(如果)期初余额——期初已经支付但尚未摊配的费用	(如果)期初余额——期初已经预提但尚未支付的费用
借方发生额——实际支付的数额	贷方发生额——费用的摊销额或者预提额
本期借方发生额——本期实际支付的数额	本期贷方发生额——本期费用摊销或者预提的数额
(如果)期末余额——期末已经发生或支付但尚未摊配的费用	(如果)期末余额——期末已经预提但尚未支付的费用

图 7.8　跨期摊配账户的结构

目前跨期摊配账户包括"长期待摊费用"等账户。"长期待摊费用"账户属于资产类账户,也是为了划清各个会计期间的费用界限而设置的,核算企业已经发生但应由本期和以后各期负担的分摊期限在一年以上的各项费用,比如以经营租赁方式租入的固定资产发生的改良支出等。"长期待摊费用"账户期末余额一般在借方,反映企业尚未摊销完毕的长期待摊费用。

7.2.1.5　暂记账户

暂记账户(temporary accounts)又称为财产待处理账户,是用来核算和监督那些一时难以确定应借记(或贷记)哪些账户的经济业务的。一旦确定该业务应该借记或贷记的确切账户,就将该业务金额从暂记账户中转出。可见,暂记账户是一种过渡性账户。

属于暂记账户的有"待处理财产损溢"账户。清查财产物资时发现的溢余或盘亏额,在未查明原因或未经过批准处理之前,都暂时计入"待处理财产损溢"账户。等到查明原因或经过批准处理以后,才能从这个账户中转销。以"待处理财产损溢"账户为例表示暂记账户的结构,如图 7.9 所示。

借方　　　　　　　　　　　　　待处理财产损溢　　　　　　　　　　　　　贷方	
(如果)期初余额——期初尚未查明原因或经过批准处理的盘亏或毁损的财产的价值	(如果)期初余额——期初尚未查明原因或经过批准处理的盘盈的财产的价值
借方发生额——①盘亏或毁损的各种财产的价值 ②查明原因或经过批准处理予以转销的盘盈财产的价值	贷方发生额——①盘盈的各种财产的价值 ②查明原因或经过批准处理予以转销的盘亏或毁损财产的价值
本期借方发生额 (如果)期末余额——期末尚未查明原因或经过批准处理的盘亏或毁损的财产的价值	本期贷方发生额 (如果)期末余额——期末尚未查明原因或经过批准处理的盘盈的财产的价值

图 7.9　暂记账户的结构

7.2.2　调整账户

很多情况下,我们既需要了解一个账户的原始价值,又希望知道它的现存实际价值。单靠一个账户来同时满足这样不同的两种需求,是很困难的,而通过设置调整账户则可以满足。调整账户(adjusting accounts)就是为了调整某个账户(被调整账户)的余额,以表示被调整账户的实际余额而设置的账户。

被调整账户和调整账户分别表达原始数额和调整数额,以此可以同时反映出原始数额和计算可得的实际数额。可见,调整账户和被调整账户是互相配合、相互关联的一个整体,它们共同反映同一个会计核算具体对象的内容。所以被调整账户往往被归入其所调整账户的类别。比如,"累计折旧"是"固定资产"的调整账户,就和"固定资产"一起归入资产类账户。

按调整方式的不同,调整账户可以分为备抵账户、附加账户和备抵附加账户三种。

7.2.2.1　备抵(抵减)账户

备抵账户又称为抵减账户(allowance accounts)、对销账户,是用来抵减被调整账户的余额,以反映被调整账户实际余额的账户。被调整账户实际余额的计算公式如下:

被调整账户的实际余额＝被调整账户余额－备抵调整账户余额

备抵账户的结构特点就是其余额与调整账户的余额方向必定相反,以达到抵减的目的。比如,"累计折旧"和"固定资产减值准备"是"固定资产"的备抵账户。如果"固定资产"的余额在借方,代表固定资产的原始价值,则"累计折旧"和"固定资产减值准备"的余额就一定在贷方,代表固定资产的累计折旧和减值金额对固定资产的原值起到的抵减效果。以"累计折旧"和"固定资产清理"账户为例介绍备抵账户的结构,如图7.10所示。

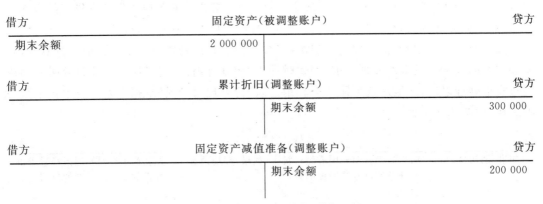

图7.10　备抵账户的结构(单位:元)

计算可得,固定资产期末实际净值＝"固定资产"账户期末借方余额－"累计折旧"账户贷方余额－"固定资产减值准备"账户贷方余额＝2 000 000－300 000－200 000＝1 500 000(元)。

另外,"坏账准备"是"应收账款"账户的备抵账户。扣减"坏账准备"贷方余额后的应收账款净值,代表可收回的应收账款数额。

"累计摊销"是"无形资产"账户的备抵账户。"无形资产"账户借方余额代表无形资产的原值,抵减了"累计摊销"账户贷方的余额后,可得出无形资产的实际价值。

"存货跌价准备""无形资产减值准备""长期股权投资减值准备"等都是备抵账户。

7.2.2.2　附加账户

附加账户和备抵账户相反,是用来增加被调整账户的余额,以反映被调整账户实际余额的账户。被调整账户实际余额的计算公式如下:

被调整账户的实际余额＝被调整账户余额＋附加调整账户余额

附加账户的结构特点是其余额与被调整账户的余额方向一定相同,以起到增加被调整账户余额的作用。以被调整账户余额在借方的账户为例介绍附加账户的结构,如图 7.11 所示。

借方	被调整账户	贷方
期末余额	1 000 000	

借方	调整账户	贷方
期末余额	400 000	

图 7.11　附加账户的结构(单位:元)

计算可得,被调整账户的实际余额＝被调整账户借方余额＋附加调整账户借方余额＝1 000 000＋400 000＝1 400 000(元)。

由于实际工作中很少单纯设置附加账户,所以这里没有单独举例。

7.2.2.3　备抵(抵减)附加账户

备抵附加账户也可称为抵减附加账户,它具有双重调整功效,既可以抵减,也可以增加被调整账户的余额。当备抵附加账户的余额和被调整账户余额相同时,执行的就是附加调整的功能;当其余额和被调整账户余额相反时,则起着备抵调整的作用。

"材料成本差异"是制造业企业采用计划成本法计价时设置的账户,它是"原材料"账户的备抵附加账户。在计划成本法下,计入"原材料"账户借方的是入库材料的计划成本。设置"材料成本差异"账户就可以将"原材料"账户里的计划成本调整成实际成本。

如果"材料成本差异"账户有借方余额,和"原材料"账户余额方向相同,则表示对"原材料"账户起着附加作用,代表实际成本的超支部分。此时材料的实际成本大于计划成本,如图 7.12 所示。原材料实际成本的计算公式如下:

原材料的实际成本＝"原材料"账户借方余额表示的计划成本＋"材料成本差异"账户借方余额表示的超支部分

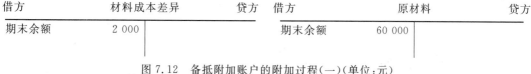

借方	材料成本差异	贷方	借方	原材料	贷方
期末余额	2 000		期末余额	60 000	

图 7.12　备抵附加账户的附加过程(一)(单位:元)

计算可得,原材料期末实际成本＝"原材料"账户期末借方余额＋"材料成本差异"账户借方余额＝60 000＋2 000＝62 000(元)。

如果"材料成本差异"账户有贷方余额,和"原材料"账户余额方向相反,则表示对"原材料"账户起着备抵调整作用,代表实际成本的节约部分。此时原材料的实际成本小于计划成本,如图7.13所示。原材料实际成本的计算公式如下:

原材料的实际成本＝"原材料"账户借方余额表示的计划成本－"材料成本差异"账户贷方余额表示的节约部分

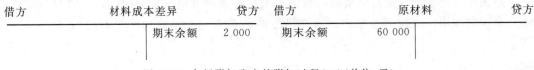

借方	材料成本差异	贷方	借方	原材料	贷方
	期末余额　2 000		期末余额	60 000	

图7.13　备抵附加账户的附加过程(二)(单位:元)

计算可得,原材料调整实际成本＝"原材料"账户期末借方余额－"材料成本差异"账户贷方余额＝60 000－2 000＝58 000(元)

需要指出的是,有一些学术观点认为"利润分配"账户是"本年利润"账户的调整账户。"本年利润"账户的贷方余额代表本年实现的累计利润,"利润分配"账户的贷方余额代表以前年度未分配的利润,合起来就能表现出当前累计的总利润。当然余额方向相反时情况也就相反。

7.2.3　成本账户

7.2.3.1　成本计算账户

成本计算账户(costing accounts)是用来核算和监督企业在经营过程中某一阶段所发生的全部费用,并借以确定该过程各成本计算对象实际成本的账户。这类账户的结构是:借方汇集应计入某特定成本对象的全部费用(包括直接计入的和间接分配转入的),表示费用的发生;已完成某阶段经营活动后,从贷方将全部汇集完毕的成本转出;余额通常在借方,反映尚未结束的某一阶段未转出的成本计算对象的实际成本。成本计算账户的结构如图7.14所示。成本计算账户除提供货币价值指标之外,还提供实物数量指标。

借方	成本计算账户	贷方
期初余额——期初尚未完成经营过程某一阶段而 　　　　　未转出的成本计算对象的实际成本 借方发生额——汇集成本计算对象在经营过程中 　　　　　某一阶段发生的全部费用		贷方发生额——转出成本计算对象已完成的某一阶 　　　　　段的实际成本
本期借方发生额——本期汇集成本计算对象在经 　　　　　营过程中某一阶段发生的全 　　　　　部费用 期末余额——期末尚未结束的某一阶段未转出的 　　　　　成本计算对象的实际成本		本期贷方发生额——本期转出成本计算对象已完成 　　　　　的某一阶段的实际成本

图7.14　成本计算账户的结构

成本计算账户包括"在途物资""生产成本""材料采购""在建工程"等账户。

7.2.3.2　集合分配账户

集合分配账户是用来汇集和分配经营过程中某一阶段所发生的各种间接费用的账户。通过集合分配账户汇集经营过程中的间接费用,再按一定标准将间接费用分配进各个相关成本计算对象的成本中去,能够便于考核和监督间接费用的发生和计划执行情况,更能方便地确定各个成本计算对象的实际成本。集合分配账户具有过渡账户的性质。

　　这类账户的结构是:借方登记费用的发生额;贷方登记费用的分配额;期末应将余额全部分配出去,所以一般没有余额。集合分配账户的结构如图 7.15 所示。

借方　　　　　　　　　　　　集合分配账户　　　　　　　　　　　　贷方	
借方发生额——汇集经营过程中发生的间接费用数额	贷方发生额——分配给各相关成本计算对象的间接费用数额
本期借方发生额——本期汇集的经营过程中发生的间接费用数额	本期贷方发生额——本期分配给各相关成本计算对象的间接费用数额

图 7.15　集合分配账户的结构

　　集合分配账户包括"制造费用"账户。

7.2.3.3　对比账户(计价对比账户)

　　对比账户又称为计价对比账户(valuation contrast accounts),是指对经营过程中某一阶段的某项经济业务分别按照两种不同的计价标准进行核算,以确定其业务成果的账户。

　　"材料采购"账户是在计划成本法下对材料进行日常核算的企业所设置的账户,它属于对比账户。账户的借方登记材料的实际成本,贷方登记按照计划价格核算的材料的计划成本,通过借贷两边的计价对比,可以确定材料采购业务成果超支或节约的数额。入库的材料成本按计划价从贷方登记转出后,期末将计划价和实际价的计价差异转出,账户的借方余额代表按实际成本计价的在途材料成本。

　　可见,对比账户的结构特点是:借贷两方的计价标准不一致(比如借方登记实际成本,贷方登记计划成本);期末将确定的业务成果(节约或超支的部分)转出后,该账户的借方余额是去除计价差异后的按借方计价方式计价的资产实有额。对比账户的结构如图 7.16 所示。

借方　　　　　　　　　　　　对比账户　　　　　　　　　　　　贷方	
期初余额——期初按借方计价方式计价的资产实有额 借方发生额——①按借方计价方式计价的资产增加额 ②转走贷方计价大于借方计价的数额	贷方发生额——①按贷方计价方式计价的资产减少额 ②转走借方计价大于贷方计价的数额
本期借方发生额 期末余额——期末按借方计价方式计价的资产实有额	本期贷方发生额

图 7.16　对比账户的结构

7.2.4　损益计算账户

7.2.4.1　收入费用计算账户

　　收入费用计算账户有很多名称,通常可见的还有集合配比账户、集合汇转账户、汇总结转账户等。收入计算账户是用来汇集企业在一定期间某种收入、收益或支出,期末通过结转该项收入、收益或支出,进行配比计算,确定这一经营期间财务成果的账户。收入费用计算账户按照其汇集的性质和经济内容，又可以划分为收入计算账户和费用计算账户两类。收入和费用计算账户都只提供货币价值指标。它们一般都没有余额，在账户的一方归集本期发生的收入或费用的数额，再从另一方将本期归集的数额全部转出。这类账户也是具有过渡性质的账户。

1.收入计算账户

收入计算账户是用来汇集和结转企业在一定期间从事某种经济活动或其他活动所取得的收入和利得的账户。这类账户的结构是：贷方反映某种收入和利得的汇集；借方反映该项收入和利得的减少额或转销进"本年利润"的数额；期末将本期汇集的收入和利得转进"本年利润"账户后，该账户没有余额。收入计算账户的结构如图7.17所示。

借方	收入计算账户	贷方
借方发生额——①收入和利得的减少额 ②期末结转本年利润的收入和利得的数额	贷方发生额——汇集的收入和利得的增加额	
本期借方发生额——本期收入和利得的减少额或结转额	本期贷方发生额——本期汇集的收入和利得的增加额	

图 7.17　收入计算账户的结构

收入计算账户有"主营业务收入""其他业务收入""营业外收入"等账户。

2.费用计算账户

费用计算账户是用来汇集和结转企业在一定期间从事某种经济活动或其他活动所发生的应计入当期损益的各项费用或损失的账户。这类账户的结构是：借方反映某种费用或损失的汇集；贷方反映该项费用或损失的减少额以及结转"本年利润"的数额；期末将本期汇集的费用和损失结转后，该账户没有余额。费用计算账户的结构如图7.18所示。

借方	费用计算账户	贷方
借方发生额——汇集的费用或损失的增加额	贷方发生额——①费用或损失的减少额 ②期末结转本年利润的费用或损失的数额	
本期借方发生额——本期汇集的费用或损失的增加额	本期贷方发生额——本期费用或损失的减少额或结转额	

图 7.18　费用计算账户的结构

费用计算账户包括"销售费用""主营业务成本""其他业务成本""税金及附加""财务费用""管理费用""所得税费用""资产减值损失""营业外支出"等账户。

7.2.4.2　财务成果计算账户

财务成果计算账户是用来反映和监督企业在一定期间全部生产经营活动最终成果的账户。"本年利润"账户就是财务成果计算账户。这类账户的结构是：借方登记和汇总期末从各费用计算账户转入的费用和损失的数额；贷方登记和汇总从各收入计算账户转入的收入和利得的数额；期末（1月末—11月末）余额如果在贷方，表示收入大于费用的数额，即企业实现的利润额；期末（1月末—11月末）余额如果在借方，表示费用大于收入的数额，即企业发生的亏损额；年末将本年实现的利润或发生的亏损结转入"利润分配"账户，年末结转后该账户没有余额。财务成果计算账户的结构如图7.19所示。

借方	财务成果计算账户	贷方
借方发生额——从各费用计算账户转入的费用或损失的数额	贷方发生额——从各收入计算账户转入的收入和利得的数额	
本期借方发生额 （如果）期末余额——①（1 月末—11 月末）本年累计的亏损总额 ②（年末）结转入"利润分配"后无余额	本期贷方发生额 （如果）期末余额——①（1 月末—11 月末）本年累计的净利润 ②（年末）结转入"利润分配"后无余额	

图 7.19　财务成果计算账户的结构

损益计算账户转入财务成果计算账户,与其进行配比。一定会计期内取得的收入和为此发生的成本费用进行时间和因果关系上的配比,计算得出最后的财务成果,年终再将累计财务成果转出。可见,财务成果计算账户和损益计算账户一起完成了结账分录和计算财务成果的工作。它们彼此分工,又相辅相成。财务成果计算账户同样只提供货币价值指标。

习　题

一、简答题

1.账户分类的目的和意义是什么?

2.一般对账户进行分类选取的标志有哪些?

3.按照经济内容的不同,账户可以分成哪几类? 请说出每一类的几个账户的名称。

4.按照隶属关系的不同,账户可以分成哪几类? 尝试举例说明。

5.按照账户和会计报表关系的不同,账户可以分成哪几类? 请说出每一类的几个账户的名称。

6.按照用途和结构的不同,账户可以分成哪几类? 请尝试举例说每种类。

7.什么是盘存账户? 它的结构特点是什么?

8.什么是结算账户? 结算账户可以分为哪几种?

9.为什么要设置债权债务结算账户,它的结构特点是什么?

10.设置调整账户的作用是什么? 调整账户可以分为哪几类? 它们的结构有什么特点?

11.集合分配账户和成本计算账户的内容、结构特点和彼此的联系是什么?

12.收入费用计算账户和财务成果计算账户的内容、结构特点和彼此的联系是什么?

二、判断题

1.按账户的用途和结构进行分类是一种科学的账户分类方法,因此可以替代按经济内容对账户进行分类的方法。　　　　　　　　　　　　　　　　　　　　（　　　）

2."累计摊销"账户的被调整账户是"无形资产"账户。　　　　　　　　　（　　　）

3.负债类账户的余额总是在贷方。　　　　　　　　　　　　　　　　　　（　　　）

4."生产成本"账户属于成本计算账户,但其余额有盘存性质。　　　　　（　　　）

5.调整账户余额在借方的是附加账户,余额在贷方的是备抵账户。　　　（　　　）

6."坏账准备"账户的余额在贷方,所以它是负债类账户。　　　　　　　（　　　）

7.在按经济内容分类的方法下,投资权益账户都属于所有者权益类账户。在按用途和结构分类的方法下,所有者权益类账户并不都属于投资权益账户。　　　　（　　　）

8.按用途和结构分类,"材料采购"账户既是对比账户,也是成本计算账户。　　　　(　　)

三、单项选择题

1.下列不属于收入费用计算账户的是(　　　　)。

　　A.资产减值损失　　　　　　　B.本年利润

　　C.营业外收入　　　　　　　　D.主营业务成本

2.下列不属于盘存账户的是(　　　　)。

　　A.银行存款　　　　　　　　　B.库存商品

　　C.固定资产　　　　　　　　　D.长期借款

3."坏账准备"账户是(　　　　)账户的调整账户。

　　A.应收账款　　　　　　　　　B.其他应付款

　　C.应付账款　　　　　　　　　D.预收账款

4.按用途和结构分类,"制造费用"账户属于(　　　　)账户。

　　A.损益计算　　　　　　　　　B.财务成果计算

　　C.集合分配　　　　　　　　　D.盘存

5.按经济内容分类,"累计折旧"账户属于(　　　　)类账户。

　　A.负债　　　　　　　　　　　B.资产

　　C.备抵调整　　　　　　　　　D.附加调整

6.企业预收业务较少,不单设"预收账款"账户时,可将预收的账款计入(　　　　)账户予以反映。

　　A.预付账款　　　　　　　　　B.其他往来

　　C.应收账款　　　　　　　　　D.应付账款

7.债权债务结算账户的借方登记(　　　　)。

　　A.债权的增加,债务的增加　　B.债权的增加,债务的减少

　　C.债权的减少,债务的减少　　D.债务的增加,债权的减少

8.按账户和会计报表的关系分类,"销售费用"账户属于(　　　　)账户。

　　A.资产负债表账户　　　　　　B.实账户

　　C.永久性账户　　　　　　　　D.利润表账户

9.下列属于跨期摊配账户的是(　　　　)。

　　A.固定资产　　　　　　　　　B.无形资产

　　C.利润分配　　　　　　　　　D.长期待摊费用

10.下列账户中期末余额一般在借方的是(　　　　)。

　　A.债务结算账户　　　　　　　B.盘存账户

　　C.投资权益账户　　　　　　　D.调整账户

第8章 会计凭证

学习目标

1. 掌握会计凭证的作用与分类。
2. 掌握原始凭证的基本要素与审核要点。
3. 掌握各种记账凭证的填制方法。
4. 了解会计凭证的传递与保管制度。

如前所述,经济业务发生后,会计工作要经过编制会计分录、登记账户,然后定期对每个账户进行汇总计算并试算平衡,再经过期末账项调整、结账后,最后编制会计报表等一系列会计处理,这些会计处理形成了相互联系和循环往复的会计方法体系。然而会计方法的实施必须借助于一定的载体,即会计信息存载之处,这就是会计凭证、会计账簿和会计报表。与会计处理循环"分录→登账→编表"的模式相对应,会计信息载体也形成了"凭证→账簿→报表"的循环模式。

8.1 会计凭证的作用与分类

会计凭证,简称凭证,是记录经济业务、明确经济责任、作为记账依据的书面证明。正确填制和严格审核凭证是会计工作的起点和基础。

8.1.1 会计凭证的作用

为了反映经济活动的全貌,必须将会计主体的任一经济活动都登记入账。而登记入账必须有凭有据,先办理会计凭证。这就是说,人们不能直接将经济业务登记到账簿中去,应当按照有关规定和程序取得或填制会计凭证,经过审核无误的会计凭证才能作为登记账簿的书面证明,并据以登记账簿。在办理会计凭证的过程中,有关部门和人员要在会计凭证上盖章签字,以表示对会计凭证的真实性、正确性和合法性负责。因此,填制和审核凭证对于实现会计职能和完成会计工作具有重要的意义。

8.1.1.1 如实反映各项经济业务的实际情况

任何经济业务,如资金的取得和运用、销售收入的取得、财产物资的采购、生产经营过程中发生各项耗费、财务成果的形成和分配等,都需要取得或填制会计凭证,并以其为记账依据。会计凭证详细地记载了经济业务发生的具体内容,反映经济业务的发生、执行和完成情况。填制和审核凭证,是保证会计核算客观性和及时性的基础。

8.1.1.2　为登记账簿提供依据

只有经过审核无误的会计凭证才能作为记账的依据,没有会计凭证就不能记账,也就无法进一步进行其他会计核算。根据会计凭证记账可避免记账的主观随意性,使会计信息的质量得到可靠保证。

8.1.1.3　确保经济业务合理合法

在记账前,会计人员通过审核会计凭证可以检查发生的经济业务是否符合国家有关方针、政策、制度、法律和法规,是否符合本单位的相关制度和规定,是否如实地反映经济业务的内容,已填制的会计凭证是否正确,等等,从而保证会计监督的有效性,及时发现会计核算和经营管理工作中存在的问题,防止不合理、不合法的经济业务发生,使企业的经济活动健康地发展。

8.1.1.4　便于分清经济责任

会计凭证不仅记录了经济业务的内容,而且要求有关部门和人员签名盖章,以对会计凭证的真实性、正确性、合法性负责,增强有关人员的责任感。日后即使发现问题,也可根据凭证上部门和经办人员的记录进行进一步追查,明确经济责任,必要时追究相应的法律责任。

8.1.2　会计凭证的分类

按照填制的程序和用途,会计凭证可以分为原始凭证和记账凭证两大类。

8.1.2.1　原始凭证的分类

原始凭证,亦称单据,是在经济业务发生时取得或填制的,用以记录和证明经济业务发生和完成的情况,并作为记账原始依据的会计凭证。原始凭证作为填制记账凭证或登记账簿的原始依据,其作用主要是证明与会计事项相关的经济业务实际发生和完成的情况,因此,凡是不能起到这种作用的一切单据,如材料或商品的请购单、经济合同、派工单等,均不能作为会计核算的原始凭证,而只能作为原始凭证的附件。

1.按来源分类

按来源不同,原始凭证可分为外来原始凭证和自制原始凭证。

(1)外来原始凭证

外来原始凭证是与外单位发生经济业务时,从外单位或个人处取得的原始凭证,如购货时由销货方开具的发货票或增值税专用发票、付款时由收款单位开具的收据、银行收款通知、铁路运单等。由于经济业务不同,外来原始凭证的形式各有差异,其中发票、银行转账支票和收据的一般格式分别如表 8.1、表 8.2、表 8.3 和表 8.4 所示。

表 8.1　增值税专用发票

开票日期：　　　年　月　日　　　　　　　　　　　　　　　　　　　　NO.

购货单位	名　称		税务登记号	
	地址、电话		开户银行及账号	

商品或劳务名称	计量单位	数　量	单　价	金　额	税　率	税　额
合　计						
价税合计（大写）	人民币（大写金额）			¥ _____		

销货单位	名　称		税务登记号	
	地址、电话		开户银行及账号	
备　注				

销货单位（章）：　　　　收款人：　　　　复核人：　　　　开票人：

第二联　发票联　购货方记账

表 8.2　全国商业统一发票

购货单位：　　　　　　　　　年　　　月　　　日　　　　NO.

品　名	规　格	计量单位	数　量	单　价	金　额	备　注
金额（大写）						

单位盖章：　　　　　　收款人：　　　　制票人：

第二联　报销联

表 8.3　中国工商银行转账支票

中国工商银行转账支票存根

支票号码

签发日期

| 收款人：　　　　　　　　 |
| 金额：　　　　　　　　　 |
| 用途：　　　　　　　　　 |
| 备注：　　　　　　　　　 |

单位主管：　　　会计：

中国工商银行转账支票　　　　支票号码：

签发日期（大写）：　　　年　月　日　　　　开户行名称：

收款人：　　　　　　　　　　　　　　　签发人账号：

人民币（大写）	千万	百万	拾万	万	千	百	拾	元	角	分

用途

上列款项请从　　　　　　　　　　　复核

我账户内支付　　　　　　　　　　　记账

签发单位盖章　　　　　　　　　　　验印

表 8.4　收　据

年　月　日　　　　　　　　　　　　NO.

付款单位＿＿＿＿＿＿＿＿＿＿　收款方式＿＿＿＿＿＿＿＿＿＿＿	第
人民币（大写）＿＿＿＿＿＿＿＿＿＿＿＿＿　¥＿＿＿＿＿＿＿＿＿	二
收款事由＿＿＿＿＿＿＿＿＿＿＿＿＿＿＿＿＿＿＿＿＿＿＿＿	联

收款单位（盖章）　　　　　审核　　　　　　经手　　　　　　出纳

（2）自制原始凭证

自制原始凭证是指由本单位自行制作并由内部经办业务的部门和人员在执行或完成某项经济业务时填制的仅供本单位内部使用的原始凭证。常用的自制原始凭证有收料单、领料单、限额领料单、产品入库单、产品出库单、销货发票、借款单、差旅费报销单、收款收据、成本计算单、扣款通知单、折旧计算表、工资结算单等。收料单、领料单、差旅费报销单的一般格式分别如表 8.5、表 8.6、表 8.7 所示。

表 8.5　收料单

供货单位　　　　　　　　　年　月　日　　　凭证编号

发票号码　　　　　　　　　　　　　　　　收料仓库

材料编号	材料规格及名称	计量单位	数　量		价　格		
			应　收	实　收	单　价	金　额	第
							联
备　注					合　计		

仓库负责人　　　　记账　　　　　仓库保管　　　　　收料

表 8.6　领料单

年　月　日　　　凭证编号

领料部门　　　　　　　　　　　　　　　　发料仓库

材料编号	材料规格及名称	计量单位	数　量		单位成本	金　额	用　途	
			请　领	实　领				第
								联
备　注					合　计			

仓库主管　　　发料　　　　领料部门主管　　　　领料

表 8.7　差旅费报销单

报销日期：　　年　　月　　日

单位(公章)		姓　名							
部门代码		职称(务)							
经费代码		出差事由					附单据		张
出差地点	起止日期	天　数	交通费				住宿费	补　贴		其　他
			飞机	火车	其他	市内		伙食	其他	
核准报销金额										
合计人民币(大写)		￥								

经费主管：　　　　　　　　　　　　　　　　　　　　　　经办人：

2.按填制手续分类

按填制手续不同,原始凭证可分为一次凭证、累计原始凭证和汇总原始凭证。

(1)一次凭证

一次凭证是指填制手续一次完成,一次记录一项或若干项同类经济业务的原始凭证。一次凭证的特点是填制一次完成,已填列的凭证不能重复使用。外来的原始凭证都是一次凭证,自制的领料单、借款单、发货票等都是一次凭证。

(2)累计原始凭证

累计原始凭证是指在一定时期内,在一张凭证上连续地记载同类重复发生的经济业务的原始凭证。累计原始凭证既可以随时计算累计数及结余数,以便按计划或限额进行控制,又可以减少凭证张数,简化填制手续。工业企业的限额领料单(一般格式见表8.8)和费用限额卡均属于累计原始凭证。

表 8.8　限额领料单

领料部门　　　　　　　　　　　　　　　　　　　凭证编号
用　途：　　　　　　　　　　年　　月　　日　　发料仓库

材料编号	材料名称、规格	计量单位	计划投产量	单位消耗定额	领用限额	实　发		
						数　量	单　价	金　额
日　期	领　用			退　料			限额结余数量
	数量	领料人	发料人	数量	退料人	收料人	

生产计划部门　　　　　　　　　　供应部门　　　　　　　仓库

（3）汇总原始凭证

汇总原始凭证又称为原始凭证汇总表。为了简化会计核算的记账凭证编制工作，将一定时期内反映同类经济业务的若干张原始凭证加以汇总，编制成一张汇总原始凭证，用以集中反映某项经济业务发生的总括情况，如收料凭证汇总表、发料凭证汇总表（一般格式见表 8.9）、工资汇总表等。

表 8.9　发料凭证汇总表
年　月　日

应借科目	领料部门	A 材料			B 材料			C 材料			合　计
		数量	单价	金额	数量	单价	金额	数量	单价	金额	
生产成本											
制造费用											
管理费用											
……											
合　计											

会计负责人：　　　　　　复核：　　　　　　制表：

8.1.2.2　记账凭证的分类

记账凭证，俗称传票，是将审核无误的原始凭证或汇总原始凭证进行归类整理而编制的，是用来确定会计分录、作为登记账簿直接依据的会计凭证。由于日常经济业务比较繁杂，相应的原始凭证形式和格式也就多种多样，直接根据原始凭证登记账簿容易发生差错。因此，会计人员在按规定对原始凭证审核后，必须先经过一定的归类和整理，为有关原始凭证所记载的经济业务确定应借、应贷的会计科目和金额，即确定会计分录，然后根据记账凭证登记账簿。可见，原始凭证是记账凭证的重要附件和依据。记账凭证记载的是会计信息，从原始凭证到记账凭证是经济信息转换成会计信息的过程，是一种质的飞跃。

1. 按是否与货币资金有关分类

按是否与货币资金有关，记账凭证可分为收款凭证、付款凭证和转账凭证。

（1）收款凭证

收款凭证是用来记录银行存款和现金收入业务的记账凭证，是根据货币资金收入业务的原始凭证填制的。根据借方科目是"银行存款"还是"库存现金"，收款凭证又具体分为银行存款收款凭证和现金收款凭证。凡涉及银行存款、现金收入业务的原始凭证，都应编制收款凭证。

（2）付款凭证

付款凭证是用来记录银行存款和库存现金支付业务的记账凭证，是根据货币资金支付业务的原始凭证填制的。根据贷方科目是"银行存款"还是"库存现金"，付款凭证又具体分为银行存款付款凭证和现金付款凭证。对涉及银行存款、库存现金支出业务的原始凭证，应编制付款凭证。对于涉及库存现金与银行存款之间的收付业务，如将现金送存银行或从银行提取现金，一律只填制付款凭证，不填制收款凭证。这就是说，当从银行提取现金时，应编制银行存款付款凭证；当将现金送存银行时，应编制现金付款凭证。这样处理既能避免重复记账，又有利于加强对付款业务的管理。

收款凭证和付款凭证是登记库存现金日记账、银行存款日记账以及有关明细账和总账等账簿的依据，也是出纳员办理收款、付款业务的依据，其格式分别如表 8.10 和表 8.11 所示。

表 8.10　收款凭证

字第_____号

借方科目：　　　　　　　　　　年　　月　　日　　　　　　　　附件_____张

对方单位	摘　要	贷方科目		金　额	过　账
		总账科目	明细科目		
银行结算方式及票号：			合　计		

会计主管　　　　记账　　　　稽核　　　　出纳　　　　制证

表 8.11　付款凭证

字第_____号

贷方科目：　　　　　　　　　　年　　月　　日　　　　　　　　附件_____张

对方单位	摘　要	借方科目		金　额	过　账
		总账科目	明细科目		
银行结算方式及票号：			合　计		

会计主管　　　　记账　　　　稽核　　　　出纳　　　　制证

（3）转账凭证

转账凭证是记录与银行存款或库存现金收付无关的转账业务的凭证，是根据不涉及货币资金收付的其他原始凭证填制的记账凭证。有的转账凭证没有或不需要填制原始凭证，可直接根据有关账簿资料填制，但需要在转账凭证上注明出处。转账凭证是登记转账日记账、明细分类账和总分类账等有关账簿的依据，其格式如表 8.12 所示。

表 8.12 转账凭证

转字第..........号

年 月 日

附件..........张

摘 要	总账科目	明细科目	借方金额	过 账	贷方金额	过 账
合 计						

会计主管　　　　　　记账　　　　　　　　复核　　　　　　　　制证

2.按使用范围分类

按使用范围不同,记账凭证可分为通用记账凭证和专用记账凭证。

1.通用记账凭证

通用记账凭证是一种不分收款、付款和转账业务,任何经济业务都统一使用同一种格式的记账凭证。这种凭证一般适合业务不多、凭证数量少的单位,其格式如表 8.13 所示。

表 8.13 记账凭证(通用式)

第..........号

年 月 日

附件..........张

摘 要	总账科目	明细科目	借方金额	过 账	贷方金额	过 账
合 计						

会计主管　　　　　　记账　　　　　　　　复核　　　　　　　　制证

(2)专用记账凭证

专用记账凭证是按经济业务的某种特定属性定向使用的记账凭证。如前面介绍的专门用于记录货币资金收、付款业务的收付款凭证,专门用于记录转账业务的转账凭证。

3.按填制方式分类

按填制方式不同,记账凭证可分为复式(或复项)记账凭证和单式(或单项)记账凭证。

(1)复式记账凭证

复式记账凭证是把每项经济业务所涉及的会计科目集中填制在一张记账凭证上。无论是专用的还是通用的记账凭证,都是复式记账凭证。复式记账凭证的优点是,可以集中反映账户的对应关系,有利于了解经济业务的全貌;减少凭证数量,节约人力、物力和财力;有利于对该凭证进行审核和检查。

（2）单式记账凭证

单式记账凭证是指每张记账凭证只填制一个会计科目。如果一项经济业务的会计分录涉及两个会计科目，就要填制两张记账凭证；如果一项经济业务的会计分录涉及多个会计科目，就要填制多张记账凭证。这就意味着，单式记账凭证将一个会计分录所涉及的会计科目分散记入两张或两张以上记账凭证。其中，填列借方账户的记账凭证称为借项记账凭证，填列贷方账户的记账凭证称为贷项记账凭证，其一般格式如表 8.14 和表 8.15 所示。单式记账凭证的优点是，有利于汇总计算每一个会计科目的发生额，从而减少登账的工作量。

表 8.14　借项记账凭证

对应账户：　　　　　　　　　　年　　月　　日　　　　　　　　　　编号：

摘　要	总账科目	明细科目	金　额	过账	附件张数

会计主管　　　　记账　　　　稽核　　　　出纳　　　　制证

表 8.15　贷项记账凭证

对应账户：　　　　　　　　　　年　　月　　日　　　　　　　　　　编号：

摘　要	总账科目	明细科目	金　额	过　账	附件张数

会计主管　　　　记账　　　　稽核　　　　出纳　　　　制证

在实际工作中，为了简化登记总分类账的工作，可以把许多记账凭证按一定形式汇总编制成各种汇总凭证或科目汇总表。按汇总的方法和范围不同，汇总记账凭证可分为分类汇总记账凭证和全部汇总记账凭证。分类汇总记账凭证主要是对收款凭证、付款凭证和转账凭证分别进行汇总，形成汇总收款凭证、汇总付款凭证和汇总转账凭证；全部汇总记账凭证即按各会计账户名称分别进行汇总，形成科目汇总表。

上述各种会计凭证及其关系如图 8.1 所示。

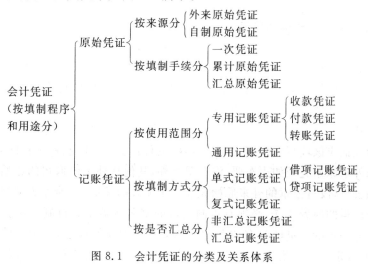

图 8.1　会计凭证的分类及关系体系

8.2 原始凭证的基本要素、填制与审核

8.2.1 原始凭证的基本要素

由于经济业务多种多样，相应的经济管理的要求也不同，因此用来记录经济业务的原始凭证的格式和内容会有不同的特点。但是，无论哪一种原始凭证都必须如实反映经济活动的发生和完成情况，并明确有关部门和人员的责任。也就是说，任何原始凭证都必须具备若干基本要素，这些基本要素如下。

(1)原始凭证的名称。其标明原始凭证所记录的经济业务的种类，如收料单、销货单、借款单等。

(2)原始凭证的填制日期及编号。其一般是经济业务发生或完成日期，若经济业务发生或完成时没有及时填制，应以实际填制日期为准。

(3)接受原始凭证的单位的名称。注明接受单位名称，便于查明经济业务的来龙去脉。

(4)填制凭证的单位的名称、填制人员及经办人员的签名或盖章，用于明确经济责任。如果是外来原始凭证，还必须有填制单位所盖的公章。所谓"公章"，应是具有法律效力和规定用途，能够证明单位身份和性质的印鉴，如业务公章、财务专用章、发票专用章、收款专用章或结算专用章等。

(5)经济业务内容摘要。其说明经济业务的项目、名称和有关事项。

(6)经济业务涉及的实物数量、单价、金额和总额等。

8.2.2 原始凭证的填制

原始凭证作为会计核算的原始证明，必须真实、正确和可靠。根据财政部印发的《会计基础工作规范》和其他相关会计法规的规定，原始凭证的填制应该遵循以下几项基本要求和若干具体规定。

8.2.2.1 填制原始凭证的基本要求

1. 记录真实

原始凭证的内容和数字必须反映经济业务的实际情况，凭证上的日期、经济业务的内容、数量金额等，不得随意填写、匡算、估算，不得有任何弄虚作假行为。原始凭证内容的真实、可靠，是保证会计信息客观、有效的基础和前提。

2. 内容完整

凡是原始凭证应该填写的内容，都必须逐项填写齐全，手续完备，不得随意省略或遗漏。除了某些特殊外来原始凭证如火车票、汽车票等外，其他从外单位取得的原始凭证都必须盖有填制单位的公章，没有公章的外来原始凭证属于无效的凭证，不能作为编制记账凭证的依据。从个人处取得的原始凭证，必须有填制人员的签名或盖章。自制原始凭证必须有经办部门负责人或其指定的人员的签名或盖章。购买实物的原始凭证，必须有验收证明。实物入账后，要按照规定办理验收手续，以明确经济责任，保证账实相符。支付款项的原始凭证

必须有收款单位和收款人的收款证明。保证原始凭证内容完整和手续完备，是明确经济责任、实施会计监督的有效手段。

3.填制及时

原始凭证应在经济业务发生或完成时及时填制，以便及时办理后续业务，并按规定程序和手续将凭证送交会计部门，不得随意拖延和积压凭证，避免事后填制造成差错。此外，及时填制凭证还能使会计核算与经济业务尽量同步，有利于提高会计信息的质量。

8.2.2.2　填制原始凭证的具体规定

1.书写要求

(1)书写用笔。原始凭证要用蓝色或黑色墨水笔书写，不得使用圆珠笔和铅笔填写；文字端正，清晰整洁，易于辨认，不得使用未经国务院公布的简化字。

(2)阿拉伯数字。金额数字前面应当书写货币币种符号或货币名称简写和币种符号，如"￥"(人民币)、"US＄"(美元)、"￡"(英镑)等，且币种符号与阿拉伯金额数字之间不留空位。凡是阿拉伯数字前写有货币符号的，数字后面不再写"元"。所有以元为单位(其他货币种类为货币基本单位，下同)的阿拉伯数字，除表示单价等情况外，一律填写到角、分。无角、分的，角位和分位可写"00"，或者符号"—"；有角无分的，分位应当写"0"，不得用符号"—"代替。

(3)汉字大写金额数字。汉字大写金额数字，如零、壹、贰、叁、肆、伍、陆、柒、捌、玖、拾、仟、万、亿等，一律用正楷或者行书体书写，不得用○、一、二、三、四、五、六、七、八、九、十等字样代替，不得任意自造简化字。汉字大写金额数字到"元"或者"角"为止的，应当加写"整"字断尾；大写金额数字有"分"的，分字后面不写"整"字。汉字大写金额数字前未印有货币名称字样的，应当加填货币名称，且货币名称与金额数字之间不得留有空位。如果金额中间有一个"0"或连续几个"0"，则大写金额只用一个"零"字表示。如金额￥1 800 040.20，汉字大写金额应为人民币壹佰捌拾万零肆拾元贰角整。另外，填有大写和小写金额的原始凭证，大写与小写金额必须相符。

(4)空隙和高度。阿拉伯数字应当一个一个写，不得连笔写，特别注意连续写几个"0"时要单个写，不要将几个"0"一笔写完。数字排列要整齐，数字之间的空隙要均匀，不宜过大。此外，一般要求文字或数字的高度占凭证横格高度的1/2，并且要紧靠横格底线书写，使上方能留出一定空位，以便需要更正时可以再次书写。

(5)多联凭证。对于一式几联的原始凭证，应当注明各联的用途，并且只能以一联作为报销凭证；一式几联的发票和收据，必须用双面复写纸(发票和收据本身具备复写纸功能的除外)套写，并且每一联都必须写透，防止出现上联清楚、下联模糊甚至上下联金额不一致等现象。

(6)错误更正。原始凭证所记载的各项内容均不得随意涂改、刮擦、挖补，否则为无效凭证。原始凭证若填写错误，应当由开具单位重开或者更正，更正工作必须由原始凭证出具单位负责，并在更正处加盖出具单位和经手人印章。但原始凭证金额错误的，不得在原始凭证上更正，应当由出具单位重开。提交银行的各种结算凭证上的数字一律不得更改，如遇凭证填写错误，应加盖"作废"戳记，保存备查，并重新填写。

(7)连续编号。各种原始凭证必须连续编号，以备查考。如果凭证上已预先印定编号，如发票、支票、收据等，作废时应当加盖"作废"戳记，连同存根和其他各联一起保存，不得随意撕毁，不得缺联。

2.其他有关规定

(1)经上级有关部门批准的经济业务事项,应当将批准文件作为原始凭证附件。如果批准文件需要单独归档,应当在凭证上注明批准机关名称、日期和文件字号。

(2)职工公出借款凭据,必须附在记账凭证之后。收回借款时,应当另开收据或者退还借据副本,不得退还原借款收据。

(3)发生销货退回的,要先填制退货红字发票,冲销原有记录。但红字发票不能作为退款的证明。退款时必须有退货验收证明,必须取得对方的收款收据或者汇款银行的凭证,不得以退货发票代替收据。

(4)原始凭证遗失处理。从外单位取得的原始凭证如有遗失,应当取得原开出单位盖有公章的证明,注明原来凭证的号码、金额和内容等,或根据原始凭证存根复印一份,并由经办人员签名,报经办单位会计机构负责人和单位负责人批准后,代作原始凭证。如果确实无法取得证明,如火车票、轮船票、飞机票等凭证,则由当事人写出详细情况,经经办单位会计机构负责人和单位负责人批准后,代作原始凭证。

(5)原始凭证分割。若一张原始凭证所列支的金额需要几个单位共同负担,应开具原始凭证分割单,将其他单位负担的部分单独列出,凭此结算所发生的款项。原始凭证分割单必须具备原始凭证的基本要素,包括凭证名称、填制凭证的日期及单位名称、接受凭证单位名称、经济业务内容摘要、数量、单价、金额、费用分摊情况、经办人签章等。

8.2.3　原始凭证的审核

为了如实反映经济业务的发生和完成情况,充分发挥会计的监督职能,保证会计信息的真实、可靠,应由专门人员严格审核原始凭证。对原始凭证的审核主要从形式和实质两方面进行。

8.2.3.1　原始凭证的形式审核

原始凭证形式上的审核,侧重于审核凭证是否按照要求规范填写,办理凭证的相关手续是否完备。

1.完整性审核

根据原始凭证的构成要素,审核凭证中应填写的项目是否填写齐全,是否有漏项情况,日期是否完整,数字是否清晰,文字是否工整,凭证联次是否正确,有关经办人员是否都已签名或盖章,是否经过主管人员审批同意,等等。

2.正确性审核

审核原始凭证各项计算及其相关部分是否正确,如凭证的摘要和数字是否填写清楚、正确,数量、单价、金额、合计数是否正确,大小写金额是否相符,等等。

8.2.3.2　原始凭证的实质审核

对于原始凭证的审核,更重要的是实质审核,即审核原始凭证的真实性、合法性、合规性和合理性,审核原始凭证所载的经济内容是否符合有关政策、法令、制度、计划、预算和合同等的规定,是否符合审批权限,有无伪造凭证等不法行为。

1.真实性审核

真实性审核包括两方面:一是审核凭证所记载的经济业务是否真实,包括凭证日期是否真实、业务内容是否真实、数据是否真实等内容,审查开出发票的单位是否存在;二是凭证本身是否真实,尤其对于外来原始凭证,还要审核凭证是否为税务统一发票,防止以假冒的原始凭证记账。

2.合规性审核

根据国家有关的法规、政策和本单位相关规章制度,审核凭证所记载的经济业务是否有违反国家法律法规的问题,是否符合费用开支标准和规定的审批权限,是否符合企业生产经营需要,是否符合计划、预算,等等。

上述审核完毕,对于完全符合要求的原始凭证,会计人员应及时据以填制记账凭证;对于真实、合法、合理,但形式上不够完整或计算有误的原始凭证,会计人员可将其退回经办人员,更正后再进行有关会计处理;对于不真实、不合法的原始凭证,会计机构和会计人员有权拒绝接受,并向单位负责人报告,及时制止、纠正不法行为。

8.3　记账凭证的基本要素、填制与审核

8.3.1　记账凭证的基本要素

记账凭证虽有不同种类,但是每一种记账凭证都要对原始凭证进行整理、归类,都是用来确定会计分录并据以登记账簿的一种会计凭证。记账凭证必须具备下列几项基本要素:

(1)记账凭证的名称;

(2)填制凭证的日期和凭证的编号;

(3)经济业务内容摘要;

(4)应借应贷的账户名称(包括总分类账户和明细分类账户)和金额,即会计分录;

(5)所附原始凭证的张数;

(6)填制、审核、记账、会计主管等有关人员的签名或盖章,收款凭证和付款凭证还需有出纳人员的签章。

8.3.2　记账凭证的填制

8.3.2.1　记账凭证填制要求

填制记账凭证是会计核算的重要环节,正确填制凭证是保证账簿记录正确的基础。填制记账凭证应符合一些基本要求,如原始凭证审核无误、摘要填写简明扼要、内容附件完整无缺、会计分录编制正确、凭证书写清楚规范等。记账凭证填制的具体要求和注意事项如下。

1.合理选择记账凭证类别

对于经济业务不多的单位,可以选用通用记账凭证。而对于业务频繁、凭证数量多的单位,则应选择专用记账凭证或单式记账凭证。对于采用专用记账凭证的单位,会计人员对原始凭证审核无误后,应根据经济业务的具体情况,正确选择应使用的收款凭证、付款凭证或转账凭证。为了避免重复记账,对于涉及库存现金和银行存款之间以及不同银行存款之间的划转业务,只填制付款凭证,不填制收款凭证。

2.正确填写记账凭证日期

收款凭证和付款凭证的日期应按本单位库存现金或银行存款实际收入、付出的日期填

写,一般是会计人员编制记账凭证的当日;转账凭证原则上也按编制凭证的日期填写,但是编制本月调整分录和月终结账分录时,应填写本月月末日期。

3.摘要填写准确、扼要

摘要是对经济业务的简要说明,不论是手工填制凭证还是计算机填制凭证,都要在记账凭证上填写摘要。摘要应符合两个要求:一是能准确地表述经济业务的基本内容;二是简明扼要,容易理解。为此,摘要应清楚表述以下内容:

(1)发生经济业务的单位或个人。例如,编制购入物资的记账凭证,应在摘要中写出从"×××公司"购入;编制材料费用分配的记账凭证,应在摘要中写出"生产车间""厂部"……领用;编制费用报销记账凭证,应在摘要中写出"×××"报销。

(2)当一笔经济业务涉及两个以上(不含两个)一级科目时,应根据经济业务和各会计科目的特点分别填写摘要。

(3)经济业务的主要内容。例如,"计提8月份固定资产折旧""×××报销出差北京差旅费"。

(4)其他关键内容。例如,重要收据的号码等。

此外,对于购买货物,要写明供货单位名称及所购货物的主要品种和数量;对于收、付款业务,要写明收、付款对象的名称和款项内容,使用银行支票的最好写上支票号码;对于应收、应付、预收、预付款以及分期收款发出商品的债权、债务业务,应写明对方单位名称、业务经办人、发生时间等内容;对于盈溢、损失等事项,应写明发生部门及责任人、发生原因等;对于冲销和补充等业务,应写明冲销或补充的记账凭证的号码及日期,如写明"更正某日某号凭证错账""冲减退货进项税额"等。总之,摘要应能够清楚地反映经济业务的来龙去脉。

4.正确编制会计分录

根据经济业务内容确定应借、应贷的会计科目名称及金额是编制记账凭证最实质的要求。首先,各会计科目的总账科目要使用规范,各级明细科目要填写齐全,以便登记总分类账和明细分类账;其次,账户对应关系要清晰,尽量保持一借一贷、一借多贷和多借一贷的对应关系,一般应避免编制多借多贷的会计分录;再次,一张记账凭证一般只反映一项经济业务,不要将不同类型、不同内容的业务合并编制在一张记账凭证上;最后,金额必须与所附原始凭证完全一致,并且符合数字书写规范,角、分位不留空格,对于金额栏的空行,应画斜线或一条"S"形线予以注销。合计金额的第一位数字前要填写币种符号,如人民币符号"¥",不是合计金额,则不填写货币符号。

5.正确选择编号方法

记账凭证应当连续编号,目的是分清会计事项处理的先后顺序,便于记账凭证与会计账簿之间的核对,确保记账凭证的完整。记账凭证的编号方法有多种,总的来说,有按月编号(业务极少的单位也可按年编号)、按编制凭证的顺序编号、一张记账凭证只编一个号等方法。具体方法应根据本单位采用的记账凭证的种类来确定。

(1)通用记账凭证,采用顺序编号法。将本月发生的经济业务按会计处理顺序,以自然数1,2,3……连续编号,一直编到本月最后一张。

(2)专用记账凭证,采用字号编号法。字号编号法是一种分类编号法,将不同类型的记账凭证用字加以区别,再将同类记账凭证按会计事项处理顺序连续编号。它具体又可以分两种情况,一种是纯粹的字号编号法,另一种是双重编号法。纯粹的字号编号法仅按凭证的类别编号,它既可以按三类格式编号,也可以按五类格式编号。三类格式编号是将收款凭证、付款凭证和转账凭证分别编为"收""付""转"三类,如"收字第××号""付字第××号"和"转字第××号";更细的是五类格式编号法,即将现金收款凭证、现金付款凭证、银行存款收款凭证、银行存款付款凭证和转账凭证分别编为"现收""现付""银收""银付"和"转"五类,如"现收字第××号""现付字第××号""银收字第××号""银付字第××号"和"转字第××号"。双重编号法是将月份内记账凭证的总字号顺序编号与类别编号相结合的一种编号方法,如某一张付款凭证的编号为"总字第××号,付字第××号"。

上述不同的编号方法举例如下:20××年 12 月 8 日收到一笔银行存款,是该月第 52 笔业务,第 6 笔收款业务,第 2 笔银行收款业务,则运用通用记账凭证编号为"第 52 号",运用字号编号法编号为"收字第 6 号"或"银收字第 2 号",运用双重编号法编号为"总字第 52 号,收字第 6 号"或"总字第 52 号,银收字第 2 号"。

有时会计分录所涉及的科目较多,一张记账凭证填列不下,可以填制两张或两张以上记账凭证,这时可以采用分数编号法。例如,20××年 12 月 15 日,分配材料费用属该月第 16 笔转账业务,且需填制两张转账凭证,则这笔经济业务所编转账凭证的编号应分别是"转字 $16\frac{1}{2}$"和"转字 $16\frac{2}{2}$",分母表示该笔经济业务填制记账凭证的总张数,分子表示第几张凭证,分数前的整数表示该笔转账业务的编号。分数编号法也适合于单式记账凭证的编号,它既可以与顺序编号法结合使用,也可以与字号编号法结合使用。但不论采用哪种方法编号,都应在每月最末一张记账凭证的编号旁加注"全"字,以防记账凭证散失。

6.注明记账凭证的附件

记账凭证一般应附有原始凭证,并注明其张数。凡属收、付款业务的记账凭证都必须有原始凭证;转账业务一般也应附原始凭证,如赊销、赊购、材料领用、产品入库、各项摊提等,只有当更正错账和期末结账时才可以不附原始凭证。

附件的张数要用阿拉伯数字填写,并在记账凭证上注明。记账凭证张数计算的原则是:没有经过汇总的原始凭证,按自然张数计算,有一张算一张;经过汇总的原始凭证,每一张汇总单或汇总表算一张。例如,某职工填报的差旅费报销单上附有车票、船票、住宿发票等原始凭证 26 张,这 26 张原始凭证在差旅费报销单上的"所附原始凭证张数"栏内已做了登记,它们属于附件的附件,在计算记账凭证所附原始凭证张数时,这一张差旅费报销单连同其所附的 26 张原始凭证一起算作一张。财会部门编制的原始凭证汇总表所附的原始凭证,一般也作为附件的附件处理,原始凭证汇总表连同其所附的原始凭证算在一起作为一张附件。但是,属收、付款业务的,其附件张数的计算要做特殊处理,应把汇总表及所附的原始凭证或说明性质的材料均算在张数内,有一张算一张。当一张或几张原始凭证涉及几张记账凭证时,可将原始凭证附在其中一张主要的记账凭证后面,并在摘要栏内注明"本凭证附件包括××号记账凭证业务"字样,在未附原始凭证的记账凭证摘要栏内注明"原始凭证附于××号记账凭证后面"字样,以备查阅,或附上该原始凭证的复印件。

8.3.2.2　记账凭证填制举例

1.收款凭证

【例 8.1】　20××年 12 月 3 日,新乐公司向东山公司销售甲产品 1 000 件,每件售价为 50 元,增值税税率为 13%,款项已通过支票结算方式由银行收讫。

分析:这是一笔收款业务,收款凭证的主体科目为借方科目"银行存款",假设这笔收款业务为该公司本月第2笔收款业务。在支票结算方式下,该公司应将收到的支票送存开户银行,并将银行进账单(回单)、销货发票的记账联作为附件附在记账凭证后面,进行收入确认的账务处理。收款凭证中"过账"栏要待相应的账户记入分类账以后才予以登记,登记时注明记入总账、明细账的页次,以便与分类账互相查考,也可只打"√",表示已经登记入账,以免漏记或重记,"附件张数"栏填写所附原始凭证张数2张,最后由制证等经办人员签字盖章。此笔业务的收款凭证具体填制如表8.16所示。

表8.16　新乐公司收款凭证

借方科目:银行存款　　　　20××年12月3日

收字第 2 号　　附件 2 张

对方单位	摘　要	贷方科目		金　额	过账
		总账科目	明细科目		
东山公司	销售甲产品1 000件,单价为50元	主营业务收入	甲产品	50 000.00	√
	销项税额	应交税费	应交增值税	6 500.00	√
银行结算方式及票号:			合　计	￥56 500.00	√

会计主管　　　记账　　　稽核　　　出纳　　　制证

2.付款凭证

【例8.2】　20××年12月15日,新乐公司综合办公室张小伟报销去广州的差旅费2 800元,以库存现金支付。

分析:这是一笔现金付款业务,付款凭证的主体科目为贷方科目"库存现金",假设这笔付款是该公司本月第156笔付款业务。报销差旅费时,经办人员张小伟需填写差旅费报销单,并将此次出差相关的车船票、住宿发票等原始凭证作为差旅费报销单的附件附在其后,经批准人和经办人签字后,办理相关会计账务处理。会计人员按规定审核原始凭证后,填制此笔业务的付款凭证,如表8.17所示,表内其他项目及填列方法与收款凭证是相同的。

表8.17　新乐公司付款凭证

贷方科目:库存现金　　　　20××年12月15日

付 字第156号　　附件 1 张

对方单位	摘　要	借方科目		金　额	过　账
		总账科目	明细科目		
	综合办张小伟报销广州差旅费	管理费用	差旅费	2 800.00	√
银行结算方式及票号:			合　计	￥2 800.00	√

会计主管　　　记账　　　稽核　　　出纳　　　制证

3.转账凭证

【例8.3】　20××年12月18日,新乐公司采购员王三从春晖公司采购S材料2 000千克,每千克价格为10元,增值税税率为13%,款项以45天商业承兑汇票结算。

分析:该笔业务不涉及货币资金收付,应编制转账凭证。转账凭证不设置主体科目,所有的借方科目和贷方科目均填写在表格内。金额合计栏应分别合计借方金额和贷方金额,借、贷方合计金额应该相等,其他各栏目的填写与收、付款凭证基本相同。该笔赊购业务的转账凭证应根据相关原始凭证编制,如作为采购凭证的增值税专用发票、作为结算凭证的商业承兑汇票存根联等。假设该业务是新乐公司本月第25笔转账业务,会计人员对相关原始凭证审核无误后,编制转账凭证,如表 8.18 所示。

表 8.18　新乐公司转账凭证

转字第 _25_ 号
附件 _2_ 张

20××年 12 月 18 日

摘　要	总账科目	明细科目	借方金额	贷方金额	过　账
从春晖公司购S材料2 000千克,单价为10元	在途物资	S 材料	20 000.00		√
进项税额	应交税费	应交增值税	2 600.00		√
应付春晖公司45天商业承兑汇票	应付票据	春晖公司		22 600.00	√
合　计			￥22 600.00	￥22 600.00	

会计主管　　　　　记账　　　　　　　复核　　　　　　制证

4. 通用记账凭证

根据前述表 8.13 通用记账凭证的样式,现仍以例 8.1 为例,编制销售给东山公司甲产品 50 000 元,通过银行收到款项业务的记账凭证。假设该业务是新乐公司本月第 31 笔业务,编制的通用记账凭证如表 8.19 所示。

表 8.19　新乐公司通用记账凭证

第 _31_ 号
附件 _2_ 张

20××年 12 月 3 日

摘　要	总账科目	明细科目	借方金额	贷方金额	过　账
收东山公司转账支票	银行存款		56 500.00		√
向东山公司销售甲产品1 000件,单价为50元	主营业务收入	甲产品		50 000.00	√
销项税额	应交税费	应交增值税		6 500.00	√
合　计			￥56 500.00	￥56 500.00	

会计主管　　　　　记账　　　　　　　复核　　　　　　制证

5. 单式记账凭证

除了上述复式记账凭证外,还可以填制单式记账凭证,包括借项记账凭证和贷项记账凭证。根据单式记账凭证,将每一账户的借项凭证和贷项凭证归类在一起,加计总数,就很容易得出每一账户的本期借方发生额和贷方发生额,为编制科目汇总表提供数据,从而大大简化了会计核算工作。由于上述通用记账凭证的例子涉及三个会计科目,因此应编制三张记账凭证,采用分数编号法编号,具体记账凭证如表 8.20、表 8.21 和表 8.22 所示。

表 8.20　新乐公司借项记账凭证

对应账户:主营业务收入、应交税费　　　20××年 12 月 3 日　　　　　　　　编号:31$\frac{1}{3}$

摘　要	总账科目	明细科目	金　额	过　账	附件张数
收东山公司支票	银行存款		56 500.00	√	2

会计主管　　　　　记账　　　　　稽核　　　　　出纳　　　　　制证

表 8.21　新乐公司贷项记账凭证

对应账户:银行存款　　　　　　　　　20××年 12 月 3 日　　　　　　　　编号:31$\frac{2}{3}$

摘　要	总账科目	明细科目	金　额	过　账	附件张数
销项税额	应交税费	应交增值税	6 500.00	√	2

会计主管　　　　　记账　　　　　稽核　　　　　出纳　　　　　制证

表 8.22　新乐公司贷项记账凭证

对应账户:银行存款　　　　　　　　　20××年 12 月 3 日　　　　　　　　编号:31$\frac{3}{3}$

摘　要	总账科目	明细科目	金　额	过　账	附件张数
向东山公司销售甲产品 1 000 件,单价为 50 元	主营业务收入	甲产品	50 000.00	√	2

会计主管　　　　　记账　　　　　稽核　　　　　出纳　　　　　制证

8.3.3　记账凭证的审核

为了保证记账凭证符合记账要求和账簿记录的正确性,在记账前必须对记账凭证认真审核。对于记账凭证的审核,主要从形式和内容两方面入手。

8.3.3.1　记账凭证的形式审核

从形式上审核记账凭证,主要是审核记账凭证的填写是否符合填制要求、凭证的各项要素是否填写齐全、有关人员是否签章等。

8.3.3.2　记账凭证的内容审核

(1)根据国家财经法规、方针政策和本单位规章制度审核记账凭证所反映的经济业务是否合法、合理。

(2)审核记账凭证所填列的会计分录是否正确,包括会计科目运用是否恰当、对应关系是否清晰、借贷金额是否平衡等。

(3)审核所附的原始凭证的内容和张数是否与记账凭证所填列的相关内容相符,原始凭证的合计金额与记账凭证金额是否一致,即审核证证是否相符。

此外,对于电算化账务系统,审核凭证比手工账务系统更加重要。因为,在电算化账务系统中,编制并输入记账凭证几乎是唯一的人工操作,所有的账簿数据都是由计算机自动计算汇总产生的,用户无法在记账过程中再次确认和计量。因此,只有做好记账凭证的审核工作,才能确保账簿数据和报表数据正确。

　　无论是什么形式的账务系统,只有将记账凭证审核无误才能据以登记账簿。如发现记账凭证有错误,应及时查明原因,按规定方法更正。

8.4　会计凭证的传递与保管

8.4.1　会计凭证的传递

　　会计凭证的传递是指会计凭证从填制(或取得)到归档保管的整个过程中,在本单位内部各有关部门和人员之间,按规定的时间、路线办理业务手续和进行处理的过程。合理组织会计凭证的传递活动,能及时、真实地反映和监督经济业务的发生和完成情况,有利于各部门和有关人员分工协作,使经济活动能够在正确的轨道上运行;有利于考核经办业务的有关部门和人员是否按照规定的手续办事,从而强化经营管理上的责任制,提高经营管理水平,提高经济活动的效率。

　　企业的会计凭证是从不同渠道取得或填制的,所记载的经济业务不同,涉及的部门和人员不同,办理的业务手续也不同。为了既保证经济业务有序进行,又保证会计凭证及时处理,有必要为各种会计凭证规定一个合理的传递程序,使经济业务和会计工作环环相扣,相互监督,提高工作效率。

　　会计凭证的传递主要涉及传递程序和传递时间两方面内容,要制定合理的凭证传递程序和时间应遵循的总体原则为,满足内部控制制度的要求,同时尽量提高工作效率。各单位会计凭证传递的具体要求,要视其经济业务特点、内部机构的设置、人员分工以及管理上的要求而定,一般应考虑以下两个方面。

8.4.1.1　合理设计会计凭证的传递环节

　　在日常经济活动中,各单位的经济业务往往环节众多且程序复杂,并不存在适合各单位使用的统一的凭证传递程序。但是,每一项业务都必须按照内部牵制要求进行环节控制。会计凭证的传递包括原始凭证传递和记账凭证传递,一般来说,原始凭证的传递程序相对较为复杂,涉及企业的业务部门、管理部门和会计部门,而记账凭证一般只会在会计部门内部传递,其传递程序较为简单。合理设计原始凭证的传递程序,能够有效实现对相关业务环节的职责牵制、分权牵制和物理牵制;正确设计记账凭证的传递程序,能够有效发挥会计的簿记牵制作用,从而使会计控制真正起到内部控制的作用。原始凭证的传递程序应恰当地体现在凭证各个联次的用途上,分别将其送交有关部门,这样既可以保证有关部门及时进行业务处理,避免因等待凭证而延误时间,又便于有关部门各自将所需的凭证归档保管,互不冲突。例如,对于外购原材料并验收入库的业务,一般应由单位的供应部门填制一式数联的收料单,然后交仓库使其据以验收材料;仓库保管人员验收后填列实收数,并先由指定人员复核,再由仓库记账人员登记入账;随后,仓库将收料单的验收联送供应部门核对和记录,将收料单的记账联送交会计部门,会计部门审核后据以编制记账凭证。在明确凭证传递环节的基础上,还要规定凭证传递的每一环节所涉及的部门和人员应办理的手续和相应的责任。如对于销售业务,应规定发货票上各联次应经过的销售、运输、仓库和会计等部门应完成哪些手续、负什么责任。

8.4.1.2　合理确定会计凭证在各环节停留的时间

会计凭证传递除了符合内部牵制要求外,还要讲求经济业务和会计处理的工作效率。内部牵制是一种控制手段,其本身并不是目的。凭证若经过不必要的环节或在某些环节滞留时间过长,就会影响凭证的传递速度,进而影响经济业务的效率和经济活动目标的实现。因此,各单位要根据有关部门和人员办理经济业务各项手续的必要时间,同相关部门和人员协商确定会计凭证在各环节停留的时间,规定凭证在各环节停留的合理时间,防止拖延和积压会计凭证,以确保凭证的及时和准确传递。此外,为了保证会计核算的及时性和真实性,所有会计凭证的传递都必须在报告期内完成,不允许跨期传递。

8.4.2　会计凭证的保管

会计凭证的保管是指会计凭证在登记入账后的整理、装订和归档备查工作。会计凭证是重要的会计档案和经济资料,各单位都必须加以妥善保管,不得丢失或随意销毁。根据财政部、国家档案局发布的《会计档案管理办法》的相关规定,会计凭证的保管方法和要求如下。

8.4.2.1　装订会计凭证

在装订之前,原始凭证一般是用回形针或大头针固定在记账凭证后面,在这段时间内,要及时传递凭证,严防在传递过程中散失。应定期(每日、每旬或每月)将记账凭证按编号顺序整理,检查有无缺号和附件是否齐全,然后装订成册。装订时应加上封面和封底,在装订线上贴上封签,加盖会计人员印章,不得任意拆装。在会计凭证封面上应注明单位名称、所属年度和月份、起讫日期以及记账凭证种类、张数、起讫编号等。

8.4.2.2　专人保管

会计凭证在装订后存档前,应由会计部门指定人员负责保管,但出纳不得兼管会计档案。年度终了,可暂由会计部门保管1年(最长不超过3年),期满后应由会计部门编造清册,将其移交给本单位档案部门,由档案部门保管。保管时,应防止受损、弄脏、霉烂以及鼠咬虫蛀等。

8.4.2.3　特殊原始凭证的归档

对于某些重要原始凭证,如各种经济合同和涉外文件等凭证,为了便于日后查阅,应另编目录,单独装订保存,同时在记账凭证上注明"附件另订";对于性质相同、数量过多或各种随时需要查阅的原始凭证,如收料单、发料单、发货票等,可以不附在记账凭证后面,单独装订保管,在封面上注明记账凭证种类、日期、编号,同时在记账凭证上注明"附件另订"和原始凭证的名称及编号。

8.4.2.4　调阅规定

作为会计档案,原始凭证不得外借。如果其他单位因特殊原因需要使用原始凭证,经本单位负责人批准,可以查阅或者复制,并填写"会计档案调阅表",详细填写调阅会计凭证的名称、调阅日期、调阅人姓名和工作单位、调阅理由、归还日期、调阅批准人等。调阅人员一般不准将会计凭证携带外出。需复制的,要说明所复制的会计凭证名称、张数,经本单位领导同意后在本单位财会人员监督下进行,并应登记与签字。

8.4.2.5　保管期限

从会计年度终了的第一天算起,原始凭证、记账凭证、汇总凭证和会计档案移交清册的保管期限均为 30 年,银行对账单和银行存款余额调节表的保管期限均为 10 年。应严格遵守会计凭证的保管期限要求,期满前不得销毁。对于保存期满的会计凭证,也不得自行销毁,应履行必要的销毁程序。保管期满的会计凭证,应由本单位档案机构会同会计机构提出销毁意见,编制会计档案销毁清册,并由本单位负责人在销毁清册上签署批准意见,然后再履行规定的监销程序,方能销毁保管期满的会计凭证。

习　题

一、简答题

1. 何谓会计凭证? 会计凭证在会计核算中有何重要作用?

2. 按填制程序和用途的不同,会计凭证可分为哪些类型?

3. 什么是原始凭证? 原始凭证有哪几类?

4. 原始凭证应包括哪些基本要素? 原始凭证的填制应遵循哪些要求?

5. 什么是记账凭证? 记账凭证有哪几类?

6. 记账凭证应包括哪些基本要素? 记账凭证的填制应遵循哪些要求?

7. 审核原始凭证主要审查哪些内容? 审核记账凭证主要审查哪些内容?

8. 什么是会计凭证的传递? 做好会计凭证的传递和保管工作有什么意义?

二、判断题

1. 转账凭证不能反映现金、银行存款的增减变动。　　　　　　　　　　　(　　)

2. 从银行提取现金时,可以编制现金收款凭证。　　　　　　　　　　　(　　)

3. 按填制手续的不同,记账凭证可以分为一次凭证、汇总凭证和累计凭证。(　　)

4. 按来源不同,会计凭证可以分为外来会计凭证和自制会计凭证两种。　(　　)

5. 自制原始凭证是企业内部经办业务的部门和人员填制的凭证。　　　　(　　)

6. 外来原始凭证都是一次凭证。　　　　　　　　　　　　　　　　　　(　　)

7. 原始凭证的主要作用是证明与会计事项相关的经济业务的实际发生和完成情况。(　　)

8. 单式记账凭证,就是把每项经济业务所涉及的会计科目集中填制在一张记账凭证上。

　　　　　　　　　　　　　　　　　　　　　　　　　　　　　　　　(　　)

9. 发票作废时应当加盖"作废"戳记,连同存根和其他各联整联一起保存,不得缺联。(　　)

10. 对于不真实、不合法的原始凭证,可退回经办人员,更正后再办理有关会计处理。

　　　　　　　　　　　　　　　　　　　　　　　　　　　　　　　　(　　)

三、单项选择题

1. 对于金额有错误的原始凭证,正确的处理方法是(　　　　)。

　　A. 由出具单位重开

　　B. 由出具单位在凭证上更正并由经办人员签名

　　C. 由出具单位在凭证上更正并由出具单位负责人签名

　　D. 由出具单位在凭证上更正并加盖出具单位印章

2.假设某企业第 10 笔转账业务需填制三张记账凭证,则第二张记账凭证的正确编号是（　　　）。

  A. 转（字）10-3-2 号　　　　　　　　B. 转（字）10-2-3 号

  C. 转（字）10-2/3 号　　　　　　　　D. 转（字）10-3/2 号

3.下列凭证中不能作为编制记账凭证的依据的是（　　　）。

  A. 收料单　　　　　　　　　　　　B. 发票

  C. 发货单　　　　　　　　　　　　D. 购销合同

4.购买实物的原始凭证,除必须有经办人的签名外,还必须有（　　　）。

  A. 本单位公章　　　　　　　　　　B. 批准文件

  C. 验收人的证明　　　　　　　　　D. 付款结算票据

5.会计日常核算工作的起点是（　　　）。

  A. 取得或填制会计凭证　　　　　　B. 登记会计账簿

  C. 编制会计报表　　　　　　　　　D. 成本核算

6.从外单位取得的原始凭证,必须盖有（　　　）。

  A. 本单位的公章　　　　　　　　　B. 填制单位的公章

  C. 本单位领导签章　　　　　　　　D. 收款人的签章

7.会计凭证按（　　　）,可分为原始凭证和记账凭证。

  A. 填制程序和用途　　　　　　　　B. 形成来源

  C. 用途　　　　　　　　　　　　　D. 填制手续

8.当只涉及货币资金内部收付业务时,一般只编制（　　　）。

  A. 收款凭证　　　　　　　　　　　B. 付款凭证

  C. 收款凭证和付款凭证　　　　　　D. 转账凭证

9.下列不属于记账凭证审核的内容的是（　　　）。

  A. 凭证是否符合有关的计划和预算

  B. 会计科目使用是否正确

  C. 凭证的金额与所附原始凭证的金额是否一致

  D. 凭证的内容与所附原始凭证的内容是否一致

10.对于真实、合法、合理但内容填写有错误的原始凭证,会计人员应（　　　）。

  A. 协助补填,及时据以编制记账凭证记账

  B. 不予接受,并向单位负责人报告

  C. 予以退回,更正错误或重开后再办理正式会计手续

  D. 退回经办人员,不再办理正式会计手续

四、多项选择题

1.下列单据中属于自制原始凭证的有（　　　　　）。

  A. 购入材料运输账单　　　　　　　B. 工资结算单

  C. 预支差旅费借款单　　　　　　　D. 产品入库单

  E. 转账凭证

2.下列单据中属于外来原始凭证的有（　　　　　）。

  A. 医药费报销单　　　　　　　　　B. 银行转账支票

C. 铁路运单　　　　　　　　　D. 销货发票

E. 购货发票

3. 下列业务中需要填制转账凭证的有(　　　　　)。

A. 赊销商品　　　　　　　　　B. 期末结转管理费用

C. 用转账支票采购办公用品　　D. 计提固定资产折旧

E. 吸收投资人的货币资金投资

4. 企业在经营中取得的银行结算凭证,属于会计核算的(　　　　　)。

A. 自制原始凭证　　　　　　　B. 转账凭证

C. 收款凭证和付款凭证　　　　D. 一次原始凭证

E. 外来原始凭证

5. 收款凭证可以作为出纳人员(　　　　　)的依据。

A. 收入货币资金　　　　　　　B. 付出货币资金

C. 登记现金日记账　　　　　　D. 登记银行存款日记账

E. 填制记账凭证

6. 关于会计凭证保管,下列说法正确的有(　　　　　)。

A. 出纳不得兼管会计凭证

B. 年度终了,会计凭证可暂由会计部门保管 1 年(最长不超过 3 年)

C. 保存期满的会计凭证也不得自行销毁

D. 重要原始凭证应单独装订保存

E. 经本单位领导同意后,会计凭证可以被调阅或者外借

7. 会计凭证和相关会计资料中保管期限为 30 年的有(　　　　　)。

A. 原始凭证　　　　　　　　　B. 记账凭证

C. 汇总凭证　　　　　　　　　D. 银行对账单

E. 会计档案移交清册

8. 下列凭证中属于记账凭证的是(　　　　　)。

A. 支票　　　　　　　　　　　B. 借款单

C. 转账凭证　　　　　　　　　D. 银行存款收款凭证

E. 现金付款凭证

五、业务题

1. 目的:练习经济业务处理与记账凭证的填制。

2. 资料:某企业为增值税一般纳税人,增值税税率为 13%,20××年 6 月发生下列经济业务。

(1)1 日,从银行提取现金 5 000 元,备用。

(2)2 日,收到中鑫公司还来前欠的货款 93 600 元,存入银行。

(3)2 日,综合办公室王某预支差旅费 3 500 元,付现。

(4)5 日,以银行存款解缴所得税 38 000 元、增值税 13 000 元。

(5)5 日,以现金支付业务招待费 850 元。

(6)6 日,生产甲产品领用 A 材料 15 000 千克,每千克价格为 10 元,计 150 000 元;领用 B 材料 25 000 千克,每千克价格为 2 元,计 50 000 元。生产乙产品领用 B 材料 15 000 千克,每千克价

格为 2 元,计 30 000 元。

(7)6 日,以银行存款偿还前欠南方公司的货款 146 250 元。

(8)7 日,从南方公司购入 A 材料 30 000 千克,每千克价格为 9.9 元;B 材料 20 000 千克,每千克价格为 1.9 元,A、B 材料的增值税税率均为 13%。上述款项尚未支付。

(9)7 日,以银行存款支付上项材料异地运杂费 5 000 元以及增值税 500 元,按材料的重量比例分摊费用。

(10)8 日,上项材料验收入库,结转其实际采购成本。

(11)9 日,从银行借入短期借款 200 000 元,存入银行。

(12)12 日,从银行提取现金 155 000 元,准备发放工资。

(13)12 日,以现金发放职工工资 155 000 元。

(14)13 日,出售给中鑫公司甲产品 4 000 件,每件售价为 150 元,货款 600 000 元和发票上的增值税税额(增值税税率为 13%)尚未收到。

(15)14 日,办公室王某出差回公司报销差旅费 3 200 元,交回多余现金 300 元。

(16)15 日,生产甲产品领用 A 材料 6 000 千克,每千克价格为 10 元,计 60 000 元;领用 B 材料 20 000 千克,每千克价格为 2 元,计 40 000 元。车间一般性消耗领用 B 材料 1 000 千克,每千克价格为 2 元,计 2 000 元。

(17)16 日,以银行存款支付广告费 8 000 元和增值税 480 元。

(18)19 日,接受大新公司作为投资投入的全新生产设备一套,价值 800 000 元,增值税税率为 13%。

(19)20 日,收到中鑫公司还来的前欠款项 678 000 元,存入银行。

(20)21 日,以银行存款偿还南方公司款项 378 550 元。

(21)22 日,以银行存款归还短期借款 190 000 元。

(22)23 日,上月转入"其他应收款"账户的毁损机床净值为 18 000 元,无法取得赔偿,经批准列作营业外支出。

(23)26 日,售给连发公司乙产品 1 000 件,每件售价为 80 元,货款及 13% 的增值税税款尚未收到。

(24)27 日,以现金支付销售运输费 880 元以及增值税 79.20 元。

(25)28 日,以银行存款支付机器修理费 1 500 元,增值税税率为 13%。

(26)29 日,以银行存款支付本月电费 8 000 元以及增值税 1 040 元,其中生产甲产品的动力消耗为 5 000 元,生产乙产品的动力消耗为 2 000 元,车间消耗 500 元,公司行政管理部门消耗 500 元。

(27)30 日,本月工资费用分配如下:生产甲产品的工人的工资为 72 000 元,生产乙产品的工人的工资为 48 000 元,车间管理人员的工资为 15 000 元,公司行政管理人员的工资为 20 000 元。

(28)30 日,按规定计提本月固定资产折旧 29 500 元,其中车间固定资产折旧 26 000 元,公司行政管理部门固定资产折旧 3 500 元。

(29)30 日,将本月归集的制造费用按甲、乙产品的生产工人工资比例分配。

(30)30 日,本月甲产品完工入库 3 000 件,结转其实际生产成本 270 000 元;乙产品完工入库 2 000 件,结转其实际生产成本 100 000 元。

(31)30 日,结转本月销售的 4 000 件甲产品的成本 360 000 元和 1 000 件乙产品的成本 50 000元。

(32)30 日,将各收入、费用类账户的余额结转入"本年利润"账户。

(33)30 日,按本月实现利润的 25% 计算并结转应交所得税。

(34)30 日,按税后利润的 10% 提取盈余公积。

3.要求:

(1)根据上列经济业务,确定应填制的记账凭证的种类。

(2)根据上列经济业务编制收款凭证、付款凭证或转账凭证。

第9章 会计账簿

学习目标

1. 掌握会计账簿的作用与分类。
2. 掌握日记账的登记方法。
3. 掌握总分类账和明细分类账的设置与登记方法。
4. 掌握账簿的登记规则与要点。
5. 学会错账更正方法。
6. 学会划线结账法。

会计账簿,简称账簿,是以会计凭证为依据,连续、系统、全面、分类地记录和反映各项经济业务的内容,并由专门格式且相互联系的账页所组成的簿籍,是记录会计信息的载体。设置和登记账簿是会计核算的一种专门方法,也是会计核算中不可缺少的环节,任何会计主体都必须设置会计账簿。

9.1 会计账簿的作用与分类

9.1.1 会计账簿的作用

会计账簿作为记录会计信息的重要载体,其作用主要表现在以下几个方面。

9.1.1.1 提供连续、系统、全面、分类的会计信息

前述的会计凭证也是用来记录经济业务的,通过填制会计凭证,会计主体的经济业务信息转化成了会计信息,但是这时的会计信息是零散的、片段化的,无法提供全面、连续、系统的会计信息,因此会计凭证只能作为最初的会计信息载体。通过设置和登记账簿,企业所有经济活动都序时、分类地记录在会计账簿中,既能对经济活动进行序时核算,又能进行分类核算,既可提供各项总括指标,又可提供明细指标,从而连续、系统、全面、分类地提供会计主体某一时期内的全部经济业务核算资料。

9.1.1.2 为编制会计报表提供依据

通过设置和登记账簿,会计凭证提供的大量零散的会计信息被归类和整理,就能为会计报表编制提供各有关账户的明细、总括资料,经过进一步汇总和整理后,就能编制出会计报

表,从而更综合地反映会计主体在一定时期内资产、负债、所有者权益的增减变动和结存等情况以及收入、费用、利润等经营成果情况。可见,会计账簿为编制会计报表提供了不可缺少的依据,起到了联结会计凭证和会计报表的桥梁和纽带作用。

9.1.1.3　为财务分析和财务检查提供依据

账簿通过对零散的会计信息归类整理,所提供的核算资料比会计报表信息更为具体和详细,为财务分析和财务检查提供依据。利用账簿提供的会计信息,可以分析企业资金的运用情况,考核各种预算的执行和完成情况,有利于企业改善自身经营管理;可以检查企业会计活动及会计信息形成的合法性、准确性和完整性,并对会计信息质量做出评价。

9.1.1.4　作为历史会计信息资料方便查证

会计账簿是重要的会计档案。作为会计主体储存的历史会计信息,会计账簿资料比会计凭证资料更便于查阅,比会计报表资料更系统和全面,因而更便于有关部门和人员查证。

9.1.2　会计账簿的分类

按照用途、格式和形式的不同,会计账簿可分为不同的种类。为了正确使用各种账簿,有必要介绍账簿的不同分类。

9.1.2.1　按用途分类

按用途不同,会计账簿一般可分为序时账簿、分类账簿和备查账簿。

1. 序时账簿

序时账簿,也称日记账或流水账,是按照经济业务发生和完成的先后顺序,逐日逐笔进行连续登记的账簿。在会计核算中,先后顺序是指收到会计凭证的先后顺序,即记账凭证编号的先后顺序。序时账簿可以用来及时、详细地反映经济业务的发生和完成情况,提供连续、系统的会计资料,也可以用来和分类账的有关账户相互核对。序时账簿按其记录经济业务范围的不同,又分为普通日记账和特种日记账两种。

(1)普通日记账

普通日记账,又称分录簿,是指直接以原始凭证为依据,按照发生的时间顺序以会计分录形式将经济业务登记入账的账簿,因此又称为分录簿,其起到了记账凭证的作用。因此,普通日记账具有日记账簿和分录簿的双重性质。普通日记账可以连续、全面地反映一个单位的经济业务动态,十分便于企业决策管理部门使用。但是,根据日记账逐笔登记分类账的工作量较大,不便于分工记账,比较适合电算化会计的账务处理。

(2)特种日记账

特种日记账就是专门用来序时登记某一特定经济业务的日记账。通常,若某种业务特别重要而又频繁发生,需要严加控制、经常复核,则需要对这种业务设置特种日记账,并由专人负责登记。如现金收支业务、银行存款收支业务、购货业务、销货业务,相应地就可设置现金日记账、银行存款日记账、购货日记账和销货日记账。

2. 分类账簿

分类账簿,简称分类账,是对各项经济业务按账户分类登记的账簿。分类账按其核算指标的详细程度,可分为总分类账和明细分类账两种。

(1)总分类账

总分类账,简称总账,是根据总分类科目设置的,用来总括反映全部经济业务的账簿。

在实际工作中，每个会计主体应该设置一本总账，包括所需的所有会计账户。

（2）明细分类账

明细分类账，简称明细账，是根据总账科目设置，按其二级或明细科目设置的，用来分类登记某一类经济业务，提供详细核算资料的账簿。在实际工作中，每个会计主体可以根据经营管理的需要，为不同的总账账户设置明细账。

还有一种将序时账簿和分类账簿相结合的账簿，即联合账簿。对于经济业务比较简单、总分类账户不多的单位来说，为了简化记账工作，也可以把序时记录和总分类记录结合起来，在同一本账簿中进行登记。这种同时具备日记账和总分类账两种用途的账簿称为联合账簿。日记总账就是典型的联合账簿。

3.备查账簿

备查账簿，又称辅助账，是指对某些在日记账和分类账中不能登记或记录不全，而在管理上需要掌握的经济业务，为便于备查而进行补充登记的账簿。它可以对某些经济业务提供必要的详细参考资料，如"经营性租入固定资产登记簿""应收票据备查簿""应付票据备查簿""受托加工材料登记簿""代管商品物资登记簿"等。备查账簿没有固定的格式，可根据实际需要灵活设置，而且并非每个单位都必须设置。备查账簿不受分类账控制，与其他账簿之间不存在严密的依存、钩稽关系。

9.1.2.2　按外表形式分类

所谓账簿的外表形式，就是指账簿的账页组成方式。按账簿外表形式的不同，会计账簿可分为订本式账簿、活页式账簿和卡片式账簿三种。

1.订本式账簿

订本式账簿，简称订本账，是指在账簿启用前就把编有顺序号的若干账页固定并装订成册的账簿。采用订本式账簿能够避免账页散失和账页抽换，从而保证账簿资料的安全与完整。但是由于账页固定，订本式账簿不能根据记账需要增减账页，因此必须预先估计每一个账户需要的页数，以此来保留空白账页，多则浪费，少则不够，从而会影响账户的连续登记。此外，同一本账在同一时间内只能由一人登记，不便于分工记账。订本账主要适用于现金日记账、银行存款日记账和总分类账。

2.活页式账簿

活页式账簿，简称活页账，它是将分散的账页装存于账夹内但不固定，可以随时增减账页的账簿。活页式账簿的特点正好与订本账相反，其优点主要是可以根据需要增减或重新排列账页，便于分工记账，提高会计工作效率；缺点主要是账页容易散失，容易被抽换。为保证账簿资料的安全与完整，在使用活页账之前，应按账页顺序编号，并由记账员或会计主管人员签章，在不再继续登记时，应加上目录并装订成册。活页账主要适用于各种明细分类账。

3.卡片式账簿

卡片式账簿，简称卡片账，是指由分散的硬纸卡片作为账页、存放在卡片箱中的一种账簿。卡片账在使用之前不需装订，根据记录需要可以增添卡片数量，可以跨年度使用，不一定需要每年更换新账。在使用卡片账时，为防止散失和抽换，应按顺序编号，并由有关人员在卡片上签章，同时存入卡片箱内由专人保管。卡片账的优缺点与活页账相同。在使用完毕更换新账后，应将其封扎存档，妥善保管。在会计实务中，它主要适用于记载内容比较复杂的财产物资明细账，如固定资产明细账、低值易耗品明细账等。

9.2 会计账簿的设置与登记

设置账簿,简称建账,就是要建立会计主体的账簿体系。一般来说,会计账簿的组织要适应企业的规模和特点,符合单位内部经营管理的需要,并能满足直接提供编制会计报表资料的需要;同时还应该简洁明了,便于审核、查阅和保管。在此基础上,设置账簿要求具体确定应设置哪些总分类账簿和明细分类账簿,并为每一账户确定账页的格式、内容及登记方法。

在前述的会计核算方法介绍中,为教学方便起见,账簿的格式大多用 T 形账户代替。可是在会计实务中,并非所有的账簿记录都登记在相同格式的账页中。首先,不同账簿有不同的用途,不同用途的账簿有不同的要求,如分类账和日记账;其次,即使在分类账内部,不同账户的性质也不同,如总分类账户和明细分类账户,财产物资类明细账、费用类明细账和债权债务类明细账,等等;再次,不同单位经营管理的特点不同,需要账簿记录所提供的会计信息能满足其特有的要求,因此,在登记账簿时应根据不同情况选择不同格式的账页。下面分别介绍日记账、分类账的设置与登记以及备查账簿的设置。

9.2.1 日记账的设置与登记

日记账有普通日记账和特种日记账两种,其特点是序时登记,即逐日逐笔地登记经济业务,以便及时、详细地反映经济业务的发生和完成情况,提供连续的会计资料。

9.2.1.1 普通日记账

普通日记账的设置分两种情况:一种是企业不设置特种日记账,只设置普通日记账;另一种是普通日记账与特种日记账同时设置。在第一种情况下,企业不设特种日记账,普通日记账要序时地逐笔登记企业的全部经济业务;在第二种情况下,除普通日记账外,企业还要设置现金日记账、银行存款日记账、赊销日记账和赊购日记账等特种日记账,普通日记账只序时登记除特种日记账以外的经济业务,即货币资金收付和赊购、赊销业务由相应的特种日记账登记,除赊购、赊销以外的转账业务则由普通日记账登记。

但是,无论对于哪一种情况下的普通日记账,企业一般都不必填制记账凭证,而是将会计分录登记到各种日记账中,即用日记账代替记账凭证,然后再根据日记账登记各种分类账。在这种情况下,记账程序变成"原始凭证→普通日记账→分类账",我国一般不采用这种记账程序,而国外使用较广。填制记账凭证是我国会计法中规定的法定会计核算环节,因此我国会计的记账程序应该为"原始凭证→记账凭证→分类账"。

普通日记账的账页格式是两栏式,即只设"借方金额"和"贷方金额"两个金额栏,不设余额栏,不需要结出余额。现举几笔经济业务的实例来具体说明普通日记账的格式和登记方法。

【例 9.1】 某企业 8 月 1 日至 8 月 10 日发生下列经济业务:

(1)8 月 1 日,从银行提取现金 2 000 元,备用。

(2)8 月 2 日,收到黄河公司前欠的销货款 70 200 元,款项已存入银行。

（3）8月3日，采购员王小毛报销差旅费3 000元，开具现金支票支付。

（4）8月6日，从银行借入三个月期流动资金贷款100 000元，款项已到账。

（5）8月6日，购入设备一台，价款为90 000元，增值税为11 700元，设备已交付使用，款项已通过银行付讫。

（6）8月7日，从大地公司购入甲商品一批，价款为150 000元，增值税为19 500元，商品已验收入库，款项已通过银行付清。

（7）8月8日，用现金支付业务招待费800元。

（8）8月9日，向蓝天公司销售甲商品一批，价款为80 000元，增值税为10 400元，款项尚未收到。

（9）8月10日，以银行存款11 600元偿还上月所欠寰球公司的购货款。

针对上述业务，现编制相应会计分录并逐日逐笔登记到普通日记账上，如表9.1所示。

表9.1　普通日记账

第　　页

××年 月	××年 日	凭证号数（略）	摘　要	账户名称	借方金额	贷方金额	过　账
8	1		提取现金	库存现金	2 000		√
				银行存款		2 000	√
	2		收回黄河公司欠款	银行存款	70 200		√
				应收账款		70 200	√
	3		采购员王小毛报销差旅费	管理费用	3 000		√
				银行存款		3 000	√
	6		取得银行借款	银行存款	100 000		√
				短期借款		100 000	√
	6		购入设备	固定资产	90 000		√
				应交税费	11 700		√
				银行存款		101 700	√
	7		现购甲商品	库存商品	150 000		√
				应交税费	19 500		√
				银行存款		169 500	√
	8		支付招待费	管理费用	800		√
				库存现金		800	√
	9		赊销甲商品	应收账款	90 400		√
				主营业务收入		80 000	√
				应交税费		10 400	√
	10		偿还购货款	应付账款	11 600		√
				银行存款		11 600	√

9.2.1.2　特种日记账

特种日记账是专门用来序时登记某一特定经济业务的日记账，如现金收款业务、银行存款收付款业务、赊购业务和赊销业务等，这些业务在企业大量重复发生，将它们从普通日记账中分割出来，专设现金日记账、银行存款日记账、赊销日记账和赊购日记账，这样既有利于会计分工记账,又可以对这些业务进行专门控制。

　　根据企业是否设置记账凭证,特种日记账可分成两种不同的情形,初学者必须注意加以区分。对于不设置记账凭证的企业,特种日记账和普通日记账一起共同作为记载会计分录的账簿,它们一方面根据原始凭证登记,另一方面又作为登记分类账的依据,这种特种日记账实际上起着记账凭证的功能,相应的账务处理程序称为普通日记账账务处理程序;对于设置记账凭证的企业,特种日记账不是根据原始凭证而是根据记账凭证登记的,它们也不能作为分类账登记的依据,而仅仅用来详细登记库存现金、银行存款收付等业务,以便加强对货币资金的控制,并能方便地与"库存现金"和"银行存款"等总分类账户核对,起到了明细账的作用。

　　我国会计制度要求设置记账凭证,我国企业采用的是特种日记账。因此本书接下来所讲的特种日记账主要是指现金日记账和银行存款日记账。

　　1. 现金日记账

　　现金日记账专门用于记录库存现金每天的收入、支出和结存情况,由出纳人员根据审核以后的现金收款凭证、现金付款凭证等逐日逐笔按顺序进行登记,其所记载的内容必须与会计凭证相一致,不得随意增减。设置和登记现金日记账,可以了解和掌握单位库存现金每日收支和结存情况,并可及时核对,以保证现金的安全。

　　现金日记账一般按币种设置。如果一个单位的库存现金只有人民币一种,则可只设一本现金日记账;若还有外币库存现金,则有几种就设置几本现金日记账,以分别反映不同币种现金的收付和结存情况。登记现金日记账时应逐笔、序时登记,做到日清月结。为了及时掌握现金收付和结余情况,现金日记账必须当日账务当日记录,每日终了,出纳人员应计算全日的现金收入、支出和结余额,并与库存现金实际数核对。要注意,现金日记账不得出现贷方余额或红字余额。对于现金收支频繁的单位,还应随时结出余额,以方便掌握库存现金的实际动态。

　　现金日记账必须采用订本式账簿,其账页格式可分为三栏式和多栏式两种,在实际工作中普遍采用的是三栏式现金日记账。

　　(1)三栏式现金日记账

　　三栏式现金日记账是指在同一张账页上分设"收入""支出"和"结余"(或者"借方""贷方"和"余额")三个金额栏目的日记账。例9.1的第1笔和第7笔业务涉及库存现金收支,假设该企业库存现金期初余额为1 000元,则三栏式现金日记账的格式和登记方法如表9.2所示。

表 9.2　现金日记账(三栏式)

第　　页

××年		凭　证		摘　要	对方科目	收　入	支　出	结　余
月	日	字	号					
8	1			期初余额				1 000
	1	付	1	提取现金	银行存款	2 000		3 000
	8	付	5	支付招待费	管理费用		800	2 200

　　(2)多栏式现金日记账

　　为了便于反映每笔收支的来源和用途,以便分析和汇总对应科目的金额,也可以采用多栏式现金日记账,即分别按照对方科目对收入栏和支出栏设专栏进行登记。这种账簿可以通过有关专栏的定期汇总,将其合计数过入有关总分类账,无须逐笔过账;其他栏目的账户则仍需逐笔过账。在多栏式现金日记账中,由于经常重复出现的对应账户都已设置专栏,故可以大大减少总分类账的登账工作量。多栏式现金日记账的格式及例9.1相关业务登账举例如表9.3所示。

表9.3　现金日记账(多栏式)　　　　　　　　　　　　　第　　页

| ××年 | | 凭　证 | | 摘　要 | 收入(贷方科目) | | | | 支出(借方科目) | | | | 余　额 |
月	日	字	号		收入合计	银行存款	其他应收款	应付账款	支出合计	银行存款	管理费用	应收账款	
8	1			期初余额									1 000
	1	付	1	提取现金	2 000	2 000							3 000
	8	付	5	支付招待费					800		800		2 200

上述多栏式现金日记账适用于业务简单、使用会计科目不多的中小企业。如果使用的会计科目较多,对方科目的专栏数目就会很多,造成账页过宽或者不够用,此时可将表9.3一拆为二,设置“收付分页”的多栏式日记账,即将现金的收入和支出分别反映在两本账簿中,称为现金收入日记账和现金支出日记账,并按现金收入和支出的对应账户设专栏进行登记。在现金收入日记账中增设“支出合计”和“结余”两栏,每日或随时将现金支出日记账中的支出合计数转记到现金收入日记账中,并结出余额。分页多栏式现金日记账的格式如表9.4、表9.5所示。

表9.4　现金收入日记账(分页多栏式)　　　　　　　　　第　　页

| ××年 | | 收款凭证号数 | 摘　要 | 贷方科目 | | | | 支出合计 | 结　余 |
月	日						收入合计		

表9.5　现金支出日记账(分页多栏式)　　　　　　　　　第　　页

| ××年 | | 付款凭证号数 | 摘　要 | 借方科目 | | | | |
月	日							支出合计

2.银行存款日记账

银行存款日记账是专门用来记录银行存款增加、减少和结存情况的账簿。设置和登记银行存款日记账,可以加强对银行存款的日常监督和管理,保证银行存款的安全。

　　银行存款日记账应按企业在银行或信用社开立的不同账号和币种分别设置,以管理单位不同账户和币种的银行存款收付业务。银行存款日记账通常是由出纳人员根据审核无误的银行收款凭证和付款凭证逐日逐笔按顺序登记的,要做到日清月结,每日终了结出余额,以便检查和监督各种收支款项,并定期与银行送来的对账单逐笔核对。

　　与现金日记账一样,银行存款日记账也必须采用订本式账簿,其账页格式既可以采用三栏式,也可以采用多栏式。多栏式银行存款日记账可只设一本银行存款日记账或分别设置银行存款收入日记账和银行存款支出日记账。银行存款的收付需要根据银行结算凭证进行,为了便于与银行对账并加强对单位票证的管理,银行存款日记账要专设"结算凭证——种类、号数"栏。

　　现仍以例9.1的业务为例来说明三栏式银行存款日记账的格式和登记方法,具体如表9.6所示(假设银行存款期初余额为200 000元)。

表9.6　银行存款日记账(三栏式)

账号　　　　　　　　　　　　户名　　　　　　　　　　　　　　第　　页

××年		凭证		摘　要	对方科目	结算凭证		收　入	支　出	结　余
月	日	字	号			种类(略)	号数(略)			
8	1			期初余额						200 000
	1	付	1	提取现金	现金				2 000	198 000
	2	收	1	收回黄河公司欠款	应收账款			70 200		268 200
	3	付	2	采购员王小毛报销差旅费	管理费用				3 000	265 200
	6	收	2	取得银行借款	短期借款			100 000		365 200
	6	付	3	购入设备	固定资产				90 000	275 200
					应交税费				11 700	263 500
	7	付	4	现购甲商品	库存商品				150 000	113 500
					应交税费				19 500	94 000
	10	付	5	偿还购货款	应付账款				11 600	82 400

　　归纳上述各种日记账主要栏目的含义和登记方法,可以比较出普通日记账和特种日记账各栏目的特点和差异,如表9.7所示。

表9.7　普通日记账与特种日记账的比较

栏　目	普通日记账	特种日记账
记录内容	序时登记全部业务的会计分录	序时登记某一特定项目发生情况
记录依据	原始凭证	记账凭证
账页格式	两栏式	三栏式或多栏式
余额	没有余额栏	设置余额栏,表示该特定项目的期末余额
过账索引	该会计分录过入分类账的编号和页码;或者打"√"	打"√",表示已登记过账

9.2.2　分类账的设置与登记

设置与登记分类账,可以分类反映全部经济业务,提供资产、负债、所有者权益、收入、费用等方面每一个账户总括的详细的会计核算资料,为会计信息使用者提供系统的会计信息。按照账户所反映内容的详细程度不同,分类账分为总分类账和明细分类账两类。

9.2.2.1　总分类账

总分类账,简称总账,是按总分类账户进行分类登记的账簿。为了全面、总括地反映经济活动的情况,并为编制会计报表提供必要的数据,任何单位都必须设置总分类账。

总分类账一般采用订本式账簿,并按照一级科目的编号顺序分设账户,为每个账户预留若干账页,以集中登记属于各账户的经济业务及其变动情况。总分类核算只运用货币计量,常用三栏式账页。三栏式总分类账设有"借方""贷方"和"余额"三个金额栏,有反映对方科目和不反映对方科目栏两种格式。现仍根据例 9.1 登记"应收账款"总分类账,如表 9.8 所示(假如应收账款期初余额为 70 200 元)。

表 9.8　总分类账(三栏式)

会计科目:应收账款　　　　　　　　　　　　　　　　　　　　　　　　　　　　　第　页

××年		凭证		摘　要	对方科目	借　方	贷　方	借或贷	余　额
月	日	字	号						
8	1			期初余额				借	70 200
	2	收	1	收回黄河公司欠款	银行存款		70 200	平	0
	9	转	1	赊销甲商品	主营业务收入	80 000			
					应交税费	10 400		借	90 400

总分类账是会计人员根据审核无误的记账凭证直接或汇总登记的,其登记依据和方法与各单位所采用的账务处理程序有关。一般来说,总分类账的登记方法有以下几种:①逐笔登记法,即总账直接根据记账凭证逐笔登记,表 9.8 就是采用这种方法登记的;②汇总登记法,即定期将所有记账凭证汇总,按照一定方法编制汇总记账凭证(包括汇总收款凭证、汇总付款凭证和汇总转账凭证),月末根据其合计数登记总账;③汇总登记与逐笔登记相结合,即对经常重复发生的业务采用汇总登记法,对较少发生的业务采用逐笔登记法;④以表代账,即以科目汇总表代替总分类账。还有一种总账是日记账和总分类账相结合的联合账簿,即多栏式日记总账,相关内容详见本书相应章节。

9.2.2.2　明细分类账

明细分类账账簿是根据明细会计科目设置的簿籍。在总分类账的基础上,设置与登记明细分类账,可以提供明细的会计核算资料。

明细分类账一般采用活页式账簿,也有采用卡片账的,如固定资产卡片可作为固定资产明细账。明细分类账的格式,应根据它所反映的经济业务内容的特点、实物管理上的要求来设计。常用的明细分类账有三栏式、数量金额式、多栏式和平行式等多种格式,会计人员应根据记账凭证、原始凭证或原始凭证汇总表,或者定期登记,或者逐日逐笔登记。

1.三栏式明细分类账

三栏式明细分类账只设"借方""贷方"和"余额"三个金额栏,其格式与三栏式总分类账基本相同。它适合于那些只需要金额核算,不需要数量核算的债权、债务等明细分类账户,如应收账款明细账、应付账款明细账、其他应收款明细账、短期借款明细账、长期借款明细账、其他应付款明细账等。三栏式明细分类账的格式如表9.9所示。

表 9.9　明细分类账(三栏式)

会计科目:

二级或明细科目:　　　　　　　　　　　　　　　　　　　　　　　第　　页

年		凭证		摘　要	借　方	贷　方	借或贷	余　额
月	日	字	号					

2.数量金额式明细分类账

数量金额式明细分类账的账页,在"收入""支出"和"结余"栏内,分别设有"数量""单价"和"金额"专栏。这种格式适合于既要进行金额核算、又要进行数量核算,既有价值指标、又有实物指标的各种财产物资,如"原材料""库存商品"等明细分类账户,它们应按品种、规格分别设置,列明品名、规格、存放位置、储备定额和最高、最低储备量等。以原材料为例,数量金额式明细分类账的格式及登记方法如表9.10所示。

表 9.10　明细分类账(数量金额式)

材料名称:甲种材料

材料编号:(略)　　　　　　　　　　　　　　　　　　　　　　最高储备量:(略)

材料规格:(略)　　　　　　　　　　　　　　　　　　　　　　最低储备量:(略)

××年		凭证		摘　要	收　入			发　出			结　存		
月	日	字(略)	号(略)		数量/千克	单价/元	金额/元	数量/千克	单价/元	金额/元	数量/千克	单价/元	金额/元
9	1			期初余额							1 200	59	70 800
	1			领用				200			1 000		
	10			购入	800	60	48 000				1 800		
	15			领用				1 000			800		
	22			购入	1 500	58	87 000				2 300		
	29			领用				1 200			1 100		
	30			本期发生额及余额	2 300		135 000	2 400	58.80	141 120	1 100	58.80	64 680

3.多栏式明细分类账

多栏式明细分类账是根据管理需要,在一张账页内不仅按借、贷、余(或收、支、余)三部分设置金额栏,还要按明细科目在借方或贷方设置许多金额栏,以集中反映有关明细项目的核算资料。这种格式通常适合在管理上需要了解构成内容的成本费用、收入类账户的明细核算,并将其内容设置成专栏。其专栏的设置一般取决于明细分类账户的数目及其所包含的经济内容,以及管理上需要对这些经济内容了解和掌握的详细程度。多栏式明细分类账主要适合成本费用、收入类账户的明细核算,成本费用类多栏式明细分类账应按借方设置专栏,如"在途材料""生产成本""制造费用""在建工程""管理费用""财务费用""营业外支出"等;收入类明细分类账应按贷方设置专栏,如"主营业务收入""营业外收入"等;还有些账户可以同时按借方和贷方设置专栏,如"应交税费——应交增值税""本年利润"等。

与三栏式明细分类账相比,多栏式明细分类账能够在一张账页上反映某一级账户的所有下一级明细项目,登记和查阅均十分方便。但它不能随意增加或改变专栏名称,因此多栏式明细分类账比较适合明细科目能够预先确定并且相对固定的账户。如"生产成本"按成本计算对象设账页后,再按成本项目设专栏,其中成本项目中的"直接材料""直接人工""制造费用"能够预先设定且固定不变。"管理费用""应交税费——应交增值税"多栏式明细分类账的具体格式分别如表 9.11、表 9.12 所示。

表 9.11　多栏式明细分类账(按借方设置)

会计科目:管理费用　　　　　　　　　　　　　　　　　　　　　第　页

××年		凭证		摘　要	工　资	办公费	差旅费	业务招待费	折旧费	其　他	合　计
月	日	字	号								
8	3	付	2	支付差旅费			3 000				3 000
	8	付	5	支付业务招待费				800			800

表 9.12　多栏式明细分类账(按借贷双方设置)

会计科目:应交税费
二级或明细科目:应交增值税　　　　　　　　　　　　　　　　　　第　页

××年		凭证		摘　要	借　方			贷　方			借或贷	余　额
月	日	字	号		进项税额	已交税金	……	销项税额	进项税额转出	……		
8	1			期初余额							借	1 600
	7	付	4	现购甲商品	24 000						借	25 600
	9	转	1	赊销甲商品				12 800			借	12 800

4.平行式明细分类账

平行式明细分类账,也称横线登记式明细分类账,其账页的基本格式是设置"借方"和"贷方"两栏。当经济业务发生时在一方登记,与其相应的业务则不管何时发生,均在同一行次的另一方平行登记,以加强对这一类业务的监督。比如,职工预支和报销差旅费业务,在登记职工预支款业务后,无论职工何时报销或归还,都在同一行次中登记报销或款项收回情况。平行式明细分类账主要适合往来款项等账户的明细核算,如"其他应收款""其他应付款"等,其格式如表 9.13 所示。

表 9.13　平行式明细分类账

会计科目:其他应收款

二级或明细科目:备用金　　　　　　　　　　　　　　　　　　　　　　第　　页

户　名	借　方				贷　方				备　注
	××年	凭证号数	摘　要	金　额	××年	凭证号数	摘　要	金　额	
	月	日				月	日			

　　明细分类账除了上述常用的四种格式外,还可根据不同的经济业务和管理上的需要采用其他专门格式,如开展分期收款销售业务的企业,其应收账款明细账要采用累计金额式明细账;同时涉及人民币和外币两种货币记账的企业,其相关的明细账要采用复币式明细账。

9.2.3　备查账簿的设置

　　有些经济业务,在日记账和分类账中不予登记,但在管理上需要加以控制或掌握情况,这就需要设置备查账簿,以补充日记账和分类账记录的不足。

　　备查账簿的种类和格式比较灵活,可根据单位的实际需要设计。它一般有下列几种类型。

9.2.3.1　代管财物登记簿

　　有些财产物资,企业虽没有所有权,但企业对其负有保管和使用的责任,因而需要设置备查账簿并进行登记,此类备查账簿有包装物登记簿、代加工材料登记簿、代管商品物资登记簿等。

9.2.3.2　账外财物登记簿

　　某些工具、用具,其单位价值比较低,领用时在会计上做一次性费用处理。然而这些工具、用具使用期一般比较长,这就意味着这些财产物资尽管仍在企业内被使用,但是会计账面已不反映其实物形态和价值。为了加强管理,防止出现漏洞和浪费,可以设置账外财物登记簿,记录领用日期、领用人、领用数量、报废日期等情况,以加强控制。

9.2.3.3　其他备查账簿

　　对某些不纳入企业分类账核算范围,而业务上又需要掌握的事项,均可通过设置备查账簿来控制。例如,为了掌握应收票据收到、贴现、背书、承兑等情况,可设置应收票据登记簿;为了了解经济合同的执行情况,可设置经济合同执行情况登记簿。

　　至此,我们已经介绍了账户的整个设置体系,现予以归纳总结并绘制关系图,如图 9.1 所示。

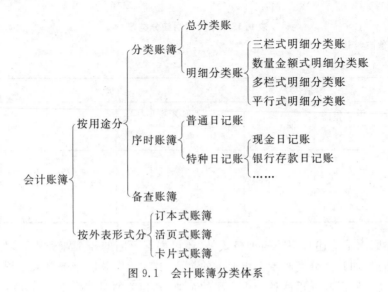

图 9.1 会计账簿分类体系

9.3 账簿的启用、登记与错账更正方法

9.3.1 账簿的启用

账簿是重要的会计档案。为了确保账簿记录的真实、完整和合法，明确记账责任，会计人员在启用账簿时，应在账簿封面上写明单位名称和账簿名称，并在账簿扉页的"账簿启用及交接表"或"账簿启用和经管人员一览表"上填写账簿启用及交接等相关内容。具体包括：启用日期、账簿页数以及记账人员、会计机构负责人和会计主管人员的姓名，并加盖人名章和单位公章。

会计人员在填写"账簿启用及交接表"时，应遵循以下规则：

(1)启用订本式账簿，应当从第一页到最后一页按顺序编写页数(预先印定页数的账簿除外)，不得跳页、缺号；启用活页式账页，应当按账户顺序编号，并需定期装订成册，装订后再按实际使用的账页顺序编写页码，另加目录，并记明每个账户的名称和页次。扉页的起止页数可于装订时填写。银行存款日记账启用后还要将开户银行的全称、银行账号等内容填写完整。

(2)填写记账人员和会计机构负责人、会计主管人员的姓名，并加盖人名章和单位公章。

(3)记账人员或会计机构负责人、会计主管人员调动工作时，在办好账簿移交手续后，在启用表上应当注明交接日期、接办人员或监交人员姓名，并由交接双方人员签名或盖章，以明确相关人员的责任。

9.3.2 账簿的登记

9.3.2.1 账簿登记的基本要求

为了保证账簿记录的正确性，记账时必须根据审核无误的会计凭证，按规定方法进行登记。账簿登记的基本要求如下。

1. 账簿登记及时

一般来说,登记账簿的时间间隔越短越好。①总账登记,应视单位的账务处理程序而定。有的按照记账凭证逐日或定期登记,有的根据汇总凭证或汇总表定期登记。②明细账和日记账登记,应根据原始凭证或原始凭证汇总表、记账凭证每日登记或定期(每隔 3 日或 5日)登记。但是为了及时核对各种财产余额,随时与债权债务单位结算,现金日记账和银行存款日记账必须每日逐笔登记,债权债务和财产明细账也必须每天登记。

2. 账簿登记完整

登记账簿时,应当将记账凭证的日期、编号、经济业务内容摘要、金额和其他有关资料逐项登记入账。每一笔业务登记完毕后,都要在记账凭证上签名或盖章,并在"过账"栏内注明相应账簿的页码或记账符号"√",表示已登记入账,以免重复或漏记,且便于凭证与账簿之间互相比较。实物类明细账应填写编号、品名、规格、单位、数量、单价等,固定资产明细账除了按实物类明细账的要求填写外,还应填写使用年限、预计残值(率)、月折旧额(率)、存放地点等项。

3. 账簿登记连续

各种账簿应按页次顺序连续登记,不得跳行、隔页。如果发生跳行、隔页,应当将空行、空页画线注销,或者注明"此行空白""此页空白"字样,并由记账人员签名或者盖章。不得任意撕毁订本式账簿的账页,也不得任意抽换活页式或卡片式账簿的账页,以防舞弊。

4. 书写规范

字迹要清楚、工整,文字和数字上面要留有适当空格,不要写满格,一般占格高的 1/2 左右,以保证账簿的清晰、整洁和美观,并为更正错误留出余地。要用蓝黑墨水或者碳素墨水书写,不得使用圆珠笔(银行的复写账簿除外)或者铅笔书写。

用红色墨水登记账簿可以在下列情况中出现(指金额):

(1)按照红字冲账的记账凭证,用红字冲销错误记录;

(2)在不设"借""贷"等栏的多栏式账页中,用红字登记减少数;

(3)三栏式账户"余额"栏前若未印明余额方向,在"余额"栏内用红字登记负数余额。

此外,根据国家会计制度的有关规定,用红色墨水登记账簿还用于其他会计记录,如期末结账时,用红色墨水画红线;更正错账时,画红线更正;在账簿登记发生跳行隔页时,红色墨水画对角线注销空行或空页。

9.3.2.2 账簿登记的若干技术

1. 日期栏

在填写日期时,每一页的第一笔业务的年、月应在"年""月"栏中填写齐全,只要不跨年度或月份,以后本页再登记时,只需填"日",一律不填写月份。当同页跨月登记时,应在上月的月结线下的月份栏内填写新的月份。

2. 余额栏

凡需要结出余额的账户,结出余额后,应当在"借"或"贷"等栏内写明"借"或"贷"等字样。没有余额的账户,应当在"借"或"贷"等栏内写"平"字,并在余额栏内用"0"表示,一般来说,在"余额"栏内标注的"0"应当放在"元"位。现金日记账和银行存款日记账必须逐日结出余额。

3. 转页处理

当一账页登记完毕结转下页时,应当在下页的第一行摘要栏内注明"承前页"字样,即进行转页处理。按"承前页"所承的时期不同,转页处理有两种方法:一种是"承前页"只承前页发生额合计数及余额;另一种是承本月(日记账为本日)连续累计发生额及余额。采用第一种方法,当某一账页登记完毕时,应将该页的合计数及余额填写在该页最后一行的有关栏内,并在这行的摘要栏内注明"过次页"字样,然后在下页第一行有关栏内转抄上页的合计数及余额,并在摘要栏内注明"承前页"字样。也可以不设"过次页",直接将本页合计数及余额写在下页第一行有关栏内,并在摘要栏内注明"承前页"字样。采用第二种方法,"承前页"的金额是本月(日记账为本日)连续累计发生额及余额,其登记方法与第一种处理方法相同。一般来说,对于会计人员月末结账的工作效率而言,第二种处理方法更为有效。

4.错账更正

账簿登记中如果发生错误,不准涂改、挖补、刮擦或者用药水消除字迹,不准重新抄写,必须按照规定方法予以更正。

5.便捷符号

为了提高工作效率,记账时允许使用一些便捷符号。单价可用"@"表示,如单价为18元,可写作"@18元";号码顺序可用"♯"表示,如第35号,可写成"♯35",但不能写作"35♯"。

9.3.2.3　总分类账和明细分类账的平行登记

总分类账户是根据总分类科目设置的,用来对会计要素的具体内容进行总括分类核算,它对明细分类账户起着统驭的作用。明细分类账户是根据明细分类科目设置的,用来对会计要素的具体内容进行明细分类核算,对总分类账起着说明和补充作用。总分类账户及其明细分类账户反映的内容是相同的,只是核算指标的详细程度不同,因而应保持总账与明细账记录的一致性,采取平行登记的方法。所谓总分类账和明细分类账的平行登记,是指对所发生的每项经济业务,都要根据会计凭证,既记入相关总分类账户,又记入其明细分类账户的一种登记方法。平行登记,一方面可以满足对总括资料和详细核算资料相互核对的要求,另一方面也可以及时检查会计记录的正确性。平行登记方法是企业内部牵制制度在会计核算方面的具体运用。

平行登记的要点通常可以归纳为四个"同",即同时期、同依据、同方向和同金额,具体解释如下。

1.同时期登记

同时期登记又称双重登记,是指对同一笔经济业务,必须在同一会计时期内登记,即既要记入有关的总分类账户,也要记入其所属的明细分类账户,不能漏记或重记。这里所指的同时期是指同一会计期间(如同一个月)而非同时刻。

2.同依据登记

总分类账户及其明细分类账户是对同一笔业务不同程度地反映,登账时所依据的是同一原始凭证,分别以总括指标和详细指标的形式反映同一项内容。

3.同方向登记

同方向登记,是指对同一笔经济业务,在登记总分类账户和明细分类账户时,其各自的记账方向必须一致。如果总分类账户登记在借方,其明细分类账户也应记在借方;如果总分类账户登记在贷方,其明细分类账户也应登记在贷方。

4.同金额登记

同金额登记,是指将一笔经济业务记入所属几个明细分类账户时,记入总分类账户的金额,必须与记入所属几个明细分类账户的金额之和相等。

总分类账与其明细分类账的平行登记能保证总分类账和明细分类账之间期初余额、本期发生额及期末余额均相等。利用这一平行登记原理,可以检查总分类账及其明细分类账记录的正确性和完整性。

9.3.3　错账更正方法

在记账过程中,由于种种原因会发生各种各样的差错。发现错账时,应按照规定的方法予以更正。由于错账发生的原因、性质及类型不同,更正错账的方法也不同。常用的错账更正方法有三种:划线更正法、红字更正法和补充登记法。

9.3.3.1　划线更正法

划线更正法又称红线更正法,是指用红墨水划线注销原有错误记录,然后在划线处的上方写上正确记录的一种方法。它主要适用于结账前发现账簿上所记录的文字或数字有错误,而记账凭证无错误,即纯属过账时文字、数字的笔误或方向错误及数字计算错误的情况。

划线更正法更正错账时,应先在错误的文字或者数字上划一条红色横线,表示注销,但必须使原有字迹仍清晰可辨,以备查考;然后,在划线处的上方用蓝字填写正确的文字或者数字,并由记账人员在更正处盖章,以明确责任。划线更正时应注意:对于文字差错,可只划去错误的部分,不必将与错字相关联的其他文字划去;但对于数字差错,必须将错误的数字全部划掉,不得仅划去其中的个别错误数字。例如在过账时把 5 634 元误记为 5 643 元,不能只划去"43",改为"34",而是要把"5 643"全部用红线划去,并在其上方写上正确的"5 634"。

9.3.3.2　红字更正法

红字更正法又称红字冲销法、赤字冲账法或红笔订正法,是指用红字冲销或冲减原有的错误记录,以更正或调整记账错误的一种方法。这种方法适用于原记账凭证有错误,并已根据错误的记账凭证登记入账的情况。它具体又可以分成以下两种情况。

1. 情况一

记账后,发现原记账凭证中会计科目用错,并已根据错误的记账凭证登记入账,则用红字更正法进行更正。更正时,先用红字金额填制一张内容与原错误凭证完全相同的记账凭证,在"摘要"栏注明"冲销某月某日第×号凭证错误"字样,并据以用红字金额登记入账,以冲销原错误记录;然后用蓝字填制一张正确的记账凭证,在"摘要"栏注明"更正某月某日第×号凭证错误"字样,并据以用蓝字金额登记入账。

【例 9.2】　某企业生产车间生产 A 产品领用材料 4 500 元。在填制记账凭证时,误将"生产成本"科目填为"制造费用"科目,并据以登记入账。原错误记账凭证的会计分录如下:

借:制造费用　　　　　　　　　　　　　　　　　　　　　4 500
　　贷:原材料　　　　　　　　　　　　　　　　　　　　　　　　4 500

(1)发现记账错误时,应先用红字金额填制一张与原错误记账凭证相同的记账凭证,并据以用红字登记入账,冲销原来错误的记录,其会计分录如下:

借:制造费用　　　　　　　　　　　　　　　　　　　4 500

　　贷:原材料　　　　　　　　　　　　　　　　　　　　　　4 500

(注:□表示红字,下同)

（2）用蓝字填制一张正确的记账凭证，并据以登记入账，其会计分录如下：

借：生产成本　　　　　　　　　　　　　　　　　　　　　　4 500

　　贷：原材料　　　　　　　　　　　　　　　　　　　　　　　　　4 500

以上两张记账凭证登记入账后，账簿记录的错误得以更正。

上述错账及红字更正法的更正过程，可以在账户中进行如下登记（见图9.2）。

图9.2　错账更正过程（一）（单位：元）

2.情况二

记账后发现记账凭证中会计科目没有错误，只是金额多记了，也应采用红字更正法予以更正。更正时只需一步就能完成，即将多记的金额用红字填制一张与原错误凭证会计科目相同的记账凭证，在摘要栏注明"冲销某月某日第×号记账凭证多记金额"字样，并据以用红字金额登记入账，冲销多记的金额。

【例9.3】　某企业用银行存款1 500元支付办公用品费，在填制记账凭证时，误将1 500元填为15 000元，并已登记入账。其错误记账凭证的会计分录如下：

借：管理费用　　　　　　　　　　　　　　　　15 000

　　贷：银行存款　　　　　　　　　　　　　　　　　　15 000

发现错误后，应将多记的金额13 500元（13 500＝15 000－1 500）用红字填制一张与原错误凭证会计科目相同的记账凭证，并据以用红字登记入账，冲销多记的金额，即可反映其正确金额1 500元。其会计分录如下：

借：管理费用　　　　　　　　　　　　　　　13 500

　　贷：银行存款　　　　　　　　　　　　　　　　13 500

上述更正错账的记账凭证登记入账后，账簿记录错误得以更正，其账簿登记情况如图9.3所示。

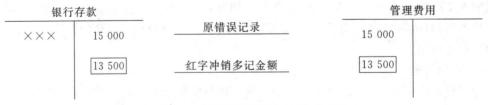

图9.3　错账更正过程（二）（单位：元）

9.3.3.3　补充登记法

记账以后，若发现原记账凭证会计科目无错误，只是所记金额小于应记金额，可用补充登记法更正。补充登记法是通过补记差额更正账簿记录错误的一种方法。更正时，只要将少记的金额用蓝字填制一张记账凭证,然后据以登记入账,并在摘要栏内注明"补记某月某日第×号记账凭证少记金额",就补记了少记的金额,更正了错账。

【例 9.4】　某企业摊销无形资产 1 250 元。在填制记账凭证时误将 1 250 元记为 1 200 元,并已登记入账。错误的会计分录如下:

　　借:管理费用　　　　　　　　　　　　　　　　　　　　　　1 200
　　　贷:累计摊销　　　　　　　　　　　　　　　　　　　　　　　　　　1 200

发现错误后,应将少记金额 50 元(50＝1 250－1 200)用蓝字金额填制一张记账凭证,补记入账。其会计分录如下:

　　借:管理费用　　　　　　　　　　　　　　　　　　　　　　50
　　　贷:累计摊销　　　　　　　　　　　　　　　　　　　　　　　　　　50

上述更正错账的记账凭证登记入账的情况如图 9.4 所示。

累计难销			管理费用	
×××	1 200	原错误记录	1 200	
	50	补足少记金额	50	

图 9.4　错账更正过程(三)(单位:元)

比较上述错账更正方法,如表 9.14 所示。

表 9.14　错账更正方法比较

错误情况	更正方法
记账凭证正确,账簿登记错误	划线更正法
记账凭证错误,尚未过账	重新编制记账凭证
记账凭证的会计科目错误,且已过账	红字更正法
记账凭证科目正确,但金额多记,且已过账	红字更正法
记账凭证科目正确,但金额少记,且已过账	补充登记法

采用红字更正法和补充登记法更正错账,能够正确反映账户的对应关系,保证账户发生额的正确性,避免虚增虚减情况的产生。对于电算化会计所发生的错账,只能采用红字更正法和补充登记法更正,划线更正法不适用。

9.4　对账与结账

为了考察某一会计期间(如月份、季度、年度)经济活动的情况,考核经营成果,方便编制会计报表,必须使用真实、正确、完整的账簿资料,必须定期进行对账与结账工作。

9.4.1 对　账

账簿记录要正确无误,但是在记账、过账、计算等会计核算过程中难免会出现差错、疏漏等情况,造成各种账簿之间、账簿记录与会计凭证之间以及账簿记录与实物、款项之间不符合,以至于后续的会计核算工作无法进行。为了确保账簿记录的真实性、完整性、正确性,在有关经济业务入账之后,亦即在后续的结账和编报之前,还要进行经常的或定期的对账工作,以保证账证相符、账账相符和账实相符。

对账就是对账簿记录所进行的核对工作,包括账证核对、账账核对和账实核对三方面内容。

9.4.1.1 账证核对

账证核对是指各种账簿的记录与有关原始凭证和记账凭证相核对。这是保证账簿记录真实、正确、完整的基础。这种核对主要是在日常编制凭证和记账过程中进行的,体现在复核账簿记录与会计凭证的内容、金额、会计科目、记账方向等是否相符。月末对账时可以重点抽查,如果发现账证不符,就应重新进行账证核对,以保证账证相符。

9.4.1.2 账账核对

账账核对是指各种账簿之间的有关数字的相核对,主要包括以下内容。

(1)总分类账有关账户核对,主要核对总分类账全部账户的本期借方发生额合计数与贷方发生额合计数是否相等,期末借方期末余额合计数与贷方期末余额合计数是否相等。这种核对可以通过总分类账户的试算平衡进行。

(2)总分类账与明细分类账核对,主要核对总分类账全部账户的本期发生额与其各明细分类账户的本期发生额之和是否相等,总分类账全部账户的期末余额与其各明细分类账户的期末余额之和是否相等。这种核对可以通过编制明细账本期发生额及余额表等进行。

(3)总分类账与日记账核对,主要核对总分类账中"现金"和"银行存款"账户的本期发生额及期末余额与现金日记账、银行存款日记账相对应数字是否相等。

(4)会计部门的财产物资明细账的期末余额与财产物资保管、使用部门的有关保管明细账(卡)的期末结余额核对。

9.4.1.3 账实核对

账实核对是指各种货币资金、财产物资和结算款项的账面余额与实存数额相核对,主要包括以下内容。

(1)现金日记账的账面余额,应每日与现金实际库存数额相核对,并填写库存现金核对情况报告单作为记录。

(2)银行存款日记账的账面余额与开户银行对账单核对。每收到一张银行对账单,经管人员就应在三日内核对完毕,每月编制一次银行存款余额调节表。

(3)各种财产物资明细账的账面余额与财产物资的清查盘点实存数额核对。有价证券明细账的账面余额应与单位实有证券相核对,至少每半年核对一次;商品、产品、原材料等财产物资明细账的账面余额应定期与实存数额相核对,年终要进行一次全面的核对清查。

(4)各种应收、应付款、银行借款等往来款项明细账的账面余额应与有关债权债务单位(或个人)相核对,清理结果要及时以书面形式报告。

要进行这一系列账实核对工作,需掌握各项财产物资的实有数。在实际工作中,一般要通过财产清查来掌握各项财产物资的实有数。有关财产清查的内容、方法等,将在第 11 章中专门介绍。

9.4.2 结 账

结账,就是在将一定时期(月度、季度、年度)内所发生的经济业务全部登记入账的基础上,结算出各账户的本期发生额和期末余额。结账工作可以将持续不断的经济活动按照会计期间进行分期总结和报告,反映一定会计期间的财务状况和经营成果,为编制会计报表提供依据。结账工作通常按月进行,年度终了还要进行年终结账。此外,当企业因撤销、合并、分立等原因办理账务交接时,也需要办理结账。

结账工作通常包括两方面内容:一是结清或结计各种收入、费用类账户的本期发生额,并据以计算本期损益;二是计算各种资产、负债和所有者权益类账户,结出其本期发生额和期末余额,并将余额转为下期的期初余额。

9.4.2.1 结账前的准备工作

为了做好结账工作,结账前应做好以下准备工作。

(1)结账前,首先必须将本期内发生的经济业务全部登记入账,如果发现漏账、错账,应及时补记、更正。做好对账工作,在核对无误的前提下才能进行结账。

(2)检查是否按照权责发生制的要求对本期内所有的转账业务编制记账凭证,进行账项调整,并据以记入有关账簿,不得提前结账或推迟结账。

(3)进行必要的成本计算和结转,如制造费用的计算和结转、完工产品成本的计算和结转、已售产品成本的计算和结转等。

(4)在本期全部经济业务都已入账的基础上,分别计算出日记账、明细分类账和总分类账的本期发生额和期末余额。

(5)根据各明细分类账的记录分别编制明细分类账户本期发生额及余额表,根据总分类账的记录编制总分类账户本期发生额及余额表,进行试算平衡。

9.4.2.2 结账的主要内容

1. 收入、费用类账户的结账

各收入、费用类账户属于"虚账户",期末需要结清。结账的任务是将其余额结为零,具体应按下列程序进行。

(1)结计出各收入、费用类账户的本期发生额合计数。

(2)编制结账分录。按照损益类账户结转方法,编制结账分录,即将各收入、费用类账户的余额分别转入"本年利润"账户。

(3)过账与结账。将结账分录所涉及的各损益类账户和"本年利润"账户发生额分别过入分类账,使各损益类账户余额变成零,"本年利润"账户的贷方合计与借方合计的差额即为本期利润(负数表示亏损),反映从年初起本年累计实现的利润(或亏损)额。年终结账时,还应该结转"本年利润"账户和"利润分配"账户,以计算全年实现的利润和分配的利润。

2. 资产、负债和所有者权益类账户的结账

资产、负债和所有者权益类账户属于"实账户",这些账户在某一时刻的余额反映其实际

拥有的数额,结账工作的任务是结算出各账户的本期发生额和期末余额,并将余额转为下期的期初余额。

9.4.2.3　结账的方法

在会计实务中,通常采用划线结账法结账。划线是结账的标志,一方面突出了特定时期的有关数字(如本期发生额和期末余额);另一方面标志着会计分期,即将本期与下期的记录明显分开,表示本期的会计记录已经截止或结束。划线结账按时间可分为月结账和年结账。

1.月结账

月结账是以一个月为结账周期,每个月月末对本月发生的经济业务情况进行总结。月结账的具体做法是在每个月月末各账户最后一笔记录的下面划一条通栏单红线,并在单红线下的"摘要"栏内注明"本月合计"字样,随后结出本期发生额和期末余额,然后在这些记录下面再划一条通栏单红线,以表示本月的账簿记录结束。紧接着下一行,在"摘要"栏内注明"期初余额"字样,并在"余额"栏内将上期的期末余额数转入。应注意,划线时应划通栏线,不应只在金额部分划线。

除了上述的一般情况外,某些账户的结账和划线有特殊要求:第一,某些明细账户的每一笔业务都需要随时结出余额,如各项应收款明细账和各项财产物资明细账等,每月最后一笔余额即为月末余额,这种情况就不需要按月结计本期发生额,月末结账只需在最后一笔经济业务记录之下划一条单红线,表示本月的账簿记录已经终止,不需要再结计一次余额。第二,对于需要逐月结算本年累计发生额的账户,如各种损益账户,应逐月计算自年初至本月末的累计发生额,登记在月结线的下一行,在"摘要"栏内注明"本年累计"字样,并在下面划通栏单红线。第三,如果本月只发生一笔经济业务,则只要在这笔记录下划一条单红线,表示与下月的发生额分开即可,不需另结出本月合计数。当然,本月没有发生额的账户,不必进行月结(不划结账线)。

2.年结账

年结账是以一个月为结账周期,年末对本年度发生的经济业务情况及结果进行总结。每年的 12 月 31 日,应当将全年 12 个月的月结数的合计数填列在 12 月的月结数字下,并在"摘要"栏内注明"本年合计"或"年度发生额及余额",并在下面划双红线,表示年底封账。对于有余额的账户,应将余额结转下一年,在年结数(双红线)的下一行"摘要"栏内注明"结转下年"字样;同时在下年度新账的"余额"栏中直接抄列上年结转的余额,并在"摘要"栏内注明"上年结转"或"年初余额"字样。

对于需要结出本年累计发生额的账户,由于 12 月末的"本年累计"就是全年累计发生额,因此应当在全年累计发生额下直接划通栏双红线。而对于总账账户,平时只需结计月末余额,年终结账时,要根据所有总账账户结计全年发生额和年末余额,在"摘要"栏内注明"本年合计"字样,并在合计数下划双红线。用科目汇总表代替总账的单位,年终结账时,应当汇编一张全年合计的科目汇总表。

上述月结和年结的结账方法如表 9.15 所示。

会计科目:应收账款　　　　　　　　　　　　**表 9.15　总分类账**　　　　　　　　　　　单位:元

××年		凭证号数		摘　要	借　方	贷　方	借或贷	余　额
月	日	字	号					
1	1			上年结转			借	234 000
	1	收	1	收回销售款		93 600		
	2	转	2	销售商品	52 650			
	28	付	14	收回销售款		105 300		
	31			本月合计	52 650	198 900	借	87 750
〰〰〰	〰	〰	〰	〰〰〰〰〰〰	〰〰〰〰	〰〰〰〰	〰〰〰	〰〰〰〰
12	31			本月合计	245 700	292 500	借	210 600
				本年累计	1 755 000	1 778 400	借	210 600
				结转下年			借	210 600

注:………表示单红线　　═════表示双红线

习　题

一、简答题

1.什么是会计账簿? 它有何作用?

2.按用途不同,会计账簿分为哪几类? 各类账簿的用途是什么?

3.什么是日记账? 试述日记账的格式与登记方法。

4.订本式账簿、活页式账簿和卡片式账簿各有什么利弊?

5.明细分类账的主要格式可归纳为哪几种?

6.总分类账和明细分类账平行登记的要点是什么?

7.什么是总分类账? 试述总分类账的格式与登记方法。

8.更正错账有哪些方法? 各种更正方法的适用范围如何?

9.什么是对账? 对账包括哪些内容?

10.什么是结账? 怎样进行月度结账和年度结账?

二、判断题

1.现金日记账和银行存款日记账可以采用订本式账簿或者活页式账簿。　　　（　　）

2.备查账簿是对某些在日记账和分类账中未能记录或记录不全的经济业务进行补充登记的账簿,因此,各单位必须设置。　　　　　　　　　　　　　　　　　　　（　　）

3.普通日记账直接以原始凭证为登记依据,起到了记账凭证的作用。　　　（　　）

4.账簿是重要的经济档案,各种账簿的具体保管年限,由企业根据实际情况自行决定。（　　）

5.登记账簿须用蓝、黑墨水书写,不能使用圆珠笔、铅笔书写,更不能用红色墨水书写。（　　）

6.对于记账凭证错误所造成的账簿记录错误,应采用划线更正法进行更正。　（　　）

7.新的会计年度开始时,必须更换全部账簿。　　　　　　　　　　　　　（　　）

8.多栏式明细分类账一般适用于债权债务结算账户的明细分类账。　　　（　　）

9.活页式或卡片式账簿的优势是其账页可以随时抽换。　　　　　　　　（　　）

三、单项选择题

1. 普通日记账的账页格式应该是(　　)。
   A. 两栏式　　　　　　　　　　　B. 三栏式
   C. 多栏式　　　　　　　　　　　D. 数量金额式

2. 按用途分类,日记账属于(　　)。
   A. 序时账簿　　　　　　　　　　B. 分类账簿
   C. 备查账簿　　　　　　　　　　D. 订本账簿

3. 下列由出纳登记的账簿是(　　)。
   A. 银行存款日记账　　　　　　　B. 原材料明细账
   C. 固定资产明细账　　　　　　　D. 总分类账

4. 根据记账凭证登账,误将 100 元记为 1 000 元,应采用(　　)进行更正。
   A. 红字更正法　　　　　　　　　B. 补充登记法
   C. 划线更正法　　　　　　　　　D. 平行登记法

5. 新的会计年度开始,启用新账,(　　)可以继续使用,不必更换新账。
   A. 日记账　　　　　　　　　　　B. 总分类账
   C. 明细账　　　　　　　　　　　D. 固定资产卡片

6. 从银行提取现金时,登记现金日记账的依据是(　　)。
   A. 现金收款凭证　　　　　　　　B. 现金付款凭证
   C. 银行存款收款凭证　　　　　　D. 银行存款付款凭证

7. 下列账户中可以采用三栏式明细分类账簿的是(　　)。
   A. 管理费用明细账　　　　　　　B. 本年利润明细账
   C. 应收账款明细账　　　　　　　D. 制造费用明细账

8. (　　)的目的是确保账簿记录的真实、可靠、正确、完整。
   A. 过账　　　　　　　　　　　　B. 结账
   C. 转账　　　　　　　　　　　　D. 对账

9. 固定资产明细账一般采用(　　)形式。
   A. 卡片式账簿　　　　　　　　　B. 活页式账簿
   C. 多栏式明细分类账　　　　　　D. 订本式账簿

10. 原材料总分类账一般采用(　　)账页。
   A. 三栏式　　　　B. 多栏式　　　　C. 数量金额式　　　　D. 平行式

四、多项选择题

1. 总分类账户与其明细分类账户的平行登记,应满足(　　)要求。
   A. 同依据登记　　　　　　　　　B. 同时期登记
   C. 同方向登记　　　　　　　　　D. 同金额登记

2. 三栏式明细账的账页格式,适用于(　　)。
   A. 管理费用明细账　　　　　　　B. 原材料明细账
   C. 应付账款明细账　　　　　　　D. 预收账款明细账

3. 数量金额式明细账的账页格式,适用于(　　)。
   A. 管理费用明细账　　　　　　　B. 原材料明细账

C. 应付账款明细账   D. 库存商品明细账

4. 任何会计主体必须设置的账簿有（　　　　　）。

    A. 现金日记账簿   B. 银行存款日记账簿

    C. 总分类账簿   D. 明细分类账簿

5. 对需要结计本月发生额的账户，结计"过次页"的本页合计数可以是（　　　　　）。

    A. 自本页第一行起至本页末止的发生额合计数

    B. 自本月初起至本页末止的发生额合计数

    C. 自年初起至本页末止的累计数

    D. 自上月最后一天起至本页止的发生额合计数

6. 账簿按其外表形式分类，可以分为（　　　　　）。

    A. 卡片式账簿   B. 活页式账簿

    C. 三栏式账簿   D. 订本式账簿

7. 应收账款明细账应采用（　　　　）账簿。

    A. 多栏式   B. 活页式

    C. 三栏式   D. 订本式

8. 下列错误中可用红字更正法更正的是（　　　　　）。

    A. 在结账前，发现账簿上所记录的文字或数字有错误，但记账凭证没有错误

    B. 记账以后，发现记账凭证中会计科目发生错误

    C. 记账以后，发现记账凭证中会计科目正确而金额有错误（所记金额大于应记金额）

    D. 记账以后，发现记账凭证中会计科目正确而金额有错误（所记金额小于应记金额）

五、业务题

业务题一

1. 目的：练习现金日记账和银行存款日记账的登记方法。

2. 资料：某企业 20××年 5 月 31 日各账户余额如表 9.16 所示。

表 9.16　某企业 20××年 5 月 31 日各账户余额   单位：元

账　户	借方余额	账　户	贷方余额
固定资产	1 396 000	实收资本	1 690 000
原材料——A 材料(17 000 千克)	170 000	累计折旧	304 750
原材料——B 材料(50 000 千克)	100 000	短期借款	190 000
生产成本——甲产品	88 000	应付账款——南方公司	146 250
生产成本——乙产品	32 000	应交税费	51 000
库存商品——甲产品(3 000 件)	270 000	盈余公积	60 000
库存商品——乙产品(2 200 件)	110 000		
库存现金	1 200		

续表

账　户	借方余额	账　户	贷方余额
银行存款	160 800		
应收账款——中鑫公司	93 600		
其他应收款	20 400		
合　计	2 442 000	合　计	2 442 000

该企业 6 月份发生的经济业务见第 8 章业务题。

3.要求:根据第 8 章业务题所编制的记账凭证,登记下列账簿。

(1)三栏式现金日记账和银行存款日记账。

(2)明细账:原材料——A 材料、库存商品——甲产品、制造费用、应收账款——中鑫公司、应付账款——南方公司。

(3)总分类账:其他应收款、应交税费。

业务题二

1.目的:练习错账更正方法。

2.资料:某制造企业在结账前将账簿记录与记账凭证进行核对时,查出以下错账。

(1)收回光华公司前欠货款 98 300 元,编制会计分录,同时登账。原编记账凭证的会计分录如下:

借:银行存款　　　　　　　　　　　　　　　　　　89 300

　贷:应收账款——光华公司　　　　　　　　　　　　　　　89 300

(2)计提管理用固定资产折旧 9 000 元。原编记账凭证的会计分录如下:

借:管理费用　　　　　　　　　　　　　　　　　　90 000

　贷:累计折旧　　　　　　　　　　　　　　　　　　　　90 000

(3)以银行存款支付产品销售中的运输费 860 元(开具普通发票)。原编记账凭证的会计分录如下:

借:在途物资　　　　　　　　　　　　　　　　　　680

　贷:银行存款　　　　　　　　　　　　　　　　　　　　680

(4)结转已销原材料成本 75 000 元。原编记账凭证的会计分录如下:

借:主营业务成本　　　　　　　　　　　　　　　　75 000

　贷:原材料　　　　　　　　　　　　　　　　　　　　75 000

(5)以银行存款偿付短期借款 50 000 元。原编记账凭证的会计分录如下:

借:短期借款　　　　　　　　　　　　　　　　　　50 000

　贷:银行存款　　　　　　　　　　　　　　　　　　　　50 000

在过账时,短期借款记录为 80 000 元。

3.要求:

(1)指出对上述错账应采用何种更正方法。

(2)编制错账更正分录。

第 10 章　会计报表

学习目标

1.掌握在不同分类标准下会计报表的分类。
2.了解会计报表列报的基本要求与编报的基本规范。
3.掌握资产负债表的结构、项目排列顺序与编制方法。
4.掌握利润表的结构、项目排列顺序与编制方法。
5.了解现金流量表的含义、结构与编制方法。
6.了解所有者权益变动表的含义与结构。
7.了解会计报表附注的作用与内容。

10.1　会计报表概述

会计信息经过会计账簿归类后,已经能够分类和序时地反映经济业务的情况和结果,但是账簿提供的信息还比较零散,不能集中而又概括地反映经济活动的全貌,不便于分析利用。因此有必要按照一定的要求,对这些信息进一步加工和提炼,以便更系统、综合、集中地反映企业一定时期的财务状况、经营成果和现金流量情况,使会计信息使用者能够据此做出合理的判断和决策。在会计核算业务中,上述功能是通过编制和报送一系列书面报告——会计报表来实现的。

所谓会计报表,是指会计人员用统一的货币计量单位,通过整理和汇总日常会计核算资料而编制的,用以综合反映单位在一定时期财务状况、经营成果和现金流量情况的一种书面报告。会计报表是会计核算的最终产品,它能克服语言障碍成为通用的商业语言,并记录着企业经济活动成果和财务状况的事实。

10.1.1　会计报表的分类

按照不同的标准,会计报表有多种分类方式。

10.1.1.1　按反映的经济内容分类

按照反映的经济内容的不同,会计报表主要分为资产负债表、利润表、现金流量表和所有者权益（或股东权益，下同）变动表以及会计报表附注（即所谓的"四表一注"）。其中资产负债表是反映企业特定日期资产、负债、所有者权益等财务状况的报表，利润表是反映企业在一定期间经营成果的报表，现金流量表是反映企业一定期间现金流入和现金流出信息的会计报表，所有者权益变动表是反映企业年末所有者权益各组成部分增减变动情况的会计报表。除了上述四种主要报表外，会计报表还包括资产减值准备明细表、利润分配表、分部报表和其他有关附表。一般企业、商业银行、保险公司、证券公司等不同企业类型的会计报表格式和附注有不同的规定。本书介绍的是一般企业会计报表。

10.1.1.2　按反映的资金运动形态分类

按照反映的资金运动形态的不同，会计报表可以分为静态报表和动态报表。静态报表是反映特定"日期"情况的报表，如资产负债表；动态报表是反映特定"期间"情况的报表，如利润表和现金流量表。

10.1.1.3　按编制时间分类

按照编制时间的不同，会计报表可以分为月报、季报、半年报和年报，分别在月度、季度、前六个月终了和年度终了提供。月报、季报、半年报称为中期会计报表。为了突出重点，月报和季报一般只包括少数几种最主要的会计报表，如资产负债表、利润表等。年报是指年度终了对外提供的财务会计报告，要求披露的信息充分、完整。半年报和年报包括按规定应对外报送的全部会计报表，用以全面地考核半年、全年企业财务收支执行情况和结果。

10.1.1.4　按编制单位的范围分类

按照编制单位范围的不同，会计报表可以分为合并报表和个别报表。合并报表是指由母公司及其子公司合并编制的反映联属公司整体情况的报表，如合并资产负债表、合并利润表、合并利润分配表等。当企业对外单位投资额占该单位注册资本总额50%以上（不含50%），或虽然对外单位投资额占该单位注册资本总额不足50%，但具有实质控制权时，该企业（母公司）应编制包括被投资企业在内的整个经济主体财务状况和经营成果的会计报表。这时投资企业和被投资企业两个独立的会计主体，实际上属于一个经济主体。个别报表是指独立法人单位根据本单位的会计资料编制的仅反映本单位财务状况和经营成果的报表。

10.1.1.5　按服务对象分类

按照服务对象的不同，会计报表可以分为内部报表和外部报表。内部报表是指为满足本单位内部经营管理需要、不对外公开、专供单位内部使用的会计报表，包括产品生产成本表、主要产品单位成本表、制造费用明细表、管理费用明细表以及其他管理会计报表。内部报表一般可以不需要统一的格式，也没有统一的指标体系，这类报表的种类、格式、内容均由单位根据需要自行决定。外部报表是指单位向外部不同会计报表使用者提供的会计报表，即财务会计报表，包括资产负债表、利润表和现金流量表等报表。这类报表由于对外公开，供各利益集团和社会公众使用，因此由财政部统一规定其种类、格式、内容和报送时间。广义的会计报表，既包含内部报表，又包含外部报表；而狭义的会计报表仅指外部报表，即财务报表。本书所涉及的会计报表均指对外的财务会计报表。

10.1.2　会计报表列报的基本要求与编报的基本规范

编制会计报表的目的就是让会计信息使用者清楚地了解企业的财务状况、经营成果和现金流量情况。为了保证会计报表的质量,会计报表列报必须满足若干基本要求,符合一定的规范。

10.1.2.1　会计报表列报的基本要求

按照我国《企业会计准则》的相关规定,会计报表列报应满足以下基本要求。

1. 以持续经营为列报基础

持续经营是企业会计核算的基本假设或前提之一,也是会计报表列报的基础。一般情况下,企业在可预见的将来会按照当前条件正常、持续地经营,不会歇业或中断,在此基础上列报的会计报表才能作为各利益集团的决策依据。因此,企业管理层应当评价企业的持续经营能力,对持续经营能力产生重大怀疑的,应当在附注中披露导致其对持续经营能力产生重大怀疑的因素。企业正式决定或被迫在当期或将在下一个会计期间进行清算或停止营业的,表明其处于非持续经营状态,应当采用其他基础编制会计报表,如破产企业的资产就不能简单地按账面价值填列,应当按可变现净值列示,并在附注中声明会计报表以非持续经营为基础(如清算基础)列报。

2. 按重要性原则列报项目

并非所有的会计账户都需要作为会计报表项目,只有重要项目才需要列示在会计报表中。假如会计报表某项目省略或错报会影响使用者的经济决策,则该项目具有重要性。重要性标准是衡量一项会计信息的错报或漏报是否重要的尺度,需要从性质和金额两方面来衡量。因此重要性的判断有两个标准,即性质标准和金额标准。判断项目性质的重要性,应当考虑该项目的性质是否属于企业日常活动等因素;判断项目金额的重要性,应当通过单项金额占资产总额、负债总额、所有者权益总额、营业收入总额、营业成本总额、净利润等直接相关项目金额的比重加以确定。

某项目是否需要在会计报表中单独列报,需要根据项目性质或功能的差异性和重要性来确定:①对于性质或功能不同且具有重要性的项目,应当在会计报表中单独列报。如果固定资产与存货的性质和功能不同,则应在资产负债表中分别列报。②对于性质或功能类似,但其所属类别具有重要性的项目,也应当按其类别在会计报表中单独列报。例如,应收账款与应收票据虽然都属于企业的债权,但这两种债权所涉及的资产在使用限制条件或权利等方面有差异,在资产负债表中也应当单独列报;而库存现金、银行存款和其他货币资金的性质和功能相同,即使单项金额较大,也应合并列入同一项目。

3. 按不抵消原则充分披露

会计报表中的资产项目和负债项目的金额、收入项目和费用项目的金额、直接计入当期利润的利得项目和损失项目的金额不得相互抵销,但其他会计准则另有规定的除外。如应收账款明细账中,有些明细账为借方余额,表明企业的应收债权;有些明细账为贷方余额,表明企业的预收账款,属于企业的债务。为了充分披露企业的债权、债务等财务状况,在编制会计报表时应分别列示"应收账款"和"预收账款",而不能相互抵消,但其他会计准则另有规定的除外,如资产项目按扣除减值准备后的净额列示,不属于抵消;非日常活动产生的损益按收入扣减费用后的净额列示,也不属于抵消。

4. 按可比性原则列报数据

为了充分披露企业财务状况、经营成果和现金流量的变动情况,要求当期会计报表的列报至少应当提供所有上一期可比会计期间的比较数据,以及与理解当期会计报表相关的说明。如列报某年会计报表,应当同时提供上一年的相应数据,便于使用者了解相同项目的变化。会计报表项目列报发生变更的,应当按当期的列报要求对上期比较数据进行调整,并在附注中披露调整的原因和性质以及调整的各项目金额;如果难以对上期比较数据进行调整,则应当说明不能调整的原因。

10.1.2.2　会计报表编报的基本规范

1.真实可靠

必须根据核实无误的账簿资料编制会计报表,绝不允许以估计数代替实际数,更不得弄虚作假、伪造、变造报表数据。在正式编制报表之前,应将企业发生的经济业务全部登记入账,按规定的结账日进行结账,不得提前或者延迟;对各销售账户结转的成本要认真复核,避免由于错转、漏转、重转成本影响成本和盈亏的真实性;应按规定核对账目,并进行财产清查,做到账证相符、账账相符、账实相符,使在此基础上编制的会计报表能够符合账表相符的要求。

2.计算准确

计算准确就是指报表中凡需要通过分析计算填列的数字,必须做到计算方法一致,计算口径一致,计算结果正确,保证会计报表之间、会计报表各项目之间、会计报表中本期与上期的有关数字一致。会计报表中各项目的数额、小计数、合计数、总计数等必须计算准确。

3.充分表达

为了有利于会计信息使用者对单位的经济活动情况和财务成果做出合理的判断,会计报表应能够充分揭示一切相关的会计信息和资料。这就要求单位编制体系完整和内容完备的会计报表,即按照规定的报表种类、格式和内容编制,不应漏编、漏报报表,也不应漏填、漏列报表项目。不同会计期间应当编报的各种会计报表,都应该编报齐全;应当填列的报表项目,无论是表内项目还是附注资料,都必须填列完全。

4.编报及时

时效性是信息的显著特征,会计报表只有及时编报才能成为真正有用的信息。这就要求单位按规定的期限和程序及时编制、报送会计报表。根据《企业会计制度》的规定,月度中期财务会计报告应当于月度终了后6日内(节假日顺延,下同)对外提供,季度中期财务会计报告应当于季度终了后15日内对外提供,半年度中期财务会计报告应当于年度中期结束后60日内(相当于两个连续的月份)对外提供,年度财务会计报告应当于年度终了后4个月内对外提供。

10.2　资产负债表

10.2.1　资产负债表的概念与作用

资产负债表是反映企业在某一特定日期财务状况的报表。资产负债表能够提供企业在特定日期所掌握的经济资源、所承担的债务责任和企业所有者所拥有的权益等方面的会计信息。

在会计报表体系中,资产负债表举足轻重,历史上其曾被称为第一报表。资产负债表的作用可以归纳为以下几个方面。

(1)综合反映和揭示企业资产的规模及构成

按经济性质和用途的不同,资产可以分为流动资产、非流动资产等项目,在每一项目下又有明细项目,例如流动资产中有货币资金、交易性金融资产、应收票据、应收账款、存货等。按照 2014 年修订的《企业会计准则》的相关规定,满足以下条件之一的资产,应当归为流动资产:预计在一个正常营业周期中变现、出售或耗用;主要为交易目的而持有;预计在资产负债表日起一年内变现;自资产负债表日起一年内,交换其他资产或清偿负债的能力不受限制的现金或现金等价物。

(2)反映和揭示企业资金来源和构成情况

资产负债表将全部资金划分为所有者权益和负债两大类,负债又具体分为流动负债和非流动负债或显性负债和隐性负债,这样企业的资金来源及构成情况可以得到充分的反映,报表使用者可以据此分析企业筹划经济资源的策略,并评价和判断企业的资金结构是否合理和偿债能力的强弱,研究企业面临的财务风险。

(3)反映和揭示企业的变现能力和财务实力

变现能力是指资产以公允的价格转换成现金的能力。资产变现能力的大小主要取决于两个因素:一是资产转换为现金所需要的时间(或速度);二是转换所需的代价。资产负债表中的项目是按流动性排列的,资产的构成项目及其相对比例可以反映和揭示企业的变现能力。财务实力是指企业筹集资金和使用资金的能力,它主要由资产结构、资本结构以及权益结构等财务结构决定。合理的财务结构可以降低企业的资金成本,提高企业的经济资源对其财务的支持能力。利用资产负债表所提供的变现能力和财务实力信息,报表使用者可以按照各自的经济利益要求进行科学有效的经济决策。

10.2.2 资产负债表的结构及项目的排列顺序

10.2.2.1 资产负债表的结构

资产负债表是以"资产=负债+所有者权益"这一会计等式为理论依据,按照一定的分类标准和次序,将企业一定日期的资产、负债和所有者权益项目进行适当排列而编制的。资产负债表由表头和正表两部分组成。

资产负债表的表头是必要的标志,包括报表名称、编制单位、编报日期和金额单位。正表是报表的主体,列示了企业财务状况的各个项目。我国的资产负债表一般采用左右对照的账户式结构,用"资产=负债+所有者权益"会计等式来平衡左右两边的总金额,左方填列资产,右方填列负债和所有者权益。账户式的资产负债表基本结构如表 10.1 所示。

表 10.1　资产负债表(账户式)　　　　　　单位:

资　　产	金　　额	负债及所有者权益	金　　额
流动资产		流动负债	
……		……	
非流动资产		非流动负债	
……		……	
		所有者权益	
		……	
资产总计		负债及所有者权益总计	

除了账户式资产负债表外,还有报告式资产负债表,即采用垂直竖立形式排列资产、负债和所有者权益项目,整个表格分成上、下两部分,资产项目在上部,负债和所有者权益项目在下部,并以"资产=负债+所有者权益"或"资产-负债=所有者权益"等式作为检查资产负债表是否编制平衡的依据。

10.2.2.2　资产负债表项目的排列顺序

1.资产按流动性或变现能力由强至弱排列

一般来说,资产项目按变现能力由强至弱排列。变现能力最强的排在资产项目的最前面,变现能力最弱的排在最后一行。流动资产按货币资金、交易性金融资产、应收票据、应收账款等的顺序排列;非流动资产按债权投资、长期应收款、长期股权投资、固定资产、无形资产、长期待摊费用等的顺序排列。

2.负债按到期日由近至远排列

一年或超过一年的一个营业周期内到期的流动负债,排在负债项目的最前面,接下来依次是短期借款、交易性金融负债、应付票据、应付账款、应付职工薪酬、应交税费等;非流动负债则排列在负债项目的下半部分,依次是长期借款、应付债券、长期应付款等。

3.所有者权益按永久性递减排列

所有者权益项目中,越能供企业永久使用的项目越靠前。其排列的一般顺序是:实收资本(或股本)、资本公积、盈余公积、未分配利润。

10.2.3　资产负债表的编制方法

为了与上年的资产、负债和所有者权益项目比较,资产负债表各项目设有"年初数"和"期末数"两栏。其中"年初数"栏应根据上年年末资产负债表"期末数"栏内所列数字填列,资产负债表"期末数"栏一般根据相关资产、负债和所有者权益类账户的期末余额填列。相关项目数据来源主要有以下几种。

10.2.3.1　直接根据总分类账户余额填列

资产负债表中大多数项目都可以根据总账余额直接填列,如"交易性金融资产""在建工程""工程物资""商誉""短期借款""应付票据""应交税费""应付股利""实收资本""盈余公积"等项目。

10.2.3.2　根据若干个明细分类账户余额合计数分析填列

对于"应收账款"和"预收账款"账户,其相关明细账有借方余额的,应将其借方余额合计数填列在"应收账款"账户的借方;有贷方余额的,应将其贷方余额合计数填列在"预收账款"账户的贷方。同理,对于"应付账款"和"预付账款"账户,其相关明细账有贷方余额的,应将其贷方余额合计数填列在"应付账款"账户的贷方;有借方余额的,将其借方余额合计数填列在"预付账款"账户的借方。在此基础上,对于各项应收和预付款项,还要进一步扣除相应的坏账准备,以各自的净额填列。

10.2.3.3　根据账户余额减去其备抵和减值准备项目后的净额填列

(1)"应收票据""其他应收款"项目,应根据"应收票据"和"其他应收款"账户期末余额减去"坏账准备"账户中有关应收票据和其他应收款计提的坏账准备期末余额后的金额填列。

(2)"应收账款"项目,根据"应收账款"账户各明细账的期末借方余额合计数减去"坏账准备"账户中有关应收账款计提的坏账准备期末余额后的金额填列,表示应收账款净额。如果"预收账款"账户的明细账有借方余额,也并入"应收账款"项目;如果"应收账款"账户的明细账有贷方余额,则在"预收账款"项目内列示。

(3)"预付账款"项目,根据"预付账款"账户各明细账的期末借方余额合计数减去"坏账准备"账户中有关预付账款计提的坏账准备期末余额后的金额填列。如果"应付账款"账户的明细账有借方余额,也并入"预付账款"项目;如果"预付账款"账户的明细账有贷方余额,则在"应付账款"项目内列示。

(4)"债权投资"项目,根据"债权投资"账户期末余额减去"债权投资减值准备"账户期末余额后的金额填列。

(5)"长期股权投资"项目,根据"长期股权投资"账户期末余额减去"长期股权投资减值准备"账户期末余额后的金额填列。

(6)"固定资产"项目,根据"固定资产"总账期末余额减去"累计折旧"和"固定资产减值准备"账户期末余额后的金额填列。

(7)"无形资产"项目,根据"无形资产"总账期末余额,减去"累计摊销"和"无形资产减值准备"账户期末余额后的金额填列。

10.2.3.4　根据若干个性质或功能类似的总分类账户余额合计数分析填列

(1)"货币资金"项目,将相同性质的"库存现金""银行存款""其他货币资金"总账账户期末余额相加,以其合计数直接填列。

(2)"存货"项目,将"原材料""生产成本""库存商品""发出商品""在途物资"(或"材料采购")等总账账户的余额相加,再经过"材料成本差异"和"商品进销差价"账户调整,用调整后的余额减去"存货跌价准备"账户余额,最后将结果填入"存货"栏,表示企业存货的可变现净值。

此外,对于"未分配利润"项目,应根据"本年利润"账户和"利润分配"账户余额计算填列。若这两个账户余额方向相同,则余额相加;若余额方向相反,则余额相减。借方余额表示未弥补的亏损,以"—"填列。

10.2.3.5　根据若干个总分类账户余额和明细分类账户余额分析填列

资产负债表上某些项目不能根据有关总分类账户余额计算填列,也不能根据有关账户的相关明细分类账户期末余额计算填列,而要根据若干总分类账户余额和明细分类账户余额分析填列。如"长期借款"项目,根据"长期借款"总账余额扣除"长期借款"账户的明细分类账户中将于一年内到期的长期借款部分后的金额填列。又如,"一年内到期的非流动负债"项目,应根据"长期借款""应付债券""长期应付款"等总账的明细分类账户余额中将于一年内到期的金额之和填列。

10.2.4　资产负债表编制举例

【例 10.1】　成大公司 20××年 12 月 31 日各类账户余额如表 10.2 所示。

表 10.2　成大公司 20××年 12 月 31 日各类账户余额　　　　　　单位:元

账户名称	借方余额	账户名称	贷方余额
库存现金	12 781	坏账准备——应收票据	20 182
银行存款	1 507 860	坏账准备——应收账款	60 231

续表

账户名称	借方余额	账户名称	贷方余额
其他货币资金	253 482	坏账准备——其他应收款	1 500
交易性金融资产	500 300	短期借款	2 800 000
应收票据	1 345 500	应付票据	1 333 210
应收账款（借方余额合计）	3 346 265	应收账款（贷方余额合计）	78 024
应付账款（借方余额合计）	140 454	应付账款（贷方余额合计）	2 996 447
其他应收款	86 920	应付职工薪酬	366 924
原材料	2 547 522	应交税费	108 441
在途物资	30 849	其他应付款	84 366
生产成本	3 268 796	存货跌价准备	95 633
库存商品	1 986 423	累计折旧	1 198 534
发出商品	175 621	累计摊销	102 683
长期股权投资	1 868 952	长期股权投资减值准备	28 032
固定资产	6 794 456	固定资产减值准备	115 605
在建工程	610 480	长期借款	3 000 000
无形资产	1 689 576	其中：一年内需偿还的长期借款	1 000 000
		实收资本	9 000 000
		资本公积	1 545 608
		盈余公积	2 476 523
		利润分配	754 294
合　计	26 166 237	合　计	26 166 237

根据表 10.2 提供的数据编制该公司资产负债表，如表 10.3 所示。

表 10.3　资产负债表

会企 01 表

编制单位：成大公司　　　　　　　　20××年 12 月 31 日　　　　　　　　单位：元

资　产	期末余额	年初余额（略）	负债及所有者权益	期末余额	年初余额（略）
流动资产：			流动负债：		
货币资金	1 774 123		短期借款	2 800 000	
交易性金融资产	500 300		应付票据	1 333 210	
应收票据	1 325 318		应付账款	2 996 447	
应收账款	3 286 034		预收账款	78 024	
预付账款	140 454		应付职工薪酬	366 924	
应收利息			应交税费	108 441	
应收股利			应付利息		
其他应收款	85 420		应付股利		

资　产	期末余额	年初余额（略）	负债及所有者权益	期末余额	年初余额（略）
存货	7 913 578		其他应付款	84 366	
一年内到期的非流动资产			一年内到期的非流动负债	1 000 000	
其他流动资产			其他流动负债		
流动资产合计	15 025 227		流动负债合计	8 767 412	
非流动资产：			非流动负债：		
债权投资			长期借款	2 000 000	
其他债权投资			应付债券		
长期应收款			长期应付款		
长期股权投资	1 840 920		其他非流动负债		
固定资产	5 480 317		非流动负债合计	2 000 000	
在建工程	610 480		负债合计	10 767 412	
固定资产清理			所有者权益（或股东权益）：		
无形资产	1 586 893		实收资本（或股本）	9 000 000	
商誉			资本公积	1 545 608	
			其他综合收益		
长期待摊费用			盈余公积	2 476 523	
其他非流动资产			未分配利润	754 294	
非流动资产合计	9 518 610		所有者权益（或股东权益）合计	13 776 425	
资产总计	24 543 837		负债及所有者权益（或股东权益）总计	24 543 837	

表 10.3 中需要通过分析计算的项目说明如下：

（1）"货币资金"项目应根据"库存现金""银行存款""其他货币资金"账户期末余额合计数填列。表 10.3 中的"货币资金"期末余额为 1 774 123 元（1 774 123＝12 781＋1 507 860＋253 482）。

（2）"应收票据"项目应根据"应收票据"账户期末余额减去"坏账准备"账户中有关应收票据计提的坏账准备期末余额后的金额填列。表 10.3 中的"应收票据"期末余额为 1 325 318 元（1 325 318＝1 345 500－20 182）。

（3）"应收账款"项目应根据"应收账款"账户各明细账户期末借方余额减去"坏账准备"账户中有关应收账款计提的坏账准备期末余额后的金额填列。表 10.3 中的"应收账款"期末余额为 3 286 034 元（3 286 034＝3 346 265－60 231）。

（4）"预付账款"项目应根据"预付账款"账户各明细账户期末借方余额减去"坏账准备"账户中有关预付账款计提的坏账准备期末余额后的金额填列。若"预付账款"账户各明细账户期末有贷方余额，应在"应付账款"项目内填列。若"应付账款"账户各明细账户期末有借方余额，则应并入"预付账款"项目。表 10.3 中的"预付账款"期末余额为 140 454 元，即"应付账款"账户各明细账户借方余额。

（5）"其他应收款"项目应根据"其他应收款"账户期末余额减去"坏账准备"账户中有关

其他应收款计提的坏账准备期末余额后的金额填列。表 10.3 中的"其他应收款"期末余额为85 420元(85 420＝86 920－1 500)。

(6)"存货"项目,反映企业期末在库、在途和在加工中的各项存货的可变现净值,包括各种材料、商品、在产品、半成品、包装物、低值易耗品、分期收款发出商品、委托代销商品、受托代销商品等。本项目应根据反映存货的各个账户期末余额合计数加或减"材料成本差异"余额,再减去"商品进销差价"余额,扣减"存货跌价准备"余额后的金额填列。表 10.3 中的"存货"期末余额为 7 913 578 元(7 913 578＝2 547 522＋30 849＋3 268 796＋1 986 423＋175 621－95 633)。

(7)"长期股权投资"项目应根据"长期股权投资"账户期末余额减去"长期股权投资减值准备"账户期末余额后的金额填列。表 10.3 中的"长期股权投资"期末余额为 1 840 920 元(1 840 920＝1 868 952－28 032)。

(8)"固定资产"项目应根据"固定资产"账户余额减去"累计折旧""固定资产减值准备"账户期末余额后的金额填列。表 10.3 中的"固定资产"期末余额为 5 480 317 元(5 480 317＝6 794 456－1 198 534－115 605)。

(9)"无形资产"项目应根据"无形资产"账户期末余额减去"累计摊销"和"无形资产减值准备"账户期末余额后的金额填列。表 10.3 中的"无形资产"期末余额为 1 586 893 元(1 586 893＝1 689 576－102 683)。

(10)"应付账款"项目应根据"应付账款"账户期末贷方余额填列。若"应付账款"账户各明细账户期末有借方余额,应在"预付账款"项目内填列。表 10.2 中的"应付账款"账户期末贷方余额为 2 996 447 元,填入表 10.3。

(11)"预收账款"项目应根据"预收账款"账户各明细账户期末贷方余额合计数填列。若"预收账款"账户各明细账户期末有借方余额,应在"应收账款"项目内填列。若"应收账款"账户各明细账户有贷方余额,则应在"预收账款"项目内填列。表 10.3 中的"预收账款"期末余额为 78 024 元,即表 10.2 中"应收账款"账户各明细账户期末贷方余额合计数。

(12)"长期借款"项目应根据"长期借款"账户期末余额扣减一年内需要偿还的长期借款部分后的金额填列。表 10.3 中的"长期借款"期末余额为 2 000 000 元(2 000 000＝3 000 000－1 000 000)。

(13)"未分配利润"项目应根据"利润分配"账户余额,加上"本年利润"账户余额后的金额填列。注意,这两个账户贷方余额取正数,借方余额取负数。年末,因"本年利润"账户余额为零,因此,"未分配利润"项目金额＝"利润分配"账户的余额。

10.3 利润表

10.3.1 利润表的作用

利润表,又称损益表或收益表,是反映企业在一定会计期间经营成果的报表。利润表是动态报表,其编制原理是会计等式"收入－费用＝利润"成立,即将一定期间的营业收入与相关的营业费用进行对比,反映企业一定会计期间的收入、费用和利润的构成情况,综合体现企业的经营业绩。

利润表所提供的信息,能够反映企业生产经营的收益和成本耗费情况,表明企业的生产经营成果;提供的不同时期的比较数据(本月数、本年累计数或上年数),可以预测企业未来的经营趋势和获利能力,了解投入资本的完整性,评价企业的投资价值。经营者可以根据利润表分析影响企业盈利能力的因素,采取相应措施,改善经营管理。

10.3.2　利润表的结构与内容

利润表有单步式和多步式两种结构。单步式利润表是将本期所有收入加在一起,然后把所有费用加在一起,两者相减,通过一次计算求得本期利润。这个过程只有一个相减步骤,因此称为"单步式"利润表。

多步式利润表是按收入与相关费用的配比关系,按利润形成的主要环节列示一些中间性利润指标,如营业利润、利润总额和净利润等,并通过相应的计算步骤求得当期损益。我国企业的利润表采用多步式,编制步骤如下。

第一步,以营业收入为基础,减去营业成本、税金及附加、销售费用、管理费用、财务费用,再加上其他收益,以及投资收益、公允价值变动收益、信用减值损失、资产减值损失、资产处置收益(以上损失以"一"号填列),计算出营业利润。

第二步,以营业利润为基础,加上营业外收入,减去营业外支出,计算出利润总额(税前利润)。

第三步,以利润总额为基础,减去所得税费用,计算出净利润(或净亏损)。

股份有限公司在利润表的最后还列示"每股收益"信息,包括"基本每股收益"和"稀释每股收益"。《企业会计准则》还要求利润表列报企业综合收益的内容。所谓综合收益,是指企业在某一期间进行交易或发生其他事项所引起的净资产变动(不包括与所有者的交易)。综合收益包括净利润和其他综合收益两部分。"其他综合收益"项目,反映企业未在损益中确认的各项利得和损失扣除所得税影响后的净额,比如可供出售金融资产公允价值变动形成的利得和损失、可供出售外币非货币性项目的汇兑差额形成的利得和损失等。上述内容已超出基础会计学的要求,在此不再赘述。本书按照基础会计学的要求,结合相关《企业会计准则》的修订,经适当简化,编制成大公司20××年11月利润表(见表10.4)。其中"资产处置收益"项目是企业处置非流动资产的利得或损失,"其他收益"项目反映计入其他收益的政府补助等。

表 10.4　利润表(简化)

会企 02 表

编制单位:成大公司　　　　　　　20××年11月　　　　　　　　单位:元

项　　目	附注(略)	本月数	本年累计数
一、营业收入		1 526 245	20 788 695
减:营业成本		1 205 750	14 759 982
税金及附加		39 635	457 358
销售费用		58 154	622 571
管理费用		45 786	873 125
研发费用			
财务费用		16 000	145 600
其中:利息费用			

续表

项　目	附注(略)	本月数	本年累计数
利息收入			
加:其他收益			
投资收益(损失以"－"填列)			
公允价值变动收益(损失以"－"填列)			
信用减值损失(损失以"－"填列)			
资产减值损失(损失以"－"填列)			
资产处置收益(损失以"－"填列)		2 500	2 500
二、营业利润(亏损以"－"填列)		163 420	3 932 559
加:营业外收入		2 556	13 488
减:营业外支出		4 520	12 673
三、利润总额(亏损以"－"填列)		161 456	3 933 374
减:所得税费用		46 098	962 718
四、净利润(净亏损以"－"填列)		115 358	2 970 656

10.3.3　利润表的编制方法

利润表中的"本月数"栏反映各项目的本月实际发生数。在编报中期和年度财务会计报告的利润表时,应将"本月数"栏改成"上年数"栏。在编报中期财务会计报告的利润表时,填列上年同期累计实际发生数;在编报年度财务会计报告的利润表时,填列上年全年累计实际发生数。如果上年度利润表与本年度利润表的项目名称和内容不一致,则应对上年度利润表项目的名称和内容按本年度的规定进行调整,填入本年度利润表中的"上年数"栏。利润表"本年累计数"栏反映各项目自年初起至报告期末止的累计实际发生数。

利润表中的大多数项目根据各有关账户发生额直接填列,如"税金及附加""销售费用""管理费用""资产减值损失""公允价值变动损益""投资收益""资产处置损益""其他收益""营业外收入""营业外支出"和"所得税费用"等账户。但某些项目需要根据几个相关账户的发生额之和填列,如"营业收入"项目应根据"主营业务收入"和"其他业务收入"账户的发生额之和填列,"营业成本"项目应根据"主营业务成本"和"其他业务成本"账户的发生额之和填列。一些中间性利润指标,如"营业利润""利润总额"和"净利润"项目,需要根据相应步骤的计算结果填列。

10.3.4　利润表编制举例

【例10.2】　成大公司20××年12月31日结账前各损益类账户余额如表10.5所示。

表 10.5　成大公司 20××年 12 月 31 日结账前损益类账户余额　　　单位:元

账户名称	借方余额	贷方余额
主营业务收入		1 665 952
其他业务收入		863 477
营业外收入		8 056

账户名称	借方余额	贷方余额
投资收益		200 600
公允价值变动损益		30 650
主营业务成本	1 138 470	
其他业务成本	643 244	
税金及附加	60 235	
销售费用	33 320	
管理费用	85 297	
财务费用	16 000	
信用减值损失	12 000	
资产减值损失	44 448	
资产处置损益	2 500	
营业外支出	2 343	
所得税费用	168 102	

　　根据上述 12 月份的发生额,以及表 10.4 的本年累计数,编制该公司 20××年 12 月的利润表,如表 10.6 所示。

表 10.6　利润表

会企 02 表

编制单位:成大公司　　　　　　　20××年 12 月　　　　　　　　　　单位:元

项　目	附注(略)	本月数	本年累计数
一、营业收入		2 529 429	23 318 124
减:营业成本		1 781 714	16 541 696
税金及附加		60 235	517 593
销售费用		33 320	655 891
管理费用		85 297	958 422
研发费用			
财务费用		16 000	161 600
其中:利用费用			
利息收入			
加:其他收益			
投资收益(损失以"－"填列)		200 600	200 600
公允价值变动收益(损失以"－"填列)		30 650	30 650
信用减值损失(损失以"－"填列)		－12 000	－12 000
资产减值损失(损失以"－"填列)		－44 448	－44 448
资产处置收益(损失以"－"填列)		－2 500	
二、营业利润(亏损以"－"填列)		725 165	4 657 724

续表

项　目	附注(略)	本月数	本年累计数
加:营业外收入		8 056	21 544
减:营业外支出		2 343	15 016
三、利润总额(亏损总额以"－"填列)		730 878	4 664 252
减:所得税费用		168 102	1 130 820
四、净利润(净亏损以"－"填列)		562 776	3 533 432

10.4　现金流量表

10.4.1　现金流量表的概念与作用

现金流量表是反映企业在一定会计期间经营活动、投资活动和筹资活动产生的现金流入与流出情况的报表。

现金流量表是企业的主要会计报表之一,它可以提供企业的现金流量信息,从而可使信息使用者对企业整体财务状况做出客观评价;它反映了企业的现金流入、流出及变动净额,避免了以营运资金为编制基础的缺陷,反映企业的支付能力、偿债能力和企业对外部资金的需求状况;它有助于信息使用者预测企业未来获取现金的能力,分析企业投资和理财活动对经营成果和财务状况的影响。

现金流量表中的现金,是指广义的现金,包括现金和现金等价物。

现金是指企业库存现金以及可以随时用于支付的存款,由库存现金、银行存款、其他货币资金等几个部分组成。但定期存款不属于现金。

现金等价物是指企业持有的期限短、流动性强、易于转换为已知金额的现金、价值变动风险很小的投资。期限短,一般是指从购买日起3个月内到期。现金等价物通常包括3个月内到期的债券投资等。权益性投资变现的金额通常不确定,因而不属于现金等价物。现金等价物虽然不是现金,但其支付能力与现金的差别不大,可被视为现金。一项投资能够作为现金等价物的主要标志是其从被购买日起3个月或更短时间内能转换为已知金额的现金。

一定会计期间的现金流量是指企业的现金和现金等价物的流入和流出的数量。

现金流量表就是以上述现金概念为编制基础,用来反映企业某一会计期间现金和现金等价物的流入和流出情况的报表,其编制的原则是收付实现制。

10.4.2　现金流量表的内容与格式

现金流量表将现金流量分为三类:经营活动产生的现金流量、投资活动产生的现金流量和筹资活动产生的现金流量。每一类又分为现金流入与现金流出及其相互抵减后产生的现金流量净额,三类净额相加即为现金及现金等价物的净增加额。现金流量表的基本格式如表10.7所示。

表 10.7　现金流量表

会企 03 表

编制单位：　　　　　　　　　　　___年度　　　　　　　　　　　　　　　单位：元

项　　目	行　次	本期金额	上期金额
一、经营活动产生的现金流量：			
销售商品、提供劳务收到的现金			
收到的税费返还			
收到的其他与经营活动有关的现金			
经营活动现金流入小计			
购买商品、接受劳务支付的现金			
支付给职工以及为职工支付的现金			
支付的各项税费			
支付的其他与经营活动有关的现金			
经营活动现金流出小计			
经营活动产生的现金流量净额			
二、投资活动产生的现金流量：			
收回投资所收到的现金			
取得投资收益所收到的现金			
处置固定资产、无形资产和其他长期资产所收回的现金净额			
处置子公司及其他营业单位收到的现金净额			
收到的其他与投资活动有关的现金			
投资活动现金流入小计			
购建固定资产、无形资产和其他长期资产所支付的现金			
投资支付的现金			
取得子公司及其他营业单位支付的现金净额			
支付的其他与投资活动有关的现金			
投资活动现金流出小计			
投资活动产生的现金流量净额			
三、筹资活动产生的现金流量：			
吸收投资所收到的现金			
取得借款所收到的现金			
收到的其他与筹资活动有关的现金			
筹资活动现金流入小计			
偿还债务所支付的现金			
分配股利、利润和偿付利息所支付的现金			
支付的其他与筹资活动有关的现金			
筹资活动现金流出小计			
筹资活动产生的现金流量净额			
四、汇率变动对现金的影响			
加：期初现金及现金等价物余额			
五、现金及现金等价物净增加额			
六、期末现金及现金等价物余额			

除现金流量表正表外,企业还应当提供现金流量表附注,即补充资料。补充资料也将现金流量分成三类,即将净利润调节为经营活动现金流量、不涉及现金收支的重大投资和筹资活动、现金及现金等价物净增加情况。

正表部分的经营活动产生的现金流量净额项目与补充资料同一项目的金额应该相等,正表部分的现金及现金等价物净增加额项目,与补充资料同一项目的金额应该相等。现金流量表补充资料的内容与格式如表10.8所示。

表 10.8 现金流量表(补充资料)

会企 03 表

编制单位:＿＿＿＿＿＿＿＿＿＿＿＿＿＿＿年度　　　　　　　　　　　　　单位:元

补充资料	行　次	本期金额	上期金额
1.将净利润调节为经营活动现金流量:			
净利润			
加:资产减值准备			
固定资产折旧、油气资产折耗、生产性生物资产折旧			
无形资产摊销			
长期待摊费用摊销			
处置固定资产、无形资产和其他长期资产的损失(收益以"－"填列)			
固定资产报废损失(收益以"－"填列)			
公允价值变动损失(收益以"－"填列)			
财务费用(收益以"－"填列)			
投资损失(收益以"－"填列)			
递延所得税资产减少(增加以"－"填列)			
递延所得税负债增加(减少以"－"填列)			
存货的减少(增加以"－"填列)			
经营性应收项目的减少(增加以"－"填列)			
经营性应付项目的增加(减少以"－"填列)			
其他			
经营活动产生的现金流量净额			
2.不涉及现金收支的重大投资和筹资活动:			
债务转为资本			
一年内到期的可转换公司债券			
融资租入固定资产			
3.现金及现金等价物净增加情况:			
现金的期末余额			
减:现金的期初余额			
加:现金等价物的期末余额			
减:现金等价物的期初余额			
现金及现金等价物净增加额			

现金流量表中经营活动产生的现金流量的计算方法有直接法和间接法两种。经营活动产生的现金流量是一项重要指标,它可以说明企业在不动用外部筹资的情况下,通过经营活动产生的现金流量是否足以偿还负债、支付股利和对外投资。

　　直接法是指按现金收入和现金支出的主要类别反映企业经营活动产生的现金流量。它一般以利润表中的营业收入为起算点,调节与经营活动有关的项目的增减变动,然后计算出经营活动产生的现金流量。

　　间接法是指以净利润为起算点,调整不涉及现金的收入、费用、营业外收支等有关项目,然后计算出经营活动产生的现金流量。

　　《企业会计准则第 31 号——现金流量表》规定,企业应当采用直接法编报现金流量表,同时要求在现金流量表附注的补充资料中用间接法计算现金流量。其具体编制方法从略。

10.5　所有者权益变动表

10.5.1　所有者权益变动表的概念与作用

　　所有者权益变动表是反映企业年末所有者权益(或股东权益,下同)变动情况的会计报表。该表能够在一定程度上体现企业综合收益或全面收益的特点,除列示直接计入所有者权益的利得和损失外,还包含最终属于所有者权益变动的净利润。

　　在 2006 年《企业会计准则》发布以前,所有者权益变动表并不是主要的会计报表,而仅作为上市公司财务报告中的附表。然而在 2006 年发布的《企业会计准则第 30 号——财务报表列报》中,所有者权益变动表成为主要的会计报表之一,原因在于所有者权益变动表对于会计信息使用者有着十分重要的意义,其也是我国会计准则与国际会计准则趋同的结果。所有者权益变动表的作用如下。

　　(1)所有者权益变动表能够综合反映各种因素对所有者权益的影响

　　所有者权益变动表能够体现各种因素对所有者权益的影响,包括会计政策变更和差错更正、综合收益总额、利润分配、所有者权益内部结转等因素。所有者权益变动表可以建立资产负债表和利润表之间的钩稽关系,使财务报表体系中各要素之间保持着紧密的联系。从这一作用来看,所有者权益变动表是联结资产负债表和利润表的纽带。

　　(2)所有者权益变动表是资产负债表的补充

　　所有者权益属于资产负债表项目,反映所有者对其净资产的要求权,是所有者最重视的指标之一。但是,资产负债表只能呈现所有者权益各项目年初、年末的状况,而无法体现其变动的原因和过程。而所有者权益变动表可以向会计信息使用者揭示所有者权益各项目如何由年初数变成年末数,因此,所有者权益变动表是资产负债表必要的补充。

　　(3)所有者权益变动表是利润表的补充

　　利润表遵循“收入－费用＝利润”会计等式,其收益来自收入与费用的配比,主要反映经营成果。然而,利润表中的净损益同资产负债表中的净资产的变动之间缺乏联系,因为许多本应在利润表中报告的经济事项却绕过利润表直接进入资产负债表,如固定资产重估价值变动、可供出售的金融资产公允价值的变动、与计入所有者权益项目相关的所得税影响等。因此,国际上会计的趋势越来越倾向于“全面收益”观。“全面收益”观是一种基于“净资产变动”的收益观念,遵循“资产－负债＝净资产”会计等式,揭示企业在报告期内,除投资者投资和分配股利外的一切所有者权益变动,既包括经营成果收益,又包括直接计入所有者权益的利得和损失,从而形成企业的全面收益。可以认为所有者权益变动表是另一张业绩表,它从传统利润表的净利润开始,增加除净利润以外的全面收益项目,即直接计入所有者权益的利得和损失,最后报告全面收益总额,它是对利润表的必要补充。它可以更全面、更真实地反映企业的财务状况和经营成果,为投资者和债权人进行投资决策和信贷决策提供了有利的客观依据。

10.5.2　所有者权益变动表的结构

所有者权益变动表反映所有者权益各部分当期增减变动的情况和原因。所有者权益项目包括实收资本(或股本)、资本公积、库存股、其他综合收益、盈余公积和未分配利润,而引起所有者权益变动的主要原因包括:①会计政策变更和差错更正的累积影响金额;②综合收益总额;③所有者投入资本和减少资本;④利润分配;⑤所有者权益内部结转。所有者权益变动表既能显示所有者权益各项目变动的结果,又能阐明引起所有者权益各项目变动的主要原因。所有者权益变动表的具体格式见表10.9。

表 10.9　所有者权益变动表(简化)

会企 04 表

编制单位:　　　　　　　　　　　　　　　____年度　　　　　　　　　　　　　　　单位:元

项　　目	本期金额							上期金额						
	实收资本(或股本)	资本公积	减:库存股	其他综合收益	盈余公积	未分配利润	所有者权益合计	实收资本(或股本)	资本公积	减:库存股	盈余公积	其他综合收益	未分配利润	所有者权益合计
一、上年年末余额														
加:会计政策变更														
前期差错更正														
二、本年年初余额														
三、本年增减变动金额(减少以"一"填列)														
(一)综合收益总额														
(二)所有者投入和减少资本														
1.所有者投入资本														
2.股份支付计入所有者权益的金额														
3.其他														
(三)利润分配														
1.提取盈余公积														
2.对所有者(或股东)的分配														

项　目	本期金额							上期金额						
	实收资本（或股本）	资本公积	减：库存股	其他综合收益	盈余公积	未分配利润	所有者权益合计	实收资本（或股本）	资本公积	减：库存股	盈余公积	其他综合收益	未分配利润	所有者权益合计
3.其他														
（四）所有者权益内部结转														
1.资本公积转增资本（或股本）														
2.盈余公积转增资本（或股本）														
3.盈余公积弥补亏损														
4.其他														
四、本年年末余额														

10.6　会计报表附注

10.6.1　会计报表附注的概念与作用

会计报表的内容具有一定的固定性和规定性，只能提供定量的会计信息，因此其反映的会计信息受到一定的限制。会计报表附注是对会计报表不能包括的内容或者披露不详尽的内容所做的进一步补充、解释和说明，以有助于会计报表使用者理解和使用会计信息。会计报表附注属于表外信息，是会计报表的必要补充，其作用如下。

（1）增强会计信息的可理解性

会计报表提供的会计信息专业性比较强，阅读、理解会计报表需要一定的会计基础和专业知识，比较适合专业人士或有一定会计基础知识的管理者使用。然而会计信息使用者具有的会计专业知识深浅程度各不相同，这种情况下，报表附注以文字、图表等方式对会计报表信息进行解释，将比较抽象的数据分解成若干具体项目，并说明各项目产生的会计方法等，不但使会计人员能深刻理解，而且使非会计专业的使用者也能明白。例如，固定资产作为一个报表项目，只能反映企业在过去时间内单位对固定资产的投资规模，而无法反映其分布和构成。而附注可以反映各类固定资产（如房屋、建筑物、机器设备、运输设备及工器具等）的原始价值，确定各类固定资产占全部固定资产的比重及各类固定资产之间的比例，判断投资结构的合理性。

（2）增强会计信息的可比性

通常企业会计报表依据会计准则和相关的会计制度编制，而会计准则和会计制度在某些方面提供了多种会计处理方法,如存货发出计价有不同的处理方法,企业可以根据具体情况进行选择。选择不同的会计处理方法,对财务状况和经营成果会产生不同的影响,这就使得不同企业就同一类经济业务提供的会计信息之间产生差异。此外,在某些情况下,会计准则也允许企业在所给出的会计政策中进行选择,这可能会导致企业因依据的会计政策发生变动而使不同期间的会计信息失去可比性。会计报表附注披露的企业会计估计的变更原因及其后的影响,可以使不同行业或同一行业不同企业的会计信息更具可比性,可以使报表使用者了解不同行业或同一行业不同企业会计信息的差异及其影响的大小。

(3)增强会计信息披露的充分性

会计报表只能报告能够用货币计量的会计信息,而在实际工作中,存在着大量不能用货币计量的会计信息,其对会计信息使用者做出正确决策有一定的影响。会计报表附注采用文字说明和图表描述的方式披露与企业经营活动密切相关的信息,拓展了企业财务信息的内容,突破了报表在内容设计上必须符合会计要素定义的局限,披露不能用货币计量的会计信息,满足会计核算一般原则中的相关性和可靠性要求。因此,会计报表附注可以充分披露会计报表所不能提供的重要信息,为广大投资者正确决策提供尽可能充分的信息。

10.6.2   会计报表附注的内容及其披露

会计报表附注提供资产负债表、利润表、现金流量表和所有者权益变动表等报表中列示项目的文字描述或明细资料,是对会计报表本身无法或难以充分表达的内容和项目所做的补充说明和详细解释。就内容看,会计报表附注同报表项目是密切联系着的。没有会计报表主表的存在,附注就失去了依靠;而没有附注恰当的补充,会计报表主表的功能就难以有效地发挥。附注的重要任务就是补充、解释、说明报表项目的详细内容和编制报表所运用的会计政策。

按照财政部 2014 年修订的《企业会计准则第 30 号——财务报表列报》,会计报表附注一般应当按照下列顺序披露以下几个方面内容。

(1)企业的基本情况。

①企业注册地、组织形式和总部地址。

②企业的业务性质和主要经营活动。

③母公司以及集团最终母公司的名称。

④财务报告的批准报出者和财务报告批准报出日,或者以签字人及其签字日期为准。

⑤营业期限有限的企业,还应当披露有关其营业期限的信息。

(2)财务报表的编制基础。

(3)遵循企业会计准则的声明。

企业应当明确说明编制的财务报表符合企业会计准则的要求,真实、公允地反映企业的财务状况、经营成果和现金流量等有关信息。

(4)重要会计政策和会计估计。

重要会计政策的说明包括财务报表项目的计量基础和运用会计政策过程中所做的重要判断等。重要会计估计的说明包括可能导致下一个会计期间资产、负债账面价值重大调整的会计估计的确定依据等。

企业应当披露采用的重要会计政策和会计估计,并结合企业的具体实际披露其重要会计政策的确定依据和财务报表项目的计量基础以及会计估计所采用的关键假设和不确定因素。

(5)会计政策和会计估计变更以及差错更正的说明。

企业应当按照《企业会计准则第 28 号——会计政策、会计估计变更和差错更正》的规定,披露会计政策和会计估计变更以及差错更正的情况。

(6)报表重要项目的说明。

企业应当按照资产负债表、利润表、现金流量表、所有者权益变动表及其项目列示的顺序,对报表重要项目的说明采用文字和数字描述相结合的方式。报表重要项目的明细金额合计,应当与报表项目金额相衔接。

企业应当在附注中披露按照性质分类的利润表补充资料,可将费用分为耗用的原材料、职工薪酬费用、折旧费用、摊销费用等。

(7)或有和承诺事项、资产负债表日后非调整事项、关联方关系及其交易等需要说明的事项。

(8)有助于财务报表使用者评价企业管理资本的目标、政策及程序的信息。

习　题

一、简答题

1.什么是会计报表? 编制会计报表有何作用?

2.会计报表有哪几种?

3.会计报表列报的基本要求有哪些?

4.什么是资产负债表? 它有何作用?

5.什么是利润表? 它有何作用?

6.什么是现金流量表? 它有何作用? 现金流量可以分成哪几类?

7.什么是所有者权益变动表? 它有何作用?

8.什么是会计报表附注? 它有何作用? 会计报表附注应当主要披露哪些内容?

9.关于会计报表的报送时间有哪些规定?

二、判断题

1.资产负债表和利润表都是静态报表。　　　　　　　　　　　　　　　　(　　)

2.资产负债表是反映企业在某一特定期间财务状况的报表。　　　　　　(　　)

3.资产负债表编制是以会计恒等式"资产=负债+所有者权益"为理论依据的。(　　)

4.利润表是反映企业在某一日期经营成果及其分配情况的报表。　　　　(　　)

5.现金流量表是反映一定期间现金流入和现金流出情况的报表。　　　　(　　)

6.内部会计报表的编制时间、内容和格式均可视企业实际需要而定,不受国家统一规定的限制。　　　　　　　　　　　　　　　　　　　　　　　　　　　　　(　　)

7.一般企业的会计报表格式与金融企业的会计报表格式是相同的。　　　(　　)

8.资产负债表的格式有单步式和多步式。　　　　　　　　　　　　　　(　　)

9.企业持有的 3 个月内准备转让的股票,属于现金等价物。　　　　　　(　　)

10.企业可根据实际需要决定是否需要提供会计报表附注。　　　　　　(　　)

三、单项选择题

1.下列会计报表中属于静态报表的是(　　　)。

　　A.资产负债表　　　　　　　　　　B.利润表

　　C.现金流量表　　　　　　　　　　D.利润分配表

2.会计报表附注是对( )的补充说明。

    A.资产负债表　　　　　　　　　　B.现金流量表

    C.会计报表　　　　　　　　　　　D.财务会计报告

3.资产负债表中的资产项目应按( )大小顺序排列。

    A.流动性　　　　　B.重要性　　　　　C.变动性　　　　　D.盈利性

4.资产负债表中,"应收账款"项目应根据( )填列。

    A."应收账款"总分类账户期末余额

    B."应收账款"总分类账户各明细分类账户的期末借方余额合计

    C."应收账款"和"应付账款"总分类账户各明细分类账户的期末借方余额合计

    D."应收账款"和"预收账款"总分类账户各明细分类账户的期末借方余额合计

5.资产负债表反映资产、负债和所有者权益各项目的( )。

    A.年初数、期末数　　　　　　　　B.上年数、本年数

    C.年初数、本年数　　　　　　　　D.上年数、年末数

6.确有必要变更会计处理方法的,应当将变更的原因、情况及影响在( )中说明。

    A.会计报表　　　　　　　　　　　B.利润表

    C.股东权益变动表　　　　　　　　D.会计报表附注

7.在资产负债表中,应收账款的借方余额明细账和贷方余额明细账应分别在"应收账款"和"预收账款"账户中列示,这反映了( )的要求。

    A.持续经营原则　　　　　　　　　B.重要性原则

    C.不抵消原则　　　　　　　　　　D.可比性原则

8.年度会计报表应当在月度终了后( )内报送。

    A.30 天　　　　　　B.60 天　　　　　C.3 个月　　　　　D.4 个月

9.下列属于现金等价物的是( )。

    A.持有的未到期的 2 个月期国库券　B.银行活期存款

    C.库存现金　　　　　　　　　　　D.可交易的股票

10.我国规定企业应当采用( )编报现金流量表,同时在补充资料中用( )计算现金流量。

    A.直接法;间接法　　　　　　　　B.间接法;直接法

    C.权益法;成本法　　　　　　　　D.成本法;权益法

四、多项选择题

1.会计报表编报的基本规范有( )。

    A.真实可靠　　　　　　　　　　　B.计算准确

    C.充分表达　　　　　　　　　　　D.编报及时

2.资产负债表中的"存货"项目应根据"( )"账户的期末余额合计数填列。

    A.在途物资　　　　　　　　　　　B.原材料

    C.库存商品　　　　　　　　　　　D.生产成本

3.利润表中需要计算填列的项目有( )。

    A.营业收入　　　　　　　　　　　B.营业成本

    C.资产减值损失　　　　　　　　　D.营业利润

4. 中期会计报表包括( )。

A. 月报   B. 季报   C. 半年报   D. 年报

5. 资产负债表项目排列的顺序有( )。

A. 资产按流动性由强至弱排列   B. 负债按到期日由近至远排列

C. 所有者权益按永久性递减排列   D. 利润项目按业务频繁性递减排列

6. 下列项目中属于现金流量表中经营活动产生的现金流量的有( )。

A. 支付职工工资   B. 支付借款利息

C. 支付增值税   D. 支付工程材料款

7. 下列关于会计报表附注的观点中正确的有( )。

A. 报表附注是会计报表必要的补充

B. 报表附注应当披露财务报表的编制基础

C. 报表附注应当按照规定顺序披露

D. 报表附注应当阐明重要的会计政策和会计估计

五、业务题

业务题一

1. 目的:练习资产负债表的编制。

2. 资料:东海公司20××年9月30日资产、负债类账户余额如表10.10所示。

表 10.10 东海公司 20××年 9 月 30 日资产、负债类账户余额   单位:元

账户名称	借方余额	账户名称	贷方余额
库存现金	72 080	坏账准备——应收账款	7 270
银行存款	407 860	坏账准备——其他应收款	1 000
其他货币资金	100 000	存货跌价准备	25 630
交易性金融资产	200 000	短期借款	320 000
应收票据	240 000	应付票据	162 000
应收账款(借方余额合计)	461 600	应收账款(贷方余额合计)	140 140
应付账款(借方余额合计)	93 600	应付账款(贷方余额合计)	526 000
其他应收款	50 000	应付职工薪酬	120 500
原材料	358 210	应交税费	74 020
在途物资	32 760	其他应付款	98 000
生产成本	885 660	累计折旧	1 403 500
库存商品	100 260	累计摊销	25 000
固定资产	5 662 500	固定资产减值准备	60 430
在建工程	240 632	长期借款	1 000 000
无形资产	280 000	其中:一年内需偿还的长期借款	500 000
利润分配(借方余额合计)	120 000	实收资本	4 800 000
		资本公积	48 000

续表

账户名称	借方余额	账户名称	贷方余额
		盈余公积	32 892
		未分配利润	360 780
		本年利润	100 000
合　计	9 305 162	合　计	9 305 162

3. 要求:根据上述资料编制资产负债表(见表10.11)。

表 10.11　资产负债表

会企01表

编制单位:东海公司　　　　　　　　　　20××年9月30日　　　　　　　　　　单位:元

资　产	期末余额	年初余额 (略)	负债及所有者权益	期末余额	年初余额 (略)
流动资产:			流动负债:		
货币资金			短期借款		
交易性金额资产			应付票据		
应收票据			应付账款		
应收账款			预收账款		
预付账款			应付职工薪酬		
其他应收款			应交税费		
存货			其他应付款		
其他流动资产			一年内到期的非流动负债		
流动资产合计			其他流动负债		
			流动负债合计		
			非流动负债:		
			长期借款		
			其他非流动负债		
			非流动负债合计		
			负债合计		
非流动资产:			所有者权益(或股东权益):		
固定资产			实收资本(或股本)		
在建工程			资本公积		
无形资产			盈余公积		
其他非流动资产			未分配利润		
非流动资产合计			所有者权益(或股东权益)合计		
资产总计			负债及所有者权益(或股东权益)总计		

业务题二

1. 目的:练习利润表的编制。

2. 资料:南海公司 20××年 9 月 30 日各损益类账户余额如表 10.12 所示。

表 10.12　南海公司 20××年 9 月 30 日各损益类账户余额　　单位:元

账户名称	借方余额	贷方余额
主营业务收入		250 000
其他业务收入		120 000
营业外收入		20 000
投资收益		50 000
公允价值变动损益		10 000
主营业务成本	180 000	
其他业务成本	90 000	
税金及附加	8 000	
销售费用	10 000	
管理费用	12 000	
财务费用	5 000	
资产减值损失	2 000	
资产处置损益	8 000	
营业外支出	4 000	
所得税费用	32 750	

3. 要求:根据上述资料编制利润表(见表 10.13)。

表 10.13　利润表

会企 02 表

编制单位:南海公司　　　　　　　　20××年 9 月　　　　　　　　单位:元

项　目	行　次	本月数	本年累计数(略)
一、营业收入			
减:营业成本			
税金及附加			
销售费用			
管理费用			
财务费用			
资产减值损失			
加:公允价值变动收益(损失以"－"填列)			
投资收益(损失以"－"填列)			

续表

项　目	行　次	本月数	本年累计数(略)
资产处置收益(损失以"－"填列)			
其他收益(损失以"－"填列)			
二、营业利润(亏损以"－"填列)			
加:营业外收入			
减:营业外支出			
三、利润总额(亏损总额以"－"填列)			
减:所得税费用			
四、净利润(净亏损以"－"填列)			

第 11 章　财产清查

学习目标

1. 了解财产清查的原因、意义与分类。
2. 掌握财产清查的步骤。
3. 掌握实地盘存制与永续盘存制。
4. 掌握货币资金、实物与往来款项的清查方法。
5. 熟练掌握各种财产清查的账务处理。

11.1　财产清查的原因、意义与分类

11.1.1　财产清查的原因

财产清查是指通过对货币资金、实物与往来款项的盘点或核对,确定其实存数,查明账存数与实存数是否相符,以保证会计核算资料真实的一种会计核算方法。

在会计核算过程中,企业通过对凭证的审核以及定期进行账证核对、账账核对,能够尽可能使账簿记录正确。然而,即使企业的各项财产物资、债权债务的账簿记录正确无误,也不能保证其真实可靠,即账簿记录与客观实际不一定相符。在实际工作中,一些主观或客观原因会使账面结存数与实际数不一致,即账实不符。造成账实不符的原因是多方面的,如财产物资保管过程中发生的自然损耗;财产收发过程中计量或检验不准造成的多收或少收的差错;管理不善、制度不严造成的财产损坏、丢失、被盗;在账簿记录中发生的重记、漏记、错记等差错;有关凭证未到,形成未达账项,造成结算双方账务不符;不法分子贪污盗窃、营私舞弊等造成的财产物资损失以及发生意外灾害等。

基于以上原因,为保证会计核算资料的真实性,必须定期或不定期地对各项财产物资进行盘点或核对,查明账实是否相符,对于实存数与账存数不相符的地方,要调整账面记录,使账实相符,并查明原因,分清责任,按规定进行处理。

11.1.2 财产清查的意义

11.1.2.1 保证会计资料的真实性

财产清查可以确定各项财产的实存数,查明财产实存数与账存数是否相符,查清发生盘盈、盘亏的原因和责任,以便及时调整账面数字,做到账实相符,保证会计资料的真实性。

11.1.2.2 健全财产管理制度

财产清查可以检查各种财产的收发、保管等制度的执行情况,查明各项财产物资有无挪用、贪污、盗窃以及毁损、变质和浪费等情况,及早发现财产管理上存在的问题,及时采取措施填补漏洞,建立健全财产管理与核算制度,以保证企业各项财产物资的安全、完整。

11.1.2.3 增强财产物资的使用效能

财产清查可以查明各项财产物资的储备和利用情况,对超储积压、闲置不用的物资可以及时采取措施进行处理,做到物尽其用,合理储备。财产清查有利于充分挖掘财产物资的潜力,增强各项财产物资的使用效能,减少资金占用,加速资金周转。

11.1.2.4 严格财经纪律和结算制度

财产清查可以检查会计主体对财经纪律的遵守情况,查明各种往来款项的结算是否正常,及早发现长期挂账的债权、债务,避免坏账损失的发生,同时还能保证各种往来款项的结算符合财经纪律和信贷结算制度的规定。

11.1.3 财产清查的分类

财产清查可按其实施的范围、时间间隔等进行不同的分类。

11.1.3.1 按清查的范围分类

按照清查范围的不同,财产清查可分为全面清查和局部清查。

1.全面清查

全面清查就是对所有的财产物资、往来款项进行全面盘点和核对,其特点是范围广、内容多、时间长、参与人员多。一般说来,在以下几种情况下,需要进行全面清查。

(1)年终决算前要进行一次全面清查,以确保年度会计报表的真实性。

(2)单位撤销、合并或改变隶属关系时要进行一次全面清查,以明确经济责任。

(3)开展清产核资(清查财产、核定资金)或资产清查时要进行全面清查,以摸清家底,准确核定资金,保证生产的正常资金需要。

(4)企业要导入新的会计系统必须有正确的开账数据,在新系统实施前应进行全面的财产清查。

以工业企业为例,全面清查的对象主要包括:

(1)库存现金、银行存款、有价证券、其他货币资金、银行借款。

(2)各种原材料、在产品、半产品、产成品、周转材料以及在途材料等存货资产。

(3)各项业务往来产生的结算款项(应收账款、应收票据、应付账款、应付票据和预付账款等)和缴拨款项。

(4)各种机器设备、房屋、建筑物、运输设备等固定资产。

(5)接受或委托其他单位加工、保管的材料和物资。

2.局部清查

局部清查是指根据需要对部分财产物资和往来款项等进行的盘点和查询。局部清查包括项目清查、部门清查、轮流清查、重点清查、临时清查、突击抽查等。最常见的局部清查在财产遭受非正常损失、更换管理人员时实施,其特点是范围小、内容少,但专业性较强。局部清查包括以下内容。

(1)应有计划、有重点地抽查各项存货。

(2)各种贵重物资每月应清查一次。

(3)库存现金应由出纳人员于每日业务终了自行盘点一次。

(4)银行存款和银行借款每月同银行核对一次。

(5)债权、债务每年至少核对 1 次或 2 次。

对于流动性较强且易于发生损耗、短缺的物资,除了年终全面清查外,还可以分部门轮流清查或重点清查,以保证物资数量的准确。

11.1.3.2　按清查的时间分类

按照清查时间的不同,财产清查可分为定期清查和不定期清查。

1.定期清查

定期清查是指根据管理制度的规定或预先计划的时间对财产进行的清查。它一般在年末、季度末或月末结账时进行。根据实际情况和需要,定期清查既可以是全面清查,也可以是局部清查。一般在年终决算前进行全面清查,月末、季度末对贵重财产和流动性强的财产进行盘点和抽查,实施局部清查。

2.不定期清查

不定期清查是指事先并未规定清查时间,而根据需要进行的临时性清查,如更换财产物资和现金保管人员时,要对有关人员所保管的财产、物资和现金进行清查,以分清经济责任;发生灾害和意外损失时,要对损失的有关财产进行清查,以查明损失情况;当上级主管、财政和银行等部门要对本单位进行会计检查时,应按检查的要求和范围进行清查,以验证会计资料的准确性;当进行临时性的清产核资工作时,要对本单位的财产进行清查,以摸清家底。不定期清查,既可以是全面清查,也可以是局部清查,应依实际需要而定。

另外,按照清查组织者的不同,财产清查可分为单位自己组织的内部清查和外部单位、人员(如主管部门、审计机关、司法部门、注册会计师)根据国家有关规定对单位进行的外部清查。

11.2　财产物资的盘存制度与计价方法

财产清查的一个重要任务就是确定各项财产物资的期末实际数额,而财产物资期末实际数额的确定又取决于两个方面:一是财产物资的实际数量;二是财产物资的单位成本。财产物资期末实际数量的确定与所采用的盘存制度密切相关,而其单位成本则取决于财产物资的计价方法。

11.2.1　财产物资的盘存制度

财产物资的盘存制度也称为账面结存数制度,是对各项财产物资期末结存数确定方法的规定。在实务中有两种财产物资的盘存制度:一种为永续盘存制,另一种为实地盘存制。

11.2.1.1　永续盘存制

永续盘存制也称为账面盘存制,采用这种制度,平时要根据会计凭证将各项财产物资的增加数和减少数连续记入有关账簿,并且随时结出账面余额。期末结存数的计算公式如下:

期末结存数＝期初结存数＋本期收入数－本期发出数

这种盘存制度的特点是期末余额是通过账面计算而来的,它要求设置财产物资明细账,逐日逐笔登记财产物资的收、发、结存数,平时财产物资进出都有严密的手续,便于加强会计监督;且随时结出账面结存数,便于随时掌握财产物资的情况。但是这种盘存制度也可能发生账实不符的情况,如记账错误,人为造成短缺或溢余,这就需要对各项财产物资进行定期清查,以查明账实是否相符,找出账实不符的原因。

采用永续盘存制能在收、发、存环节有效地对财产物资实施监督和控制,有利于对财产物资的管理和控制,保护企业的财产物资安全、完整。我国相关制度规定,大多数企业均应采用这种制度。但是在永续盘存制下,财产的明细分类核算工作量较大,需要花费较多的人力和财力。

11.2.1.2　实地盘存制

实地盘存制也称为定期盘存制,是在期末通过实地盘点确定财产物资的数量,并据以计算期末财产物资数和本期财产物资减少数的盘存制度。采用这种制度,平时只登记财产物资的增加数,不登记减少数,到月末,对各项财产物资进行实地盘点,根据盘点所确定的实存数,倒轧出本月各项财产物资的减少数,再登记有关账簿。因此,每月月末对各项财产物资进行实地盘点的结果,是计算、确定本月财产物资发出或减少数的依据。本期发出数的计算公式如下:

本期发出数＝期初结存数＋本期收入数－期末结存数

这种盘存制度的特点是期末余额是通过实地盘点得出的,采用"以存计耗(销)"的方法倒轧出财产物资的发出成本(销售成本),平时不需要记录财产物资的发出和结存数,因此可简化日常工作,会计核算简单,工作量小。但是采用这种制度期末才进行财产物资的盘存,不能及时反映各项财产物资的收付和结存情况;财产物资减少数的登记缺乏严密的手续,相关内部控制制度不完善,实存数作为账存数,它们之间无法相互控制和相互核对;倒轧出的各项财产物资的减少数可能受到一些非正常因素的影响,如偷盗、管理人员失职等,不便于实行会计监督和财产物资的管理。因此,这种制度只适用于经营品种多、价值低、发货频繁的商品,以及数量不稳定、损耗大且难以控制的鲜活商品的商业企业。

11.2.2　财产物资的计价方法

财产物资的盘存不仅要确定其实际数量,还会涉及单位成本,这就遇到了财产物资的计价方法问题。除存货以外的其他财产物资,如库存现金、银行存款、应收账款、应收票据、预付账款等都直接用货币计量,不存在计价问题。而存货这种实物形态的资产,在大多数企业的流动资产总额中占有较大的比重,并且处于不断购买、耗用和销售之中,其购入和发出通常都是分次或分批进行的。要确定发出存货的价值,就需要确定和选择一定的计价方法。

所谓存货的计价方法,就是计算发出存货成本的方法。按照财政部的规定,企业可以采用个别认定法、先进先出法或者加权平均法(包括移动平均法)确定发出存货的实际成本。

11.2.2.1　个别认定法

个别认定法又称"分批认定法",是以每批存货收入时的实际单价作为发出单价,期末按每批存货收入时的单价计算发出存货成本,计算公式如下:

发出存货成本＝发出存货数量×该件(批)存货单价

此方法下,每件或每批购入的存货应分别存放,并分户登记存货明细账。存货的实物流转与成本流转完全一致,符合实际情况,但这种方法在实际操作中任务繁重、成本较高,不符合成本效益原则。这种计价方法对绝大多数存货而言都是不实用的,通常只适用于古玩、名人字画等数量少、个体差异大且容易识别、单位价值较高的存货。

11.2.2.2　先进先出法

先进先出法是指假设先收到的存货先发出或先收到的存货先耗用,并根据这种假设的存货流转次序对发出的存货和期末存货进行计价。在这种方法下,对于入库存货,应在明细账中按时间的先后顺序逐笔登记其数量、单价和金额;每次发出存货时,按照先进先出的原则确定其单价,逐笔登记存货的发出和结存金额。先进先出法下存货明细账的登记方法如表 11.1 所示。

表 11.1　材料明细账(先进先出法)

名称:甲材料　　　　　　　　　　　20×9 年 3 月

20×9 年		凭证		摘　要	收　入			发　出			结　存		
月	日	字(略)	号(略)		数量/千克	单价/元	金额/元	数量/千克	单价/元	金额/元	数量/千克	单价/元	金额/元
3	1			期初余额							200	10	2 000
	10			购入	300	12	3 600				200	10	2 000
											300	12	3 600
	15			发出				200	10	2 000			
								200	12	2 400	100	12	1 200
	20			购入	500	13	6 500				100	12	1 200
											500	13	6 500
	25			发出				100	12	1 200			
								200	13	2 600	300	13	3 900
	31			本月合计	800		10 100	700		8 200	300	13	3 900

根据谨慎性原则的要求,先进先出法适用于市场价格普遍处于下降趋势的存货。因为采用先进先出法,期末存货余额按最后的进价计算,使期末存货的价格接近于当时的市场价格,真实地反映企业期末的资产状况;期末存货的账面价格反映的是最后购进的较低的存货价格,符合谨慎性原则的要求,能抵御物价下降的影响,减少企业经营的风险,消除潜亏隐患,从而避免由于存货资金不实而虚增企业账面资产。

先进先出法的优点是使企业不能随意挑选存货计价以调整当期利润,缺点是工作比较烦琐,对于存货进出频繁的企业更是如此。而且当物价上涨时,会高估企业当期利润和库存存货价值,增加企业的税收负担;反之,会低估企业当期利润和存货价值。经营活动受存货形态影响较大或存货容易腐烂变质的企业一般采用先进先出法,并且这种方法在永续盘存制和实地盘存制下计算出的发出存货成本相等。

11.2.2.3　加权平均法

加权平均法也称为全月一次加权平均法,是以期初结存存货和本期收入存货的加权平均单价计算发出存货的实际成本的一种计价方法。相关计算公式如下:

$$加权平均单价=\frac{月初结存存货实际成本+本月收入存货实际成本}{月初结存存货数量+本月收入存货数量}$$

发出存货的实际成本=发出存货的数量×加权平均单价

采用加权平均法,对于本月入库的存货,要按其数量、单价和金额进行序时登记;对于本月发出的存货,只登记数量,不登记单价和金额,月末再按加权平均单价计算结存金额。加权平均法下存货明细账的登记方法如表 11.2 所示。

表 11.2　材料明细账(加权平均法)

名称:甲材料　　　　　　　　　　　　　20×9 年 3 月

20×9年		凭证		摘　要	收　入			发　出			结　存		
月	日	字(略)	号(略)		数量/千克	单价/元	金额/元	数量/千克	单价/元	金额/元	数量/千克	单价/元	金额/元
3	1			期初余额							200	10	2 000
	10			购入	300	12	3 600				500		
	15			发出				400			100		
	20			购入	500	13	6 500				600		
	25			发出				300			300		
	31			本月合计	800		10 100	700	12.10	8 470	300	12.10	3 630

表 11.2 中,加权平均单价=(2 000+10 100)/(200+800)=12.10(元)。

采用加权平均计价方法,月末一次计算加权平均单价,以此确定发出和结存存货的成本,方法简单,而且当市场价格变化时,所计算出来的单位成本平均化,对存货的影响比较折中。其不足之处在于核算不够及时,只有到月末才能确定存货的实际成本,不便于加强对存货的日常管理。这种方法比较适合实地盘存制。

11.2.2.4　移动平均法

采用移动平均法,每入库一批存货就计算一次移动加权平均单价,存货发出时就按此单价计算发出存货的实际成本。计算公式如下:

$$移动加权平均单价=\frac{以前结存存货实际成本+本次收入存货实际成本}{以前结存存货数量+本次收入存货数量}$$

发出存货的实际成本=发出存货的数量×移动加权平均单价

移动加权平均法下存货明细账的登记方法如表 11.3 所示。

表 11.3　材料明细账(移动加权平均法)

名称:甲材料　　　　　　　　　　　　20×9 年 3 月

20×9年		凭证		摘要	收入			发出			结存		
月	日	字(略)	号(略)		数量/千克	单价/元	金额/元	数量/千克	单价/元	金额/元	数量/千克	单价/元	金额/元
3	1			期初余额							200	10	2 000
	10			购入	300	12	3 600				500	11.20	5 600
	15			发出(量400)				400	11.20	4 480	100	11.20	1 120
	20			购入	500	13	6 500				600	12.70	7 620
	25			发出(量300)				300	12.70	3 810	300	12.70	3 810
	31			本月合计	800		10 100	700		8 290	300	12.70	3 810

采用移动平均法,能够及时反映存货发出、结存的数量、单价和金额情况,核算及时,且比较客观、真实。但平时计算工作量比较大。

11.3　财产清查的内容与方法

11.3.1　财产清查前的准备工作

财产清查是一项涉及面广、工作量大、比较复杂的工作,为了做好财产清查工作,使其有序、正常地进行,在进行财产清查之前,必须从组织上和业务上做好充分的准备。

11.3.1.1　组织准备

为使财产清查工作顺利进行,在清查之前,要根据清查工作的实际需要组建财产清查的专门机构,由单位主要领导负责,会同财会、财产管理、财产使用等有关部门成立财产清查领导小组,由清查领导小组负责财产清查的各项组织工作。清查领导小组的工作主要包括:①制订清查计划。清查计划应明确财产清查的目的和性质、对象和内容、方法和步骤、人员组织和时间安排等。②清查过程的控制和监督。在财产清查过程中,清查小组要及时掌握工作进度,进行具体组织、控制、检查和监督,研究和解决财产清查过程中出现的问题。③对财产清查结果进行处理。财产清查结束后,清查小组要对财产清查结果提出处理意见和建议,并书面报告上级有关部门由其审批处理。

11.3.1.2　业务准备

业务上的准备工作主要包括以下几个方面:①财会部门必须将所有账目登记齐全,结出余额,并核对清楚,做到账证相符、账账相符,为财产清查提供准确的账存数;②物资保管和使用部门必须对所要进行清查的财产物资进行整理并按规定摆放,贴上标签,标明名称、品种、规格和结存数,便于清查人员进行盘点;③清查小组应组织有关部门准备好标准的计量器具以及各种空白的清查盘存报告表册;④对于银行存款、债权、债务,应在清查前取得或编制对账单，以便与相关方进行核对。

11.3.2　货币资金的清查

货币资金的清查一般包括库存现金和各种银行存款的清查。因为货币资金的收支十分频繁，容易出差错，而对货币资金的管理是企业财务管理的重要内容，所以以单位要对货币资金进行定期或不定期的清查，以确保货币资金的安全完整和会计核算资料的真实可靠。

11.3.2.1　库存现金的清查

库存现金的清查是指通过实地盘点确定库存现金的实存数，再与现金日记账的账面余额进行核对，以确定账实是否相符以及盈亏情况。现金的清查包括两种情况：一是由出纳人员每日清点库存现金实有数，并与现金日记账结余额进行核对；二是清查小组对库存现金进行定期或不定期清查。

库存现金清查应注意：①在盘点前，出纳人员将收、付款凭证全部登记入账，并结出库存现金余额，清查盘点时，出纳人员必须在场，现金由出纳人员经手盘点，清查人员从旁监督。②清查人员应认真审核现金收、付款凭证和有关账簿，检查账务处理是否合理合法，账簿记录有无错误。③清查人员既要检查账证是否客观、真实，是否符合各项有关规定，也要检查账实是否相符。④清查结束后，清查人员应填写库存现金盘点报告表（见表11.4），并据以调整现金日记账的账面记录。对发现的差错应查明原因，予以处理。对白条抵库、坐支现金以及库存现金超过限额等情况，应在库存现金盘点报告表的备注栏中说明。

表 11.4　库存现金盘点报告表

单位名称：　　　　　　　　　　　年　月　日

实存金额	账存金额	对比结果		备　注
		盘　盈	盘　亏	

盘点人：　　　　　　　　　　　　　　　　　　　　　　　　　　　出纳员：

库存现金盘点报告表具有双重性质，它既是盘存单，也是账存实存对比表；既是反映现金实存数，用以调整账簿记录的原始凭证，也是分析账实发生差异的原因，明确经济责任的依据。

11.3.2.2　银行存款的清查

银行存款的清查是采用核对账目方法进行的，即将银行存款日记账与银行转来的对账单逐笔进行核对，以查明银行存款余额及收付是否正确。核对后，如果双方的记录不相一致，可能有两方面的原因：一是记账错误；二是未达账项。

所谓未达账项，是指由于双方入账时间不一致而发生的一方已经登记入账，另一方由于尚未取得凭证而未登记入账的款项。未达账项主要是因为企业和银行收到结算凭证的时间不一致而产生的。比如，企业委托银行向外地某单位收款，银行收到对方支付款项的结算凭证后，就记录增加企业的银行存款，再将结算凭证传递给企业，企业在收到结算凭证后再记录增加自己账上的银行存款。在银行收到结算凭证至企业收到结算凭证期间，就形成了未达账项。银行和企业之间的未达账项可分为银行未达账项和企业未达账项两类，具体有以下四种情况：

（1）银行已收，企业未收。

（2）银行已付，企业未付。

（3）企业已收，银行未收。

（4）企业已付，银行未付。

显然，任何一种未达账项的存在都会使银行存款日记账的余额与银行对账单的余额不相一致，而这种不一致是正常的。为了查明企业或银行有无记账错误并确定是否存在其他不正常现象，首先就要找出未达账项。编制银行存款余额调节表，可以消除未达账项的影响。

银行存款余额调节表的编制方法有多种，一般是以双方账面余额为基础，各自分别记上对方已记而本方未记的款项，然后验证调节后的余额是否相符。银行存款余额调节表的格式如表 11.5 所示。

表 11.5　银行存款余额调节表

年　　月　　日

单位名称：_____　开户行：_____　账号：_____　币种：_____　单位：_____

企业银行存款日记账	金　额	银行对账单	金　额
银行存款日记账余额		银行对账单余额	
加：银行已收，企业未入账的金额		加：企业已收，银行未入账的金额	
其中：1.		其中：1.	
2.		2.	
减：银行已付，企业未入账的金额		减：企业已付，银行未入账的金额	
其中：1.		其中：1.	
2.		2.	
调节后的企业银行存款日记账余额		调节后的银行对账单余额	

编制：　　　　　　　　　　　　　　　　　　　　　　　　　　　　　　　出纳：

表 11.5 填写完成后，若调节的余额相等，则说明双方账目没有错误，账目不一致完全是未达账项造成的，并且调节后的余额就是企业实际可以动用的银行存款数额。若调节后的余额仍不相等，则可能是银行或企业发生错账，应进一步查明原因，并及时更正。尤其要注意长期的未达账项，这样的款项很可能是错账，应对其进行分析，查明原因，及时处理。

需要说明的是，未达账项不是错账、漏账，银行存款余额调节表只起对账作用，不能作为调整企业银行存款账面余额的原始凭证。

现举例说明银行存款余额调节表的编制。

【例 11.1】　某企业 20×8 年 12 月 31 日的银行存款日记账余额为 27 650 元，银行对账单余额为 28 750 元，经逐笔核对，发现有以下几笔未达账项：

（1）银行代企业支付电费 1 200 元，企业未收到付款通知。

（2）企业月末送存银行转账支票 2 500 元，银行尚未入账。

（3）企业月末开出转账支票 2 100 元，但持票人尚未到银行办理。

（4）银行代企业收进外埠货款 2 700 元，企业未收到收款通知。

根据上述资料,编制银行存款余额调节表,如表 11.6 所示。

表 11.6   银行存款余额调节表

20×8 年 12 月 31 日

单位名称:××企业   开户行:_____   账号:_____   币种:_____   单位:元

企业银行存款日记账	金额	银行对账单	金额
银行存款日记账余额	27 650	银行对账单余额	28 750
加:银行已收,企业未入账的金额	2 700	加:企业已收,银行未入账的金额	2 500
减:银行已付,企业未入账的金额	1 200	减:企业已付,银行未入账的金额	2 100
调节后的企业银行存款日记账余额	29 150	调节后的银行对账单余额	29 150

编制: 出纳:

11.3.3   往来款项的清查

往来款项清查是对应收、应付款项及其他应收、应付项目等结算和往来款项所实施的清查。往来款项清查时一般采用与对方单位核对账目的方法或函证核对法,或两种方法同时采用。在清查过程中,不仅要查明债权、债务的余额,还要查明其形成的原因,以便加强管理。对于在清查中发现的坏账损失,要按有关规定进行处理,不得擅自冲销账簿记录。往来款项清查主要分以下三个步骤。

11.3.3.1   检查、核对本单位往来款项账簿记录

首先应将本单位的债权、债务业务全部登记入账,不得遗漏,以保证账簿记录的完整性。在此基础上,确认总分类账和明细分类账的余额相等,各明细分类账的余额相符。

11.3.3.2   向对方单位发往来款项对账单

对账单一般为一式两联,其中一联是回单。如果对方单位核对发现数字相符,应在回单上签章确认;如果对方单位发现数字不符,应在回单上注明,作为进一步核对的依据。企业在收到回单后,如果存在不一致事项,应就不一致事项进一步调查;如果存在未达账项,应进行余额调整(调整方法类似于银行存款余额调节),然后确认债权、债务余额。当然,在清查中也可以直接派人去对方单位面询或利用电话、传真、互联网等手段进行核实。发往来款项对账单的企业询证函如下所述,往来款项对账单如表 11.7 所示。

企业询证函

××公司:

本公司与贵公司的业务往来款项有下列各项目,为了清对账目,特函请查证。下列数据出自本公司账簿记录,是否相符,请在回执联中注明后盖章寄回。

此致

敬礼

表 11.7　往来款项对账单

单位：＿＿＿＿＿＿＿　　　地址：＿＿＿＿＿＿＿　　　编号：＿＿＿＿＿＿＿

会计科目名称	截止日期	经济事项摘要	账面余额

××公司（公章）

年　　月　　日

11.3.3.3　填制往来款项清查结果报告表

在检查、核对并确认了债权、债务后，清查人员应根据清查中发现的问题和情况，及时编制往来款项清查报告表。对于本单位与对方单位或个人有争议的款项以及收回希望较小和无法支付的款项，应当在报告中尽可能详细说明，以便有关部门及时采取措施，减少不必要的坏账损失。往来款项结果报告表的格式如表 11.8 所示。

表 11.8　往来款项清查结果报告表

单位名称：　　　　　　　　　　年　　月　　日

总分类账户		明细账户		发生日期	对方结存额	对比结果及差异额	差异原因及金额			备注
名称	金额	名称	金额				未达账项	有争议账项	无法收回账项	

清查人员：　　　　　　　　　　　　　　　　　　　　主管人员：

财产清查工作结束后，应认真整理资料，对清查工作中发现的问题，分析其原因并提出改革措施，撰写财产清查报告，对财产清查中发现的成绩和问题做出客观公正的评价。

11.3.4　实物的清查

实物的清查包括对商品、原材料、在产品、产成品、固定资产等财产财产物资的清查。对这些财产物资的清查，不仅要从数量上核对账面数与实物是否相符，而且要查明实物的质量是否完好，有无毁损、变质等情况。实物资产种类繁多，形态各异，对不同的实物资产可以采用不同的盘点方法，一般有实地盘点、技术推算盘点和抽样盘点三种。

11.3.4.1　实地盘点

实地盘点是指在实物资产堆放现场逐一清点数量，或用计量器具确定其实存数量的一种方法。这种方法要求严格，数字准确可靠，清查质量高，适用范围广，但工作量大，所以一般在清查之前，物管部门应按财产物资的实物形态进行科学的码放，如五五排列、三三制码放等，以提高清查的效率。

11.3.4.2　技术推算盘点

技术推算盘点是通过量方计尺等技术方法推算有关实物资产实有数量的一种方法。这种方法适用于大量、成堆且单位价值较低的（如煤等）或储放在油罐中的油等实物资产。

11.3.4.3 抽样盘点

抽样盘点是指采用抽取一定数量样品的方式对实物资产的实有数进行估算的方法,它适用于单位价值较低,已经包装好的原材料、在产品和库存商品等。

为了明确经济责任,实物清查时有关保管人员必须在场,并参加盘点工作。在盘点时,必须以各项实物资产目录中的名称、规格为标准,查明各项实物资产的数量,同时检查其质量。对于盘点结果,应如实填写盘存单(见表11.9)。盘存单是记录各项实物资产盘点后实存数量的书面证明,也是实物清查工作的原始凭证,实物保管人和盘点人员在盘存单上共同签字后盘存单生效。盘点完毕,应根据盘存单和有关账簿记录编制账存实存对比表(见表11.10),以确定实物资产盘盈或盘亏数额。账存实存对比表是财产清查的重要报表,是调整账面记录的原始凭证,也是分析盈亏原因、明确经济责任的重要依据。

表 11.9　盘存单

单位名称:　　　　　　　盘点时间:

财产类别:　　　　　　　存放地点:　　　　　　　　　　编号:

编　号	名　称	规格或型号	计量单位	账面结存数量	实际盘点			备　注
					数量	单价	金额	

盘点人(签章):　　　　　　　　　　　　　　　　实物保管人(签章):

表 11.10　账存实存对比表

单位名称:　　　　　　　＿＿＿年＿＿＿月＿＿＿日　　　　　　　编号:

编　号	类别及名称	计量单位	单　价	实　存		账　存		盘　盈		盘　亏		备　注
				数量	金额	数量	金额	数量	金额	数量	金额	

报告人(签章):

11.4　财产清查结果的处理

11.4.1　财产清查结果处理概述

对于财产清查出现的账实差异问题,应认真分析研究,并根据国家有关法规、制度进行适当处理。财产清查结果处理包括业务处理和账务处理两个方面。

11.4.1.1　业务处理

1. 查明发生差异的性质和原因

财产清查的结果不外乎三种情况：一是实存数等于账存数，即账实相符；二是实存数大于账存数，即盘盈；三是实存数小于账存数，即盘亏或损失。对于财产物资的盘盈、盘亏和毁损，要认真查明其性质和原因，分清责任，提出处理意见，按规定的程序呈报有关部门和领导批准。对违反法律、制度的行为，应按审批权限和程序严肃处理。

2. 积极处理积压物资，认真清理债权、债务

对于在清查过程中发现的积压物资，应报请批准后及时处理，除了内部利用外，还可设法对外销售，回笼资金，提高资金使用效率。对于长期归属不清或有争议的债权、债务，应及时组织清理，查明原因，指定专人负责，妥善处理。

3. 总结经验，健全制度

财产清查的一个重要意义在于改进企业财产管理，加速资金周转，提高财产使用效率。在清查结束后，应认真总结经验教训，提出改进意见，建立健全各项财产物资管理制度。

11.4.1.2　账务处理

对财产清查中所查明的各种差异和损失应及时进行账务调整。财产清查结果的账务处理往往分两步进行。

第一步，在有关部门审批之前，应根据账存实存对比表等原始凭证，先将盘盈、盘亏或毁损的财产物资作为待处理财产溢余或损失处理，编制记账凭证，调整财产物资账面记录，使账实相符；同时根据权限，将处理建议报股东大会、董事会、经理（厂长）会议或类似机构批准。

第二步，经有关部门批准后，根据盘盈、盘亏、毁损的不同原因和处理结果，转销待处理项目。

为了衔接这两个步骤，设置"待处理财产损溢"账户来反映财产物资盘盈、盘亏和毁损的价值。该账户下设"待处理流动资产损溢"和"待处理固定资产损溢"两个明细账户，用来分别进行流动资产和固定资产清查的明细分类核算。"待处理财产损溢"账户借方登记发生的各种财产物资的盘亏金额和批准转销的盘盈金额，贷方登记发生的各种财产物资的盘盈金额和批准转销的盘亏金额，期末无余额。"待处理财产损溢"账户的结构如图 11.1 所示。

借方　　　　　　　　　　　待处理财产损溢　　　　　　　　　　　贷方	
借方发生额——①各项财产物资的盘亏金额 ②各项财产物资的盘盈转销数	贷方发生额——①各项财产物资的盘盈金额 ②各项财产物资的盘亏转销数

图 11.1　"待处理财产损溢"账户的结构

企业清查的各种财产的损溢，应于期末前查明原因，并根据管理权限，经股东大会、董事会、经理（厂长）会议或类似权力机构批准后，在期末结账前处理完毕，处理后，该账户应无余额。在编制报表时，如果待处理项目还未经有关部门批准，应先予以处理，待批准时再调整已处理的金额。

11.4.2 存货清查的账务处理

存货清查的账务处理原则如下。

(1)当存货盘盈时,有关部门批准前应借记"原材料""库存商品"等有关存货账户,贷记"待处理财产损溢——待处理流动资产损溢"账户;报经批准后,应借记"待处理财产损溢"账户,贷记"管理费用"账户。

(2)当存货盘亏时,有关部门批准前应借记"待处理财产损溢——待处理流动资产损溢"账户,贷记"原材料""库存商品"等账户。报经批准后,应视不同处理意见转销待处理。若属于定额内损耗以及存货日常收发计量上的差错,则由企业承担一般经营损失,转作"管理费用"。若属于自然灾害等不可抗拒原因造成的非常损失,则转作"营业外支出"。属于责任人过失赔偿的部分,计入"其他应收款——×××";属于保险公司赔偿的部分,计入"其他应收款——××保险公司"。

(3)非正常损失的进项税额转出。根据《中华人民共和国增值税暂行条例》及其实施细则的规定,非正常损失的存货及其相应的应税劳务,其进项税额不得从销项税额中抵扣,即对于非正常损失的存货之进项税额,应做进项税额转出处理。这里的"非正常损失"是指管理不善造成的被盗、丢失、霉烂变质等损失,不包括自然灾害造成的损失。而"正常损失"是指企业在生产经营过程中发生的合理的、不可避免的损失,如散装货的短款,工业企业的原材料、在产品、产成品在生产过程中发生的定额以内的损耗,市场原因导致的存货减值造成的损失。对于正常损失,不需要做进项税额转出处理。

【例 11.2】 某企业在财产清查中,查明盘盈甲材料 2 000 元,报经批准后冲减管理费用。

根据存货盘盈的账务处理原则,在报经批准前,根据账存实存对比表所确定的盘盈数,调整账项记录,使账实相符,编制会计分录如下:

借:原材料——甲材料　　　　　　　　　　　　　　　　　2 000
　　贷:待处理财产损溢——待处理流动资产损溢　　　　　　　　　　　2 000

盘盈的存货,通常是由企业日常收发计量或计算上的差错所造成的,其可冲减管理费用,按规定手续报经批准后,会计分录如下:

借:待处理财产损溢——待处理流动资产损溢　　　　　　　2 000
　　贷:管理费用　　　　　　　　　　　　　　　　　　　　　　　　2 000

【例 11.3】 某企业在财产清查中发现盘亏乙材料 4 000 元。经查,乙材料损失中的 1 000 元属于自然损耗,3 000 元属于管理不善造成的(乙材料适用的增值税税率为 13%)。

在报经批准前,根据账存实存对比表编制会计分录如下:

借:待处理财产损溢——待处理流动资产损溢　　　　　　　4 000
　　贷:原材料——乙材料　　　　　　　　　　　　　　　　　　　　4 000

此外,非正常损失盘亏存货应负担的增值税 390 元(390＝3 000×13%)也应一并转入"待处理财产损溢"账户。

借:待处理财产损溢——待处理流动资产损溢　　　　　　　390
　　贷:应交税费——应交增值税(进项税额转出)　　　　　　　　　　390

报经批准后,属于自然损耗的盘亏应计入管理费用,管理不善造成的盘亏也计入管理费用。具体分录如下：

借：管理费用　　　　　　　　　　　　　　　　　　　　4 390

　　贷：待处理财产损溢——待处理流动资产损溢　　　　　　　　　4 390

【例 11.4】　某企业在财产清查中发现盘亏 A 产品 10 000 元(A 产品适用的增值税税率为16%)。经查,其属于自然灾害造成的非正常损失,保险公司认定后同意赔付 9 000 元,其余部分由企业承担。

在报经批准前,根据账存实存对比表编制会计分录如下：

借：待处理财产损溢——待处理流动资产损溢　　　　　　10 000

　　贷：库存商品——A 产品　　　　　　　　　　　　　　　　10 000

报经批准后,属于保险公司赔偿部分的,转作其他应收款;属于企业承担部分的,转作营业外支出。该损失是由自然灾害造成的,不需要进行进项税额转出处理。

借：其他应收款——××保险公司　　　　　　　　　　　9 000

　　营业外支出　　　　　　　　　　　　　　　　　　　1 000

　　贷：待处理财产损溢——待处理流动资产损溢　　　　　　　　10 000

【例 11.5】　某企业在财产清查中发现丙材料有部分变质,原价为 2 000 元,残料变价收入现金 200 元(丙材料适用的增值税税率为 13%)。经查,该变质系保管员张某保管不慎所致。

在报经批准前,根据账存实存对比表编制记账凭证,登记账簿,会计分录如下：

借：待处理财产损溢——待处理流动资产损溢　　　　　　2 060

　　库存现金　　　　　　　　　　　　　　　　　　　　200

　　贷：原材料——丙材料　　　　　　　　　　　　　　　　　2 000

　　　　应交税费——应交增值税(进项税额转出)　　　　　　　　260

报经批准后,根据审批意见,损失由张某负责赔偿,编制记账凭证,登记账簿,会计分录如下：

借：其他应收款——张某　　　　　　　　　　　　　　　2 060

　　贷：待处理财产损溢——待处理流动资产损溢　　　　　　　　2 060

11.4.3　固定资产清查的账务处理

固定资产清查的账务处理原则如下。

(1)对于盘盈的固定资产,应查明确系企业所有,然后按照重置成本作为入账价值,并作为前期差错计入"以前年度损益调整"账户。因此,应首先确定盘盈固定资产的重置成本。根据确定的重置成本借记"固定资产"账户,之后还应调整以前年度留存收益,贷记"以前年度损益调整"账户。

(2)对于盘亏的固定资产,应按其净值借记"待处理财产损溢"账户,按已提折旧借记"累计折旧"账户,按已计提的减值准备,借记"固定资产减值准备"账户,按其原价贷记"固定资产"账户,报经批准后,应转销待处理项目,并视不同处理意见计入相应账户：属于非正常损失的,转入"营业外支出"账户借方;属于保险公司赔偿部分的,计入"其他应收款——××保险公司"账户借方;无法查明原因的,由企业承担损失,转入"营业外支出"账户借方。

在固定资产清查结果的处理中涉及增值税、所得税和盈余公积的,还应按照相关规定处理(这里暂不做要求,详见中级财务会计相关内容)。

【例11.6】 某企业在固定资产清查中,发现账外机器一台,重置成本为50 000元。

根据固定资产盘盈的账务处理原则,对于盘盈的固定资产在按管理权限报经批准前,应先通过"以前年度损益调整"科目核算,并按固定资产重置成本入账,借记"固定资产"科目,贷记"以前年度损益调整"科目。会计分录如下:

借:固定资产 50 000
　　贷:以前年度损益调整 50 000

报经批准后,还应调整以前年度留存收益,即将"以前年度损益调整"账户数额的10%转入"盈余公积"账户,90%转入"利润分配——未分配利润"账户(假如忽略所得税因素)。会计分录如下:

借:以前年度损益调整 50 000
　　贷:盈余公积 5 000
　　　利润分配——未分配利润 45 000

【例11.7】 某企业财产清查盘亏设备一台,原价为80 000元,已提折旧24 000元。经查,此项损失由企业管理上的漏洞所致,由企业承担。

根据固定资产清查盘亏的账务处理原则,报经批准前的会计分录为:

借:待处理财产损溢——待处理固定资产损溢 56 000
　　累计折旧 24 000
　　贷:固定资产 80 000

报经批准后,根据审批意见,转销固定资产盘亏,会计分录如下:

借:营业外支出——固定资产盘亏 56 000
　　贷:待处理财产损溢——待处理固定资产损溢 56 000

11.4.4　库存现金清查的账务处理

库存现金的账务处理原则如下。

(1)当库存现金盘盈(长款)时,在报经批准前应借记"库存现金"账户,贷记"待处理财产损溢——待处理流动资产损溢"账户;报经批准后,应借记"待处理财产损溢"账户,贷记"营业外收入"账户。

(2)当库存现金盘亏(短款)时,在报经批准前应借记"待处理财产损溢——待处理流动资产损溢"账户,贷记"库存现金"账户;报经批准后,由出纳负责赔偿的,计入"其他应收款"账户;无法查明原因的,计入"管理费用"账户。

【例11.8】 某企业在财产清查中,发现现金长款80元。

在报经批准前,根据库存现金盘点报告表编制记账凭证,登记账簿,会计分录如下:

借:库存现金 80
　　贷:待处理财产损溢——待处理流动资产损溢 80

报经批准后,根据审批意见,长款转入"营业外收入"账户,会计分录如下:

借:待处理财产损溢——待处理流动资产损溢 80
　　贷:营业外收入 80

【例11.9】 某企业在财产清查中,发现现金短款100元,系出纳的责任。

在报经批准前,根据库存现金盘点报告表编制会计分录如下:

借:待处理财产损溢——待处理流动资产损溢　　　　　　　　　100

　　贷:库存现金　　　　　　　　　　　　　　　　　　　　　　　　　100

报经批准后,根据审批意见,损失由出纳负责赔偿,则会计分录为:

借:其他应收款——出纳　　　　　　　　　　　　　　　　　　　100

　　贷:待处理财产损溢——待处理流动资产损溢　　　　　　　　　100

11.4.5　往来款项清查的账务处理

与货币资金和实物资产的盘盈、盘亏不同,财产清查中查明的确实无法收回的应收账款和无法支付的应付账款,并不通过"待处理财产损溢"账户核算,而是在原来账面记录的基础上,按规定程序报经批准后,直接转账冲销。

11.4.5.1　无法收回的应收账款的账务处理

企业因赊销所发生的应收账款,可能因债务单位破产等原因而无法收回,其在会计上被称为坏账。坏账的发生所导致的损失,称为坏账损失。按照我国现行制度,符合下列条件之一的应收账款,应作为坏账处理。

(1)债务人被依法宣告破产、撤销,其剩余财产确实不足清偿的应收账款;

(2)债务人死亡或依法被宣告死亡、失踪,其财产或遗产确实不足清偿的应收账款;

(3)债务人遭受重大自然灾害或意外事故,损失巨大,以其财产(包括保险赔款等)确实无法清偿的应收账款;

(4)债务人逾期未履行偿债义务,并有足够证据表明无法收回或收回的可能性极小的应收账款;

(5)逾期 3 年以上仍未收回的应收账款。

企业应当在期末对应收账款进行清查,并预计可能产生的坏账损失。对预计可能发生的坏账损失,计提坏账准备。

若有确凿证据证明企业的预付账款不符合预付账款性质,或者因供货单位破产、撤销等原因已无望再收到所购货物时,应按规定计提坏账准备。企业持有的未到期应收票据,如果有确凿证据表明不能收回或收回的可能性不大,也应当计提坏账准备。

坏账的核算方法有直接转销法和备抵法。直接转销法是指在实际发生坏账时确认坏账损失,并注销相应的应收账款金额。备抵法是按期估计并确认可能发生的坏账损失,建立坏账准备金,待实际发生坏账时,冲销已经提取的坏账准备金,同时转销相应的应收账款金额。我国现行制度规定,企业只能采用备抵法。

备抵法下核算坏账损失时需要设置"坏账准备"账户。"坏账准备"账户属于资产备抵账户,该账户贷方登记企业计提的坏账准备、已转销的坏账又收回时冲销的坏账准备;借方登记实际发生坏账时冲销的坏账准备、期末冲销多提的坏账准备,期末贷方余额表明企业期末应收款项保留的坏账准备数额。

企业各期期末提取坏账准备前,首先应按照会计准则对应收款项进行减值测试,并在此基础上结合以前期间已经提取(或提取不足)的坏账准备进行调整,确定本期应计提的坏账准备金额。期末企业确定应收款项发生减值的,按应计提的坏账准备金额,借记"信用减值准备"账户,贷记"坏账准备"账户。

确实无法收回的应收款项,按管理权限报批后作为坏账损失,转销应收款项,借记"坏账准备"账户,贷记"应收账款"账户。已经确认并转销的应收款项以后又收回的,应按实际收回的金额,借记"应收账款"等账户,贷记"坏账准备"账户;同时借记"银行存款"账户,贷记"应收账款"账户。

【例 11.10】　假如现在是 20×1 年年末,某企业对各项应收账款进行减值测试和分组计算后,确定本年应收账款发生减值 35 000 元。该企业提取坏账准备前"坏账准备"账户的贷方余额为 10 000 元。

20×1 年年末,该企业应提取的坏账准备为 25 000 元(25 000＝35 000－10 000),提取坏账准备的会计分录如下:

　　借:信用减值损失　　　　　　　　　　　　　　　　25 000
　　　　贷:坏账准备　　　　　　　　　　　　　　　　　　　　25 000

每到会计期末,企业应以一定方法确定"坏账准备"账户应保留的数额,再与实际存留额进行比较,从而决定是补提还是冲减坏账准备。

【例 11.11】　沿用例 11.10,该企业 20×2 年 3 月发生一笔坏账 8 000 元。20×2 年 4 月上一年度已转销的坏账又收回 5 000 元。

20×2 年 3 月,确认坏账时的会计分录如下:

　　借:坏账准备　　　　　　　　　　　　　　　　　　8 000
　　　　贷:应收账款　　　　　　　　　　　　　　　　　　　　8 000

20×2 年 4 月,上一年度已转销的坏账又收回,则先做一笔与确认坏账准备相反的账务处理,再根据收回的应收账款,分别增加银行存款,减少应收账款。具体会计分录如下:

　　借:应收账款　　　　　　　　　　　　　　　　　　5 000
　　　　贷:坏账准备　　　　　　　　　　　　　　　　　　　　5 000
　　借:银行存款　　　　　　　　　　　　　　　　　　5 000
　　　　贷:应收账款　　　　　　　　　　　　　　　　　　　　5 000

11.4.5.2　无法支付的应付账款的账务处理

企业因赊购所发生的应付账款,也可能因债权单位破产、解散等原因而无法支付,经批准可以进行销账,作为营业外收入处理。

【例 11.12】　某企业长期无法支付的应付账款为 8 500 元,经查实对方单位已经解散,经批准做销账处理。会计分录如下:

　　借:应付账款　　　　　　　　　　　　　　　　　　8 500
　　　　贷:营业外收入　　　　　　　　　　　　　　　　　　　8 500

习　题

一、简答题

1. 简述企业进行财产清查的意义。
2. 财产清查如何进行分类?
3. 简述造成企业账实不符的原因。
4. 什么是永续盘存制和实地盘存制? 这两种盘存制度各有什么利弊?
5. 在什么情况下,企业要对其财产进行全部清查?

6. 财产清查的方法有哪些？

7. 什么是未达账项？企业与银行之间的未达账项有哪些？

8. 如何消除未达账项对企业银行存款日记账余额与银行对账单余额的影响？

9. 如何处理财产清查中发现的财产盘盈、盘亏？

10. 财产清查前应做好哪些准备工作？

二、判断题

1. 盘存账户的财产清查均采用实地盘点方法。　　　　　　　　　　　　（　　）

2. 实地盘存制的最大缺点是，期末通过盘点倒轧出本期减少数，其中可能隐含非正常因素。　　　　　　　　　　　　　　　　　　　　　　　　　　　　　　　（　　）

3. 往来款项的清查，一般采用询证核对的方法进行。　　　　　　　　　（　　）

4. 账面盘存制下的存货明细账核算工作量大，因此在工作中应尽量避免采用。（　　）

5. 对于无法收回的应收款项，应先计入"待处理财产损溢"账户，报经批准后再转入有关账户。　　　　　　　　　　　　　　　　　　　　　　　　　　　　　　　（　　）

6. 银行存款余额调节表可以作为企业进行账务处理的原始凭证。　　　　（　　）

7. 月末企业银行存款的实有余额为银行对账单余额加上企业已收、银行未收的款项，减去企业已付、银行未付的款项。　　　　　　　　　　　　　　　　　　　　（　　）

8. 未达账项只在企业与开户银行之间发生，企业与其他单位之间不会发生未达账项。　　　　　　　　　　　　　　　　　　　　　　　　　　　　　　　　　　（　　）

三、单项选择题

1. 财产清查是通过实地盘点、查证核对来查明（　　）是否相符的一种方法。

　　A. 账证　　　　　B. 账账　　　　　C. 账实　　　　　D. 账表

2. 一般来说，年终决算之前，要（　　）。

　　A. 对企业所有财产进行一次全面清查

　　B. 对企业部分财产进行实地盘点

　　C. 对企业所有财产进行局部清查

　　D. 对流动性较强的财产进行全面清查

3. 库存现金盘点报告表应由（　　）签章方能生效。

　　A. 经理和出纳　　　　　　　　B. 会计和盘点人

　　C. 盘点人员和出纳　　　　　　D. 会计和出纳

4. 一般来说，单位撤销、合并或改变隶属关系时，要进行（　　）。

　　A. 全面清查　　　　　　　　　B. 局部清查

　　C. 定期清查　　　　　　　　　D. 实地盘点

5. 在永续盘存制下，平时（　　）。

　　A. 各项财产物资的增加数和减少数，都不在账簿中登记

　　B. 只在账簿中登记财产物资的减少数，不登记财产物资的增加数

　　C. 只在账簿中登记财产物资的增加数，不登记财产物资的减少数

　　D. 各项财产物资的增加数和减少数，都要根据会计凭证在账簿中登记

6. 一般对往来款项的清查采取的方法是（　　）。

　　A. 实地盘点法　　　　　　　　B. 编制银行存款余额调节表

C.突击清查法　　　　　　　　D.询证核对法

7.银行存款的清查,就是将( )进行核对。

A.银行存款日记账与总分类账

B.银行存款日记账与银行存款收、付款凭证

C.银行存款日记账与银行对账单

D.银行存款日记账与明细账

8.对于大量、成堆、难以逐一清点的财产物资的清查,一般采用( )方法。

A.实地盘点　　　　　　　　　B.抽样盘存

C.询证核对　　　　　　　　　D.技术推算盘点

9.在记账无误的情况下,银行对账单余额与企业银行存款日记账账面余额不符的影响因素有( )。

A.应付账款　　　　　　　　　B.应收账款

C.外埠存款　　　　　　　　　D.未达账项

10.银行存款余额调节表的作用是( )。

A.调节账面余额

B.调节总分类账银行存款的余额

C.确定企业实际银行存款余额

D.消除未达账项对银行存款日记账余额和银行对账单余额不一致的影响

四、多项选择题

1.全面清查一般在( )进行。

A.年终决算前　　　　　　　　B.开展清产核资时

C.单位撤销、改变隶属关系　　　D.更换仓库保管员

E.月末

2.核对账目的方法适用于对( )的清查。

A.固定资产　　　　　　　　　B.应收账款

C.库存现金　　　　　　　　　D.银行存款

E.存货

3.对实物资产的清查可采取的方法有( )。

A.技术推算法　　　　　　　　B.抽查盘存法

C.对账单核对法　　　　　　　D.实地盘点法

E.发函询证法

4.应进行不定期和全面清查的有( )。

A.单位合并、撤销以及改变隶属关系

B.年终决算之前　　　　　　　C.更换仓库保管员时

D.企业股份制改制前　　　　　E.财产遭受非正常损失时

5.企业进行现金清查时,如果发现现金短缺,分情况处理,可计入( )账户。

A.营业外支出　　　　　　　　B.其他应收款

C.财务费用　　　　　　　　　D.管理费用

E.资产减值损失

五、业务题

业务题一

1.目的:练习银行存款余额调节表的编制。

2.资料:某企业 20×8 年 11 月 30 日的银行存款日记账余额为 535 000 元,开户银行送来的对账单余额为 544 885 元。经逐笔核对,双方记录不一致的原因为以下未达账项。

(1)11 月 28 日,本企业开出转账支票向红光公司购买劳保用品,价值为 1 045 元,红光公司尚未去银行办理转账手续。

(2)11 月 29 日,企业委托银行代收一笔 17 008 元的货款,银行已收妥款项入账,企业尚未收到收账通知。

(3)11 月 29 日,企业收到嘉业公司交来的金额为 4 700 元的转账支票,已送交银行办理入账,但银行尚未入账。

(4)11 月 29 日,银行代企业付电费 3 468 元,企业尚未收到付款通知。

3.要求:根据上述资料编制银行存款余额调节表。

业务题二

1.目的:练习未达账项的识别以及银行存款余额调节表的编制。

2.资料:某企业 20×8 年 5 月的银行存款日记账与对账单资料如表 11.11 和表 11.12 所示(单位:元)。

表 11.11　银行存款日记账

20×8 年 5 月　　账号:12486

20×8 年		凭证		摘要	借 方	贷 方	余 额
月	日	字 (略)	号 (略)	(略)			
5	1						50 000
	7				20 000		
	10				52 000		
	15					10 000	
	20					30 000	
	23					2 000	
	31						80 000

表 11.12　银行对账单

20×8 年 5 月　　账号:12486

20×8 年		凭证		摘要	借 方	贷 方	余 额
月	日	字 (略)	号 (略)				
5	1						50 000
	7					20 000	
	12					50 000	
	15				10 000		
	20				30 000		
	25				5 000		
	31						75 000

3.要求:逐笔核对企业的银行存款日记账和银行对账单,编制银行存款余额调节表。

业务题三

1.目的:练习财产清查结果的账务处理(各项存货适用的增值税税率均为 13%)。

2.资料:某企业在财产清查中发现下列情况。

(1)盘亏机器一台,账面原价为 60 000 元,已提折旧 45 000 元。经审批做营业外支出处理。

(2)发现账外仪器一台,估计重置价值为 5 000 元,估计已提折旧 2 500 元。

(3)库存现金盘盈 100 元。审批后做转销处理。

(4)甲材料账面余额为 300 千克,单价为 20 元/千克,实地盘点数为 292 千克。经查明系管理员孙某失职所致,责令其全额赔偿。

(5)乙材料账面结余 450 千克,单价为 15 元/千克,实地盘点数为 460 千克。经查明其属于定额以内的损耗。

(6)盘亏丙材料 25 000 元。查明并审批同意:盘亏材料中有 2 000 元属于定额内自然损耗,其余属于一场台风灾害造成的损失,保险公司同意赔偿 18 000 元。

(7)丁材料账面余额为 490 千克,单价为 20 元/千克,实存数为 480 千克。丁材料盘亏系管理不善所致,经审批由企业承担一般经营损失。

(8)A 产品有部分变质,原价为 5 000 元,变卖处理收入现金 1 000 元。经审批由过失人赔偿 1 500 元,其余部分由企业承担一般经营损失。

(9)有一笔应收账款 2 000 元已逾三年,断定无法收回,经审批转销该项应收账款。

(10)企业经减值测试和计算可知,本年应收账款共减值 38 000 元,该企业提取坏账准备前,"坏账准备"账户的贷方余额为 20 000 元。

3.要求:根据上述资料编制会计分录。

第12章 账务处理程序

学习目标

1. 了解账务处理程序的概念、作用与设计原则。
2. 掌握各种常用的账务处理程序。
3. 讨论不同账务处理程序的共同点与不同点。
4. 掌握各种账务处理程序的特点、优缺点与适用范围。

12.1 账务处理程序概述

12.1.1 账务处理程序的概念与作用

账务处理程序,也叫会计核算程序或会计核算形式,是指会计凭证、会计账簿、财务报表相结合的步骤和方法,包括账簿组织、记账程序两个部分。账簿组织是指会计凭证和会计账簿的种类、格式及会计凭证与账簿之间的联系方法;记账程序是指由填制、审核原始凭证到填制、审核记账凭证,登记日记账、明细分类账和总分类账,编制财务报表的程序和方法等。

账务处理的基本模式可以概括为:填制与审核原始凭证——填制与审核记账凭证——登记会计账簿——编制会计报表。

科学、合理的账务处理程序有利于规范会计工作,保证会计信息加工过程的严密性,提高会计信息质量;有利于保证会计记录的完整性和正确性,增强会计信息的可靠性;有利于减少不必要的会计核算环节,提高会计工作效率,保证会计信息的及时性。

12.1.2 账务处理程序的设计原则

账务处理程序的设计原则如下:

(1)账务处理程序要与本单位的业务性质、规模、业务繁简程度、经营管理的特点等相适应,这样才有利于加强会计核算工作的分工协作,有利于实现会计控制和监督。

(2)账务处理程序必须满足会计信息使用者的要求,提供及时、准确、系统、全面的会计核算资料。

(3)账务处理程序要在保证会计核算工作质量的前提下,力求简化核算手续,节约核算中的人力、物力,降低成本,提高会计核算工作效率。

12.1.3 账务处理程序的种类

账务处理程序有多种形式,各单位应采用何种账务处理程序,由各单位自主决定。

现代社会生活中,我国各经济单位主要采用的账务处理程序有六种:记账凭证账务处理程序、汇总记账凭证账务处理程序、科目汇总表账务处理程序、多栏式日记账账务处理程序、日记总账账务处理程序和通用日记账账务处理程序。其中最基本的是记账凭证账务处理程序,其是其他账务处理程序的基础。这些账务处理程序有许多共同点,但也存在着一些差异,其主要区别在于登记总账的依据和方法不同。

12.2 记账凭证账务处理程序

12.2.1 记账凭证账务处理程序的特点及凭证、账簿设置

记账凭证账务处理程序是指对发生的经济业务,以原始凭证或原始凭证汇总表填制记账凭证,直接根据记账凭证逐笔登记总分类账的一种账务处理程序。

记账凭证账务处理程序的特点是:直接根据记账凭证登记总分类账,记账凭证和总分类账之间没有其他中间环节。

采用记账凭证账务处理程序时,记账凭证可以采用一种通用的格式,所有的经济业务均编制此种凭证;也可以采用专用凭证,根据不同的业务性质分别编制收款凭证、付款凭证和转账凭证。在这种账务处理程序下,企业还应设置现金日记账、银行存款日记账、明细账和总分类账。现金日记账、银行存款日记账和总分类账一般采用三栏式订本账,明细账可以根据管理的需要采用三栏式、数量金额式、多栏式活页账或卡片账。

12.2.2 记账凭证账务处理程序的核算步骤

记账凭证账务处理程序的核算步骤如下:

(1)根据原始凭证或原始凭证汇总表编制记账凭证。

(2)根据收款凭证和付款凭证逐日逐笔登记现金日记账和银行存款日记账。

(3)根据原始凭证(或原始凭证汇总表)、记账凭证逐笔登记各类明细账。

(4)根据记账凭证逐笔登记总分类账。

(5)现金日记账、银行存款日记账、各明细账,分别与相关总分类账定期核对。

(6)月末,根据总分类账、明细账和其他有关资料编制会计报表。

记账凭证账务处理程序的核算步骤如图 12.1 所示。

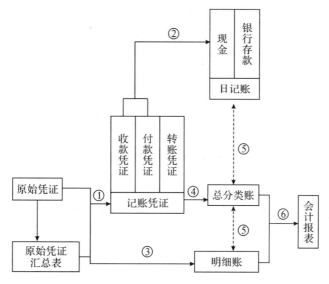

图 12.1　记账凭证账务处理程序的核算步骤

12.2.3　记账凭证账务处理程序的优缺点及适用范围

记账凭证账务处理程序直接以记账凭证为依据登记总分类账,优点在于账务处理程序简单明了,方法易学,能够清晰地反映账户之间的对应关系,便于分析与检查;总分类账较详细地记录和反映经济业务的发生情况,来龙去脉清楚,便于了解经济业务动态和查对账目,并且总账登记方法简单,易于掌握。但由于总分类账是直接根据记账凭证逐笔登记的,当单位的业务量较大时,此种账务处理程序就会形成较大的总账登记工作量,此外账页耗用多,预留账页多少难以把握。

因此,记账凭证账务处理程序通常适用于规模小、经济业务量小、每月编制的记账凭证不多的企事业单位。

12.2.4　核算实例

现以本书第 4 章服装批发公司 20××年 12 月的经济业务为例,具体说明记账凭证账务处理程序的核算步骤。该服装批发公司 12 月初各有关账户的余额如表 12.1 所示。

表 12.1　服装批发公司账户余额

20××年 12 月 1 日　　　　　　　　　　　　　　　　　　　单位:元

账户名称	借方余额	贷方余额
库存现金	12 700	
银行存款	1 938 000	
预付账款	60 000	
应交税费	44 500	
固定资产	2 880 000	
无形资产	1 200 000	

续表

账户名称	借方余额	贷方余额
短期借款		200 000
累计摊销		5 000
实收资本		6 000 000
本年利润	69 800	
合　计	6 205 000	6 205 000

步骤 1　根据发生的经济业务,填制记账凭证(包括收款凭证、付款凭证和转账凭证)。

(1)12 月 1 日,通过银行转账支付一批办公用电脑的费用 50 000 元和空调设备的费用 150 000 元,增值税税率为 13%。同时用现金支付运杂费 1 500 元、途中保险费 300 元以及可以抵扣的增值税进项税额 135 元。电脑和空调设备已经运到,并投入使用。

同一张付款凭证中,不可以出现银行存款和库存现金两个账户。解决办法是,先用"应付账款"账户过渡,填制一张转账凭证,然后再分别填制一张银行存款付款凭证和一张现金付款凭证,冲销应付账款。本业务涉及的三张记账凭证如表 12.2、表 12.3 和表 12.4 所示。

表 12.2　转账凭证

20××年 12 月 1 日　　　　　　　　　　　　　　　　　　　　转字第 001 号

摘　要	总账科目	明细科目	借方金额									贷方金额									过　账
			百	十	万	千	百	十	元	角	分	百	十	万	千	百	十	元	角	分	
购买办公用电脑	固定资产	电脑			5	0	4	5	0	0	0										√
购买办公用空调设备	固定资产	空调		1	5	1	3	5	0	0	0										√
	应交税费	应交增值税			2	6	1	3	5	0	0										√
	应付账款	××单位											2	2	7	9	3	5	0	0	√
合　计			¥	2	2	7	9	3	5	0	0	¥	2	2	7	9	3	5	0	0	

表 12.3　付款凭证

贷方科目:银行存款　　　　　　　　20××年 12 月 1 日　　　　　　　　　银付字第 001 号

摘　要	借方科目		金　额									过　账
	总账科目	明细科目	千	百	十	万	千	百	十	元	角	分	
以银行存款偿付办公用电脑和空调设备款项	应付账款	××单位		2	2	6	0	0	0	0	0		√
合　计			¥	2	2	6	0	0	0	0	0	√

表 12.4　付款凭证

贷方科目:库存现金　　　　　　　　　20××年 12 月 1 日　　　　　　　　现付字第 001 号

摘　要	借方科目		金　额									过　账
	总账科目	明细科目	千	百	十	万	千	百	十	元	角	分	
以现金支付办公用电脑和空调设备的运杂费及保险费	应付账款	××单位					1	9	3	5	0	0	√
合　计						¥	1	9	3	5	0	0	√

(2)12 月 2 日,采购部门的员工秦宇预支差旅费 2 000 元,付现(见表 12.5)。

表 12.5　付款凭证

贷方科目:库存现金　　　　　　　　　20××年 12 月 2 日　　　　　　　　现付字第 002 号

摘　要	借方科目		金　额									过　账
	总账科目	明细科目	千	百	十	万	千	百	十	元	角	分	
采购部秦宇预支差旅费	其他应收款	秦宇					2	0	0	0	0	0	√
合　计							¥	2	0	0	0	0	0	√

(3)12 月 4 日,向外地大溪地工厂购入秋装外套 1 000 件,每件价格为 200 元;礼服(包含配饰)600 件,每件价格为 500 元,涉及的增值税税率为 13%。所有款项都用银行存款付清,货物尚未到库(见表 12.6)。

表 12.6　付款凭证

贷方科目:银行存款　　　　　　　　　20××年 12 月 4 日　　　　　　　　银付字第 002 号

摘　要	借方科目		金　额									过　账
	总账科目	明细科目	千	百	十	万	千	百	十	元	角	分	
从大溪地工厂购入秋装外套	在途物资	秋装外套		2	0	0	0	0	0	0	0	0	√
从大溪地工厂购入礼服	在途物资	礼服		3	0	0	0	0	0	0	0	0	√
	应交税费	应交增值税			5	6	0	0	0	0	0	0	√
合　计			¥	5	5	6	0	0	0	0	0	0	√

(4)12 月 6 日,公司用银行存款支付上述秋装外套和礼服的外地运杂费 8 000 元,增值税税率为 9%。假设每件秋装外套和每件礼服的重量基本相当,按商品的数量比例分配运杂费(见表 12.7)。

表 12.7 付款凭证

贷方科目:银行存款　　　　　20××年 12 月 6 日　　　　　银付字第 003 号

摘　要	借方科目		金　额									过　账
	总账科目	明细科目	千	百	十	万	千	百	十	元	角	分	
支付秋装外套和礼服的外地运杂费	在途物资	秋装外套						5	0	0	0	0	0	√
	在途物资	礼服						3	0	0	0	0	0	√
	应交税费	应交增值税							7	2	0	0	0	√
合　计						¥	8	7	2	0	0	0	√

（5）12 月 7 日,从外地太平洋公司购入羽绒服 200 件,发票已经到达,上面注明每件价格为 500 元,价款共计 100 000 元,增值税税额为 13 000 元,太平洋公司代服装批发公司垫付了货物的运杂费 545 元(其中 45 元是增值税),所有款项尚未支付,货物已经运出,尚未到库(见表 12.8)。

表 12.8 转账凭证

20××年 12 月 7 日　　　　　转字第 002 号

摘　要	总账科目	明细科目	借方金额									贷方金额									过　账
			百	十	万	千	百	十	元	角	分	百	十	万	千	百	十	元	角	分	
从太平洋公司购入羽绒服 200 件,款未付	在途物资	羽绒服		1	0	0	5	0	0	0	0										√
	应交税费	应交增值税			1	3	0	4	5	0	0										√
	应付账款	太平洋公司											1	1	3	5	4	0	0	0	√
合　计			¥	1	1	3	5	4	5	0	0	¥	1	1	3	5	4	5	0	0	

（6）12 月 7 日,采购部门的职工秦宇出差回来报销差旅费 1 600 元,交回现金 400 元。

为了避免多借多贷的分录,该业务需要编制一张转账凭证和一张收款凭证(见表 12.9 与表 12.10)。

表 12.9 转账凭证

20××年 12 月 7 日　　　　　转字第 003 号

摘　要	总账科目	明细科目	借方金额									贷方金额									过　账
			百	十	万	千	百	十	元	角	分	百	十	万	千	百	十	元	角	分	
采购部秦宇报销差旅费,冲销其前借款	管理费用	差旅费				1	6	0	0	0	0										√
	其他应收款	秦宇													1	6	0	0	0	0	√
合　计					¥	1	6	0	0	0	0			¥	1	6	0	0	0	0	

表 12.10　收款凭证

借方科目:库存现金　　　　　　20××年 12 月 7 日　　　　　　现收字第 001 号

摘　要	贷方科目		金　额										过　账
	总账科目	明细科目	千	百	十	万	千	百	十	元	角	分	
收到采购部秦宇交回的预支款	其他应收款	秦宇						4	0	0	0	0	√
合　计							¥	4	0	0	0	0	√

(7)12 月 10 日,公司签发并承兑一张商业汇票,用来购入棕榈泉公司出售的 2 000 件风衣,每件价格为 150 元,增值税税率为 13%。假设没有发生相关进货费用,风衣尚未到库(见表 12.11)。

表 12.11　转账凭证

20××年 12 月 10 日　　　　　　　　　　　　　　转字第 004 号

摘　要	总账科目	明细科目	借方金额									贷方金额									过　账
			百	十	万	千	百	十	元	角	分	百	十	万	千	百	十	元	角	分	
从棕榈泉购入风衣,以商业汇票结算	在途物资	风衣		3	0	0	0	0	0	0	0										√
	应交税费	应交增值税			3	9	0	0	0	0	0										√
	应付票据	棕榈泉公司											3	3	9	0	0	0	0	0	√
合　计			¥	3	3	9	0	0	0	0	0	¥	3	3	9	0	0	0	0	0	√

(8)12 月 12 日,公司用银行存款预付外地长滩公司的风衣订货款 200 000 元(见表 12.12)。

表 12.12　付款凭证

贷方科目:银行存款　　　　　　20××年 12 月 12 日　　　　　　银付字第 004 号

摘　要	借方科目		金　额										过　账
	总账科目	明细科目	千	百	十	万	千	百	十	元	角	分	
预付长滩公司风衣订货款	预付账款	长滩公司		2	0	0	0	0	0	0	0	0	√
合　计				¥	2	0	0	0	0	0	0	0	√

(9)12 月 13 日,长滩公司发来风衣 1 000 件,尚未到库。每件风衣的价格为 270 元,价款共计 270 000 元,运杂费为 2 000 元,保险费为 1 000 元,可抵扣的增值税进项税额共计 35 280 元,冲抵原来的预付款后,余款用银行存款支付。

为了避免多借多贷的分录,该业务需要填制一张转账凭证和一张付款凭证(见表 12.13 与表 12.14)。

表 12.13　转账凭证

20××年 12 月 13 日　　　　　　　　　　　　转字第 005 号

摘　要	总账科目	明细科目	借方金额 百	十	万	千	百	十	元	角	分	贷方金额 百	十	万	千	百	十	元	角	分	过账
采购风衣 1 000 件,冲销预付款	在途物资	风衣		2	7	3	0	0	0	0	0										√
	应交税费	应交增值税			3	5	2	8	0	0	0										√
	预付账款	长滩公司											3	0	8	2	8	0	0	0	√
合　计			¥	3	0	8	2	8	0	0	0	¥	3	0	8	2	8	0	0	0	

表 12.14　付款凭证

贷方科目:银行存款　　　　　20××年 12 月 13 日　　　　　　银付字第 005 号

摘　要	借方科目 总账科目	明细科目	金额 千	百	十	万	千	百	十	元	角	分	过　账
支付长滩公司风衣余款	预付账款	长滩公司			1	0	8	2	8	0	0	0	√
合　计				¥	1	0	8	2	8	0	0	0	√

(10)12 月 14 日,公司偿还之前赊购太平洋公司的货款 116 550 元,用银行存款支付(见表 12.15)。

表 12.15　付款凭证

贷方科目:银行存款　　　　　20××年 12 月 14 日　　　　　　银付字第 006 号

摘　要	借方科目 总账科目	明细科目	金额 千	百	十	万	千	百	十	元	角	分	过　账
偿还太平洋公司货款	应付账款	太平洋公司			1	1	3	5	4	5	0	0	√
合　计				¥	1	1	3	5	4	5	0	0	√

(11)12 月 16 日,用银行存款支付行政管理部门半年的保险费 2 400 元以及 6%的增值税(见表 12.16)。

表 12.16　付款凭证

贷方科目:银行存款　　　　　20××年 12 月 16 日　　　　　　银付字第 007 号

摘　要	借方科目 总账科目	明细科目	金额 千	百	十	万	千	百	十	元	角	分	过　账
预付行政部门半年的保险费	预付账款	××保险公司					2	4	0	0	0	0	√
	应交税费	应交增值税						1	4	4	0	0	√
合　计						¥	2	5	4	4	0	0	√

服装批发公司其他经济业务的记账凭证编制,可参考本书第4章相应的会计分录,这里从略。

步骤 2　根据服装批发公司12月份的记账凭证逐日逐笔登记现金日记账和银行存款日记账(见表12.17与表12.18)。

表 12.17　现金日记账(三栏式)

第　页

20××年		凭证字号	摘　要	对方科目	收　入	支　出	结　余
月	日						
12	1		期初余额				12 700
	1	现付 001	支付办公用电脑和空调设备的运杂费及保险费	固定资产		1 935	10 765
	2	现付 002	采购部秦宇预支差旅费	其他应收款		2 000	8 765
	7	现收 001	收采购部秦宇交回的预支款	其他应收款	400		9 165
	24	现付 003	支付销售中发生的包装材料费、运杂费和保险费	销售费用		1 308	7 857
	31		本月发生额及余额		400	5 243	7 857

表 12.18　银行存款日记账(三栏式)

20××年		凭证字号	摘　要	对方科目	收　入	支　出	结　余
月	日						
12	1		期初余额				1 938 000
	1	银付 001	支付办公用电脑与空调设备款项	固定资产		226 000	171 200
	4	银付 002	支付大溪地工厂购商品款	在途物资		565 000	1 147 000
	6	银付 003	支付大溪地工厂运杂费	在途物资		8 720	1 138 280
	12	银付 004	预付长滩公司风衣订货款	预付账款		200 000	938 280
	13	银付 005	支付长滩公司风衣余款	预付账款		108 280	830 000
	14	银付 006	偿还太平洋公司货款	应付账款		113 545	716 455
	16	银付 007	预付行政部门半年的保险费	预付账款		2 544	713 911
	20	银收 001	向海蓝公司销售风衣,款已收	主营业务收入	678 000		1 391 911
	22	银收 002	预收凯德公司购礼服款	预收账款	200 000		1 591 911

续表

20××年		凭证字号	摘　要	对方科目	收　入	支　出	结　余
月	日						
	23	银收 003	收凯德公司购礼服余款	预收账款	161 600		1 753 511
	23	银付 008	支付广告费	销售费用		3 180	1 750 331
	25	银收 004	收包装物押金	其他应付款	57 000		1 807 331
	25	银付 009	支付员工薪酬	应付职工薪酬		90 000	1 717 331
	27	银付 010	支付社保费和住房公积金	应付职工薪酬		31 500	1 685 831
	27	银收 005	收出租商标权收益	其他业务收入	212 000		1 897 831
	27	银付 011	支付出租商标权产生的中介费	其他业务成本		2 200	1 895 631
	28	银收 006	收到政策性补助	营业外收入	100 000		1 995 631
	28	银付 012	支付公益性捐赠款	营业外支出		25 000	1 970 631
	29	银收 007	收到对方公司的罚款	营业外收入	3 000		1 973 631
	29	银付 013	支付购股票款	交易性金融资产		235 000	1 738 631
	30	银收 008	收到出售股票款	交易性金融资产	246 000		1 984 631
12	31		本月发生额及余额		1 657 600	1 610 969	1 984 631

步骤 3　根据记账凭证和所附原始凭证登记各类明细账(以库存商品、预收账款和管理费用明细账为例,见表 12.19 至表 12.24,其他略)。

表 12.19　库存商品明细账(数量金额式)

商品名称:秋装外套

20××年		凭证字号	摘　要	收　入			发　出			结　存		
月	日			数量/件	单价/元	金额/元	数量/件	单价/元	金额/元	数量/件	单价/元	金额/元
12	1		期初余额									
	17	转 006	验收入库	1 000	205	205 000				1 000	205	205 000
	31	转 012	结转销售成本				900	205	184 500	100	205	20 500
	31		本月合计	1 000	205	205 000	900	205	184 500	100	205	20 500

表 12.20　库存商品明细账（数量金额式）

商品名称:礼服

20××年		凭证字号	摘　要	收　入			发　出			结　存		
月	日			数量/件	单价/元	金额/元	数量/件	单价/元	金额/元	数量/件	单价/元	金额/元
12	1		期初余额									
	17	转006	验收入库	600	505	303 000				600	505	303 000
	31	转012	结转销售成本				400	505	202 000	200	505	101 000
	31		本月合计	600	505	303 000	400	505	202 000	200	505	101 000

表 12.21　库存商品明细账（数量金额式）

商品名称:羽绒服

20××年		凭证字号	摘　要	收　入			发　出			结　存		
月	日			数量/件	单价/元	金额/元	数量/件	单价/元	金额/元	数量/件	单价/元	金额/元
12	1		期初余额									
	17	转006	验收入库	200	502.50	100 500				200	502.50	100 500
	31	转012	结转销售成本				200	502.50	100 500	0		
	31		本月合计	200	502.50	100 500	200	502.50	100 500	0		

表 12.22　库存商品明细账（数量金额式）（四）

商品名称:风衣

20××年		凭证字号	摘　要	收　入			发　出			结　存		
月	日			数量/件	单价/元	金额/元	数量/件	单价/元	金额/元	数量/件	单价/元	金额/元
12	1		期初余额									
	17	转006	验收入库	3 000	191	573 000				3 000	191	573 000
	31	转012	结转销售成本				2 000	191	382 000	1 000	191	191 000
	31		本月合计	3 000	191	573 000	2 000	191	382 000	1 000	191	191 000

表 12.23　明细账(三栏式)

会计科目:预收账款

二级或明细科目:凯德公司　　　　　　　　　　　　　　　　　　　　　　　第　页

20××年		凭证		摘　要	借　方	贷　方	借或贷	余　额
月	日	字	号					
12	1			期初余额				
	22	银收	002	预收礼服款		200 000	贷	200 000
	23	转	008	销售礼服	361 600		借	161 600
	23	银收	003	收取销售礼服余款		161 600	平	0
	31			本月发生额及余额	361 600	361 600	平	0

表 12.24　明细账(多栏式)

会计科目:管理费用　　　　　　　　　　　　　　　　　　　　　　　　　　第　页

20××年		凭证 字号	摘　要	工　资	社保费	差旅费	折旧 与摊销	其　他	合　计
月	日								
12	7	转 003	采购部秦宇差旅费			1 600			1 600
	26	转 010	分配工资	40 000					40 000
	26	转 011	分配社保费		14 000				14 000
	31	转 014	摊销无形资产,计提固定资产折旧				10 000		10 000
	31	转 017	摊销保险费及房租					30 400	30 400
	31	转 019	本月结转	(40 000)	(14 000)	(1 600)	(10 000)	(30 400)	(96 000)

注:表中加括号的数字表示减少数

步骤 4　根据记账凭证逐笔登记总分类账(以应交税费总账为例,见表 12.25,其他参考第 4 章各账户的登记)。

表 12.25　总分类账(三栏式)

会计科目:应交税费　　　　　　　　　　　　　　　　　　　　　　　　　　第　页

20××年		凭　证		摘　要	借　方	贷　方	借或贷	余　额
月	日	字	号					
12	1			期初余额			借	44 500
	1	转	001	电脑和空调设备进项税	26 135			
	4	银付	002	秋装外套、礼服进项税	65 000			
	6	银付	003	秋装外套、礼服运杂费进项税	720			
	7	转	002	羽绒服进项税	13 045			

20×8年		凭	证	摘　　要	借　　方	贷　　方	借或贷	余　　额
月	日	字	号					
	10	转	004	风衣进项税	39 000			
	13	转	005	风衣进项税	35 280			
	16	银付	007	保险费进项税	144			
	20	银收	001	风衣销项税		78 000		
	21	转	007	羽绒服销项税		26 000		
	23	转	008	礼服销项税		41 600		
	23	银付	008	广告费进项税	180			
	24	现付	003	包装材料费、运杂费、保险费进项税	108			
	24	转	009	秋装外套销项税		40 950		
	27	银收	005	出租商标权销项税		12 000		
	31	转	013	出租办公设备销项税		195		
	31	转	018	计算应交房产税		1 800		
	31	转	021	计算应交所得税		152 650		
	31			本月发生额及余额	179 612	353 195	贷	129 083

步骤 5　定期将日记账、明细账与总账核对。

步骤 6　月末,根据核对无误的总账和有关明细账的记录编制会计报表(资产负债表和利润表详见第 4 章表 4.18 和表 4.19)。

12.3　汇总记账凭证账务处理程序

12.3.1　汇总记账凭证账务处理程序的特点及凭证、账簿设置

汇总记账凭证账务处理程序是指对于发生的经济业务,都要根据原始凭证(或原始凭证汇总表)编制记账凭证,再根据记账凭证编制汇总记账凭证(包括汇总收款凭证、汇总付款凭证和汇总转账凭证),进而根据汇总记账凭证登记总分类账的一种账务处理程序。汇总记账凭证账务处理程序的特点是:根据记账凭证定期编制汇总记账凭证,然后根据汇总记账凭证登记总分类账。采用汇总记账凭证账务处理程序时,其账簿设置、各种账簿的格式以及记账凭证的格式与记账凭证账务处理程序基本相同,只需另外增设汇总记账凭证。

汇总记账凭证也是一种记账凭证,它根据收款凭证、付款凭证和转账凭证定期(一般为每隔 5 日或 10 日)汇总编制而成,其可分为汇总收款凭证、汇总付款凭证和汇总转账凭证。

12.3.2　汇总记账凭证的编制

12.3.2.1　汇总收款凭证

汇总收款凭证是按照"库存现金""银行存款"科目的借方设置,并按其对应的贷方科目分别设置专行的一种汇总记账凭证。根据库存现金、银行存款收款凭证定期(一般每隔 5 日或 10 日)按照其对应贷方科目归类汇总填列,每月填制一张汇总收款凭证,月末计算出每一贷方科目发生额合计数及库存现金或银行存款借方合计数,填入汇总收款凭证,再据以登记总分类账。汇总收款凭证的格式和部分实例如表 12.26 所示。

表 12.26　汇总收款凭证

借方科目:银行存款 20××年 12 月 汇收第 2 号

贷方科目	金　额				总账页数	
	1—10 日收款凭证第　号至第　号	11—20 日收款凭证第 1 号至第 1 号	21—31 日收款凭证第 2 号至第 8 号	合　计	借　方	贷　方
主营业务收入		600 000		600 000	2	56
应交税费		78 000	12 000	90 000	2	39
预收账款			361 600	361 600	2	37
其他应付款			57 000	57 000	2	42
其他业务收入			200 000	200 000	2	57
营业外收入			103 000	103 000	2	59
交易性金融资产			235 000	235 000	2	3
投资收益			11 000	11 000	2	58
合　计		678 000	979 600	1 685 200		

12.3.2.2　汇总付款凭证

汇总付款凭证是按照"库存现金""银行存款"科目的贷方设置,并按其对应的借方科目分别设置专行的一种汇总记账凭证。根据库存现金、银行存款付款凭证定期(一般每隔 5 日或 10 日)按照其对应借方科目归类汇总填列,每月填制一张汇总付款凭证,月末计算出每一借方科目发生额合计数及库存现金或银行存款贷方合计数,填入汇总付款凭证,再据以登记总分类账。汇总付款凭证的格式和部分实例如表 12.27 所示。

表 12.27　汇总付款凭证

贷方科目:银行存款　　　　　　　　　　　20××年12月　　　　　　　　　　　汇付第 2 号

借方科目	金　额				总账页数	
	1—10 日付款凭证第 1 号至第 3 号	11—20 日付款凭证第 4 号至第 7 号	21—31 日付款凭证第 8 号至第 13 号	合　计	借　方	贷　方
应付账款	226 000	113 545		339 545	36	2
在途物资	508 000			508 000	12	2
应交税费	65 720	144	180	66 044	39	2
预付账款		310 680		310 680	6	2
销售费用			3 000	3 000	63	2
应付职工薪酬			121 500	121 500	38	2
其他业务成本			2 200	2 200	61	2
营业外支出			25 000	25 000	67	2
交易性金融资产			235 000	235 000	3	2
合　计	799 720	424 369	386 880	1 610 969		

由于现金和银行存款之间相互划转的业务,按规定只填付款凭证,因此现金汇总收款凭证所汇总的现金收款业务可能不全,其中从银行提取现金的业务,由于是填在银行存款付款凭证上的,因而汇总在银行存款汇总付款凭证中。同样,银行存款汇总收款凭证所汇总的银行存款收款业务也可能不全,其中将现金存入银行的业务,汇总在现金汇总付款凭证中。但据以登记总账后,总账的"库存现金""银行存款"科目就可以汇总反映两个科目的全部借方、贷方发生额。

12.3.2.3　汇总转账凭证

汇总转账凭证是根据转账凭证汇总编制而成的。编制时,应按每一贷方科目分别设置,并按其相对应的借方科目归类和定期汇总。月末,结计出汇总转账凭证的合计数,填入汇总转账凭证,并据以登记总分类账。汇总转账凭证的格式和部分实例如表 12.28 所示。

表 12.28　汇总转账凭证

贷方科目:应付账款　　　　　　　　　　　20××年12月　　　　　　　　　　　汇转第 5 号

借方科目	金　额				总账页数	
	1—10 日转账凭证第 1 号至第 4 号	11—20 日转账凭证第　号至第　号	21—31 日转账凭证第　号至第　号	合　计	借　方	贷　方
固定资产	201 800			201 800	22	39
应交税费	39 180			39 180	39	39
在途物资	100 500			100 500	12	39
合　计	341 480			341 480		

　　为了便于转账凭证的正确汇总,汇总转账凭证应以贷方科目设置。在平时编制转账凭证时,应保持一个贷方账户与一个或几个借方账户相对应,避免一个借方账户或几个借方账户与几个贷方账户相对应。这就是说,汇总转账凭证账务处理程序要求的转账凭证会计分录应为"一借一贷"或"多借一贷",不允许编制"一借多贷"或"多借多贷"的会计分录,否则会给汇总转账凭证的编制带来不便。

12.3.3　汇总记账凭证账务处理程序的核算步骤

　　汇总记账凭证账务处理程序的核算步骤如下:
　　(1)根据各种原始凭证或原始凭证汇总表编制记账凭证。
　　(2)根据收、付款凭证登记现金日记账和银行存款日记账。
　　(3)根据记账凭证和所附原始凭证(或原始凭证汇总表)登记各种明细账。
　　(4)根据各种记账凭证编制汇总收款凭证、汇总付款凭证和汇总转账凭证。
　　(5)根据汇总记账凭证登记总分类账。
　　(6)月末,将现金日记账、银行存款日记账和各种明细账与总分类账进行核对。
　　(7)月末,根据总分类账、明细账和其他会计资料编制会计报表。
　　汇总记账凭证账务处理程序的核算步骤如图 12.2 所示。

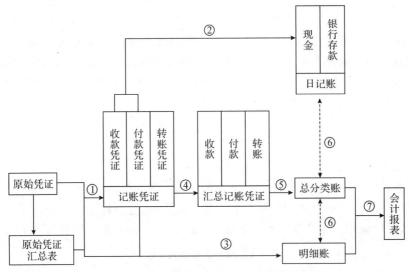

图 12.2　汇总记账凭证账务处理程序的核算步骤

12.3.4　汇总记账凭证账务处理程序的优缺点及适用范围

　　汇总记账凭证账务处理程序的优点在于:将日常发生的大量记账工作分散到平时,通过汇总归类,月末一次记入总分类账,简化了总分类账的记账工作;汇总记账凭证是按照科目的对应关系归类汇总编制的,能够明确地反映账户间的对应关系,从而反映经济活动的来龙去脉。

　　汇总记账凭证账务处理程序缺点是:定期汇总,不考虑经济业务的性质,不利于会计核算工作的分工,而且编制汇总记账凭证的工作量也较大。

　　汇总记账凭证账务处理程序适用于规模大、经济业务量大、记账凭证较多的单位。

12.4　科目汇总表账务处理程序

12.4.1　科目汇总表账务处理程序的特点及凭证、账簿设置

科目汇总表账务处理程序是指对发生的经济业务，根据原始凭证（或原始凭证汇总表）填制记账凭证，根据记账凭证定期编制科目汇总表，据以登记总分类账的一种账务处理程序。

采用科目汇总表账务处理程序时，其账簿设置、各种账簿的格式以及记账凭证的格式与记账凭证账务处理程序基本相同，但需另外增设科目汇总表。

12.4.2　科目汇总表的编制

科目汇总表又称记账凭证汇总表，是指将一定时期的全部记账凭证按照相同的账户归类，定期汇总计算每一账户的借方发生额和贷方发生额，并将发生额填入科目汇总表的相应栏目内，然后加总所有账户借方发生额和贷方发生额。对于现金账户和银行存款账户的借方发生额和贷方发生额，也可以直接根据现金日记账和银行存款日记账的收支合计数填列，而不再根据收款凭证和付款凭证归类汇总填列。根据试算平衡原理，总账科目的借方发生额合计数与贷方发生额合计数应该相等。

科目汇总表编制（汇总）的时间，可以是每日、每隔 5 日、每隔 10 日、每隔半个月甚至每隔一个月汇总一次，具体时间间隔应根据各单位业务量大小而定。业务量大的单位汇总频繁些，业务量小的单位汇总的时间间隔可以长一些。若以每日为限编制科目汇总表，其又叫作"科目日结单"。每次汇总都应注明已经汇总的记账凭证起讫字号，以便检查。

科目汇总表有不同格式，可以汇总一次编制一张表（见表 12.29），也可以按月分次汇总编制一张表（见表 12.30）。总分类账根据科目汇总表定期登记（见表 12.31）。

表 12.29　科目汇总表（格式一）

20××年 12 月 1 日至 10 日　　　　　　　　　　　　　　　　　　科汇第 1 号

会计科目	账　页	本期发生额		记账凭证起讫号数（略）
		借　方	贷　方	
库存现金		400	3 935	
银行存款			799 720	
其他应收款		2 000	2 000	
在途物资		908 500		
固定资产		201 800		
应付票据			339 000	
应付账款			113 545	

续表

会计科目	账页	本期发生额 借方	本期发生额 贷方	记账凭证起讫号数(略)
应交税费		143 900		
管理费用		1 600		
合　计		1 258 200	1 258 200	

表 12.30　科目汇总表(格式二)

20××年 12 月 1 日至 31 日

会计科目	账页	1—10日 借　方	1—10日 贷　方	11—20日 借　方	11—20日 贷　方	21—31日 借　方	21—31日 贷　方	本月合计 借　方	本月合计 贷　方
库存现金		400	3 935				1 308	400	5 243
银行存款			799 720	678 000	424 369	979 600	386 880	1 657 600	1 610 969
交易性金融资产						235 000	235 000	235 000	235 000
应收票据						355 950		355 950	
应收账款						227 695		227 695	
坏账准备							3 200		3 200
预付账款				202 400	200 000		30 400	202 400	230 400
其他应收款		2 000	2 000					2 000	2 000
在途物资		908 500		273 000	1 181 500			1 181 500	1 181 500
库存商品				1 181 500			869 000	1 181 500	869 000
固定资产		201 800						201 800	
无形资产									
累计折旧							5 000		5 000
累计摊销							5 000		5 000
短期借款									
应付票据			339 000						339 000
应付账款			113 545	113 545				113 545	113 545
预收账款						361 600	361 600	361 600	361 600
其他应付款							57 000		57 000
应付职工薪酬						121 500	121 500	121 500	121 500
应交税费		143 900		35 424	78 000	288	275 195	179 612	353 195
应付股利							91 590		91 590
应付利息							1 200		1 200
实收资本									
盈余公积							45 795		45 795

续表

会计科目	账页	1—10 日 借方	1—10 日 贷方	11—20 日 借方	11—20 日 贷方	21—31 日 借方	21—31 日 贷方	本月合计 借方	本月合计 贷方
本年利润						1 680 700	1 750 500	1 680 700	1 750 500
利润分配						274 770	595 335	274 770	595 335
主营业务收入					600 000	1 435 000	835 000	1 435 000	1 435 000
其他业务收入						201 500	201 500	201 500	201 500
投资收益						11 000	11 000	11 000	11 000
营业外收入						103 000	103 000	103 000	103 000
主营业务成本						869 000	869 000	869 000	869 000
其他业务成本						2 200	2 200	2 200	2 200
税金及附加						1 800	1 800	1 800	1 800
销售费用						71 700	71 700	71 700	71 700
管理费用			1 600			94 400	96 000	96 000	96 000
财务费用						1 200	1 200	1 200	1 200
资产减值损失						3 200	3 200	3 200	3 200
营业外支出						25 000	25 000	25 000	25 000
所得税费用						152 650	152 650	152 650	152 650
合 计		1 258 200	1 258 200	2 483 869	2 483 869	7 208 753	7 208 753	10 950 822	10 950 822

表 12.31 总分类账

会计科目：银行存款 　　　　　　　　　　　　　　　　　　　　　　　　　　　　　　第 页

20××年 月	20××年 日	凭证字号	摘 要	借 方	贷 方	借或贷	余 额
12	1		月初余额			借	1 928 700
	10	科汇 1			820 800	借	1 107 900
	20	科汇 2		696 000	435 494	借	1 368 406
	31	科汇 3		989 200	386 880	借	1 970 726
	31		本月发生额及余额	1 685 200	1 643 174	借	1 970 726

12.4.3 科目汇总表账务处理程序的核算步骤

科目汇总表账务处理程序的核算步骤如下：

(1)根据原始凭证、原始凭证汇总表编制记账凭证。

(2)根据收、付款凭证登记现金日记账和银行存款日记账。

(3)根据记账凭证和所附原始凭证(或原始凭证汇总表)登记各种明细账。

(4)根据各种记账凭证汇总编制科目汇总表。

（5）定期或月末根据科目汇总表登记总分类账。

（6）月末，按照对账的要求，将现金日记账、银行存款日记账和各种明细账与总分类账进行核对。

（7）月末，根据总分类账和明细账编制会计报表。

科目汇总表财务处理程序的核算步骤如图 12.3 所示。

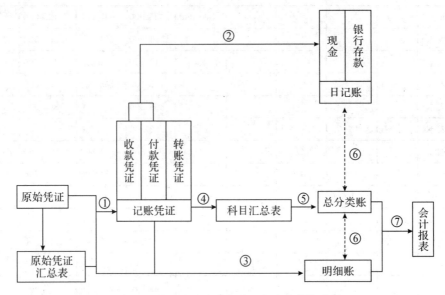

图 12.3　科目汇总表账务处理程序的核算步骤

在采用科目汇总表账务处理程序时，必须注意以下几点：

（1）每一张收款凭证一般应填列一个贷方科目，每一张付款凭证一般应填列一个借方科目；转账凭证只填列一个借方科目和一个贷方科目，一式两联，其中一联作为借方科目的汇总，另一联作为贷方科目的汇总。

（2）为了便于登记总账，科目汇总表上的科目排列应按总分类账上科目排列的顺序来定。

（3）科目汇总表汇总的时间不宜过长，以便对发生额进行试算平衡，及时了解资金运动情况。

12.4.4　科目汇总表账务处理程序的优缺点及适用范围

科目汇总表账务处理程序的优点在于，按照科目汇总表登记总分类账，大大减少了总分类账的登记工作量，手续也比较简便，同时，科目汇总表的编制可以对各科目本期发生额进行试算平衡，及时发现填制凭证和汇总工作中的错误，从而保证记账工作的质量。

科目汇总表账务处理程序的缺点是，科目汇总表不分对应科目，不能反映各科目之间的对应关系，不便于对经济业务进行分析和检查。

科目汇总表账务处理程序适用于经济业务量大、记账凭证较多的单位。

12.5 多栏式日记账账务处理程序

12.5.1 多栏式日记账账务处理程序的特点及凭证、账簿设置

多栏式日记账账务处理程序的特点是,设置多栏式现金日记账和多栏式银行存款日记账;根据收款凭证、付款凭证登记多栏式现金日记账和多栏式银行存款日记账,并根据多栏式现金日记账和多栏式银行存款日记账登记总分类账;对于转账业务,可以根据转账凭证定期编制转账凭证科目汇总表,然后根据转账凭证科目汇总表登记总分类账,转账业务不多的单位也可以根据转账凭证逐笔登记总分类账。

采用多栏式日记账账务处理程序时,必须设置多栏式现金日记账和多栏式银行存款日记账,总分类账一般采用三栏式,明细分类账可根据需要采用不同的格式。记账凭证一般采用收款凭证、付款凭证和转账凭证三种格式,还可增设转账凭证科目汇总表。

在多栏式日记账账务处理程序下,现金日记账和银行存款日记账应按其对应账户设置专栏,从而起到收款凭证和付款凭证科目汇总表的作用。月末,可以直接根据这些日记账的本月收、付发生额和各对应账户的发生额登记总分类账。登记的方法是:将多栏式日记账收入合计栏的本月发生额记入库存现金、银行存款总分类账的借方,将收入栏下各专栏对应账户的本月发生额记入各有关总分类账的贷方;同时,将多栏式日记账付出合计栏的本月发生额记入库存现金、银行存款总分类账的贷方,将付出栏下各专栏对应账户的本月发生额记入各有关总分类账的借方。

在运用多栏式日记账账务处理程序时应注意,现金和银行存款之间相互划转业务的相关金额因已分别包括在现金日记账和银行存款日记账的收入和支出合计数内,所以无须再根据有关对应账户的专栏登记总分类账,以免重复登记。

12.5.2 多栏式日记账账务处理程序的核算步骤

多栏式日记账账务处理程序的核算步骤如下:

(1)根据原始凭证(或原始凭证汇总表)填制记账凭证,如果转账凭证较多,可定期根据转账凭证编制转账凭证汇总表。

(2)根据收款凭证和付款凭证登记多栏式现金日记账和多栏式银行存款日记账。

(3)根据记账凭证和所附原始凭证(或原始凭证汇总表)登记各种明细账。

(4)月末,根据多栏式现金日记账和多栏式银行存款日记账登记总分类账。同时根据转账凭证汇总表登记总分类账。

(5)月末,将各种明细账的余额合计数与总分类账中有关科目的余额核对。

(6)根据核对无误的总分类账和明细账编制会计报表。

多栏式日记账账务处理程序的核算步骤如图 12.4 所示。

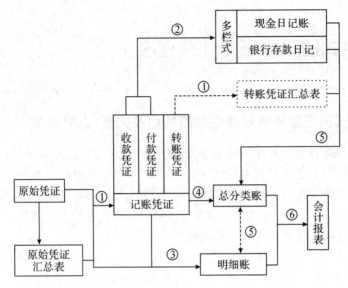

图 12.4　多栏式日记账财务处理程序的核算步骤

12.5.3　多栏式日记账账务处理程序的优缺点及适用范围

多栏式日记账账务处理程序的优点体现在两个方面:其一,由于各种收付款项的经济业务是通过多栏式日记账汇总后登入总分类账的,所以简化了凭证归类和总分类账的登账工作;其二,多栏式日记账中按账户的对应关系设置专栏,便于分析和检查与收付款有关的每一项经济业务。

多栏式日记账账务处理程序的缺点也体现在两个方面:其一,由于总分类账的"库存现金"和"银行存款"账户是根据多栏式现金日记账和多栏式银行存款日记账登记的,所以总分类账对多栏式日记账起不到控制作用;其二,倘若企业经济业务较复杂,多栏式日记账所设置的专栏就会增多,账页过长,不便于会计人员记账。

多栏式日记账账务处理程序适用于经济业务简单、运用的会计科目少、收付款业务较多的单位。

12.6　日记总账账务处理程序

12.6.1　日记总账账务处理程序的特点及凭证、账簿设置

日记总账是将所有的总账科目都集中在一张账页上,对所有的经济业务按业务发生的时间顺序进行序时记录,同时还要根据业务的性质按科目的对应关系进行总分类记录,最后将各科目汇总,计算出借、贷双方的发生额和期末余额(见表 12.32)。日记总账实际上是将日记账和总分类账结合起来的联合账簿。

×× 年		凭证字号	摘　要	×× 科目		×× 科目		×× 科目		×× 科目	
月	日			借　方	贷　方	借　方	贷　方	借　方	贷　方	借　方	贷　方
			发生额合计								
			月末余额								

表 12.32　日记总账　　　　　　　　　　　　　　　第　　页

日记总账账务处理程序的特点是,对所有的经济业务都要根据记账凭证直接登记日记总账。日记总账由两部分组成:一部分登记日期、凭证号码、摘要及发生额等,用来进行序时核算;另一部分对所运用的账户按行按栏对称排列,每一账户设借、贷两栏,用来进行总分类核算。

将每笔经济业务的金额记入日记总账时,应记入同行所涉及账户的“借方”或“贷方”栏。月末结出各栏合计数,计算各账户的月末借方或贷方余额,进行账簿记录的核对工作。主要核对全部账户借方发生额合计数与贷方发生额合计数是否相符,各账户借方余额合计数与贷方余额合计数是否相符。

在日记总账账务处理程序下,除了日记总账外,其余部分与上述几种账务处理程序相同。设置的会计凭证有收款凭证、付款凭证和转账凭证。设置的账簿有库存现金日记账和银行存款日记账,一般采用三栏式,也可采用多栏式;设置日记总账和各种明细账,根据需要可采用三栏式、数量金额式或多栏式。

12.6.2　日记总账账务处理程序的核算步骤

日记总账账务处理程序的核算步骤如图 12.5 所示。

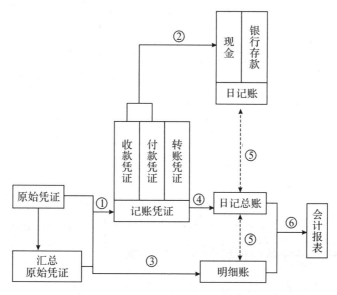

图 12.5　日记总账账务处理程序的核算步骤

12.6.3　日记总账账务处理程序的优缺点及适用范围

日记总账账务处理程序的优点是核算手续简单,易于操作,且由于日记总账将所有总账科目都集中在一张账页上,并对经济业务的发生进行序时登记,所以可以直观地反映各账户之间的对应关系,有利于分析和核对。

但是,如果企业的业务复杂,设置的会计科目多,那么日记总账账页篇幅过大,不便于记账和查阅。

因此,这种账务处理程序一般适用于规模小、经济业务简单、设置的会计科目较少的小型企事业单位。

12.7　通用日记账账务处理程序

12.7.1　通用日记账账务处理程序的特点及凭证、账簿设置

通用日记账账务处理程序的特点是:将所有经济业务按所涉及的会计科目以分录的形式记入通用日记账,再根据通用日记账的记录登记总分类账。

通用日记账账务处理不填制记账凭证,而是根据原始凭证和汇总原始凭证,直接以会计分录的形式登记通用日记账。这种做法实际上是用订本式账簿代替记账凭证,将记账凭证与日记账结合。

经济业务发生后,根据原始凭证或汇总原始凭证登记通用日记账,将经济业务发生的时间登记在日期栏内;在摘要栏内填写经济业务内容;将应借应贷的会计科目记入会计科目栏内,先填写借方科目,后填写贷方科目;将应借金额记入借方栏内,将应贷金额记入贷方栏内。

采用这种账务处理程序,总分类账是根据通用日记账逐笔登记的。由于通用日记账的记录实际上就是各项经济业务的会计分录,已经反映了科目对应关系,因此,总账一般采用不反映对应科目的借、贷、余三栏式,不登记对应科目。

采用这种账务处理程序,一般不设现金日记账和银行存款日记账。因此,需要根据总账"库存现金"科目的记录了解现金的每日收付金额和余额,或者根据通用日记账的相应记录将其计算出来。经济单位与开户银行之间有关银行存款收付金额和余额的对账,也要根据总账"银行存款"科目的记录或者通用日记账的记录进行。在规模小、经济业务量较小的单位,为了加强对货币资金的管理,也可以设置现金日记账和银行存款日记账(可采用三栏式),可根据通用日记账所记录的会计分录及原始凭证和汇总原始凭证登记。

12.7.2　通用日记账账务处理程序的核算步骤

通用日记账账务处理程序的核算步骤如下:

(1)根据原始凭证或汇总原始凭证,登记通用日记账。

(2)根据原始凭证或汇总原始凭证、通用日记账,登记各种明细账。

（3）根据通用日记账，逐笔登记总分类账。

（4）月末，将各种明细账余额的合计数，分别与相应总账户余额核对相符。

（5）月末，根据总账和明细账记录，编制工作底稿。

（6）月末，根据工作底稿编制会计报表。

通用日记账账务处理程序的核算步骤如图 12.6 所示。

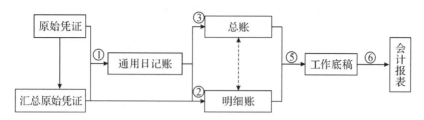

图 12.6　通用日记账账务处理程序的核算步骤

12.7.3　通用日记账账务处理程序的优缺点及适用范围

通用日记账账务处理程序的优点在于，减少了编制记账凭证的大量工作，便于了解经济单位每日每项经济业务的发生和完成情况，便于按经济业务发生的时间、顺序查阅资料。

通用日记账账务处理程序的缺点是，只设一本通用日记账，不便于会计核算分工。根据原始凭证和汇总原始凭证登记日记账，账簿记录容易发生差错，根据通用日记账逐笔登记总分类账，登记总分类账的工作量较大。

通用日记账账务处理程序适用适用于运用电子计算机进行会计核算的单位。

习　题

一、简答题

1.什么是账务处理程序？

2.账务处理程序的设计原则有哪些？

3.各种账务处理程序有什么特点？它们各有什么优缺点？分别适用于什么单位？

4.各种账务处理程序的主要区别在哪里？

二、判断题

1.记账凭证账务处理程序适用于生产经营规模较小、经济业务量较小的单位。　（　　）

2.各企业可以结合本单位的业务特点，自行设计或选用科学合理的会计核算形式。

（　　）

3.汇总记账凭证账务处理程序的账簿设置与记账凭证账务处理程序下的账簿设置基本相同。　（　　）

4.科目汇总表账务处理程序的缺点是科目汇总表不能反映各个账户之间的对应关系，不便于分析经济业务的来龙去脉和进行账目核对。　（　　）

5.多栏式日记账账务处理程序的特点是根据收款凭证和付款凭证逐日登记多栏式现金日记账和多栏式银行存款日记账，然后根据它们登记总分类账。　（　　）

6.日记总账账务处理程序的特点是将日记账和总分类账结合起来设置一本联合账簿，

称为日记总账,并将所有经济业务都登记在日记总账上。　　　　　　　　（　　）

　　7.日常编制转账凭证可以是一贷多借,也可以是一借多贷、多借多贷。　（　　）

　　8.不同账务处理程序的主要区别在于记账凭证的填制不同。　　　　　　（　　）

　　9.记账凭证账务处理程序的最后一个核算步骤是根据总账和明细账的记录编制会计报表。　　　　　　　　　　　　　　　　　　　　　　　　　　　　　　（　　）

　　10.各种账务处理程序的共同特点是都要编制记账凭证。　　　　　　　（　　）

三、单项选择题

　　1.以下哪项不是常用的账务处理程序?（　　）

　　　A.原始凭证账务处理程序　　　　　　　B.记账凭证账务处理程序

　　　C.科目汇总表账务处理程序　　　　　　D.日记总账账务处理程序

　　2.科目汇总表和汇总记账凭证账务处理程序（　　）。

　　　A.登记总账的依据相同　　　　　　　　B.记账凭证都需要汇总

　　　C.汇总凭证的方法相同　　　　　　　　D.汇总凭证的格式相同

　　3.下列不需要编制记账凭证的账务处理程序是（　　）。

　　　A.科目汇总表账务处理程序　　　　　　B.日记总账账务处理程序

　　　C.多栏式日记账账务处理程序　　　　　D.通用式日记账账务处理程序

　　4.生产经营规模较大、经济业务量较大的单位适合采用（　　）账务处理程序。

　　　A.多栏式日记账　　　　　　　　　　　B.科目汇总表

　　　C.日记总账　　　　　　　　　　　　　D.记账凭证

　　5.各种会计核算程序的主要区别是（　　）不同。

　　　A.填制会计凭证的依据和方法　　　　　B.登记总账的依据和方法

　　　C.登记明细账的依据和方法　　　　　　D.编制会计报表的依据和方法

　　6.科目汇总表是直接根据（　　）汇总编制的。

　　　A.原始凭证　　　　　　　　　　　　　B.汇总原始凭证

　　　C.记账凭证　　　　　　　　　　　　　D.汇总记账凭证

　　7.下列账务处理程序中最基本的是（　　）。

　　　A.记账凭证账务处理程序　　　　　　　B.汇总记账凭证账务处理程序

　　　C.科目汇总表账务处理程序　　　　　　D.多栏式日记账账务处理程序

　　8.科目汇总表账务处理程序的主要缺点是（　　）。

　　　A.登记总账的工作量太大　　　　　　　B.编制科目汇总表的工作量太大

　　　C.不利于人员分工　　　　　　　　　　D.看不出科目之间的对应关系

四、多项选择题

　　1.下列账务处理程序中可以减少登记总分类账的工作量的有（　　）。

　　　A.汇总记账凭证账务处理程序　　　　　B.科目汇总表账务处理程序

　　　C.多栏式日记账账务处理程序　　　　　D.日记总账账务处理程序

　　2.在汇总记账凭证账务处理程序下,平时所编的转账凭证上的科目对应关系应保持（　　）。

　　　A.一借一贷　　　　　　　　　　　　　B.一借多贷

　　　C.多借多贷　　　　　　　　　　　　　D.多借一贷

3. 对于规模大的企业来说,登记总分类账工作量较大的账务处理程序是( )。

    A. 记账凭证账务处理程序　　　　B. 汇总记账凭证账务处理程序

    C. 科目汇总表账务处理程序　　　　D. 通用日记账账务处理程序

4. 各种账务处理程序下,明细账登记的依据有( )。

    A. 记账凭证　　　　　　　　　　　B. 普通日记账

    C. 汇总原始凭证　　　　　　　　　D. 汇总记账凭证

    E. 科目汇总表

5. 科学适用的账务处理程序能够( )。

    A. 保证会计核算资料的正确、完整

    B. 提高会计工作的质量和效率

    C. 节约人力、物力

    D. 适应经济活动的特点

    E. 减少会计人员的工作量

6. 采用多栏式日记账账务处理程序,"库存现金"总分类账登记的依据有( )。

    A. 现金收款凭证

    B. 现金付款凭证

    C. 多栏式现金日记账收入合计数

    D. 多栏式现金日记账支出合计数

    E. 多栏式银行存款日记账中库存现金专栏合计数

第13章 会计工作组织

学习目标

1. 讨论会计工作组织的内容与作用。
2. 了解我国会计机构的设置。
3. 掌握不同层次会计人员的任职资格、岗位职责与权限。
4. 了解会计工作交接与会计档案管理规定。
5. 了解会计电算化的作用与电算化会计信息系统的构成。

13.1 会计工作组织概述

所谓会计工作组织,是指安排、协调和管理本单位的会计工作。会计机构和会计人员是会计工作组织运行的必要条件,而会计法规是保证会计工作组织正常运行的必要的约束机制。

会计工作组织的基本内容包括会计机构的设置、会计人员的配备、会计人员职责权限的规定、会计工作的交接和会计档案的保管、会计电算化等。

值得注意的是,本章的内容主要围绕会计单位的会计工作组织展开。在更为宏观的层面,会计工作组织还包括政府对会计工作的管理。比如我国财政部设有会计司,管理全国的会计工作,主要负责拟定全国性的会计法令、规章、制度、规划和组织会计人员的业务培训、会计职称考试等。

13.1.1 会计工作组织的作用

会计工作的恰当组织是完善会计工作、保证会计工作质量与效率、充分发挥会计作用的前提条件,其作用如下。

13.1.1.1 为会计工作的顺利开展提供前提条件

会计工作的开展必须要有会计机构和专业的会计人员,即使不具备设置会计机构条件的单位,也必须配备专职的会计人员,以保证对单位财务进行反映与监督。

13.1.1.2　有利于保证会计工作质量,提高会计工作效率

会计工作需要经过一系列严密的计算、记录、分类、汇总、分析、检查等手续和处理程序。各种手续及多个处理程序之间有着相当密切的联系,任何一个环节脱节或出现差错,都将可能影响整个核算工作及其结果的正确性与及时性,耽误工作,严重的甚至会造成决策失误。因此,为了使会计工作按照既定的手续和处理程序有条不紊地进行,保证会计工作质量,提高会计工作效率,就必须正确、科学地组织会计工作。

13.1.1.3　有利于确保会计工作与其他经济管理工作的协调

会计工作是一项综合性的经济管理工作,它与其他经济管理工作有着十分密切的联系。它们在加强科学管理、提高效益的共同目标引导下,相互补充、相互促进、相互影响。会计工作既与宏观的国家财政、税收、金融工作有着密切的联系,又同各单位内部的计划、统计等工作有着非常密切的关系。这就要求会计工作必须服从国家财政税收的管理,加强与金融工作的密切合作,还要与各单位的计划和统计工作保持口径一致,相互协调,共同完成经济管理的各项任务。

13.1.1.4　有利于充分发挥会计监督的作用

会计工作是一项政策性很强的工作,承担着认真贯彻国家有关方针、政策、法令和制度,并揭露、制止一切违法乱纪行为的重要任务。因此,正确、科学地组织会计工作,充分发挥会计的监督职能,对于贯彻执行国家的方针、政策、法令和制度,维护财经纪律,建立良好的社会经济秩序具有十分重要的意义。

13.1.2　会计工作组织的原则

科学地组织会计工作,应遵循以下原则:

(1)必须按照国家对会计工作的统一要求组织会计工作。会计工作组织受到各种法规、制度的制约,比如《会计法》《总会计师条例》《会计基础工作规范》《会计专业职务试行条例》《会计档案管理办法》《会计专业技术人员继续教育规定》《企业会计信息化工作规范》等。

(2)从实际出发,适应各单位经营管理的需要。各单位应根据自身的特点,确定本单位的会计制度,对会计机构的设置和会计人员的配备做出切合实际的安排。

(3)会计工作要与业务工作融合。组织会计工作,必须与单位其他经济管理工作相互配合,将会计融合到单位的各项业务之中,充分发挥会计参与经济管理的职能。

(4)在保证会计工作质量的前提下,讲求工作效率,节约工作时间和费用。组织会计工作,应本着精简、合理的要求,对于会计人员的配备及分工、会计工作手续和处理程序的规定、各种计算方法的选择以及凭证、账簿、报表的设计等,努力以最少的人力、物力和时间,取得最好的工作效果。

13.1.3　会计工作的组织形式

由于企业会计工作的组织形式不同,企业会计机构的具体工作范围也有所不同。企业会计工作的组织形式有独立核算与非独立核算、集中核算与非集中核算等。

13.1.3.1　独立核算与非独立核算

独立核算是指对本单位的业务经营过程及其结果进行全面的、系统的会计核算。实行独立核算的单位称为独立核算单位,它的特点是具有一定的资金,在银行单独开户,独立经

营、计算盈亏,具有完整的账簿系统,定期编制报表。独立核算单位应单独设置会计机构,配备必要的会计人员,如果会计业务不多,也可只设专职会计人员。

非独立核算又称报账制。实行非独立核算的单位称为报账单位。它是指由上级划拨一定的备用金和物资,平时进行原始凭证的填制和整理以及备用金账和实物账的登记,定期将收入、支出向上级报告,由上级汇总,它本身不独立计算盈亏,也不编制报表。如商业企业的分销店就属于非独立核算单位。非独立核算单位一般不设置专门的会计机构,但需配备专职会计人员,负责处理日常的会计事务。

13.1.3.2　集中核算与非集中核算

实行独立核算的单位,其会计工作的组织形式可以分为集中核算与非集中核算两种。

集中核算就是将企业的主要会计工作都集中在企业会计机构内进行。企业内部的各部门、各单位一般不进行单独核算,只是对所发生的经济业务进行原始记录,开展原始凭证的取得、填制、审核和汇总工作,并定期将这些资料报送企业会计机构,由其进行总分类核算和明细分类核算。实行集中核算,可以减少核算层次,精简会计人员,但是不便于企业各部门和各单位及时利用核算资料进行日常考核和分析。

非集中核算又称为分散核算,是指企业内部的部门、单位要对其本身所发生的经济业务进行比较全面的会计核算。如在工业企业里,车间设置成本明细账,登记本车间发生的生产成本并计算出所完成产品的车间成本,厂部会计部门只是根据车间报送的资料进行产品成本的总分类核算。又如在商业企业里,库存商品的明细核算和某些费用的核算等分散在各业务部门进行,而会计报表的编制以及不宜分散核算的工作,如物资供销、现金收支、银行存款收支、对外往来结算等,仍由企业的会计机构集中办理。实行非集中核算,使企业内部各部门、各单位能够及时了解本部门、本单位的经济活动情况,有利于及时分析、解决问题,但这种组织形式会增加核算手续和核算层次。

13.2　会计机构

会计机构是指各单位办理会计事务的职能部门。根据《会计法》的规定,各单位应当根据会计业务的需要,设置会计机构,或者在有关机构中设置会计人员并指定会计主管人员;不具备设置条件的,应当委托经批准从事会计代理记账业务的中介机构代理记账。

13.2.1　会计机构的设置

为了科学、合理地组织会计工作,保证单位正常的经济核算,各单位原则上应设置会计机构。一个单位是否单独设置会计机构,一般取决于以下几个因素:一是单位规模的大小;二是经济业务和财务收支的繁简;三是经营管理的要求。

一般来说,大、中型企业和具有一定规模的行政事业单位,以及财务收支数额较大、会计业务较多的社会团体和其他经济组织,应单独设置会计机构。规模较小、业务和人员都不多的单位,可以不单独设置会计机构,而将会计业务并入其他机构或委托中介机构代理记账。不单独设置会计机构的单位应在有关机构中配备会计人员并指定会计主管人员。

《会计法》规定,国务院财政部门是主管全国会计工作的机构,县级以上各级地方人民政府部门是主管本行政区域内会计工作的机构。国家各级管理部门分别设置会计司、处、科等。国家各级管理部门会计机构的主要任务包括:组织、指导、监督所属单位的会计工作;审核、汇总所属单位上报的会计报表;核算本单位和上、下级之间缴、拨款等事项。

基层单位的会计机构,一般称为会计(财务)部、处、科、股、组等。基层单位的会计机构,在单位行政领导人或总会计师的领导下开展会计工作。

13.2.2　会计机构的任务

13.2.2.1　总体任务

会计机构的总体任务如下:

(1)有效地进行会计核算;

(2)进行合理的会计监督;

(3)制定本单位的会计制度、会计政策;

(4)参与本单位各种计划的制订,并考核计划的执行情况。

为保证顺利、有效地完成上述任务,达到预期的会计目标,会计机构内部应进行合理的分工,按照会计核算的流程设置岗位,配备会计人员。

13.2.2.2　具体任务

我国的企事业单位中,由于会计工作与财务工作关系非常密切,因此通常把二者合并在一起,设置一个财务会计机构,统一办理财务和会计工作,其具体任务是:

(1)制订财务成本的预算或计划,负责企业资金的筹措、使用与分配;

(2)直接参与企业有关重大问题的决策;

(3)执行并有权要求全体职工执行财务计划、财务会计制度,遵守和维护财经纪律;

(4)对日常经济业务进行会计核算,为管理者、投资者、其他财务相关人员提供真实、可靠的会计资料和真实、完整的财务会计报告;

(5)利用各种会计资料对企业的经济活动进行分析、评价;

(6)检查资产的利用情况,防止经济上的损失、浪费和违法乱纪行为的发生等。

13.2.3　会计机构的内部稽核制度与内部牵制制度

稽核是稽查与复核的简称。建立会计机构内部稽核制度,目的在于防止会计核算工作上的差错和有关人员的舞弊。会计机构的内部稽核制度是指各单位应指定专人或兼职人员对本单位的会计事项进行审核的制度,内容包括对会计凭证、账簿、会计报表及其他资料的审核。对会计凭证的审核,主要审核原始凭证是否真实、合法,编制的凭证是否正确,手续是否完备。对账簿的审核,主要审核账簿记录的经济业务是否合法、正确,账证、账账、账物、账表是否相符。对会计报表的审核,主要以报表所列指标为依据,审查报表数字与账簿的数字是否一致,报表的编制是否符合要求。内部审查可以是事前审核,也可以是事后复核。事前着重对财务计划进行审核,事后着重查证和验证。一旦发现问题应及时提出处理意见,并及时改正。

内部牵制制度是指每项业务必须由两个或两个以上人员或部门共同办理的各项规定、组织措施和工作方法。根据会计法规的规定,会计机构应实行内部财务会计制度、财产清查制度、内部审计制度等内部牵制制度,实现上下牵制、左右制约、相互监督,有效地防止业务处理中的差错和弊端。

内部牵制制度的核心内容是不相容职务的分离与牵制。不相容职务指的是不能由一个人兼任。不相容职务如果由一个人担任,既可能发生错误和舞弊行为,又可能掩盖其错误和舞弊行为。实行不相容职务分离,也就是说两人(部门)或两人(部门)以上分别管理,无意识犯同样错误的可能性很小,有意识合伙舞弊的可能性也会大大降低。不相容职务分离的核心是内部牵制。应合理设置会计及相关工作岗位,形成相互制衡机制。不相容职务分离具体包括授权和执行的职务要分离、执行和审核的职务要分离,执行和记录的职务要分离,保管和记录的职务要分离。

单位的职能部门和会计部门之间、职能部门人员与会计人员之间、会计人员之间,凡涉及会计工作职能权限,都应建立相互牵制的制度,如出纳人员不得兼管稽核、会计档案保管以及收入、费用、债权、债务账目的登记工作等,出纳以外的会计人员不得经管现金、有价证券和票据,会计主管人员不得兼任出纳;有关会计凭证的编制、审核、传递、登记、装订、归档和保管的凭证流程制度;有关会计账簿的启用、记账、结账、对账、结转、交换、归档和保管的账簿流程制度;有关会计报表的编制、报送、审批、装订、归档和保管的报表流程制度;会计凭证、会计账簿和会计报表之间相互核对、相互联系、相互制约。

13.2.4　会计机构的岗位责任制

会计机构的岗位责任制是指在会计机构内部按照会计工作的内容和会计人员的配备情况,将会计机构的工作划分为若干个岗位,并按岗位规定职责进行考核的责任制度。

会计人员的工作岗位一般可分为会计主管、稽核、总账报表、资金核算、财产物资核算、往来结算、工资核算、收入利润核算、成本费用核算、出纳、会计档案保管等,可以一人一岗、一人多岗或一岗多人。实行会计电算化的单位,出纳人员、程序编制人员不得兼管微机录入工作,不得进行系统操作。规模大、业务量大的单位,会计机构内部可以按经济业务的类别组成业务组,比如综合财务组、财务结算组、资金会计组、成本会计组、收入利润会计组、资产会计组等。

为避免不同岗位会计工作的脱节,企业应加强不同会计岗位间工作的相互协作,以保证会计工作任务按期保质完成。企业不仅应根据会计机构和会计人员内部分工的具体情况详细规定各个工作岗位和会计人员应完成的会计工作的内容、期限和质量,还应规定相应的监督、检查和评比办法,使会计人员明确自身所承担的责任。企业会计机构还应定期总结会计岗位制实施与执行的经验教训,不断改进和完善会计工作岗位责任制。

13.3　会计人员

会计人员是直接从事会计工作的人员,包括单位财务会计负责人、会计机构负责人和具体从事会计业务的工作人员。建立健全会计机构,配备好会计人员,是各单位做好会计工作、充分发挥会计作用的重要保证。合理配备一定数量和素质的具有会计从业资格的会计人员,是各单位会计工作得以正常开展的重要条件,各单位应根据单位规模、生产特点和管理要求配备合适的会计人员。

13.3.1 会计人员的任职资格

会计工作专业性很强,对会计人员的胜任能力有严格要求,这主要体现在不同层次会计人员任职资格的规格上。

13.3.1.1 一般会计工作人员的任职资格

一般会计工作人员的任职资格体现以下三个方面。

1. 专业能力

过去我国想从事会计工作的人员,必须通过考试取得会计从业资格证书。然而,仅仅持有会计从业资格证书,并不能证明其专业能力。2017 年 11 月 4 日,第十二届全国人民代表大会常务委员会第三十次会议通过了《关于修改〈中华人民共和国会计法〉等十一部法律的决定》,将原《会计法》中"从事会计工作的人员,必须取得会计从业资格证书"的规定改为"会计人员应当具备从事会计工作所需要的专业能力"。

专业能力包括对会计专业知识的掌握与熟练运用能力,比如掌握会计准则、单位会计制度、税法、经济法等专业知识。专业能力的要求由行业、岗位、单位性质等因素决定,比如制造业、信息技术行业、服务业、房地产行业会计人员应具备的会计专业能力就有差异。会计是一个需要终身学习的职业,要求会计人员适应经济的发展和环境的变化,及时学习最新的会计准则并熟练掌握其应用。

2. 工作技能

工作技能则是对工作工具的熟练操作,比如财务软件操作技能。财务软件将计算机知识和财务专业知识融合,不仅能加快会计人员账务处理的速度,提高工作质量,还能满足信息使用者的查询、输出等需求。会计人员必须掌握财务软件操作技能,熟悉总账管理、库存管理、往来款管理、报表、固定资产管理等各个模块的具体操作。基本的办公软件操作技能也很重要,其中 Excel 是会计人员接触最多的办公软件。另外,外企等一些企业对外语技能也有一定的要求。

3. 职业素养

从事会计工作的人,尤其要遵守诚信、客观、尽职等职业道德。会计工作所涉及的各个方面都受到法律、法规和规章制度的约束。大到国家法律和地方法规,小到单位自己制定的各项财务制度,都要求会计人员认真细致、遵纪守法。

随着会计行业信息化、智能化以及无纸化报销技术的发展,电子发票、电子会计档案等新事物不断出现,新型业财一体化软件、财税等系统集成发展,财务共享中心兴起,财务外包事务所出现;人工智能、财务机器人上线,实现财务规划与预测、财务决策、财务预算、财务控制和财务分析功能,人工不再是主力。因此,会计人员必须具备以下职业素养,才能获得较强的竞争力。

(1)胜任管理会计工作。据统计,美国的财务专业人员当中,80%以上的人从事管理会计(CMA)工作,20%以下的人从事记账核算工作。未来核算型会计人员会过剩,相对紧缺的是管理会计人才。

(2)懂业务。业务与财务结合,从价值守护者向价值创造者转换,服务本单位的业务将是财务会计发展的一大目标。比如海尔集团将财务整合成四个模块:战略财务(35%)、业务财务(35%)、专业财务(10%)、基础财务(20%)。会计应当对数字非常敏感,善于通过数字看未来,不但精通财报,还要懂业报。

(3)懂大数据,会操作智能化系统。"互联网＋会计"时代,利用云计算和大数据提供的工具分析数据,成为会计人员的日常工作。会操作智能化会计、财务系统也是现代会计工作必需的。

(4)善沟通。会计人员应当善于以通俗的方式将专业术语表达出来,以更好地让其他部门人员了解会计信息,发挥会计应有的作用。

13.3.1.2　单位会计机构负责人的任职资格

《会计法》和《会计基础工作规范》规定的会计机构负责人(会计主管人员)的任职资格如下:

(1)坚持原则,廉洁奉公;

(2)具备会计师以上专业技术职务资格或者从事会计工作三年以上经历;

(3)熟悉国家财经法律、法规、规章和方针、政策,掌握本行业业务管理的有关知识;

(4)有较强的组织能力;

(5)身体状况能够适应本职工作的要求。

13.3.1.3　总会计师的任职资格

总会计师在单位负责人领导下,主管单位的经济核算和财务会计工作。《会计法》规定,国有的和国有资产占控股地位或者主导地位的大、中型企业必须设置总会计师。总会计师由具有会计师以上专业技术资格的人员担任。国有大、中型企业以外的其他单位可以根据业务需要,视情况自行决定是否设置总会计师。

总会计师的提法源自苏联的计划经济体制,当时总会计师是一个既对国家负责,又对厂长(经理)负责的职位。进入市场经济时代之后,我国企业一般都是在"对总经理负责"这一含义上定位总会计师的职责。

总会计师是单位领导成员,协助单位负责人开展工作。总会计师全面负责本单位的财务会计管理和经济核算,参与本单位的重大经营决策活动,是单位负责人的得力助手。因此,为了保障总会计师有职有权,充分发挥总会计师的作用,根据长期的实践经验,凡设置总会计师的单位不能再设置与总会计师职责重叠的副职。总会计师依法行使职权,应受到法律的保护,任何人包括单位负责人,都不得阻碍总会计师依法行使职权。

按照《总会计师条例》的规定,担任总会计师,应具备以下条件:一是坚持社会主义方向,积极为社会主义市场经济建设和改革开放服务;二是坚持原则,廉洁奉公;三是取得会计师任职资格后,主管一个单位或者单位内一个重要方面财务会计工作的时间不少于三年;四是有较高的理论水平,熟悉国家的财经纪律、法规、方针和政策,掌握现代化管理的有关知识;五是具备本行业的基本业务知识,熟悉行业情况,有较强的组织领导能力;六是身体健康,胜任本职工作。

13.3.2　会计人员的岗位职责、权限与法律责任

进一步明确会计人员在整个单位经济管理中的职责与权限,是实现会计机构的岗位责任制、充分发挥会计人员作用的先决条件。

13.3.2.1　会计人员的岗位职责

1.会计的岗位职责

遵守国家和本单位各项收入、费用开支范围和开支标准的规定,保证资金预算的正常实施,并对预算超支负直接责任;按照会计制度和本单位会计核算管理的有关规定记账、结账、报账,做到手续完备、内容真实、数字准确、账目清楚,按期向税务、财政和统计部门报送会计报表;按照财务核算体系和有关规定的要求,全面、清晰、准确地进行成本、费用、收入、利润、资产、负债及现金流量的核算,并定期上报相关的核算报表;定期进行单位、部门、产品、项目的成本、费用、收入的比较和分析,为相应的经营管理人员提供准确的财务分析数据。

2.出纳的岗位职责

按照会计核算管理的有关规定记账、结账、报账,做到手续完备、内容真实、数字准确、账目清楚;严格执行公司有关货币资金核算管理的规定;协助会计做好相关的财务工作。

3.主管会计的岗位职责

保证本单位会计核算的全面、及时和准确,对经济决策提供有效的管理会计依据,负责为新上项目或贷款编制财务可行性分析报告,负责预、决算方案的编制;保证本单位各项上缴税金的合理性,依法及时上缴各种税金,杜绝罚没性支出;保证本单位资产的安全性,合理使用资金,保护本单位利益不受侵害,杜绝资产的内部跑漏现象;保证为有关部门和人员提供快捷、有效的财务服务;负责会计凭证和会计报表的审核。

4.总会计师的岗位职责

编制和执行预算、财务收支计划、信贷计划,拟定资金筹措和使用方案,开辟财源,有效地使用资金;进行成本费用的预测、计划、控制、预算、分析和考核,督促本单位有关部门降低消耗,节约费用,提高经济效益;建立、健全经济核算制度,利用财务会计资料进行经济活动分析;承办单位主要行政领导人交办的其他工作;负责对本单位财会机构的设置和会计人员的配备、会计专业职务的设置和聘任提出方案;组织会计人员的业务培训和考核;支持会计人员依法行使职权;协助单位主要行政领导人对企业的生产经营、行政事业单位的业务发展以及基本建设投资等问题做出决策;参与新产品、技术改造、科技研究、商品(劳务)、价格和工资奖金等方案的制定;参与重大经济协议的研究、审查。

13.3.2.2　会计人员的权限

会计人员有权要求有关部门、人员认真执行国家政策、法规,遵守单位的财经纪律和财会制度;如有违反,会计人员有权拒绝付款、拒绝报销或拒绝执行,并向财务负责人报告。

会计人员有权参与编制财务计划,对重大经济活动进行可行性研究,监督经济合同的履行。

财会人员有权监督、检查有关部门的财务收支、资金使用和财产保管情况,有关部门应如实提供资料和反映情况。对超出本单位或部门预算的费用和成本支出,有权暂停付款,并向本单位财务负责人汇报。

13.3.2.3　会计人员的法律责任

根据 2017 年 11 月 4 日第十二届全国人民代表大会常务委员会第三十次会议对《会计法》的第二次修正,会计人员的法律责任如下:

(1)因有提供虚假财务会计报告,做假账,隐匿或者故意销毁会计凭证、会计账簿、财务会计报告,贪污,挪用公款,职务侵占等与会计职务有关的违法行为被依法追究刑事责任的人员,不得再从事会计工作。

(2)有以下行为之一的会计人员,构成犯罪的,依法追究刑事责任;情节严重的,五年内不得从事会计工作:①不依法设置会计账簿;②私设会计账簿;③未按照规定填制、取得原始凭证或者填制、取得的原始凭证不符合规定;④以未经审核的会计凭证为依据登记会计账簿或者登记会计账簿不符合规定;⑤随意变更会计处理方法;⑥向不同的会计资料使用者提供的财务会计报告编制依据不一致;⑦未按照规定使用会计记录文字或者记账本位币;⑧未按照规定保管会计资料,致使会计资料毁损、灭失;⑨未按照规定建立并实施单位内部会计监督制度或者拒绝依法实施的监督或者不如实提供有关会计资料及有关情况;⑩任用会计人员不符合《会计法》规定。

(3)伪造、变造会计凭证、会计账簿,编制虚假财务会计报告,隐匿或者故意销毁依法应当保存的会计凭证、会计账簿、财务会计报告,构成犯罪的,依法追究刑事责任。不构成犯罪的会计人员,五年内不得从事会计工作。

13.3.3 会计人员专业技术职务

会计工作具有很强的技术性,要求会计人员必须具备必要的专业知识和业务技能。各单位的会计人员依据学历、从事财务会计工作的年限、业务水平和工作成绩并通过国家组织的会计人员技术资格统一考试,评聘相应的专业技术职务。

会计专业技术资格分为初级资格、中级资格和高级资格三个级别,分别对应初级会计师(或助理会计师)或会计员、会计师和高级会计师。其中初级和中级会计资格的取得需参加全国统一考试,并且成绩合格;高级会计师资格实行考试与评审相结合的评价办法,凡申请参加高级会计师资格评审的人员,考试合格后,方可参加评审。初级会计资格考试科目有初级会计实务和经济法基础,中级会计资格考试科目有中级会计实务、财务管理和经济法。全部考试科目通过后,取得相应的会计资格。取得初级、中级会计资格表明已具备相应级别会计专业技术职务的任职资格。会计专业技术职务是区别会计人员业务技能的技术等级,只有取得会计任职资格,才可以被单位聘任或任命为助理会计师、会计师等会计专业技术职务。

要报名参加全国统一的会计职称考试,无论是初级、中级还是高级职称,都需满足下列三个基本条件。

第一,坚持原则,具备良好的职业道德品质。

第二,认真执行《会计法》和国家统一的会计制度,以及有关财经法律、法规、规章制度,无严重违反财经纪律的行为。

第三,履行岗位职责,热爱本职工作。

13.3.3.1 会计员

会计员任职的基本条件如下:

(1)初步掌握财务会计知识和技能;

(2)熟悉并能遵照执行有关会计法规和财务会计制度;

(3)能胜任一个岗位的财务会计工作;

(4)大学专科或中等专业学校毕业,在财务会计工作岗位上见习一年期满。

会计从业资格证被取消后,成为会计员无须参加考试。

13.3.3.2　助理会计师

助理会计师任职的基本条件如下:

(1)掌握一般的财务会计基本理论和专业知识。

(2)熟悉并能正确执行有关财经方针、政策和财务会计法规、制度。

(3)能胜任一个方面或某个重要岗位的工作。

(4)取得硕士学位或其他相应学位,具备履行助理会计师职责的能力;或大学本科毕业,在会计岗位上见习一年期满;或大学专科毕业并担任会计员职务两年以上;或中等专业学校毕业并担任会计员职务四年以上。

(5)通过初级会计职称考试。

初级会计职称考试是实行全国统一组织、统一考试时间、统一考试大纲、统一考试命题、统一合格标准的考试,初级会计职称考试原则上每年举行一次。

①报名条件:具备参加会计职称考试的三个基本条件;具备教育部门认可的高中以上学历。

②考试科目:初级会计职称考试设初级会计实务、经济法基础两个科目,必须在一个考试年度全部通过考试。初级会计实务科目考试时长为 2 小时,经济法基础科目考试时长为1.5 小时,两个科目连续考试,分别计算考试成绩。

初级会计职称考试实行无纸化考试。

13.3.3.3　会计师

会计师任职的基本条件如下:

(1)较系统地掌握财务会计的基本理论和专业知识。

(2)掌握并能正确贯彻执行有关的财经方针、政策和财务会计法规、制度。

(3)具有一定的工作经验,能胜任一个单位或管理一个地区、一个部门、一个系统某个方面的财务会计工作。

(4)取得博士学位,并具有履行会计师职责的能力;或取得硕士学位并担任助理会计师职务两年左右;或取得第二学位或研究生结业证书并担任助理会计师职务两至三年;或大学本科、大学专科毕业并担任助理会计师职务四年以上。

(5)掌握一门外语。

(6)通过中级会计职称考试。

①报名条件:具备参加会计职称考试的三个基本条件;满足会计师任职基本条件的前五项。

②考试科目:中级会计职称考试有三个科目,即财务管理、经济法和中级会计实务。必须在连续的两个考试年度内全部通过,方可获得中级会计职称证书。

中级会计职称考试实行无纸化考试。

取得专业技术职务,一般应符合相应的学历和工作年限要求,但对确有真才实学、成绩显著、贡献突出、符合任职条件的人,在确定其相应专业技术职务时,可不受学历和工作年限的限制。

13.3.3.4　高级会计师

1.高级会计师任职的基本条件

高级会计师任职的基本条件如下:

（1）较系统地掌握经济、财务会计理论和专业知识。

（2）具有较高的理论水平和丰富的财务会计工作经验。

（3）能胜任一个地区、一个部门或一个系统的财务会计管理工作。

（4）取得博士学位并担任会计师两至三年；或取得硕士学位、第二学位、研究生班结业证书或大学本科毕业并担任会计师职务五年以上。

（5）较熟练地掌握一门外语。

2.高级会计师考试与评审

高级会计师考试采用考评结合的方式，考生通过高级会计实务考试之后才有资格参加评审。除了要有符合条件的成绩证明，很多地方还要求考生通过职称英语与职称计算机考试，有一定的专业技术工作经历，有规定的业绩成果条件（比如论文、论著、业绩与成果等），各地要求不一。

高级会计实务考试也实行无纸化考试，题型主要为案例分析，内容涵盖企业战略与财务战略、企业投资、融资决策与集团资金管理、企业预算管理、业绩评价、企业内部控制、企业成本管理、企业并购、金融工具会计、长期股权投资与合并财务报表以及行政事业单位预算管理、会计处理与内部控制的相关知识。

在我国大多省、市的人事职称系列中，高级会计师属于副高职称，相当于大学副教授这一级；浙江、吉林、广东、江苏、河北、辽宁、湖南、山东、湖北等省已经开展了正高级会计师的评审工作，获得高级会计师职称的财务人员，如果按该省相关规定获得了正高级会计师资格，就取得了正高职称，相当于大学教授这一级。

13.3.4　会计人员继续教育

会计人员继续教育是指国家为提高会计人员的政治素质、业务能力、职业道德水平，使其知识和技能不断得到更新、补充、拓展和提高而对会计人员进行的综合素质教育。

我国的《会计专业技术人员继续教育规定》对会计人员继续教育问题做了具体规定。《会计法》对此也做了明确的规定："会计人员应当遵守职业道德，提高业务素质。对会计人员的教育和培训工作应当加强。"

13.3.4.1　会计人员继续教育的对象与开始时间

根据规定，会计人员继续教育的对象为国家机关、企业、事业单位以及社会团体等组织（以下称单位）具有会计专业技术资格的人员，或不具有会计专业技术资格但从事会计工作的人员（简称会计专业技术人员）。这就意味着，持有会计专业技术资格证书即会计职称证书（包括初级会计职称、中级会计职称和高级会计职称），或者不具有会计专业技术资格但从事会计工作的人员都需要参加会计继续教育。

具有会计专业技术资格的人员应当自取得会计专业技术资格的次年开始参加继续教育，并在规定时间内取得规定学分。

不具有会计专业技术资格但从事会计工作的人员应当自从事会计工作的次年开始参加继续教育，并在规定时间内取得规定学分。

13.3.4.2　会计人员继续教育的内容与形式

会计专业技术人员继续教育应当紧密结合经济社会和会计行业发展要求，以能力建设为核心，突出针对性、实用性，兼顾系统性、前瞻性，为经济社会和会计行业发展提供人才保障和智力支持。继续教育应坚持以人为本、按需施教、突出重点、提高能力、加强指导、创新机制的原则。

会计专业技术人员继续教育内容包括公需科目和专业科目。公需科目包括专业技术人员应当普遍掌握的法律法规、政策理论、职业道德、技术信息等基本知识;专业科目包括会计专业技术人员从事会计工作应当掌握的财务会计、管理会计、财务管理、内部控制与风险管理、会计信息化、会计职业道德、财税金融、会计法律法规等相关专业知识。

会计专业技术人员继续教育的形式有:继续教育管理部门(包括县级以上地方人民政府财政部门、人力资源和社会保障部门,新疆生产建设兵团财政局、人力资源和社会保障局,中共中央直属机关事务管理局,国家机关事务管理局)组织的会计专业技术人员继续教育培训、高端会计人才培训、全国会计专业技术资格考试等会计相关考试、会计类专业会议等;会计继续教育机构或用人单位组织的会计专业技术人员继续教育培训;国家教育行政主管部门承认的中专及以上会计类专业学历(学位)教育;承担继续教育管理部门或行业组织(团体)的会计类研究课题,或在有国内统一刊号(CN)的经济、管理类报刊上发表会计类论文;公开出版会计类书籍;参加注册会计师、资产评估师、税务师等继续教育培训;继续教育管理部门认可的其他形式。

会计专业技术人员继续教育采用的课程、教学方法,应当适应会计工作要求和特点。同时,积极推广网络教育等方式,提高继续教育教学和管理的信息化水平。

13.3.4.3　会计人员继续教育的学分管理

会计专业技术人员参加继续教育实行学分制管理,每年参加继续教育取得的学分不少于 90 学分。其中,专业科目学分一般不少于总学分的 2/3。

会计专业技术人员参加继续教育取得的学分,在全国范围内当年度有效,不得结转以后年度。

参加全国会计专业技术资格考试等会计相关考试,每通过一科考试或被录取的,折算为 90 学分;参加会计类专业会议,每天折算为 10 学分。参加国家教育行政主管部门承认的中专及以上会计类专业学历(学位)教育,通过当年度一门学习课程考试或考核的,折算为 90 学分。独立承担继续教育管理部门或行业组织(团体)的会计类研究课题,课题结项的,每项研究课题折算为 90 学分;与他人合作完成的,每项研究课题的课题主持人折算为 90 学分,其他参与人每人折算为 60 学分。独立在有国内统一刊号(CN)的经济、管理类报刊上发表会计类论文的,每篇论文折算为 30 学分;与他人合作发表的,每篇论文的第一作者折算为 30 学分,其他作者每人折算为 10 学分。独立公开出版会计类书籍的,每本会计类书籍折算为 90 学分;与他人合作出版的,每本会计类书籍的第一作者折算为 90 学分,其他作者每人折算为 60 学分。参加其他形式的继续教育,学分计量标准由各省、自治区、直辖市、计划单列市财政厅(局)(以下称省级财政部门)、新疆生产建设兵团财政局会同本地区人力资源和社会保障部门、中央主管单位制定。

对会计专业技术人员参加继续教育情况实行登记管理:参加继续教育管理部门组织的继续教育和会计相关考试,由县级以上地方人民政府财政部门、新疆生产建设兵团财政局或中央主管单位应当直接为会计专业技术人员办理继续教育事项登记;参加会计继续教育机构或用人单位组织的继续教育,县级以上地方人民政府财政部门、新疆生产建设兵团财政局或中央主管单位应当根据会计继续教育机构或用人单位报送的会计专业技术人员继续教育信息,为会计专业技术人员办理继续教育事项登记;参加其他形式的继续教育的,应当在年度内登录所属县级以上地方人民政府财政部门、新疆生产建设兵团财政局或中央主管单位指定网站,按要求上传相关证明材料,申请办理继续教育事项登记,也可持相关证明材料向所属继续教育管理部门申请办理继续教育事项登记。

13.3.4.4　会计人员继续教育的考核与评价

第一,用人单位应当建立本单位会计专业技术人员继续教育与使用、晋升相衔接的激励机制,将参加继续教育情况作为会计专业技术人员考核评价、岗位聘用的重要依据。会计专业技术人员参加继续教育情况,应当作为聘任会计专业技术职务或者申报评定上一级资格的重要条件。第二,继续教育管理部门应当加强对会计专业技术人员参加继续教育情况的考核与评价,并将考核、评价结果作为参加会计专业技术资格考试或评审、先进会计工作者评选、高端会计人才选拔等的依据之一,并纳入其信用信息档案。对未按规定参加继续教育或者参加继续教育未取得规定学分的会计专业技术人员,继续教育管理部门应当责令其限期改正。第三,继续教育管理部门应当依法对会计继续教育机构、用人单位执行继续教育规定的情况进行监督,定期组织或者委托第三方评估机构对所在地会计继续教育机构进行教学质量评估,评估结果作为承担下年度继续教育任务的重要参考。

13.4　会计工作交接与会计档案管理

13.4.1　会计工作交接

会计工作交接是指会计人员工作调动或者因故离职时,与接替人员办理交接手续的一种工作程序。

13.4.1.1　办理会计工作交接手续的意义

会计人员调动工作或者离职时,与接替人员办清交接手续,是会计人员应尽的职责,也是做好会计工作的基本要求。

(1)做好会计交接工作,可以保证会计工作的连续性。会计工作是一个不间断的连续过程,会计人员离任时办理工作交接手续,可以保证会计工作的连续性,保证会计工作的顺利进行。

(2)做好会计交接工作,既要做到账目清楚,又要做到交接清楚,这可以防止因会计人员变动导致账目不清、工作混乱现象的发生,也有利于发现工作中的弊端。

(3)进行会计交接工作,是划清移交人员与接替人员责任的有效措施。会计工作交接时,按规定必须进行账目核对、财产清查等工作,因而出现问题时可以划清移交人员与接替人员的责任。

13.4.1.2　会计工作交接的适用范围

(1)临时离职或因病不能工作、需要接替或代理的,会计机构负责人(会计主管人员)或单位负责人必须指定专人接替或者代理,并办理会计工作交接手续。

(2)临时离职或因病不能工作的会计人员恢复工作时,应当与接替或代理人员办理交接手续。

（3）移交人员因病或其他特殊原因不能亲自办理交接手续的，经单位负责人批准，可由移交人委托他人代办交接，但委托人应当对所移交的会计凭证、会计账簿、财务会计报告和其他有关资料的真实性、完整性负责。

13.4.1.3　会计工作交接的内容

会计交接工作大致包括交接前准备、移交点收、专人监交、交接后事项处理等内容。

1. 交接前准备

会计人员办理移交手续前，必须及时做好以下工作：

（1）已经受理的经济业务尚未填制会计凭证的，应当填制完毕。

（2）尚未登记的账目，应当登记完毕，并在最后一笔余额后加盖经办人员印章。

（3）整理应该移交的各项资料，对未了事项写出书面材料。

（4）编制移交清册，列明应该移交的会计凭证、会计账簿、财务会计报告、公章、现金、有价证券、支票簿、发票、文件、其他会计资料和物品等内容；实行会计电算化的单位，从事该项工作的移交人员应在移交清册上列明会计软件及密码、数据盘、磁带等内容。

（5）会计机构负责人（会计主管人员）移交前，应将财务会计工作、重大财务收支问题和会计人员等情况向接替人员介绍清楚。

2. 移交点收

移交人员在办理移交时，要按移交清册逐项移交，接替人员要逐项核对点收。

（1）对于现金，要根据会计账簿记录余额进行当面点交，不得短缺。接替人员发现不一致或"白条抵库"现象时，移交人员在规定期限内应负责查清处理。

（2）有价证券的数量要与会计账簿记录一致，有价证券面额与发行价不一致时，按照会计账簿余额交接。

（3）会计凭证、会计账簿、财务会计报告和其他会计资料必须完整无缺，不得遗漏。如有短缺，必须查清原因，并在移交清册中加以说明，由移交人员负责。

（4）银行存款账户余额要与银行对账单核对相符，如有未达账项，应编制银行存款余额调节表调节相符；各种财产物资和债权、债务的明细账户余额，要与总账有关账户的余额核对相符；对重要实物要实地盘点，对余额较大的往来账户要与往来单位、个人核对。

（5）公章、收据、空白支票、发票、科目印章以及其他物品等必须交接清楚。

（6）电子会计档案移交时将电子会计档案及其元数据一并移交，且文件格式应当符合国家档案管理的有关规定；特殊格式的电子会计档案应当与其读取平台一并移交。单位档案管理机构接收电子会计档案时，应当对电子会计档案的准确性、完整性、可用性、安全性进行检测，符合要求的才能接收。

3. 专人监交

为了明确责任，会计人员办理工作交接时，必须有专人负责监交。

（1）一般会计人员办理交接手续时，由会计机构负责人（会计主管人员）监交。

（2）会计机构负责人（会计主管人员）办理交接手续时，由单位负责人监交，必要时主管单位可以派人会同监交。主管单位派人会同监交的情况如下：

①所属单位负责人不能监交，需要由主管单位派人代表主管单位监交。如因单位撤并而办理交接手续等。

②所属单位负责人不能尽快监交,需要由主管单位派人督促监交。如主管单位责成所属单位撤换不合格的会计机构负责人(会计主管人员),所属单位负责人却以种种借口拖延不办交接手续时,主管单位就应派人督促会同监交。

③不宜由所属单位负责人单独监交,而需要主管单位会同监交。如所属单位负责人与办理交接手续的会计机构负责人(会计主管人员)有矛盾,交接时需要主管单位派人会同监交,以防单位负责人借机刁难。

④主管单位认为交接中存在某种问题需要派人监交时,也可派人会同监交。

4.交接后事项处理

(1)会计工作交接完毕后,交接双方和监交人在移交清册上签名或盖章,并应在移交清册上注明单位名称,交接日期,交接双方和监交人的职务、姓名,移交清册页数以及需要说明的问题和意见,等等。

(2)接替人员应继续使用移交前的账簿,不得擅自另立账簿,以保证会计记录前后衔接、内容完整。

(3)移交清册一般应填制一式三份,交接双方各执一份,存档一份。

13.4.1.4　会计工作交接后的责任

会计交接工作完成后,移交人员所移交的会计凭证、会计账簿、财务会计报告和其他会计资料是在其经办会计工作期间发生的,其应当对这些会计资料的真实性、完整性负责;即便接替人员在交接时因疏忽没有发现所接会计资料在真实性、完整性方面的问题,事后发现的,仍应由原移交人员负责,原移交人员不得以会计资料已移交为由推脱责任。

13.4.2　会计档案管理

13.4.2.1　会计档案的概念与作用

《会计档案管理办法》对会计档案下的定义为:会计档案是指单位在进行会计核算等过程中接收或形成的,记录和反映单位经济业务事项的,具有保存价值的文字、图表等各种形式的会计资料,包括通过计算机等电子设备形成、传输和存储的电子会计档案。

会计档案是会计活动的产物,是记录和反映经济活动的重要史料和证据,其作用表现在以下几个方面:

(1)会计档案是总结经验、揭露责任事故、打击经济领域犯罪、分析和判断事故原因的重要依据。

(2)会计档案提供的经济活动的史料,有助于各单位进行经济前景的预测,做出经营决策,编制财务成本计划。

(3)会计档案可以为解决经济纠纷、处理遗留的经济事务提供依据。

(4)会计档案在经济学的研究活动中发挥着重要史料价值的作用。

各单位必须加强对会计档案管理工作的领导,建立会计档案的立卷、归档、保管、查阅和销毁等管理制度,保证会计档案妥善保管、有序存放、方便查阅,严防损毁、散失和泄密。

13.4.2.2　会计档案的内容

会计档案的内容一般指会计凭证、会计账簿、会计报表以及其他会计资料等四个部分。

(1)会计凭证。会计凭证是记录经济业务、明确经济责任的书面证明。它包括自制原始凭证、外来原始凭证、原始凭证汇总表、记账凭证(收款凭证、付款凭证、转账凭证三种)、记账凭证汇总表、银行存款(借款)对账单、银行存款余额调节表等。

(2)会计账簿。会计账簿是由一定格式、相互联结的账页组成,以会计凭证为依据,全面、连续、系统地记录各项经济业务的簿籍。它包括总分类账、各类明细账、现金日记账、银行存款日记账以及辅助登记备查簿等。

(3)会计报表。会计报表是反映企业财务状况和经营成果的总结性书面文件,主要有主要财务指标快报,月度、季度、年度会计报表,包括资产负债、损益表、财务情况说明书等。

(4)其他会计资料。其他会计资料属于经济业务范畴,与会计核算、会计监督紧密相关的,由会计部门负责办理的有关数据资料,如纳税申报表、会计档案移交清册、会计档案保管清册、会计档案销毁清册、会计档案鉴定意见书及其他具有保存价值的会计资料。

13.4.2.3 电子会计档案

随着各单位信息化水平和精细化管理程度的日益提高,越来越多的会计凭证、账簿、报表等会计资料以电子形式产生、传输、保管,形成了大量电子会计档案。电子会计档案为互联网创新经济发展提供了有力的支持;有利于形成绿色、低碳的发展方式,形成节约资源和保护环境的空间格局、产业结构、生产方式、生活方式;有利于国家开展深度数据挖掘、扁平网络传递,实现决策科学化、管理精细化等治理能力现代化。

《会计档案管理办法》规定,单位可以利用计算机、网络通信等信息技术手段管理会计档案。同时满足下列条件的,单位内部形成的属于归档范围的电子会计资料可仅以电子形式保存(即不再打印纸质归档保存),形成电子会计档案:

(1)形成的电子会计资料来源真实有效,由计算机等电子设备形成和传输;

(2)使用的会计核算系统能够准确、完整、有效接收和读取电子会计资料,能够输出符合国家标准归档格式的会计凭证、会计账簿、财务会计报表等会计资料,设定了经办、审核、审批等必要的审签程序;

(3)使用的电子档案管理系统能够有效接收、管理、利用电子会计档案,符合电子档案的长期保管要求,并建立了电子会计档案与相关联的其他纸质会计档案的检索关系;

(4)采取有效措施,防止电子会计档案被篡改;

(5)建立电子会计档案备份制度,能够有效防范自然灾害、意外事故和人为破坏的影响;

(6)形成的电子会计资料不属于具有永久保存价值或者其他重要保存价值的会计档案。

此外,单位从外部接收的电子会计资料附有符合《中华人民共和国电子签名法》规定的电子签名的,可仅以电子形式归档保存,形成电子会计档案。

13.4.2.4 会计档案的保管

单位会计管理机构按照归档范围和归档要求,负责定期将应当归档的会计资料整理立卷,编制会计档案保管清册。当年形成的会计档案,在会计年度终了后,可由单位会计管理机构临时保管1年,再移交单位档案管理机构保管。因工作需要确需推迟移交的,应当经单位档案管理机构同意。单位会计管理机构临时保管会计档案最长不超过3年。临时保管期间,会计档案的保管应当符合国家档案管理的有关规定,且出纳人员不得兼管会计档案。

1.会计档案的保管要求

(1)会计档案室应选择在干燥防水的地方,并远离易燃品堆放地,周围应备有相应的防火器材;

（2）采用透明塑料膜作防尘罩、防尘布，遮盖所有档案架，堵塞鼠洞；

（3）会计档案室内应经常用消毒药剂喷洒，保持清洁卫生，以防虫蛀；

（4）会计档案室应保持通风透光，并有适当的空间、通道和查阅的地方，以利查阅，并做好防潮工作；

（5）设置归档登记簿、档案目录登记簿、档案借阅登记簿，严防毁坏、损失、散失和泄密；

（6）会计电算化档案保管要注意防盗、防磁等。

单位分立后原单位存续的，其会计档案应当由分立后的存续方统一保管，其他方可以查阅、复制与其业务相关的会计档案。单位分立后原单位解散的，其会计档案应当经各方协商后由其中一方代管或按照国家档案管理的有关规定处置，各方可以查阅、复制与其业务相关的会计档案。单位分立中未结清的会计事项所涉及的会计凭证，应当单独抽出由业务相关方保存，并按照规定办理交接手续。单位因业务移交其他单位办理所涉及的会计档案，应当由原单位保管，承接业务单位可以查阅、复制与其业务相关的会计档案。对其中未结清的会计事项所涉及的会计凭证，应当单独抽出由承接业务单位保存，并按照规定办理交接手续。单位合并后原各单位解散或者一方存续其他方解散的，原各单位的会计档案应当由合并后的单位统一保管。单位合并后原各单位仍存续的，会计档案应当由原各单位保管。

建设单位在项目建设期间形成的会计档案，需要移交给建设项目接受单位的，应当在办理竣工财务决算后及时移交，并按照规定办理交接手续。

2. 会计档案的借阅

（1）单位保存的会计档案一般不得对外借出。确因工作需要且根据国家有关规定必须借出的，应当严格按照规定办理相关手续。

（2）外部借阅会计档案时，应持有单位正式介绍信，经会计主管人员或单位领导人批准后，方可办理借阅手续；单位内部人员借阅会计档案时，经会计主管人员或单位领导人批准后，方可办理借阅手续。借阅人应认真填写档案借阅登记簿，将借阅人姓名、单位、日期、档案数量与内容、归期等情况登记清楚。

（3）借阅会计档案人员不得在案卷中乱画、标记，拆散原卷册，也不得涂改、抽换、携带外出或复制原件（如有特殊情况，经领导批准后，方能携带外出或复制原件）。

（4）借出的会计档案，会计档案管理人员要按期如数收回，并办理注销借阅手续。

3. 会计档案的保管期限

按保管期限的不同，会计档案可分为永久性和定期性两类。凡是在立档单位会计核算中形成的，记述和反映会计核算的，对工作总结、查考和研究经济活动具有长远利用价值的会计档案，应永久保存。定期保管期限一般分为 10 年和 30 年。会计档案的保管期限，从会计年度终了后的第一天算起。这里的保管期限为最低保管期限。会计档案保管期限如表 13.1 和表 13.2 所示。

为了全面反映会计档案情况，上档部门应设置会计档案备查表及时记录会计档案的保存数、借阅数和归档数，做到心中有数、不出差错。

表 13.1　企业和其他组织会计档案保管期限

档案名称	保管期限	备　注
会计凭证		
原始凭证	30 年	
记账凭证	30 年	
会计账簿		
总　　账	30 年	
明细账	30 年	
日记账	30 年	
固定资产卡片		固定资产报废清理后保管 5 年
其他辅助账簿	30 年	
财务会计报告		
月度、季度、半年度财务会计报告	10 年	
年度财务会计报告	永久	
其他会计资料		
银行存款余额调节表	10 年	
银行对账单	10 年	
纳税申报表	10 年	
会计档案移交清册	30 年	
会计档案保管清册	永久	
会计档案销毁清册	永久	
会计档案鉴定意见书	永久	

表 13.2　财政总预算、行政单位、事业单位和税收会计档案保管期限

档案名称	保管期限			备　注
	财政 总预算	行政单位 事业单位	税收 会计	
会计凭证				
国家金库编送的各种报表及 　缴库退库凭证	10 年		10 年	
各收入机关编送的报表	10 年			
行政单位和事业单位的各种 　会计凭证		30 年		包括原始凭证、记账凭证和传票 汇总表
财政总预算拨款凭证及其他 　会计凭证	30 年			包括拨款凭证和其他会计凭证

续表

档案名称	保管期限			备注
	财政 总预算	行政单位 事业单位	税收 会计	
会计账簿类				
日记账		30 年	30 年	
总　账	30 年	30 年	30 年	
税收日记账（总账）			30 年	
明细分类、分户账或登记簿	30 年	30 年	30 年	
行政单位和事业单位固定资产卡片				固定资产报废清理后保管 5 年
财务会计报告				
政府综合财务报告	永久			下级财政、本级部门和单位报送的保管 2 年
部门财务报告		永久		所属单位报送的保管 2 年
财政总决算	永久			下级财政、本级部门和单位报送的保管 2 年
部门决算		永久		所属单位报送的保管 2 年
税收年报（决算）			永久	
国家金库年报（决算）	10 年			
基本建设拨、贷款年报（决算）	10 年			
行政单位和事业单位会计月度、季度报表		10 年		所属单位报送的保管 2 年
税收会计报表			10 年	所属税务机关报送的保管 2 年
其他会计资料				
银行存款余额调节表	10 年	10 年		
银行对账单	10 年	10 年	10 年	
会计档案移交清册	30 年	30 年	30 年	
会计档案保管清册	永久	永久	永久	
会计档案销毁清册	永久	永久	永久	
会计档案鉴定意见书	永久	永久	永久	

注：税务机关的税务经费会计档案保管期限，按行政单位会计档案保管期限规定办理

13.4.2.5　会计档案的监销

　　会计档案的销毁是会计档案管理的重要环节，其中鉴定工作是档案销毁的前提和基础。单位应当定期对已到保管期限的会计档案进行鉴定，并形成会计档案鉴定意见书。经鉴定，

仍需继续保存的会计档案,应当重新划定保管期限;保管期满,确无保存价值的会计档案,可以销毁。

会计档案鉴定工作应当由单位档案管理机构牵头,组织单位会计、审计、纪检监察等机构或人员共同进行。

经鉴定可以销毁的会计档案,应当按照以下程序销毁:

(1)单位档案管理机构编制会计档案销毁清册,列明拟销毁会计档案的名称、卷号、册数、起止年度、档案编号、应保管期限、已保管期限和销毁时间等内容。

(2)单位负责人、档案管理机构负责人、会计管理机构负责人、档案管理机构经办人、会计管理机构经办人在会计档案销毁清册上签署意见。

(3)单位档案管理机构负责组织会计档案销毁工作,并与会计管理机构共同派员监销。监销人在会计档案销毁前,应当按照会计档案销毁清册所列内容进行清点核对;在会计档案销毁后,应当在会计档案销毁清册上签名或盖章。

(4)电子会计档案的销毁还应当符合国家有关电子档案的规定,并由单位档案管理机构、会计管理机构和信息系统管理机构共同派员监销。

但是,保管期满但未结清的债权、债务会计凭证和涉及其他未了事项的会计凭证不得销毁,纸质会计档案应当单独抽出立卷,电子会计档案单独转存,保管到未了事项完结时为止。单独抽出立卷或转存的会计档案,应当在会计档案鉴定意见书、会计档案销毁清册和会计档案保管清册中列明。

13.5　会计电算化

会计电算化是把电子计算机和现代数据处理技术应用到会计工作中的简称,用电子计算机代替人工记账、算账和报账,以及部分代替人脑完成对会计信息的分析、预测、决策的过程,其目的是提高企业财会管理水平和经济效益,从而实现会计工作的现代化。它实现了数据处理的自动化,使传统的手工会计信息系统演变为电算化会计信息系统,是现代社会化大生产和新技术革命的必然产物,已经发展为多种学科的综合体。

13.5.1　会计电算化的作用

将电子计算机应用于会计领域,对于促进会计核算手段的变革,提高会计核算工作效率,促进会计核算工作标准的统一,提高经营管理水平,推动会计工作方法和观念的更新,促进会计职能的充分发挥,提高对经济活动的监管水平都具有十分重要的作用。

13.5.1.1　提高会计核算工作效率

会计核算工作数据量大,对准确性、时效性要求很高。而电子计算机具有高速、高效、大容量的特点,在数据的记录、汇总、排列、查询、核对、存储、分析等方面,比手工操作的速度快成千上万倍,并可随时提供有关数据,能够大大提高会计数据处理的效率和准确性,提高会计核算的水平和质量,降低会计人员的劳动强度,提供会计信息的及时性能够得到充分保证。

13.5.1.2 扩展会计数据的领域,推动会计工作方法和观念的更新

实行会计电算化以后,由于电子计算机存储量大并易于调用数据,因而大大扩展了会计数据的领域。在已建立起的过去经营活动详细记录的基础上,会计信息使用者通过适当处理,不仅可以及时掌握经济活动的最新动态,而且还可以对未来经营方案进行预测,这就为日常管理、分析、预测和决策提供了可靠的依据。实行会计电算化,可以将会计人员从传统的手工记账、算账和报账的繁重体力劳动中解脱出来,引起会计手段的重大变革,使会计工作更加方便、高效,推动会计工作的进一步发展。同时,把电子计算机应用于会计领域,也是对会计工作方法的改革,能够促进新的会计观念的产生。

13.5.1.3 促进会计职能的充分发挥

电子计算机强大的信息存储功能可以随时提供详细、全面的会计信息,有助于会计职能的充分发挥。会计监督职能主要包括对有价值的经济活动进行指导、控制和检查。电算化会计信息系统可以获得更为准确、及时、详尽的会计数据,有效地将会计信息提供给有关部门,更好地对经济活动进行监督。此外,整个数据处理过程能全部由电子计算机自动完成,人们只需做一些辅助性的操作,而把工作的重点和主要精力放在对经济活动的分析、预测和日常管理方面,更好地完成会计反映和监督生产经营活动的各项任务,充分发挥会计的职能。

13.5.2 电算化会计信息系统的构成

13.5.2.1 计算机硬件

计算机硬件是指进行会计数据输入、处理、存储及输出的各种电子设备,如输入设备有键盘、扫描仪等,数据处理设备有计算机主机等,存储设备有磁盘、光盘等,输出设备有打印机、显示器等。

13.5.2.2 计算机软件

计算机软件包括系统软件和应用软件两类。系统软件是保证会计信息系统正常运行的基础软件,如操作系统、数据库管理系统等;在电算化会计信息系统中应用软件主要指会计软件。

我国的《企业会计信息化工作规范》明确指出,会计软件指企业使用的,专门用于会计核算、财务管理的计算机软件、软件系统或者其功能模块。会计软件的功能主要是为会计核算、财务管理直接采集数据,生成会计凭证、账簿、报表等会计资料;对会计资料进行转换、输出、分析、利用。《企业会计信息化工作规范》对会计软件有着非常严格和详细的要求,具体包括:会计软件应当保障企业按照国家统一会计准则制度开展会计核算,不得有违背国家统一会计准则制度的功能设计;会计软件的界面应当使用中文并且提供对中文处理的支持,可以同时提供外国或者少数民族文字界面对照和处理支持;会计软件应当提供符合国家统一会计准则制度的会计科目分类和编码功能;会计软件应当提供符合国家统一会计准则制度的会计凭证、账簿和报表的显示和打印功能;会计软件应当提供不可逆的记账功能,确保对同类已记账凭证的连续编号,不得提供对已记账凭证的删除和插入功能,不得提供对已记账凭证日期、金额、科目和操作人的修改功能;会计软件应当具有符合国家统一标准的数据接口,满足外部会计监督需要;会计软件应当具有会计资料归档功能,提供导出会计档案的接口,在会计档案存储格式、元数据采集、真实性与完整性保障方面,

符合国家有关电子文件归档与电子档案管理的要求；会计软件应当记录生成用户操作日志，确保日志的安全、完整，提供按操作人员、操作时间和操作内容查询日志的功能，并能以简单易懂的形式输出。

企业配备会计软件，应当根据自身技术力量以及业务需求，考虑软件功能、安全性、稳定性、响应速度、可扩展性等要求，合理选择购买、定制开发、购买与开发相结合等方式。

定制开发包括企业自行开发、委托外部单位开发、企业与外部单位联合开发。

早期的会计信息系统软件主要是企业在政府支持下自行开发的，以模块化、功能化为主，用于处理单项业务。而金蝶、用友等专业化会计公司开发出通用的会计核算系统，会计核算模块包括总账、工资、固定资产、应收应付等，各模块之间相互关联，形成完整的会计信息系统。随着技术水平的发展和会计信息系统的普及利用，国内商品化会计软件逐步升级，快速发展的计算机技术、信息技术、网络技术等为会计信息系统的发展提供了良好的技术支持。现在大多数大型企业使用 ERP(企业资源计划)软件实现全方位的企业管理，大部分中小型企业也采用会计信息系统软件进行会计信息的处理工作。

13.5.2.3　会计人员

实行会计电算化的单位应当指定专门机构或者岗位负责会计信息化工作。未设置会计机构、配备会计人员的企业，由其委托的代理记账机构开展会计信息化工作。相关的会计人员和管理人员包括电算会计主管、软件操作、审核记账、电算维护、电算审查、数据分析、会计电子档案管理等。实行会计电算化，必须配备既懂财会业务，又熟悉计算机应用技术的复合型会计电算化专业人员。他们应能熟练掌握计算机操作技术，会使用会计软件，并有一定的硬件、软件维护技能。

13.5.2.4　会计信息系统的运行规程

会计信息系统的运行规程是指保证会计信息系统正常运行的各种制度和控制程序，如硬件管理制度、数据管理制度、会计电算化操作管理制度、会计人员岗位责任制度、内部控制制度、会计电子档案管理制度等。

13.5.3　电算化会计与传统手工会计的联系和区别

13.5.3.1　电算化会计与传统手工会计的联系

(1)目标一致。两者都对企业的经济业务进行记录和核算，最终目标都是加强经营管理，提供会计信息，参与经营决策，提高企业经济效益。

(2)采用的基本会计理论与方法一致。两者都要遵循基本的会计理论和方法，都采用复式记账法。

(3)坚守准则一致。两者都要遵守会计和财务制度以及国家的各项财经法纪，严格贯彻执行会计法规，从措施、技术、制度上堵塞各种可能的漏洞，消除弊端，防止舞弊。

(4)基本功能相同。两者都具备信息的采集输入、存储、加工处理、传输和输出功能。

(5)都需要保存会计档案。作为会计信息系统的输出，会计信息档案必须被妥善保存，以便查询。

(6)编制会计报表的要求相同。两者都要编制会计报表，并且都必须按国家要求编制企业外部报表。

13.5.3.2　电算化会计与传统手工会计的区别

1.设置工作程序不同

手工会计的初始化工作包括建立会计科目、开设总账、登录余额等；电算化会计的初始化设置工作则较为复杂，且有一定的难度，其内容主要有会计系统的安装，账套的设置，网络用户的权限设置，操作员及其权限的设置，软件运行环境的设置，科目级数与位长的设置，会计科目及其代码的建立，明细科目初始余额的输入，凭证类型的设置，自动转账分录的定义，会计报表名称、格式、数据来源、公式的定义等。

2.科目的设置和使用不同

由于手工核算的限制，手工会计将账户分设为总账和明细账，明细账大多仅设到三级账户，一般都仅设置和使用中文科目。而在电算化会计中，计算机可以处理各种复杂的工作，科目级数与位长的设置因不同的软件而异，可充分满足会计明细核算方面的需要；科目的设置上除设置中文科目外，仍应设置与中文科目一一对应的科目代码，使用科目时，计算机只要求用户输入某一科目代码，而不要求输入该中文科目，但在打印时，中文科目和与之对应的科目代码一般都同时显示。

3.会计核算程序不同

在手工会计中，会计核算程序是取得原始凭证→编制记账凭证→登记各种账簿→编制会计报表，对账与结账都由人工完成，程序比较复杂。而在电算化会计中，只需人工输入会计凭证数据，不需输入各种账簿数据，即可直接输出各种会计报表，对账和结账也相对简单。

4.更正错账的方法不同

在手工会计中，账簿记录出现错误时通常用划线更正法、红字更正法或补充登记法按规定更正差错。在电算化会计中，不存在划线更正和红字更正的情况。凭证科目不正确或数额不正确时，可以放弃记账凭证，重新填制。如果记账以后发现记账凭证错误，应当先取消记账，再将原凭证作废，然后再进行整理。

5.账务处理程序不同

手工会计根据企业的生产规模、经营方式和管理形式的不同，采用不同的会计核算形式，常用的账务处理程序有记账凭证核算形式、科目汇总表核算形式、汇总记账凭证核算形式、日记账核算形式等，对业务数据采用了分散收集、分散处理、重复登记的操作方法，通过多人员、多环节进行内部牵制和相互核对，目的是简化会计核算的手续，防止舞弊和差错的产生。而在电算化会计中，一般要根据文件的设置确定账务处理程序，常用的是日记账文件核算形式和凭证文件核算形式，在一个计算机会计系统中，通常只采用其中一种核算形式，对数据进行集中收集、统一处理、共享的操作方法。

6.账簿格式不同

在手工会计中，账簿的格式分为订本式、活页式和卡片式三种，并且现金日记账、银行存款日记账和总账必须采用订本式账簿。而在电算化会计中，由于受到打印机的条件限制，不太可能打印订本式账簿，因此根据《会计电算化工作规范》的规定，所有的账页均可按活页式打印后装订成册；总账账页的格式有传统三栏借贷式和科目汇总式，后者可代替前者，明细账的格式可有三栏式、多栏式和数量金额式等。

当今世界信息技术的发展日新月异，云计算、大数据、人工智能、区块链等技术的发展如火如荼。信息技术倒逼会计信息化向更高的水平和领域拓展，会计信息化倒逼会计行业不断升级和转型。我国目前的会计信息系统获得了国家政策、企业资源和软件开发商等多方面的支持,信息技术的发展为会计信息系统带来了新的发展机遇和挑战。展望未来,会计信息化的发展前景广阔:XBRL(可扩展商业报告语言)将与会计信息系统深度融合,帮助用户采用多种方式交换和分析多样化的财务信息,并兼容多种软件,财务信息可以跨平台使用,数据充分共享,为财务信息使用者提供便利;在会计信息化支撑下,管理会计在预算、成本、营运、投融资、绩效、报告等方面的应用更有成效;财务共享服务从最初的财务报销、会计核算、影像扫描共享发展到业财融合,并向资产管理、工程分包、合同管理等相关业务领域深度延伸,今后财务共享服务将以数据共享为核心,集成核算数据、预算数据、资金数据、资产数据、成本数据、外部标杆数据等与高层管理和决策相关的信息,成为企业未来决策最重要的支撑;电子发票在各行各业的推广应用,推动会计档案无纸化向纵深发展;人工智能在会计中深入应用,大量基础会计工作被机器所取代,使得会计流程实现自动化;会计在云计算环境下应用的"云会计"出现,使得中小企业以低成本甚至零成本使用互联网财务软件和服务,而不用花费巨资购买软件版权以及服务器、网络等基础设施;互联网思维向会计工作的渗透,使得代理记账行业实现信息化,低成本、高效率、规范性强的会计信息化服务将更好地满足大量初创企业或小微企业对会计服务的需求。

习　题

一、简答题

1. 为什么我国《会计法》规定,由财政部门主管会计工作?

2. 总会计师的职责和权限有哪些?

3. 会计机构负责人的任职条件是什么?

4. 会计机构、会计人员的基本职责是什么?

5. 各层次会计职称考试的报名条件是什么?

6. 如何理解会计人员应具备的专业能力?

7. 我国对会计人员继续教育有哪些规定?

8. 会计工作交接的基本程序是怎样的?

9. 我国《会计档案管理办法》对会计档案的保管和监销有哪些规定?

10. 传统手工会计与电算化会计有何区别?

二、判断题

1.《会计法》规定,国务院财政部门主管全国的会计工作,省级以上地方各级人民政府财政部门管理本行政区域内的会计工作。　　　　　　　　　　　　　　　　　　　(　　)

2. 非独立核算单位一般不设置专门的会计机构,也不需要配备专职的会计人员。　(　　)

3. 按照内部牵制制度的要求,经济活动中涉及财物和货币资金的收付、结算及登记的任何一项工作,都应由两人以上掌管,以相互牵制,防止差错。　　　　　　　　　　　(　　)

4. 企业配备会计软件,一般采用定制开发的形式。　　　　　　　　　　　　　(　　)

5. 会计人员每年参加继续教育取得的学分不少于 90 学分。其中,专业科目一般不少于50 学分。　　　　　　　　　　　　　　　　　　　　　　　　　　　　　　(　　)

6. 会计人员参加继续教育取得的学分,在全国范围内有效,并且可以结转以后年度。

(　　)

三、单项选择题

1. 不设置会计机构的单位应当配备会计人员,并指定会计主管人员。在这里,会计主管人员相当于单独设置的会计机构中的(　　)。

    A. 会计机构负责人　　　　　　　　　B. 主管会计

    C. 总会计师　　　　　　　　　　　　D. 记账人员

2. 按照内部牵制制度的要求,会计机构中保管会计档案的人员,不得由(　　)兼任。

    A. 会计人员　　　　　　　　　　　　B. 会计机构负责人

    C. 出纳人员　　　　　　　　　　　　D. 会计主管人员

3. 在大中型企业中,领导和组织企业会计工作和经济核算工作的是(　　)。

    A. 厂长　　　　　　　　　　　　　　B. 注册会计师

    C. 高级会计师　　　　　　　　　　　D. 总会计师

4. 下列会计资料中不属于会计档案的有(　　)。

    A. 记账凭证　　　　　　　　　　　　B. 会计档案移交清册

    C. 年度财务计划　　　　　　　　　　D. 银行对账单

5. 定期保管的会计档案保管期限最长为(　　)。

    A. 15 年　　　　　　　　　　　　　B. 25 年

    C. 30 年　　　　　　　　　　　　　D. 永久

6. 下列会计资料中保管期限不是 30 年的是(　　)

    A. 银行存款日记账　　　　　　　　　B. 会计档案鉴定意见书

    C. 原始凭证　　　　　　　　　　　　D. 辅助账簿

7. 当年形成的会计档案,在会计年度终了后,经单位档案管理机构同意,由单位会计管理机构临时保管的期限最长为(　　)。

    A. 1 年　　　　　　　　　　　　　　B. 2 年

    C. 3 年　　　　　　　　　　　　　　D. 5 年

8. 会计专业技术人员参加继续教育情况,一般不作为(　　)的依据。

    A. 职业道德　　　　　　　　　　　　B. 考核评价

    C. 岗位聘用　　　　　　　　　　　　D. 申报评定上一级资格

9. 会计机构负责人办理会计工作移交时,监交人员应该是(　　)。

    A. 继任的会计机构负责人　　　　　　B. 本单位负责人

    C. 本单位内部审计负责人　　　　　　D. 本级财政部门派人

10. 下列有关手工会计与电算化会计区别的论述中错误的是(　　)。

    A. 初始化设置不同　　　　　　　　　B. 更正错账的方法不同

    C. 账簿格式不同　　　　　　　　　　D. 系统的基本功能不同